法制新闻研究

慕明春/主编

人民出版社

基本理论研究传媒法制
典型案例研究；基本理论研、典型案例研究
传媒教育、新媒体研究媒介侵权
媒介侵权传媒教育 传媒法制、理论与实践、典型案例
典型案例研究新媒体研究

目 录

前　言

　　这里呈现的是西北政法大学新闻传播学院法制新闻和传媒法科研团队近两年来的优秀研究成果。有对新闻前沿的不舍探索，有对司法实践的密切追踪，有对传媒责任的冷静思考，有对公民权利的学理分析，有对舆论监督的困惑反思，有对媒介融合的深度透视，有对新闻教育的规律总结，有对传媒法制的规划构想……或长或短，或总或分，或深或浅，都饱含着学者的良知、感悟和理性。

　　法治是维系国家机器和社会秩序的柱石和基础，依法治国是社会进步、社会文明的一个重要标志，是我们建设社会主义现代化国家的必然要求。实现法治，一方面需要不断完善和健全法律体系，用法律强制性的力量来保证国家的权力在法制轨道上的运行，保证整个社会的和谐与稳定；另一方面则需要从精神上、理念上教育和培养公民树立法律意识和法治观念，使他们能够自觉地尊重和维护法律制度和秩序，自觉地追求社会正义和公平。法制新闻就承载着报道法制信息，记录法制进程，传播法治理念，服务法治社会的重要功能：

　　一、法制建设的里程表。中国当代社会法制建设中的每一重大事件、重要举措、重要变动、典型案例，法制新闻都应当真实、客观、生动地记录在案，使它成为历史走向文明和谐进步的凭据和共和国法制大厦宏伟建设的见证。

　　二、司法公正的监测仪。司法的根本目标是实现公正，有效地保障国家和社会公共利益，保护人民的自由和权利。司法是社会正义与公平的最后屏障，建设社会主义法治国家，能否实现司法公正是关键。法制新闻可以通过信息的公开化，介入社会普遍关注的司法腐败及司法不公问题，揭露各种违法、渎职和腐败行为，引导社会舆论对司法活动的监督，敦促司法实现公正。同时，法制新闻的报道有助于增加司法过程的透明度，在一定程度上可以起到防止和矫正司法偏差的作用。

三、依法行政的助推器。依法行政是指国家行政机关的所有公共管理活动必须依法进行，符合法律的规定，其核心是法制化管理。依法行政是依法治国的关键。依法行政，同样需要媒体的配合与推动，法制新闻可以充分发挥舆论监督功能，对各种行政执法中出现的滥用职权，以权代法、以言代法、以权谋私的现象予以揭露和批评，从舆论上促进行政机关的一切活动都依法进行，不逾越法律规定的范围，不违反法律规定的程序，不侵害行政相对人的合法权益。

四、法制宣传的教科书。我们要真正实现依法治国的目标，必须依赖于在全民中普及法律知识，树立法制观念，这都离不开法制宣传。而无论从宣传的广泛性、典型性、形象性、生动性、渗透性哪一个方面来看，法制新闻都有其无可比拟的优势，从而成为普法宣传的重要载体。法制新闻通过精心选择具有普遍教育意义和新闻价值的典型事实和典型案例来作为进行法制宣传的活教材，帮助公民学法、用法、守法，善于利用法律手段来维护自身的合法权益，勇于同违法犯罪现象作斗争。

从1959年西北政法学院在西部率先创办新闻学专业到1999年复办法制新闻系，再到2010年获批以法制新闻为亮点的国家级特色专业和新闻传播学一级学科硕士点，历经半个世纪的艰苦探索和不懈努力，我们确信，法治是构建和谐社会的最重要的基石，是新闻传播业可持续发展的根本保障，也是我们新闻传播学学科具有永恒价值的研究课题。为此，我们将继续整合队伍，积聚力量，凝练方向，凸显特色，提升法制新闻和传媒法研究和教育的层次，以我们的研究成果来推进新闻传媒业的法制化水平，促进法制新闻优秀人才的茁壮成长和法制新闻媒体的整体繁荣。争取在全国新闻传播学的学科平台上发出法制新闻学科更大的声音。

慕明春

2011年7月

典型案例研究：
药家鑫案是否存在媒介审判

编者按

　　本是一起案情并不复杂的刑事案件，却出乎意料地引发了社会各界的强烈关注。此案虽已尘埃落定，但由此案引发的反思、质疑的声浪并未平息。

　　如果我们的反思只停留在事件本身，关心的只是单一事件的处理结果，还远远不够。本栏编选的八篇文章，从不同层面切入，以不同视角剖析药家鑫案值得高度关注的种种社会现象，以"媒介审判"为凝聚点，解析这种现象所依托的变革时代的复杂的社会因素，意在引发读者更深入的思考。

舆论狂潮中的药家鑫案：
法治与理性舆论的双赢

- 慕明春

2011年6月7日，一年一度高考的第一天，药家鑫走完了他短促的人生之路被执行死刑，历时数月沸沸扬扬的"药家鑫案"终于画上了句号。在药家鑫逐渐淡出人们视野的同时，他的身后却留下了一串问号，有反思，有探寻，也有质疑。其中明确指向传媒的一个问题就是药家鑫是不是被媒体的刻意炒作和不断升温的舆论杀死的，是不是成了媒介审判的牺牲品？药家鑫的律师就认为有人利用法律外的媒体炒作因素导致司法程序受到严重干扰，使得审判极不公正。社会上也有人认为药家鑫本来罪不当死，是舆论的杀伤力将其送上断头台的。

所谓"媒介审判"，究其实质就是舆论审判，即在通过媒介集纳汇合放大的舆论洪流的裹挟下，司法机关在案件审理中偏离法律的轨道作出了畸轻畸重的判决。从理论上说，任何一个案件只要进入了公众的视野，激活了公共话题，集聚了有着较大能量的舆论，都有可能对司法产生压力而导致出现审判背离司法公正价值目标的结果。但是实际上由于媒介审判的构成因素极为复杂，而司法审判制度设计本身所具有的控制和屏蔽机制足以使司法审判面临的一般压力得到缓解甚至化解，因此从司法审判的结果看，真正能构成媒介审判的案例并不是很多。当然，在社会转型、体制转轨、观念转化，各种社会矛盾和问题处于爆发期、多发期的现阶段，如果司法遇到了难以化解的舆论高压，且还有其他的助推因素（例如行政干预），产生媒介审判也不是不可能的。因此，涉及到某一案件，如社会普遍关注的药家鑫案（以下简称"药案"）是否存在媒介审判，必须得作具体分析。

一、"药案"的舆情分析

(一)"药案"成为舆论焦点的复杂因素

"药案"从案情来讲并不是特别复杂，之所以引起公众的高度关注，大概有这样几个原因：一是药家鑫的大学生身份和他的实际人格分裂。一方面是艺术殿堂才华横溢的未来艺术家，另一方面是手段极其残忍的杀人犯，这样巨大的身份反差让人震惊。二是药家鑫的杀人模式。药家鑫开车撞人后，既不是积极采取行动救治被害者，也没有消极地驾车逃逸，而是从背包中取出尖刀将被害人连捅八刀，极其残忍地杀人灭口。这在交通肇事案件中又"开创"了一种极其危险的模式：用直接把被撞者杀死的方式制止其提出索赔或其他任何诉讼请求。这种有可能针对社会不确定的任意人的杀人方式让人恐怖。三是药家鑫建立在充满偏见的观念基础上的杀人动机。药家鑫撞人后不思愧疚，没有怜悯，更无救助，唯一想到的是"农村人难缠"，从骨子里透出的是寒入骨髓的对他人的冷漠和无情以及对弱势群体的歧视和恐惧。一个风华正茂的大学生有如此阴暗冷酷的心理和残忍暴戾的行为让人悲叹。四是"药案"审理是国内首次采用微博进行庭审直播的大案。微博的现场性、即时性、互动性和它同时覆盖人际传播、组织传播与大众传播的特征激发了许多公众的极大关注，大量的转载和评论表明了网民的关注度，也让"药案"的审判进一步置于众目睽睽之下。五是"药案"审理中出现的一些言论。如辩护律师提出的"激情杀人"说，某教授的"钢琴手法杀人"说，都让许多公众在感到新奇别致的同时产生诸多疑虑，引发了广泛的讨论。还有网上盛传所谓药家鑫的同门师妹"李颖"力挺药家鑫捅人，引来西安音乐学院紧急辟谣，高晓松发微博称"音乐界将不接受西安音乐学院学生"，还有所谓的"五教授联名上书呼吁免除药家鑫死刑"这样的插曲越发使得案件一波三折，进一步加剧了公众对此案的关注心理。从舆论学角度看，事件越是反常、出格、独特、显著且和公众利益相关，越容易激发公众关注，激活公众的话题，"药案"显然具备这样一些条件，所以"药案"引发广泛的公众舆论不足为奇。

(二)"药案"网络舆论的基本特征

伴随着微博在"药案"庭审直播的应用，网络成了"药案"舆论的主战场。由博客、论坛、播客、微博等组成的以"自发性"为基本特征的融合了人际传播、组织传播、大众传播等诸多形式的新媒体形成了传统大众传媒之外的新的舆论生发基地。"舆论生态"正在发生着一系列的变化，每一位网民都可以成为信息发送、传播、过滤的"节点"和网络舆论的制造者和参与人，而信息的病毒式传播和舆论的核裂变效应又往往可能造成网络舆论的偏执，甚至呈现出过度放大公众对案件审理的非理性的舆论"一边倒"现象。这种草根与精英并存的"自发式"网络舆论形态往往又对传统的大众媒体的"导向性"舆论形成了干扰，进一步加剧了呈现在各种媒介的舆论形态的复杂性和多元化。

盘点"药案"审理中的网络舆论，会发现这样一些特点：(1) 愤慨与悲悯共存。药家鑫犯罪手段残忍，后果严重，自然会激起"天怒人怨"、"人神共愤"的感情宣泄。极端者如某教授在视频中所说的"药家鑫，他长的就是典型的杀人犯的面孔，一看就知道是罪该万死的人。杀人犯长的都这样……名字就是杀人犯，三个金字摞在一起就是三把刀……你即使逃到天涯海角，也要把你满门抄斩！"在网上受到许多人追捧。在网络上还出现了"药家鑫杀一百次都不为过"甚至"中国和药家鑫，只能活一个"的言论，都反映了网络舆论狂热表达的一面。但是值得关注的是舆论表达中清醒理智的另一面，某教授就撰文反对"以群众狂欢的方式处死一个人"，"我们当然可以依法判决一个人死刑，但是可否不要以群众狂欢的方式处死我们的同类？"[1] 即便药家鑫错了，我们的所作所为就是对的吗？此文也迅速在网络上流传。对于有人在药家鑫是否"官二代"问题上纠缠不休，红网专门发表《勿让药家鑫肇事杀人误入标签式批判惯性》的评论予以矫正。同样还有不少人对年纪轻轻的大学生犯罪感到惋惜和怜悯，有人就在网上发表这样的言论："药家鑫死了，作为一个曾经残忍剥夺过他人生命的罪犯，我们从法律和正义的角度憎恨他，他以生命谢罪，死有余辜。但作为一条鲜活怒放的生命，我们又

---

[1]　贺卫方：《要以群众狂欢的方式处死一个人吗？》，《南都周刊》2011 年 4 月 11 日。

从人性的角度惋惜他，他还那么年轻，才华横溢，他的生命终结同样令人心情沉痛。"有网友在药家鑫被执行一个月以后还留言："7 日那天看到被执行死刑的消息就觉得有点难受，事隔一个月再次看到时还是觉得心痛，总觉得一个年轻的生命不该这么快就结束，尽管他的罪行如此地不可恕。"有情绪化的狂热表达，也有理智的人文思考，舆论的这种并非"一边倒"的基本格局应该使司法承受的压力有所减轻。(2)"惩罚"与"抢救"同在。尽管许多人在网上或通过其他渠道表达了要严惩药家鑫的呼声，但是"抢救"药家鑫的声音也从来没有停歇过，一直有人在网上发帖子呼吁给药家鑫一条生路。有网友说："药家鑫不应该死，是个好孩子，一时精神错乱而已，搞艺术的人，有时容易错乱一下的。"有人发了《惩恶，用法律，不用心灵》的文章在网上流传，其中写道："人都是魔鬼与天使的化身，是善与恶的混合物，人与人的区别不过是善与恶的成分、魔鬼与天使的比重不同而已！站在这个角度想想，谁敢说我们比我们谴责的对象高尚多少？"还有通过网络等多种媒介报道的《五教授联名呼吁免药家鑫死刑：社会舆论影响案件审理》，在他们的呼吁书中写道："药家鑫犯下不可饶恕的罪恶，但是我们一定要他一命偿一命吗？因为他弄死人我们就一定要弄死他吗？这种以血还血以牙还牙是否是最文明的方式？药家鑫不尊重生命，我们是否也要跟他一样冷酷？杀一个人容易，挽救一个人难，以暴易暴容易，宽恕一个人难。一个孩子已经失去母亲了，就不要让另一个母亲失去孩子了！"这种舆论分化的态势为司法一定程度上超脱于舆论压力创造了空间。(3) 反思多于谴责。药家鑫犯罪让人感到痛心，但好多人并没有停留在对药家鑫一味的谴责上，悲天悯人的情怀自然会引发案件背后原因的反思，开启了人们对案件为什么会发生，悲剧为什么会上演的深层思考。其中有对人性、死刑存废、社会责任等方面的，但最为集中的话题还是检讨教育的失败，包括对家庭教育、学校教育和社会教育的反思。有的网友说："父母金钱至上的误导，学校道德教育的缺失，社会世风日下的熏染，加上药家鑫自身的缺陷，确实，药家鑫案留给家庭教育、学校教育和社会教育的疼痛，值得我们花更长时间去检讨。"还有的网友说："药家鑫事件是教育的悲哀。我们的学校能培养出成绩优异的大学生，能培养出手法熟练的琴童，却无法培养出一个合格的公民。"应该说这些反思主要针对的是家庭、学校和社会而非司法，司法当然不是压力的主要承受点。(4) 对法治的信任和期待大于怀疑和失望。"药案"的另一个舆论焦点当然主要是针对司法的，就是对这个有可能会纠结着人情、权力、金钱等各种潜在因素的命案，法治会不会网开一面？有的人有怀疑，有的人在观望，但是更多的人还是对法治有着信心。客观地说，舆论表达中的各种意见，无论是愤慨的还是悲悯的，无论是激情的还是冷静的，都有一个共同点，就是希望"药案"能被法律公平公正地解决，从本质上绝大多数人都愿意当法律的守护者。包括网上广泛流传的"药家鑫，不是你把法律干掉，就是法律把你干掉！"的愤激之言实际上也还是表达了对法律的信心。即使有人担心，也是正像有的网友所说，"公众害怕这个社会真的被丛林法则主宰，弱者将彻底失去法律的庇护"。这充分说明绝大多数公众已经完全接受了法治的理念。好多网友也不赞成网络舆论左右司法，只是担心有其他因素使得司法公正不能实现。一网友写道："如果因为网络评论去决定一个人的生死，我死也不同意，因为我们有法！如果因为特权背景去赦免一个人的罪恶，我也不同意，因为我们有法！法律就是公平！药家鑫杀人了，应该判什么罪，我想法律上应该有明确规定，不能因为为了挽救一个犯了死罪的人的生命，谋杀了许多人心中的公平！"等到一审判决药家鑫死刑时，许多人都表示这是法治的胜利。在药家鑫伏法之后，有网友留言："死刑的执行驱散了各种猜测，司法公正得以彰显，社会人心也由此得到某种安抚。"

(三)"药案"传统媒体舆论的基本特征

相比极为活跃的网上舆论和民间舆论，药家鑫案报道在传统大众媒介上倒显得更中规中矩些，但这并不能改变大众传媒在重大事件报道中舆论的引领者和风向标的角色。总的看来，大众传媒在"药案"报道中基本遵循了法制报道与司法程序共进的原则，力求凸显这样几个特征：(1) 庭审正式启动前，注意报道口径，未作舆论动员。据介绍，从案件发生到西安市中级人民法院 3 月 23 日开庭前，陕西及全国的各大媒体都基本做到客观介绍案件开庭前的有关信息，对案情的介绍限制在司法机关已公布的材料范围之内，如新华网 2010 年 11 月 30 日报道称："11 月 29 日晚，西安警方向社会公布了大学生药家鑫开车撞人后再补 8 刀杀死伤者的案情。10 月 23 日药家鑫已被长安区公安分局以涉嫌故意杀人罪刑事拘留，10月25日长安区人民检察院批准逮捕。"同时很少发表倾向性明显的报道和评论，避免误导公众，给司法带来舆论压力。(2) 审判程序开始后，绝大多数媒体都能注意维护法庭秩序，注意报道的社会效果。尽可能提供完整、全面、充分、客观的信息，避免偏听偏信，妄下结论。对公众不炒作，对司法不施压。及时疏导民意，引导舆论，化解负面情绪，消减公众对司法机关的疏离感，为司法独立审判营造氛围。比如针对"药案"审理中舆论焦点不断、争论不休的局面，《西安晚报》发表评论，及时疏导公众心理，引导公众相信司法，指出"药家鑫到底该不该判死刑，决定他命运的是法律，而不是法律之外的因素。反对死刑也好，敬畏生命甚至爱惜'好人'也罢，都与本案无关。这是维护法律应有的尊严和底线"。对于民意影响司法和司法回应民意的问题，《新京报》发表了《公众"围观"审判，边界在哪儿？》的评论，指出"既要尊重司法独立性，又要保证信息公开透明，不被权力、金钱操纵，让公众对司法有信心。法官不能因为公众愤怒就违背法律屈从民意；民众也要尊重法官，不能走上街头干预个案。公众围观药家鑫案，主要是担忧背后可能存在权力金钱干预，担心法官不能依法判案。对法官而言，必须摆脱一切干扰包括民众围观独立判案，但对整个司法系统而言，必须理解公众对司法公正缺乏信心的焦虑，作出回应民意的改善，建立信任，实现司法与民意的有效互动。"各大媒体还注意在案件未作出判决前，没有对案件最终的判决结果事先进行预测和评议，避免形成事实上的舆论审判。(3) 案件作出司法裁决后，注意维护司法判决的权威性，引导公众对判决结果认同与尊重。这方面，各大媒体的"杀手锏"还是及时、简洁、权威的新闻评论。如6月7日药家鑫被执行死刑，新华社就发表新华时评《保障公民权益，维护司法公正》，从实体公正和程序公正两方面对药家鑫判案件进行分析，特别强调了保证司法独立审判的重要性，"我国法律规定，人民法院依法独立行使审判权，不受行政机关、社会团体和个人的干涉。对于药家鑫是否应当判处死刑，关键在于药家鑫的犯罪行为是否符合法律规定的死刑适用标准。人民法院依法行使审判权，将公正建立在客观认定的事实之上，建立在依法采信的证据之上，建立在严格规范的程序之上，彰显的是法律的正义，确保案件经得起法律、社会和历史的检验。这对于提高司法公信力、维护司法权威至关重要，也是社会主义法治的必然要求"。许多媒体还注重引导公众透过"药家鑫现象"解读中国社会一些深层次问题，启发公众进行深入思考。如《人民日报》的"人民时评"就以《关注药家鑫案件的"破窗效应"》为题发表评论，解析道："中国的高考制度已经恢复三十多年了，但是关于个人道德的高考还没有真正成为我们生活的一部分，我们的社会并没有建立真正意义上的道德教育考核体系。当我们每一次投机就获得回报后，当我们每一次抛开道义获得名誉的时候，当我们每一次放弃尊严获得利益的时候，我们给'药家鑫们'的心里都藏进了一把刀，适当的时候他们就会举起这把刀伤害无辜的人们。在经济的高速发展期，激烈的社会竞争，让我们心里只有对手没有伙伴，只有赢的快乐没有输的心安，我们变得猜疑、浮躁、急功近利。药家鑫已经成为社会心理'破窗效应定律'的典型案例。试想如果在重压下，我们的法律心态是'不得不骑墙'，我们的教育心态是一定要成功，我们的社会心态是假借他人强调和宣泄自我焦虑，我们就只能陷入'破窗效应'的轮回中，等待下一个'药家鑫'出现时，再跳出来开场舆论盛宴，周而复始轮回往复。关注社会的'破窗效应'，弥补社会教育的心理缺失，除了喋喋不休的争论和指责，我们每一个人都应该有自己的反省与担当。在物欲横流的氛围中，我们是宁折不弯还是随波逐流，我们的心灵给'药家鑫们'折射出的是对良知、道义的缺失还是温情、大义的光芒？时至今日，面对法庭上的药家鑫，我们有责任以成熟的心态面向公众平台，表达我们的意愿，还原法律的独立性，尊重法律的判决"。以形象而透辟的说理很好地发挥了舆论导航员的责任。

（四）"药案"的舆情分析

舆论是公众意见的集合，如果公众对某一案件特别关注，意见特别强烈，倾向性特别一致，就会对司法产生强大的舆论场，司法在裁判时就可能顾忌舆论的压力。同时，公众意见是否理性也是关键。在群情激奋，意见的情绪化表达非常强烈，甚至"众口一词"、"众口铄金"、"众曰可杀"的舆论氛围下，司法为迎合民意就可能作出偏离法律的裁判。过去沿袭多年出现在审判文书中的诸如"民愤极大"、"不杀不足以平民愤"之类的词语就是证明。从关于"药案"的总的舆情来看，尚未能构成这样强度的舆论压力。原因在于以下几个方面：(1) 网络舆论和传统媒体的舆论互相牵制，传统媒体的导向性舆论削弱了网络自发性舆论的影响力，一定程度上湮灭了网络情绪化舆论的火药味。特别对司法机关来说，传统媒体的影响力相对网络会更大一些。(2) 公众关注相对热点分散、意见分化、观点分歧、口水战不断，"偏题"、"跑题"的现象常常出现，难以形成高度集中的合意，司法感受到的舆论压力当然就会小得多。(3) 公众中不乏比较理性的意见领袖，他们能够以比较客观、冷静、全面的态度看待案件，发表意见也比较谨慎，注意分寸，不随意对司法指手画脚、说三道四。他们的意见不仅能够对舆论中比较片面、偏激的观点有所矫正，而且能够对其他人产生一定的启发价值和示范作用。基于以上原因，"药案"的审理总体看没有受到来自于舆论的无法化解的太大压力。

二、"药案"的司法审判环境分析

(一) 司法审判制度设计对舆论压力的消解

司法权的本质就是一种居中裁判性权力，司法是在既定的法律关系出现失衡、遭到破坏的情况下，由中立的局外人来评判是非、定纷止争，从而恢复正常的、合法的权利义务关系的过程。在这个过程中，"法官除了法律之外没有别的上司"，排除一切干扰，不挟带任何倾向性意见，独立自主地依据法官对法律的理解、事实的认识、证据的判断，才能保证结果的公正。司法独立作为一项国际公认的重要法治原则，也被我国法律所认可。我国1982 年《宪法》、1979 年《法院组织法》、1995 年《法官法》以及三大诉讼法，均将司法（审判）独立确立为基本原则。从内涵讲，司法独立的内容很多，而独立于新闻舆论应该是其中的一项重要内容。营造司法独立审判的环境，从司法内部来说，需要整肃法官队伍，提升法官素质，强化内部监督，提高司法效率，确保司法公正，也需要强调审判主体的专业化、审判过程的程序化和审判根据的法定化，"使法官有能力在一个特定的案件中针对特定的事实，选择、解释和适用其认为适当的既定的法律规则，而不受来自于任何可能会影响其裁判的外来的影响和压力"。[①] 从外部来说，则要强调行政权的

---

① 张泽涛：《司法权专业化研究》，法律出版社 2009 年版，第 49 页。

少干预和大众传媒的少干扰，司法机关要尽量提高对舆论的抗压能力，尽量将各种非司法因素包括来自于民间和传媒的舆情的影响降低到最低程度。如果司法在审判中不是首先从法律着眼而是过多考虑民意的诉求，将舆论的表达视为裁判的一个基本依据，过分地察媒体之言而观公众之色，屈从于舆论的压力，则司法公正就可能受到影响。

（二）"药案"司法判决有无舆论影响分析

"药案"的司法判决是在舆论压力下作出的还是司法独立审判的结果？陕西省政法委书记宋洪武在案件审理终结后跟西安交通大学的师生谈话中有一段话可以看做是解读司法审判意图的一把钥匙。宋洪武说："药家鑫案的案情比较明确，先是交通肇事，然后故意杀人，且法院认定有自首情节。最后为什么判处药家鑫死刑？就是从法律、政治、社会三个效果考虑的，不是单从法律效果一个方面考虑，也不是迫于所谓的'舆论压力'。按照法院的认定，药家鑫杀人灭口，'犯罪手段极其残忍，情节极其恶劣，罪行极其严重。'虽然有自首情节，但被害人家属不予谅解，社会反映强烈，如果不判处死刑，可能会对社会的道德价值观念造成负面影响。"① 这段话明确表示司法审判是从法律、政治、社会三个效果来综合考量作出判决的，舆论因素不是司法判决的主要的裁判依据。

对宋洪武这段话我们可以从三方面来诠释：（1）药家鑫案的法律效果。药家鑫驾车撞人后为了怕对方记他车牌，找他麻烦，竟然用刀连捅8刀将受害者刺死，主观恶性很大，手段极为残忍、卑劣，而且开启了交通肇事案件中一种极其危险的犯罪模式的先例，引发了公众普遍的不安全感，社会危害性极强。这种罪行如果不予严惩，当然不利于安抚受害人家属，不利于消除公众因他犯罪模式可能带来的连锁反应的恐慌心理。因此判处死刑是体现社会正义，实现司法公正的必然结果。（2）"药案"的政治效果。作为社会正义的最后一道防线，司法的政治效果在目前社会条件下，主要是消解社会矛盾，避免社会动荡，稳定社会大局。服务经济建设和社会发展，实现执政党稳定压倒一切的政治任务。而药家鑫犯罪在社会稳定上也起了不好的作

---

① 《陕西省政法委书记：药家鑫被判死刑不单考虑法律效果》，《法制日报》2011年7月4日。

用。他的犯罪动机是因为怕"农村人特别难缠"，这又在客观上激化了城乡二元格局下的社会矛盾，触动了社会敏感的神经，也刺痛了社会弱势群体难言而无奈的心理。药家鑫此言一出，就引来公众的普遍反感。网上引发了一片责难声。网友"米米"说："这里体现了一种社会不公平。农民不仅自身的地位低下，而且在城里人眼里、心里，连生命权都可以被轻易剥夺。"一篇题为《作为一个农村人，我想和药家鑫谈谈》的评论在网上广为传播，文章称："农村人进城生活很不易，既要接受别人的歧视，还时时担心遇见黑心老板，他们有的只是一双手一条命，他们只想干一份活拿一份钱，养活自己养活家人。遇到纠纷，农村人也希望用最文明的方式解决问题，要不是被逼无奈，谁愿意死缠烂磨啊？"文末，作者叮嘱药家鑫："下次你父母探监的时候，不要忘了问一问，你爷爷或者爷爷的爷爷，是不是也是特别难缠的农村人？"从这些网上舆论可以看出，药家鑫的话加剧了社会的对立情绪，产生了不良的社会效果，对社会稳定造成了消极影响。所以，从政治上看，药家鑫被处以死刑是从稳定社会大局，安抚普通民众的人心着眼的。（3）"药案"的社会效果。司法的社会效果主要体现在两个方面。一方面是用判决来体现对社会主流价值观的维护，引导大众遵守法律规范，遵循社会公德，坚守行为方式的道德标准。另一方面是考虑判决的群众拥护和认可程度，也就是民意基础。民意不是司法的裁判依据，司法的裁判依据只能是法律。司法不能离开法律一味唯民意马首是瞻，不能被舆论牵着鼻子走，司法一旦被情绪化的舆论所左右就可能演变成舆论审判。但是司法也不应该刻意回避舆论，因为我们还正处在建设法治社会的过程中，从人治观念到法治精神还需要一个渐进的转换期，民意在很长一段时间内都会成为司法裁判的一个参考因素。司法应该知道舆论的焦点和热点在哪里，并力求在法律框架内作出裁判时考量民心的向背和民意的臧否，并尽量做到使判决在确保法律公正前提下的顺民心、合民意。这也正是执政党提出的司法为民的题中应有之义。从前一方面来看，药家鑫的犯罪行为不仅触犯了法律，也突破了作为一个人的最基本的道德底线，其冷酷无情和残忍暴戾对社会的价值观有非常负面的影响。正如有网友所说："药家鑫不死，社会良知的底线被随意突破，那么千万个药家鑫就会接连冒出来。为了挽救一个药家鑫，而使千万个药家鑫及无辜者付出惨重代价，这决不是法律的应有之义。"再从后一方面来看，"药案"的判决结果也是民意所期待的。"药案"审理期间，各种民意调查均显示90%以上的民众支持对药家鑫判处死刑。在这种情况下司法作出死刑判决无疑是合法、合情、合理的明智之举。

三、结语

（一）"药案"不是媒介审判。药家鑫案在某种程度上可以视为舆论和司法的一场互动，互动的结果是舆论和司法的双赢，舆论促进了司法，司法实现了公正。"药案"是在舆论狂潮中审结的，舆论的各种声音都竭力想对司法施加影响，但是这种影响的核心内容和最终指向是希望司法能够公开公平公正地审理案件，真正能够体现司法公正，实现社会正义。所以，舆论没有绑架司法，反倒在一定程度上促进了司法公正，促使司法能够更加审慎地处理好司法程序的每一环节和步骤，充分注意到司法判决的法律、政治和社会效果，力图在公众看得见的情况下实现司法的程序正义和实质性正义。

（二）"药案"虽然不是媒介审判，但是对司法对传媒仍然有许多值得反思和检讨的地方。就司法而言，未能健全公开透明的信息发布机制以及时澄清真相，消解公众的疑虑，当是一大缺憾。再如在庭审现场发放审判意见征求表，某种程度上也容易被误认为司法向民意"暗送秋波"，容易造成各种各样的猜测和误会；就传媒而言，网络舆论"轰炸式"的情绪宣泄除了给司法形成一定的压力外，也无端地加大了公众的"集体焦虑"，妨碍了社会大众以清醒、冷静、理智的态度来对案件作出独立认识和判断。再如围绕"药案"的舆论常常有"偏题"、"跑题"的现象，将本来简单的问题复杂化，连带出太多的题外之义，让一个案件承载太多的"附加值"来解决社会面临的各种问题也极不现实。

（三）由于微博直播的介入，"药案"成了微博大规模直播庭审现场的第一案，"自媒体"成了公众第一时间直击庭审现场的"大众的眼睛"。这也标志着网络成了"药案"舆论的主要生发基地和看台，改变了由传统的大众传媒独霸天下报道司法的格局。舆论对司法的影响力也随着网络舆论的加入变得更大更加不容忽视了，这对司法对传媒都是一个新的富有挑战性的课题。

对司法来说，如何在"自媒体"时代坚守司法独立的立场，适度屏蔽来自于媒体的舆论压力以实现司法公正，难度更大也更为紧迫；对传媒来说，认清自己的"记录者"而非"裁判者"的角色担当，更客观更全面地报道事实，更理性更审慎地发表意见，当更具有现实意义。

媒介审判源于舆论

——以药家鑫案为例

● 姜淮超

2011 年 6 月 7 日，故意杀人罪犯药家鑫在陕西省西安市被依法执行死刑。至此，药家鑫案的所有司法程序终于画上了句号，但这起大学生驾车撞人继而杀人案件的尘埃尚未能完全落定，仍有不少问题值得我们思考和重新认识。

一、药家鑫案有媒介审判的嫌疑

据华商网讯，药家鑫的律师路钢曾在 5 月 20 日二审法庭辩护时指出，药家鑫案原是一起普通的刑事案件，但是在整个案件审判过程中却有"个别人"存在利用媒体歪曲事实、企图将案件复杂化、妖魔化，将严肃的审判活动庸俗化的行为，认为"司法程序受到了严重干扰，使该案审判极不公正"。[①] 也就是说此案的审判受到外力影响，有媒介审判的嫌疑，因此存在未能公正审判的问题。

此案一开始就引起了媒体高度关注，一度成为舆论焦点，新闻媒体持续跟踪报道，就此事件发表的新闻评论数量众多，借助互联网和公共媒介，公众也争相发议论谈看法。3 月 23 日，西安市中级人民法院开庭审理时，不仅是受害人的近 30 位亲属到庭，包括中央电视台等数十家中央和省级媒体，以及 400 余名大学生也到场旁听。

---

① 《药家鑫律师：法外因素干扰让案件审判极不公正》，http://news.ifeng.com/society/special/yaojiaxin/content-2/detail_2011_05/21/6543100_0.shtml?_from_ralated。

网络更是声讨的主阵地。有人说："药家鑫，要么法律把你干掉，要么你把法律干掉！"有人说："作为一个农村人，我想和药家鑫谈谈！"有人说："如果网络评论真能唤回公平，我宁愿成为'推波助澜''言杀药家鑫'的'刽子手'。"药家鑫甚至还被网友贴上了富二代、官二代的标签。

网友"李光启"评论说："药家鑫不死不足以服众。把人家撞了，对着毫无还手能力的伤者连捅 8 刀，这种行为的恶劣性质胜过故意杀人。"网友"小小罗围脖"说："个人理解道德是社会规则的最低底线，一个人违反道德不一定违法，但一个人违法一定是违反道德。对于药家鑫这个案子，再明显不过了，这种人杀一百次都不为过。"①

该事件发展中的跌宕起伏，民意的汹涌澎湃，以及如此高的关注度，很容易让人认为该案件存在媒介审判问题，也因此可能带来了审判的不公正。

"媒介审判"这一提法源于西方，西方把新闻媒介通过报道和评论影响司法审判的现象称为"媒介审判"（trial by media）。那么此案是否存在媒介审判问题？我们又该怎样认识媒介对案件审理产生的影响呢？笔者认为，此案存在媒介审判几乎是可以认定的，传统媒介暂且不论，最明显的、观点直接、毫无隐藏的"审判"就是网络言论，可以说是喊杀声一片，在网络上，药家鑫早已被判处了死刑。尽管网络言论并非出自于有新闻资质的新闻媒体，但网络毕竟是公开的传播媒介，通过一台联网电脑，任何人都可以发布信息和随意地浏览自己关注的信息。其实，是否能够公正审判的关键不在于是否存在媒介审判，不能说某一案件只要存在媒介审判就是出了严重问题，就会带来审判的不公，只要不存在媒介审判就不会出严重问题，审判就是公正的。

二、媒介审判可能影响依法审判，但并非洪水猛兽

媒介关注某一事件或某一案件，这一事件或案件必然是较为重要或影响较大的，如果它不够重要或影响不大，公众就不会十分关心，也不值得媒介重点关注。就药家鑫案而言，所以引起了媒介和公众的极大关注，就是因

---

① 楠岸：《药家鑫案民意洪流　讨伐人性之恶还是检讨社会之失》，http://news.163.com/11/0422/08/727U4A1I00014AED.html。

为事件的重要性和产生的较大影响。加之意见的分歧，更是引起众多人积极参与其中，其间有犯罪心理学专家的"弹钢琴过度造成的心理压抑杀人论"、辩护律师的"激情杀人论"、五教授联名上书"刀下留人"、传说中的西安音乐学院学生集体为药家鑫请愿，音乐人发微博称"音乐界将不接受西安音乐学院学生"、西安音乐学院院方拥护法院对药家鑫判处死刑等，每一可能影响案件是非判断的重要言论或行为的出现，都引起了众人的积极参与评判，其中情绪化的言论随处可见，也有一些言论带有明显的人身攻击。

案件的引人关注也与当前的社会环境、社会心理有关。药家鑫案的一方是家在城市的大学生，另一方是家在农村文化水平不高的打工者，众多言论较为集中地反映了一种社会心理，即对社会存在不公、权力难以受到制约、普通百姓不能被平等对待、弄不好人性残忍冷漠的一面可能被引发的担心。从这一点来讲，药家鑫案并非单纯是一起交通事故案，而与社会公平、公共安全、公众利益紧密相关。

媒介报道案件，评论案件，包括网络中网民对有关案件的情绪化言论，对法院的审判并非洪水猛兽，并非都是对案件公正审判的干扰、全都是负面作用。当然，对于案件的审判，理应在不受任何外力影响的情况下，由司法部门独立审判。但是，"情绪之于案件虽有不良影响，但也非一无是处。事实上，在法律之外，还有着道义、命理等在默默发挥它们的作用，它们虽然与法律并非平行，但却也有着一定的存在理由"。①

媒体，包括网络上的言论审判并不是实际意义的审判，它可能对司法审判产生某种影响，但并非决定性的。说得直白一些，所谓媒介审判就是一些人利用新闻媒体（包括网络）发表了一些不合司法程序、不考虑后果、不负责任的意见，因此对案件的审判带来了某种影响。

三、媒介审判源于舆论，舆论是多数人对社会问题的共同意见

媒介审判是针对某一较为重要或影响较大的案件，通过媒体发表某种

① 韩浩月：《同情药家鑫之死也是珍贵的情感》，http://news.ifeng.com/opinion/society/detail_2011_06/08/6878025_0.shtml。

意见，如果这种意见代表了多数人的看法，那么它就与社会舆论发生了关系。什么是舆论？著名学者刘建明认为："舆论的概念有狭义和广义之分。狭义概念是指某种舆论而言，即在一定社会范围内，消除个人意见差异，反映社会知觉的多数人对社会问题形成的共同意见。广义的概念是指社会上同时存在的多种意见，各种意见的总和或纷争称作舆论。人们多在狭义上使用舆论的概念，因为人们谈论舆论的存在常常是指社会中某种具体意见，剖析某种意见是如何形成的、它的指向或量化怎么样，以及有何影响，并不过多地分析多种意见的纷争状态。"[①]

具体到药家鑫事件或药家鑫案，最为集中的意见就是：药家鑫在撞伤人后不仅不救，反而残忍杀死对方，对此绝不能宽容，法律应给予其最严厉的制裁，药家鑫不死不能服众。公众对此发表意见是再正常不过的事了，如果公众对此都无动于衷那才是社会的悲哀，是无望的表现，是最不正常的。我国宪法规定，中华人民共和国公民有言论、出版、集会、结社、游行、示威的自由。[②] 公众发表意见并不违反法律，也不是要和司法对着干，他们无意干扰司法，只是发出了自己的声音，讲出了自己的观点而已。我们有理由相信，绝大多数民众拥护法律，赞同法治，相信司法工作者能够以事实为依据以法律为准绳，主持公平正义。

如同法院对案件有依法审判的权力一样，新闻媒体有报道新闻的权利。药家鑫事件具有极高的新闻价值，媒体自然要积极跟踪报道和评论，如果媒体对此轻描淡写或集体无语，那才是极不正常的。媒体代表公众采集有价值的新闻信息，并及时告知公众是其职责所在，报道、评论药家鑫案件正是在履行职责。我们期望媒体报道的事实和评论的观点能与法院的审判相吻合。但如果媒体的报道或评论中的意见与法院的审判意见不尽相同也属正常，因为媒体的性质要求其在追求真实性的同时还必须追求时效性，因而在细节的准确方面就可能付出代价，媒体获取事实的主要方法是采访，而没有取证方面的权力，因而在全面性实证性方面就可能付出代价。媒体报道的主要职能

---

① 刘建明、纪忠慧、王莉丽：《舆论学概论》，中国传媒大学出版社 2009 年版，第 23 页。

② 见《中华人民共和国宪法》第三十五条。

是告知，尽管我们追求报道的客观性，但其中难免倾向性的流露。媒体评论要讲观点，就不只是倾向性而是导向性问题，尽管我们追求评论的公正性，但其立足点主要是社会道德，而不是法律条文，以法律衡量其观点，在定性方面难免不出现偏差。因此，当媒体的报道和评论与案件相关时，出现所谓"媒介审判"也就不奇怪了。

大众传媒是社会公器，要为社会服务，追求社会的公平正义，要反映舆论和引导舆论，要代表公众发言，履行舆论监督的职责。媒介报道评论有关案件，出现"媒介审判"，其意见正是源于社会舆论。

四、案件的审判不只要考虑法律效果，也要考虑社会效果

我国宪法规定："人民法院依照法律规定独立行使审判权，不受行政机关、社会团体和个人的干涉。"[1] 媒介因报道、评论有关案件对案件审判造成影响明显与以上规定相悖。因此，我们应当反对媒体对案件的炒作，以保证司法的权威性和公正性。

媒介审判并不是一个科学的提法，媒介并没有审判权，当然不能真正审判。但某些案件一经媒介传播，有可能被放大、评判甚至误传，以致出现未经审判就有罪名的情况，这样可能使公众"先入为主"，在一定程度上对司法机关的审判带来影响，同时也错误地张扬了媒介的作用，对司法机关的权威性造成冲击。

但司法审判作为一项重要的社会公共活动，公众无疑享有知情权，尤其是比较重大、有较大影响的案件，公众有获知审判情况的强烈欲望。公众了解司法审判的目的除了获取信息之外，也包含着对司法公正的期盼和担心。为此，媒体有权也有必要对案件审理的有关情况进行报道和公正评论。如前所述，媒体在报道和评论中不可能绝对不出问题，网络中的言论由于客观原因更是难免偏颇和情绪化。

宪法第二十七条规定："一切国家机关和国家工作人员必须依靠人民的支持，经常保持同人民的密切联系，倾听人民的意见和建议，接受人民的监

---

[1] 《中华人民共和国宪法》第一百二十六条。

督，努力为人民服务。"这一条规定也可以被看做是舆论监督司法的重要理论根据。媒体报道和评论案件审判也具有监督意义，司法腐败的现实警示我们，舆论监督不是可有可无，而是必不可少的。司法独立与新闻自由是一组矛盾，是对立的统一，关键是怎样求得平衡。

"媒介审判"是站在司法的角度，主要考虑法律效果而提出的。其实，除了法律效果，还有社会效果的问题，我们应当兼顾各个方面，从而实现法律效果和社会效果的统一，就药家鑫案的审判来看，正是达到了这样的目标。

中共陕西省委常委、政法委书记宋洪武 6 月 21 日在西安交大授课时说道："最后为什么判处药家鑫死刑？就是从法律、政治、社会三个效果考虑的，不是单从法律效果一个方面考虑，也不是迫于所谓的'舆论压力'。按照法院的认定，药家鑫杀人灭口，'犯罪手段极其残忍，情节极其恶劣，罪行极其严重'，虽然有自首情节，但被害人家属不予谅解，社会反映强烈，如果不判处死刑可能会对社会的道德价值观念造成负面影响。"[1]

---

[1] 《陕西省政法委书记：药家鑫被判死刑不单考虑法律效果》，《法制日报》2011 年 7 月 4 日。

以专业主义的方式避免媒介审判

——对传统媒体关于药家鑫案件报道的思考

● 孙晓红

在 2011 年的上半年，恐怕没有哪个刑事案件能够像药家鑫案件那样引人关注，其传播的媒体种类之多、范围之广、关注度之高都属少见。药家鑫案件因为其特殊性，以及各类媒体的广泛传播而引发各类舆论冲击波。2011年 6 月 7 日，药家鑫被注射死亡。然而，药家鑫不因其死亡而淡出人们的视野，他的名字已经变成一个符号，在各类媒体上，不时可以看见江苏版"药家鑫"、重庆版"药家鑫"、河南版"药家鑫"、云南版"药家鑫"、"赛家鑫"等。

然而，现在我们盘点这一重要的案件时，不难发现传统媒体在报道这一案件时存在一些问题。鉴于我国处于社会转型期的大背景下以及构建和谐社会的需求，因此有必要对于这一案件报道存在的问题进行分析，并提出对策，为以后媒体报道此类事件提供一些借鉴。

一、药家鑫案件媒体报道的误区

作为一起看似普通的刑事案件却因为案件背后"蕴藏凝聚了浓厚的社会'公正焦虑'而引发了极高的关注。比如，社会舆论对于作为农民工的受害人张妙悲惨遭遇的'公正焦虑'，对于作为'富二代'符号的药家鑫极度反感的'公正焦虑'。更深一层，这种'公正焦虑'实际上还表现在，公众对于药家鑫身后所代表的大学教育乃至整个中国教育严重不满的焦虑，对类似药家鑫案这样的案件背后司法状况不抱信任的焦虑"。[①] 笔者认可这样的分析，这也正是药家鑫案引得如此多的媒体、公众关注的主要原因。

（一）早期的不实报道引发舆论的不理性与不全面

经网上搜索后发现，最早报道此事的有两家新闻媒体，一家是《华商报》的《撞人后 8 刀刺死伤者　大学生已被刑拘　警方拒绝采访》，一家是《扬子晚报》的《西安一大学生撞倒行人后连刺对方 8 刀致死》。从两家的新闻报道来看，基本案情交代清楚，报道更多关注受害一方，对于药家鑫的报道较少。但是，《扬子晚报》的最后一句话"其所驾驶的车辆系其私家车，其家庭背景殷实"引发了网民的关注。在 3 月 23 日一审前，不少媒体将药家鑫说成是"富二代"、"军二代"等。该事件被推到了舆论的风口浪尖，由此引发网民的强烈关注与不满，"药八刀"的说法开始流行。成为继"欺实码"、"我爸是李刚"之后的又一流行语。正如有研究者所说："凡是触及到集体情绪的事件（包括腐败官僚以及所谓的'为富不仁'等社会强势群体。作者注），都会以超快的速度在网络中蔓延，网络舆论往往在政府权力机构之前就预先做出了他们的'判决'。"[②] 而此后的事实显示：药家鑫并非富二代。另外，在此期间，药家鑫的亲属也被网民进行了人肉搜索。

（二）央视节目引起舆论对于药家鑫案件判决公正性的怀疑

2011 年 3 月 23 日，药家鑫案件一审开庭当晚，中央电视台播出《新闻1+1》节目《药家鑫：从撞人到杀人》，在节目中犯罪心理学家李玫瑾在分析药家鑫杀人动机时称药之所以会在瞬间完成连扎 6（说法有误，实为 8 刀）刀的动作，和他长期以来的钢琴训练有关。网友因此称李玫瑾的说法为"钢琴强迫杀人法"，李玫瑾也被网友称为"著名犯罪漂白专家"。网民将此节目与要替药家鑫开脱罪名联系起来，骂声一片。显然，央视的这期节目最大的问题在于两个方面，第一，缺少受害方的相关画面以及观点；第二，在节目中没有其他专家关于此事的评论与解读。

---

① 楚一民：《药家鑫二审判死　公众何以如此兴奋》，http://news.ifeng.com/opinion/society/detail_2011_05/22/6548719_0.shtml。

② 韩敏：《商议民主视野下的新媒体事件》，《新闻与传播》2010 年第 10 期，第 31 页。

（三）一些媒体在案件报道时有所倚重，丧失中立的立场

很显然，在这起案件中，药家鑫的大学生身份、杀人、"好孩子"等符号以及背后所承载的意义使得媒体在报道时更加注重被告方的新闻价值。纵观一审案件的报道，不少媒体将篇幅、镜头等给了药家鑫。请看如下标题：

药家鑫故意杀人案今开审　　是否有自首情节成焦点

药家鑫同学等写请愿书　　请求法庭给改过自新机会

庭审现场药家鑫叙述案情时流下眼泪

药家鑫称愿尽最大努力赔偿　　杀人只是一念之差

药家鑫案受害人家属索赔 53.6 万　　药称非常后悔

大学生捅死女工续：父母托警方送万元安葬费

大学生撞伤女工将其捅死　　同学称其是个乖孩子

药家鑫辩护律师：他不是富二代　　不是社会残渣

药家鑫母亲证言称陪儿子自首

李曙明在《药家鑫案，有的报道不及格》这篇文章中说："以前的案件报道，更多关注被害方，对被告人则多是'一片喊打'。这当然不对。但时下，一些案件，却给人以'矫枉过正'之嫌。比如本案，一些报道更多地展示药家鑫的家庭环境给其造成的不当影响和压力；展示他痛哭流涕、递交悔过书等可宽恕情节。这些'展示'，本身并无问题，然而，这方面的不厌其详和对被害方寥寥几笔带过的'失衡'，却让人有别样的滋味。学者陆天明在网上讲述他参与录制一档有关'药家鑫该不该杀'电视节目的经历，他的感觉是电视台在"拉偏架"：'施害方的律师气势极盛。时有打断受害方律师的发言。主持人也不去干涉。而当施害方的律师对场上某人的发言感到不快而提出抗议时，主持人会立即中断那个让施害方律师不快的人的发言'。"①

然而，如果认真审视这一阶段的报道，还会发现另一个问题：案件在一审时原告方出现了一个"激情"代理人张显，其人在法庭上激烈的言论被媒体广泛传播，如在一审时张显的"中国只要还有死刑存在，药家鑫就该享受此待遇……判药家鑫死刑，是法律的要求；作为道义上来讲，我们再穷也不

---

① 李曙明：《药家鑫案，有的报道不及格》，《青年记者》2011 年 5 月（上）。

愿要药家的钱，因为有血的钱不能要!"的说法，"带血的钱"由此成为一个流行语。这种说法可能会影响一些受众对于事件的认知和判断。此外，张显或是在微博，或是在博客中自相矛盾，频频煽情与攻击的言论，乃至引发舆论、影响舆论的说法，也使得他成为媒体报道的焦点之一，这些说法在一定程度上会对舆论产生负面影响。

（四）在报道过程中有媒体审判的问题

对于药家鑫案件的传播，除了一些网民使用一些极端言语外，一些媒体的新闻标题也存在问题。如：《重庆商报》于 2010 年 11 月 29 日发表了一篇《天之骄子咋又变冷血屠夫?》的评论；《新京报》也于 2010 年 12 月 11 日发表了一篇《谁该为药家鑫冷血的狼性负责》的报道，至于杀人恶魔等说法也频频见诸于媒体。

上述这些报道可能产生如下问题：

对于培养理性、成熟的公民不利。有研究显示，越来越多的弱势群体以及年轻人对于新媒体更加情有独钟，网民群体普遍有仇官、仇富等情绪。因此，媒体有失偏颇的报道引发的网络舆情并非真正客观、全面。学者范士明在《新媒体与中国政治表达》中说："网络舆论作为中国公众情绪一种真实、广泛然而并不全面的表达，对中国的政治讨论和决策的重要性正在增加。但是，就此断言互联网将在中国促发西方式的民主恐怕是一厢情愿，言之尚早。"①该段文字说明，如果网民的舆论是真实的，就可能推动中国社会的发展；然而，如果网民的表达不够真实，则可能因为"围观"引发"网络暴力"。

其次，受众是通过媒介提供的拟态环境来认识和了解真实世界的。所谓拟态环境指"传播媒介通过对象征性事件或信息进行选择和加工、重新加以结构化以后向人们提示的环境"②。如果媒体在报道相关事件时倚重于一方，受众对于该事件的了解必然存在偏颇，进而影响到受众对于现实世界的认识和评判。

影响到媒体的公信力。现在媒体竞争处于白热状态，各家媒体为了争

① 转引自韩敏：《商议民主视野下的新媒体事件》，《新闻与传播》2010 年第 10 期，第 32 页。

② 郭庆光：《传播学教程》，中国人民大学出版社 1999 年版，第 127 页。

夺受众，想计策、谋发展，充分满足受众的需求，但是也有媒体为了吸引受众眼球不惜作虚假或者有失偏颇的报道。短期内似乎可以吸引受众，但是长此以往必然会丧失媒体的公信力。像央视《新闻1+1》节目就引发了很多人的不满，也降低了对于央视的社会评价。

二、用专业主义的方式报道犯罪新闻

新闻专业主义理念形成于19世纪末的美国。其基本含义是："新闻媒介必须以服务大众为宗旨，新闻工作必须遵循真实、全面、客观、公正等原则。"[①] 美国新闻学者阿特休尔将其归结为四条信念："新闻媒介摆脱外界干涉，摆脱政府、广告商甚至公众的干涉；新闻媒介为实现'公众的知晓权'服务；新闻媒介探求真相、反映真理；新闻媒介客观公正地报道事实。"[②] 犯罪新闻由于涉及多方情况，因此，应该特别注意从专业主义理念进行报道。如果从这些理念出发，在做类似的引发公众关注的公共事件的报道时，应该注意以下几点：

（一）在案件报道中，要注意平衡

刑事案件涉及多个方面，原告、被告、辩护方、法院等多个方面的信息、观点均应该在媒体上予以呈现，这样人们才能够更好地了解案情，明辨是非。在报道中不能因为某一方更吸引受众眼球就多传播，而另一方很少出现或者根本不出现。坚持新闻专业主义理念无论对于传播事件真相还是对于树立媒体的公信力均具有重要的价值，所以，在这类报道中均需要客观公正，就是要讲求平衡。无论是上面所说的央视的新闻报道，还是多家媒体对药家鑫一审案件的报道，均存在不够平衡的问题。

（二）注重深入调查，尽量逼近事实真相

药家鑫案件看似一起事实清楚的犯罪事件，其实存在着诸多的疑点。舆论一次次聚焦该事件，不仅因为该事件具备新闻价值以及宣传价值的诸多因素，而且该事件中似乎迷雾重重。比如药家鑫的身份，诸如"家境殷实"、"富二代"、"军二代"等等说法，作为新闻传播者不能道听途说、信以为真、

---

① 李良荣：《新闻学概论》，复旦大学出版社2009年版，第321页。

② 同上，第320页。

合理想象，而需要亲自去调查、核实与澄清。

（三）树立服务公众的理念，全面报道案件

药家鑫案件显然不是一个孤立的刑事案件，其背后可以反思之处有很多。比如事件的成因、价值、意义、警示、社会刻板成见的缘由（农村人难缠的说法）、如何对青少年进行法律与道德的培养等多方面。在这方面，可以借鉴我国台湾一家媒体的一个个案报道：

"1986 年，台湾《人间》杂志报道了一个案例，一个 18 岁的阿里山少年到台北打工，工作才九天，杀死了他打工的洗衣店老板一家三口。这案子同样容易简单归因于人性的残暴，但台湾以媒体人、律师、宗教团体等组成的一群人，一方面对死者家属寄予极大同情，为之捐款，提供心理帮助，另一方面对于杀人凶手的过往经历进行了详细的追踪，发现了杀人凶手的诸多可悲可怜之处，虽然最终少年仍然被判死刑，但引起台湾社会对于原住民生存环境的关注，促进了台湾社会的极大进步。"[1]

（四）加强法律素养，遵守职业道德

在本案的报道中，一些媒体存在使用法律用语不够专业等问题，也存在媒体审判的情形。除了新闻传播者需要认真学习有关法律法规之外，还需要遵守职业道德。在 2009 年修订的中国新闻工作者职业道德准则中明确规定：遵纪守法；在有关条款中提出维护司法尊严，依法做好案件报道，不干预依法进行的司法审判活动，在法庭判决前不做定性、定罪的报道和评论。这些应该成为新闻工作者在报道犯罪新闻时的底线。

参考文献

[1] 韩敏：《商议民主视野下的新媒体事件》，《新闻与传播》2011 年第 10 期。

[2] 李良荣等：《当代西方新闻媒体》，复旦大学出版社 2004 年版。

---

① 参见《天涯杂谈》：《把药家鑫说成是"富二代"、"官二代"很重要吗》，http://www.tianya.cn/publicforum/content/free/1/2129712.shtml。

媒介审判无可讳言　司法原则应该坚守

● 宋　雯

药家鑫的案子已经尘埃落定，但是关于此案的思考却没有结束。和当年引起极大民愤、举国曰杀的张金柱在临死前哀叹是媒体杀了他不同，药家鑫始终没有对媒体有过任何抱怨，但是由张金柱案引起学界反思的媒介审判在药家鑫案中同样存在。

一、"媒介审判"的重新认识

媒介审判是一个外来的概念，2004 年成为学界的讨论热点。关于媒介审判，现有的大家比较认可的界定是："媒介超越司法程序抢先对案情做出判断，对涉案人员做出定性、定罪、定量刑以及胜诉或败诉等结论。"[①] 批评者认为其"干预、影响司法独立和司法公正"[②]，应该受到批判和禁止；肯定者认为媒介审判是舆论监督的一种形式，是"新闻媒介职责内的本分"，[③] 无可厚非。

实际上在中国的语境下，"媒介审判"是一个有争议的概念，媒介审判之说来自美国，而且原本只是针对美国审判制度中的小陪审团而言，小陪审团通常由不具法律专业背景的普通公民构成，其职责是基于法庭上呈现的

---

① 魏永征：《新闻传播法教程》，中国人民大学出版社 2002 年版，第 209 页。

② 慕明春：《"媒介审判"的机理与对策》《现代传播》2005 年第 1 期，第 64 页。

③ 庹继光、李缨：《"媒介失语"比"媒介审判"更可怕——以一个典型的个案为例》，《新闻界》2005 年第 4 期，第 60 页。

证据对案件的事实部分作出判断，这个过程被称为"事实审"。如果在"事实审"中裁定无罪，审判便到此结束。如果小陪审团认定有罪，法官则会在"事实审"的基础上适用相关法律，进行"法律审"。

在这个制度背景下"媒介审判"的形成机制是："媒介的涉案报道影响到无法律专业背景的小陪审团对相关事实的体认，致使'事实审'，有失公正，并进而影响法官在'法律审'中做出有失公正的判决从而导致'媒介审判'。"[①] 从这种意义上讲，中国不存在"媒介审判"的情况。

但是现实中，中国又确实存在着媒介关于案件的报道和评论影响司法审判的情况，从这个层面讲中国学界可以使用"媒介审判"这个概念。但是在认识上必须有中国特色，不能把媒介审判先验地界定为破坏性的影响司法公正，媒介审判大部分情况下被认定为是媒介的一种主动行为，这是不全面的。

现实里媒介审判的形成应该有两种情况：一种是媒体是以主动的姿态，强势地介入案件的评判和进行有违客观的报道，包括超越司法程序抢先对案情作出判断，对涉案人员作出定性、定罪、定量刑以及胜诉或败诉等结论，其"在事实方面往往是片面的、夸张的以至是失实的。它的语言往往是煽情式的，力图激起公众对当事人憎恨或者同情一类情绪。它有时会采取'炒作'的方式，即由诸多媒体联手对案件作单向度的宣传，有意无意地压制了相反的意见。它的主要后果是形成一种足以影响法庭独立审判的舆论氛围，从而使审判在不同程度上失去了应有的公正性。"[②] 中国学界对媒介审判的界定与批评更多的是在这个层面上。

另外一种情况是媒体并没有对涉案的内容做各种臆测和煽动性的报道，但是因为案件本身的特点和社会影响，民间形成了对案件的一些认识和判断，媒介出于新闻传播本身的需要对其进行客观的报道、反映，这种情况下也有可能形成足以影响司法审判的舆论氛围。这种影响不全是负面地影响司法公正，也有可能因公众的压力而促成了司法的公正。应该说无论哪种形式

---

① 王中伟：《"媒介审判"的主体之辩及形成机制》，《新闻三昧》2009 年第 2 期，第 49 页。

② 魏永征：《新闻传播法教程》，中国人民大学出版社 2002 年版，第 209 页。

的媒介审判都会影响司法判决，但是媒介审判并不当然地影响司法公正。

从整体上讲，媒介审判应该是一种客观存在。出现了公众关注的案件，媒体自然要报道和评判，要反映各方意见，这是媒介的职责所在，由此形成关于案件的看法、判断都是伴随新闻活动存在的。虽然有很多的规范要求媒体不能在法院审理案件期间过多进行评判性报道，否则就是超越司法程序，但现实中但凡是有影响的案子，媒体报道就不可能不牵涉到评判性的内容。认识媒介审判，关键不应是其是否超越了司法程序，而是和媒介审判相关的舆论是否影响了和怎样影响了案件的审理，但决定这些的不是媒介而是司法者，在舆论关注无法避免、媒介审判客观存在的情况下，司法者更应该坚守司法原则，实现司法公正。

二、药家鑫案的媒介审判特点

无可讳言，药家鑫案件的审理过程中存在着媒介审判，但是其形成却是源于舆论。舆论和媒介的关系并不是确定不变的，有时是媒介引导舆论，有时是媒介被舆论牵引，所以媒介审判也是一样，有的媒介审判是媒介主导的，有的媒介审判是舆论主导的，药家鑫案中的媒介审判就是典型的由舆论主导的。药家鑫杀人过程中的想法和行为引起了极大的民愤，法院尚未宣判，民间已经是一片杀声，民间的这种看法和情绪以各种形式进入各类媒体的报道和评论中，形成了强大的媒介审判之势。

客观的说，在药家鑫案件的报道过程中，新闻媒介虽然有不尽如人意的地方，但并没有明显地违背客观和真实的报道和以煽情的评论误导舆论。药家鑫案件审理过程中的舆论狂潮来自公众本身对此事的关注和传统杀人偿命的朴素认知。在这个事件中媒介审判的结果不是记者和媒体主动的介入，而是对现实舆论的反映，一边倒的"药家鑫必须死"的舆论不是由媒体引发的。在药家鑫案的报道过程中，媒体实际上一直努力想为这种一边倒的舆论引入不同的看法，例如采访犯罪心理学专家李玫瑾，给著名法学家贺卫方提供说话的机会，但是从最终的结果看这种努力终因要药家鑫死的舆论太过强大而收效甚微。尽管媒体想在舆论引导方面有所作为，但是作为新闻媒体必须客观地报道现实，现实是支持判药家鑫死刑的呼声一直是主流，媒体对这些的报道又进一步强化了这方面的舆论，无论媒体整体上主观的想法和认识如何，药家鑫案中媒介审判的客观效果是强化了药家鑫应被判死的舆论。这时，任何与这种舆论不和的观点都会受到指责或曲解，李玫瑾关于药家鑫的犯罪心理分析被群起攻击就是典型的例子。在这样的舆论氛围下，司法部门所受到的压力是可想而知的。在一边倒的强大的舆论压力下，要想进行公正的审判绝不是一件容易的事。

因为此案审理过程中明显存在对药家鑫不利的媒介审判和舆论一边倒的现实，药家鑫死刑判决的公正性受到了强烈的质疑。仔细分析药家鑫故意杀人案一审判决书可以发现，关于药家鑫杀人事实的认定非常翔实、确切，但是在对药家鑫行为的定性上却明显比较粗疏，例如药家鑫的辩护律师提出药家鑫有自首情节，依据有关法律规定应从轻处罚，法院没有采信这个理由，却也没有说明为什么这个理由不成立，只是强调药家鑫的"主观恶性极深……手段特别残忍、情节特别恶劣、罪行极其严重……依法仍应严惩……"。这些"极深"、"特别"、"极其"等等的定性有着明显的义愤的成分，让人不能不怀疑法庭的审判受到了舆论的影响。药家鑫被执行死刑后紧接着出现的被公众称之为"赛家鑫"的李昌奎强奸杀人案的判决结果，为这个质疑做了最好的注脚。不用看法条、不用有专业的法律知识，仅就对事实最简单的判断也能看出，无论是主观恶性还是手段、情节，李昌奎都比药家鑫恶劣得多也残忍得多，但是李昌奎恰恰是因为自首这个情节被判死缓。从媒体报道的情况看，李昌奎案中并没有腐败和暗箱操作的情况，而且最初面对李昌奎强奸杀人，一审获死刑，二审改判获死缓引发的争议，云南省高院副院长田成有称，作为一名执法者，虽然现在顶着压力，"但这个案子10年后肯定是一个标杆、一个典型"[1]。其后虽然云南省高院重审此案，改判李昌奎死刑，但是原因不是因为发现此案适用法律不当，而是因为媒介的关注和舆论的压力。纵观药家鑫案的全过程，再以李昌奎杀人案的判决做参照，可以肯定地说舆论对药家鑫被判死刑起了推动作用。从表面看似乎是舆论以媒介审判的方式对司法施加压力，最终形成了对药家鑫的死刑判决，但是稍微深入

---

① 刘子瑜：《云南高院："赛家鑫案"十年后将成标杆》，《重庆晨报》2011年7月13日。

地思考一下，就会发现事实并不是如此简单。药家鑫被判死刑并不仅仅是媒介审判的被动结果，很大程度上是司法者的主动选择，这一点从中共陕西省委常委、政法委书记宋洪武的讲话中可以得到证明。对法院在认定药家鑫有自首行为后还要判药家鑫死刑的问题，宋洪武明确表示："就是从法律、政治、社会三个效果考虑的，不是单从法律效果一个方面考虑……如果不判处死刑可能会对社会的道德价值观念造成负面影响。"① 这个说法明显与司法审判以事实为根据、以法律为准绳的司法原则相背离，这段话的意思完全可以理解为虽然法律有相关的规定，但是如果有政治和社会需要，法律规定就要打折执行。政法委与法院的关系众所周知，政法委书记对法律与政治和社会效果的这种理解反映了审判时的指导思想。如果是这样，那么法官在司法审判时主观上就已经放弃了对司法原则的坚守，在这样的背景下，只强调媒介审判对司法公正的负面影响是不对的，司法者对司法原则的放弃是造成司法不公的最主要的原因。

三、消除媒介审判负面影响的责任归属

中国现实决定了对媒介审判没有一个绝对的肯定或否定的评判，在有些事件里，媒介的参与促进了案件的公正审理，而在有些事件里则是影响了案件的公正审判，换句话说就是媒介审判有它积极的意义，也会出现负面的影响。对于媒介审判所产生的负面影响，现有的大部分研究都是从限制媒介的角度出发，这是不合理的，对抑制媒介审判的负面影响作用不大。正如前面所说，媒介审判的形成有一定的必然性，能引起社会关注的案件其新闻价值一定高，公众也有对此案件审理过程的知情权和评论权，媒体无论是作为社会公器还是遵从新闻规律都要对这些进行采访报道，由此而出现的媒介审判是自然形成的，这是新闻规律和现实政治的必然结果。媒介审判如果不是新闻界有意的误导舆论对司法审判施加影响，那么排除媒介审判的负面影响，保证司法公正的责任就在司法者而非媒体和公众身上，这是"媒介审判"这个外来概念被移植到中国后必须要有的认识。美国的媒介审判影响的是没有专

---

② 台建林：《陕西官员称法院判药家鑫死刑非迫于舆论压力》，《法制日报》2011 年 7 月 4 日。

业法律素养的由普通公民组成的陪审团，所以特别关注媒介审判本身可能对司法公正的影响，不但强调媒介自律，在案件审理过程中也有意识地设法隔绝媒介和司法的联系。中国是由司法者直接面对媒介审判，和记者与公众相比，司法者拥有丰富的专业知识和对法律精深的理解，作为司法者本身就要有冷静和专业的素质，就要有排除舆论影响坚持司法原则的能力。虽然"媒体报道和公众舆论对案件的关注，不可避免地会对法官产生影响。但对于媒体报道和舆论，一个合格的、称职的、有理性的法官，理应清楚媒体报道和舆论与司法审判是什么关系，应该明白自己判案是以法庭审理查明的'事实'为依据，以法律为准绳，而不是以媒体报道的'事实'为依据，以'舆论'为准绳；不能无视案件事实和法律，任由媒体的报道和舆论牵着鼻子走"[1]。所以在中国研究消除媒介审判的负面影响问题，必须把重点放在司法者方面。

　　强调这一点，在新媒体已渐成气候的当下有重要意义，现在舆论的载体已经不只在传统的新闻界这个范围了。"在舆论完全可以不经把关人审查而直接在互联网上传播，而很多通过传统媒体不能传播的东西，也都可以通过互联网得以传播的情况下，'舆论审判'已越来越不具有可控制性。"[2] 很多的自媒体，特别是微博在一些公共事件中的作用甚至大过传统的媒体，现有的相关管理模式只能在形式上约束传统媒体，无法约束新媒体中由公民个人掌握的传播平台，这一点在药家鑫案中也有突出体现。药家鑫案中受害方代理人张显有足够的能量左右舆论，除了张显本人对舆论在这件事情上着力点的准确把握外，还因为他有独立于传统媒体的网络传播平台来实现和民意沟通与结合。截至 6 月 13 日，张显的新浪微博粉丝 8 万多，博客点击 380 多万次。[3] 利用网络他不用借助传统媒体就可以毫无障碍地发表他的看法、宣泄他的情绪。比如对法院，他发微博称，"愿中纪委进驻陕西，从药家鑫案入手，找出陕西司法存在的问题。能挖出腐败就更好了"；"原来陕西高院是

①　周泽：《舆论评判：正义之秤——兼对"媒体审判"、"舆论审判"之说的反思》，《新闻记者》2004 年第 9 期，第 7 页。

②　同上。

③　陈磊：《激情代理人张显》，2011 年 6 月 20 日 http://www.nfpeople.com/News-detail-item-1205.html。

幕后导演者"；"人民法院就这样对待人民呀，太恐怖了!"[①] 他投书陕西省政法委书记宋洪武，没得到回应，又在微博上抱怨："药家鑫案若发生在重庆能是这个样子吗？薄书记来陕西吧，帮陕西指导工作，我们这里需要您……省政法委对老百姓反映问题，为何如此蛮横?"[②]

　　在整个药家鑫案的审理过程中，张显的观点和情绪无疑会对舆论产生很大的影响。这种影响产生一方面来源于传统媒体对其的报道，但很大一部分是借助了网络这个媒介形成的。药家鑫案中的张显，自如地在舆论和媒介间穿梭，以一己之力借助舆论之势使媒介几乎成了他的工具。在这种情况下，从媒介的角度进行控制和管理几乎不可能。药家鑫案中的这种情况在今后一定还会出现，这种情况提醒学界对消除媒介审判的负面影响的研究必须转换思路。要避免媒介审判的负面效应，除了加强媒介自律，必须更多地依靠法官的专业素养。这种专业素养除了对法律本身精深的理解和认识外，更重要的应该是排除干扰、坚持司法原则的勇气。

参考文献

[1] 陈力丹：《2004 年新闻传播学研究的十二个新鲜话题》，《新闻界》2005 年第 1 期。

[2] 王中伟：《"媒介审判"的主体之辩及形成机制》，《新闻三昧》2009 年 2 期。

[3] 庹继光、李缨：《"媒介失语"比"媒介审判"更可怕——以一个典型的个案为例》，《新闻界》2005 年第 4 期。

---

① 陈磊：《激情代理人张显》，2011 年 6 月 20 日 http://www.nfpeople.com/News-detail-item-1205.html。

② 同上。

由药家鑫、李昌奎案引发的思考

● 师亚丽

经最高人民法院核准，故意杀人犯药家鑫于 2011 年 6 月 7 日在陕西西安被依法执行死刑。

药家鑫死了，但围绕此案的争议远没有止息！

2011 年 5 月 20 日，陕西省高级人民法院对药家鑫案进行了二审公开审理，依法裁定驳回药家鑫上诉，维持原判。西安市中级人民法院判词如下："药家鑫开车将被害人张妙撞倒后，不予施救，反而杀人灭口，犯罪动机极其卑劣，主观恶性极深，手段特别残忍，情节特别恶劣，后果特别严重，属罪行极其严重，应依法惩处。其虽有自首情节，仍不足以从轻处罚，依法判决药家鑫死刑。"

药家鑫领受死刑，应该说罪有应得，这一点上大家基本达成了共识；但是死刑也有程度上的差异，其间的轻重权衡显现着法律的公正，也显示着执法者对每一个个体生命的尊重和保护。

一、三桩典型的故意杀人案

药家鑫故意杀人案的犯罪情节及主观恶性，较早前有中国政法大学"付成励弑师案"可做参照，同期有"李昌奎案"可以比对。发生在 2008 年 10 月 28 日的中国政法大学付成励弑师案，主要犯罪事实如下：中国政法大学政治与公共管理学院大四学生付成励，于当晚携刀进入学院教室内，将准备上课的老师程春明砍成重伤，送医不治身亡。北京一中院审理后认为，付成励平时表现良好，没有前科；其中又有复杂的情感纠葛，且在杀死程春明后，有自首情节，宜酌情轻判。最后付成励被判死缓。[①] 而李昌奎案的主要犯罪事实是：村民李昌奎于 2009 年 5 月 16 日残忍杀害云南省巧家县茂租乡鹦哥村 19 岁少女王家飞与其 3 岁的弟弟王家红。2010 年 7 月 15 日，云南省昭通市中级人民法院以强奸罪、故意杀人罪数罪并罚一审判处李昌奎死刑，剥夺政治权利终身。2011 年 3 月 4 日，云南省高级人民法院以同罪名终审判处李昌奎死刑，缓期二年执行。2011 年 8 月 22 日，云南高院在昭通市开庭，对李昌奎故意杀人、强奸一案依照审判监督程序进行再审并当庭宣判：撤销原二审死缓判决，改判李昌奎死刑，剥夺政治权利终身，并依法报请最高人民法院核准。

这三起杀人案都属故意杀人，都有自首情节，且都有较强的主观恶性。"付成励弑师案"因涉及隐私，案件没有进行公开审理，较之药、李案，此案似乎没有引发太多关注。了解案情的人可以看出，与"付成励弑师案"相比，药家鑫案是偶发，在杀害张妙前应该是没有预谋、没有计划，其主观恶性比有预谋、有准备、有明显报复性质的付成励要小。若说手段之残忍、情节之恶劣、罪行之严重、人身危险性之大、对公共安全危害之程度，则李昌奎案应列第一。

药家鑫案在一审、二审中，无论是检察机关还是人民法院都认定药家鑫具有自首情节，在一审诉讼程序中，辩护律师还依法提出了被告人具有自首、初犯、偶犯、认罪、悔罪态度较好，以及其犯罪意图是瞬间产生，没有预谋、没有计划，主观恶性较小等辩护意见。因为是故意杀人，且"民愤极大"，故一审判决未对被告人从轻或减轻处罚，最后以"主观恶性极深、手段特别残忍、情节特别恶劣、罪行极其严重、人身危险性极大"为由，判决药家鑫死刑。

这三个案件按照我国现行法律，都有判死刑立即执行的法律依据，也都存在法定从轻的可能（前提是取得被害人家属谅解），付成励最后被判死缓，李昌奎二审改判死缓，药家鑫有该领受死刑还是死缓的讨论即源于此。

---

① 2009 年 10 月 20 日，付成励被北京市一中院以故意杀人罪判处死缓。其后，付成励被送交北京市外地罪犯遣送处，后遣送至户籍所在地黑龙江省的监狱服刑。

可以说，判死刑或判死缓，法院都是在法律许可的范围内行事，何以竟引得群情激奋、民意滔天呢？最后药家鑫领死，李昌奎由二审改判死缓又改判为死刑，就有法院系人士认为舆论干扰了司法的公正审判。尤其在药、李案中，舆论与司法敌对情绪明显，这也是近年来少见的。

这个夏天，从药家鑫案到李昌奎案，正反两面，让我们对死刑、司法、民意、舆论有了更多认识和思考。

二、传媒与司法的关系

舆论监督与司法独立，一直是一个争议性话题。一方面，我们强调外力不能干预司法，给司法审判留一个独立的空间。同时，在司法公信力普遍遭受质疑的当下，为防司法腐败和不公，我们又确实需要媒体和公众的监督。

传媒与司法、舆论与司法一直以来都关系微妙，它们既和谐共生，又相互博弈；在司法公信力不高，行政干扰司法频频发生的今天，舆论更多的时候能监督司法部门公正执法，但有时又会或多或少干扰正常审判，让司法偏离正常轨道。在网络围观力量日益强大的今天，民众对司法的不满往往通过这些引人关注的案件被放大。在这种情形下大众传媒尤其要讲求报道艺术，给公众搭建沟通的平台，适当地进行引导，培养公众养成尊重法律的良好习惯，不要用裹挟着"民愤"的舆情给法院的公正审判施加太大压力。就药家鑫案来说，从案发始，网络上对案情的披露、评论和质疑，波动异常明显。从某种程度上说，舆论是被网上信息引导的，而引导它的很多信息源并不真实准确（这不，药家鑫已经从"富二代""官二代""军二代"又变回普通大学生）。加之"药家鑫案"的审理在国内首次采用微博庭审直播，微博的现场性、即时性、互动性激发了公众极大的兴趣。一方面，大量的转载和评论说明网民对此案有着强烈的关注，同时，这种方式也将案件的审判一览无余地呈现在公众视域之内。随着事态的发展，网上"杀人偿命"的喊声越来越雄壮，随即汇聚成汹涌的舆论声浪。有网民称，如果法院不判药家鑫死刑，他就要重出江湖，用"药八刀"杀死张妙的方法为民除害。有的表示如果不判药家鑫死刑，就要上街游行……网上调查显示，90% 以上的民众支持判处药家鑫死刑。随着药家鑫死刑核准后立即执行，原先并未受公众太多关注的李昌奎案转而成为网民关注的中心。与药家鑫一样，在某知名网站发起的投票中，高达 97% 以上的网民要求判处李昌奎死刑。

早先，药家鑫案的辩护律师就曾质疑药家鑫案的审理受到了法外因素的干扰，因为面对迅速激化的"民愤"，司法不可能不作出回应，司法审判的过程和结果可能会受到影响。有路刚律师的二审辩护词为证：

"……本案诉讼程序一直受到法律外相关因素的干扰和影响，导致对被告人药家鑫的审判处于极不公正的状况，已经影响到了案件的公正审理。"

"本案原是一起普通的刑事案件，其出奇的行为引发了社会的关注，无疑也成为了新闻的热点。人们关于道德方面的考量显然大于法律的裁判。为一起简单的交通事故而将被害人手刃，置其于死，听来的确令人难以置信！以人之常情，使人难以释怀！"

令人不可思议的是，本案经过媒体的大量报道后，突然成为社会关注的焦点。庭审前后，个别人出于某种目的，利用媒体、网络大肆歪曲事实，人为地将一个普通家庭的大学生描绘成所谓的"富二代"、"官二代"、"军二代"，更将本案形容成所谓"富人与穷人的战争"。从一审开始就在网络上散布所谓西安市中级人民法院贪污腐败，影射主办法官有意偏袒本案；将法院公开开庭，组织人大代表、政协委员和高校师生参加旁听，进行法制教育的活动丑化为法院为从轻处理药家鑫而有意安排的秀场。将西安市中级法院陷入如果不判药家鑫死刑本案就肯定存在黑幕的境地。在一审宣判后，又将矛头针对西安市公安局长安分局的办案干警，认为案件中还存在所谓的补充侦查，并在网络上发出《药家鑫案的寻人启事》，企图将本案复杂化、妖魔化，将严肃的审判活动庸俗化。

……个别人的种种言论和行为，使省高院尚未开庭，就被蛊惑而不明真相的群众无端指责、怀疑，明显是在对二审法院施加压力。应当说，这种现象是极不正常的，辩护人此前鲜有所见。但不能不注意这一奇怪的状况。……事实上其控制了被害人的亲属。司法程序受到了严重干扰。①

---

① 参见路刚、杨建花：《要挽救的其实是一代人》，《华商报》2011 年 5 月 21 日。

围观可以监督司法，但盛大的非理性围观有可能干扰法庭的公正审理。可以肯定的是，来自方方面面的声音给两级法院和合议庭法官造成了极大的心理压力。

之后，李昌奎案由死刑改判死缓，立即引发了强烈的舆论反弹。专家出面发言，媒体跟进报道，网上一片喊杀之声。在强大的舆论压力下，2011年7月13日，云南省高院决定再审此案，表示将在法律框架内充分尊重民意。其实舆论与司法并非水火不能相容，关键是如何把握好度的问题。中国政法大学教授、刑诉法修改参与人樊崇义说："我们应该实现民意与法意的统一，两者要实现互动，互相尊重。天下赢家群众的看法、网民的看法和法律应统一起来，要进行互动，不能互相否定，舆论不能干预司法，司法也不能不尊重民意，应该相互尊重。两者冲突时，法院要进行价值的权衡。"舆论并非要干涉审判，因为如何审判，司法机关仍然掌握着主动权。目前司法与传媒之间形成的这种互相抱怨、隔空对骂的怪现状，显然需要花大力气去改变。如果双方热衷于这种力量的博弈和消耗，无法形成良性互动，只会离"法治"的目标越来越远。药家鑫的死，李昌奎的改判可能是民意所归，但这却非法治社会之福。舆论监督应该知道自己的社会责任，找准边界。媒体有权监督司法，但无权替法院行使审判权。

对于舆论的质疑，司法部门也要积极作出回应，必要的解释工作和信息的披露，有助于消除舆论对于法院审判的误解。李昌奎案再审后，著名刑法专家高铭暄教授接受某媒体采访，认为：云南高院再审改判死刑，较好地把握了法律、政策和民意，充分体现了刑法的罪责刑相适应原则，实现了法律效果和社会效果的统一。

所以，传媒与司法应积极互动，媒体在行使监督权时要意识到自己的社会责任，树立法律至上的观念，为法官依法独立审判提供良好的舆论空间。

三、案件给我们的启示

（一）各级法院死刑适用尺度宜统一，要审慎行使自由裁量权，尽量减少争议，维护法律公信力。

法律是刚性的，而每一个具体的个案，却又是复杂的。如前面提到的三起故意杀人案，有同也有异。死刑有其核准原则和标准，这个标准各地高院在实践层面确实很难做到高度精准统一。那么，如何让法律的实施最大限度地体现正义要求，既考验法官的专业水准，也需要法官的断案智慧。在信息传播异常快捷的今天，公众站在全国司法实践更加广阔的层面，从客观中立的角度横向比较各地对死刑的裁量，有时反而能间接实现维护公平正义的目标。

李昌奎一审被云南昭通市中院以故意杀人罪和强奸罪判处死刑立即执行；2011 年 3 月，云南省高院二审改判为死缓。改判后，王家不服上访，并将李昌奎案在网上公布。在药家鑫被判死刑立即执行风波未了之际，李昌奎的死缓引发舆论哗然。从网上曝光案情引发舆论关注，到因"民愤"太大启动再审程序，在一年多的时间里，李昌奎案经历了"死刑——死缓（二审改判）——死刑（再审改判）"这样一个轮回。各种观点激烈碰撞，案件的审理也一波三折。同一班人马，同一个案件，在短短数月间就得出不同的结论，而恰好又在舆论鼎沸的时刻，云南省高院的再审引发广泛争议也在预料之中。

2011 年 5 月 24 日，最高法召开新闻发布会发布人民法院工作年度报告指出："人民法院将加强对死刑适用的指导，统一死刑适用尺度，努力使复核的每一起死刑案件都经得起历史、法律和人民的检验，切实尊重和保障公民的生命权这一最基本的人权；按照宽严相济刑事政策的要求，对具有法定、酌定从轻、减轻情节的，依法从轻或者减轻处罚；不是必须判处死刑立即执行的，均依法判处死刑缓期二年执行。依法开展附带民事诉讼的调解，促进因民间纠纷激化导致犯罪的案件被害人与被告人达成谅解协议，尽量依法不判处死刑立即执行，最大限度化解社会矛盾。"[1]

报告特别强调：人民法院将统一死刑适用尺度，努力使复核的每一起死刑案件都经得起历史、法律和人民的检验。

药家鑫案和李昌奎案提醒各级法院，对于死刑案件的适用应当统一规

---

[1] 人民网 - 法治频道（记者李婧）http://legal.people.com.cn/GB/14725395.html 2011 年 5 月 24 日。

范，审慎行使自由裁量权，尽量减少同罪不同判，更要尽量避免同案不同判，以减少争议，化解矛盾。李昌奎案后来之所以引发强烈关注和巨大争议，一个很重要的原因，是有药家鑫案作为参照。偶发的、没有预谋、没有计划，为一起简单的交通事故失去理智杀人的药家鑫认罪伏法了！而有明显报复性质，主观恶性更大、情节更恶劣、手段更残忍、人身危险性之大、对公共安全危害程度都明显高于药家鑫的李昌奎却还活着，太不可思议了！难怪有公众说："如果这么严重地杀害了两条生命的罪犯不判处死刑，那么，法院许多死刑判决都可以改判，特别是药家鑫更是要在黄泉路上申冤了。"李昌奎的罪行显然比药家鑫更严重，药家鑫判处死刑了，而他却还活着，这样明显有失公正的案例，不免让人对现行法律的"弹性"生发出无限猜测，也对执法者的执法水平、量刑标准心生疑虑。

（二）执法要更公正透明，及时对公众的质疑作出解释和回应。

每遇恶性事件，网上总是喊杀声一片，这不是法治社会该有的现象。大多数围观者对真相其实缺乏了解，一些人的义愤只是出于朴素的情感，却不一定合乎法治精神。

从网上曝光李昌奎案引发舆论关注，到云南省高院启动再审改判李昌奎死刑，此案的再审虽然平息了部分"民愤"，却并没有平息争议，不免让人感到遗憾！法院方面（尤其是云南高院）明显的失误是没有通过媒介这个平台对许多公众普遍质疑的敏感问题及时作出合理解释（少量的解释还被网民误读），导致不满和不信任的情绪越来越高涨。

药家鑫案和李昌奎案都涉及公众对程序正义和实体正义的期待。从程序正义看，法官是否依照法律的程序做到了公正司法是核心问题。人们对于李玫瑾心理分析和中央电视台一些报道的批评，对于看守所视频流出和药家鑫家庭背景的疑惑，对于一审中现场向旁听者征求量刑意见的做法的质疑等等，都源于对司法程序公正的怀疑。从实体正义看，民众大多持有一种报应或复仇正义，即对药、李必须适用死刑，才能满足民众对于刑法正义、生命安全的期待。至于法学界在讨论中提出的"废死"主张以及云南高院"宽严相济"理念的宣讲，多少有些偏离了本案中程序正义和实质正义的具体指向，超越了"就事论事"的法律思维。药、李案无论如何判决，都要给出法律的理由，而不是法律之外的理由。这两个案件，法官的判决即便在死刑和死缓间选择，只要执法者在审判中确实保持公正，在判决书上说理充分，这些不同判决结果的选择，也都于法有据。如果在这个过程中与民众有较好的沟通，对有分量的质疑有适当的回应，也不致导致舆论哗然民意沸腾。

在当前语境下，民众基于对法院公正执法不信任而引发的种种猜疑、愤懑，以及由此所形成的舆论狂潮，确实会发酵成影响法院独立审判的因素。究其根本，在于司法审判独立性的不足及司法腐败的存在，使得公众始终无法真正信服法院。因此，面对质疑，在法律框架内作出有分量的回应，可以在一定程度上平复"民愤"，减轻压力。关于案件的很多细节，公众并不比律师和法官知晓更多，亦即他们的义愤在某些特殊语境下其实是盲目从众的，这就给一些故意夸大事实、对事件进行渲染的人，提供了引导和利用公众舆论的可能。

陕西省政法委书记宋洪武 2011 年 6 月 21 日在西安交通大学法学院与学生交流时说，判处药家鑫死刑是"从法律、政治、社会三个效果考虑的，不是单从法律效果一个方面考虑"。宋洪武表示，药案中被害人家属不予谅解，社会反应强烈，不判处死刑可能会对社会道德价值观念造成负面影响。这种与民众及时沟通对话带来的正面效应是显而易见的。

四、结束语

综观药、李两案审理过程中的种种波澜及随之引发的久久不能平息的舆论狂潮，笔者以为下面这些环节尤其需要我们注意：

（一）法院方面，要尽可能统一死刑标准，减少自由裁量权；同时增加透明度，使审理过程成为一个普法过程。刑事案件最终要通过事实的认定、证据的比对、依据相关法律得出清晰准确的判断。罪刑法定、罪刑相适应是法律正义的基本诉求，任何一个被告只有经过法律的审判方可确定其有罪、无罪或罪轻罪重，再施之以相应的刑罚。有评论指出："药家鑫到底该不该判死刑，决定他命运的是法律，而不是法律之外的因素。反对死刑也好，敬畏生命甚至爱惜'好人'也罢，都与本案无关。这是维护法律应有的尊严和底线。"毕竟，放在刑罚天平上称量的是被告的身家性命。有罪、无罪或罪轻、罪重，都该"以事实为依据，以法律为准绳"作出公正公平的评判。如果司法公正、透明，能真正做到不受外力干扰，民众也不至于群情激愤，舆情也不至于呈现出明显的一边倒。在司法公信力脆弱的今天，提升执法者素质，捍卫司法独立、审判公开、程序公开的基本精神，完善审判制度显得尤为重要。

（二）有关方面应尽可能减少对法院独立审判的干扰，无论是来自社会的还是上级的压力，都不能左右公正审理的结果。逐步在全社会形成尊重法律、尊重审判程序、尊重独立审判的良好氛围，这是依法治国的前提。近年来，互联网作为公共话语平台在舆论监督方面发挥了越来越大的作用，重大事件发生时，网民在这个虚拟空间关注事态发展，围观、发声。但由于这些自媒体信息传播的特殊性，网上舆论往往呈现出比较复杂的态势。尤其在一些恶性事件中，诅咒、谩骂、泄愤的音量大大超过了有理有据的质疑和思考。正义是法的重要价值之一，对公平正义的追求如果偏离了法治理性，法治正义可能难以真正实现。

（三）舆论方面，在行使监督权时要意识到自己的社会责任，保持足够的理性，树立法律至上的观念，避免情绪性冲动，为法官依法独立审判提供良好的舆论空间。传媒要努力与司法展开良性互动，消解来自自媒体的不实信息对受众可能形成的误导，引导公众尊重事实，尊重法律，更好地行使监督权。从社会健康发展的角度审视，维护司法的独立性和权威性，完善司法的结构与功能，增强司法的公开和透明，确保司法的公正与廉洁，是建设法治社会的基石。对目前已经显现出的非理性状态下对他人生命去留妄下评断的倾向，我们应该有所警惕。这种对真相浅尝辄止的非理性围观，"不杀不足以平民愤"的呼喊所招致的后果与我们依法治国的理念是相悖的，更是与社会进步的脚步不协调。舆论在很多时候能起到监督司法部门公正执法的作用，但有时盛大的非理性围观也可能影响到量刑的准确，干扰法庭的公正审理。究其根本，这种声音折射的是公众对司法公正的期盼和对司法现状的不满。

我们现在能够做的就是修补缺失，呼唤人们珍爱生命，尽量减少这类恶性事件的发生。正如武雪梅所说："这个定律（破窗效应）告诉我们，阻止坏的东西更坏，并阻止其无限蔓延的办法是修补破损而不是仅仅将其诅咒得更坏。化解药家鑫案件的社会阴影，最重要的是尽可能地找到其产生的根源，而不是再用我们的所谓理性无休止争论案件本身，宣泄、放大旁观者的个人情绪和观感。"[①] 对于那些正在成长中的"药家鑫们"，对于把刀藏在心里没有拿出来的"药家鑫们"，我们更应该避免这种"破窗效应"，负责任地去深刻反思和幡然醒悟。

① 人民时评：《关注药家鑫案件的"破窗效应"》，作者：武雪梅，来源：2011 年 04 月 12 日人民网 - 观点频道。

慎言媒介审判，提升专业素养

● 申玲玲

情节简单的药家鑫案，何以能引起全国媒体和人民的广泛关注，此间媒体持续的大规模的报道和众人的参与，又对司法造成了什么样的影响，是否有媒介审判或者民意审判的存在？在面对舶来的"媒介审判"这个词和中国特殊的语境两者之间，传媒——舆论——司法三者之间的影响机制又是什么样的？本文试图以药家鑫案为切入点，思考三者之间尤其是传媒与司法之间的关系，探究媒介审判在中国司法环境下的特殊含义。

一、对媒介审判及其负面影响的质疑

"媒介审判"是一个来自西方国家的概念，指一种不依据法律程序对被告或犯罪嫌疑人实施的、非法的道义上的裁判，也叫"报刊裁判"（trial by newspaper）。国内普遍接受的定义是，媒介审判指"超越司法程序对案情作出判断，对涉案人员作出定性、定罪、定量刑以及胜诉或败诉等结论。……它的主要后果是形成一种足以影响法庭独立审判的舆论氛围，从而使审判在不同程度上失去了应有的公正性"。①

对于媒介审判的影响，学界观点可以概括为两种：媒介审判是媒介舆论监督权的滥用，还有一种观点是媒介未必有碍司法公正。学界的主流声音倾向于前者。笔者要质疑的是，在中国媒体真的有那么大的能量吗？经由媒体大规模报道而形成的舆论真的能影响司法公正的审判吗？不能仅仅依据法官

---

① 魏永征：《新闻传播法教程》，中国人民大学出版社 2002 年 3 月版，第 209 页。

听取了媒体的意见就简单地将其定性为媒介影响了司法，问题的关键在于司法是否以事实为依据、以法律为准绳作出了独立的判断。

（一）媒介效果的有限性

不能否认媒体在具体新闻报道中关于未决案件的报道和评论存在不少问题，如概念不清、术语混淆、对被告人盲目定性，提前判决的情况等，但是一般地讲，现代法律是一套专业性极强的知识与话语系统，又或者说，它是由一套专业术语包装起来的，具有严密的内在逻辑的规则体系，即使受到各种因素的影响，也不能将视媒介的影响为最重要的，充其量它是最明显的而已。

"媒介审判"负面影响的产生，其实质是掌握着话语权、监督权、知情权的媒体舆论与掌握着司法审判权的法官之间就某一具体案件产生的一种意志互动。而"媒介审判影响司法审判"的出现，并不是媒体舆论一方的责任，法官一方的因素同样值得关注。[①]

我国没有司法独立的传统，司法等权力往往高度集中于行政权力之下，相比权力的"暗箱操作"，公众能看见的只是处于"明处"的传媒报道。所以，将并不独立且受多种有形无形因素制约的司法审判，却单独提出并指责"媒介审判"是有失公允的。

再则，媒介的传播效果有限，甚至于媒介自身也很难完全预测、控制其传播的效果，况且，媒介的信息传播从新闻制作的源头开始，也是受到多种因素和力量的制约；即使发达的现代传媒系统，也很难阻止信息接收者对信息的多层面和多视角的解读，而漠视信息接收者的主动性却夸大媒体的传播效果，也是不恰当的。不考虑系统因素的影响，简单地将不独立的司法审判所受影响归结为媒介审判，也是不严谨、不负责的表现。

（二）中国式"媒介审判"的积极作用

媒介审判有时固然会用其造成的舆论影响法官的判断，但是在我国目前的发展阶段，其作用还是需要辩证地看待。目前所讨论的"媒介审判"多是站在司法的角度对之持否定态度，但若换一种角度思考，"媒介审判"也

---

① 张健：《媒介审判的个案分析——以心理学为解析视角》，复旦大学硕士论文，2008年4月，第8页。

有一定的正面作用。

政府公信力的下降、贫富分化的加剧、官民冲突的凸显，权力对司法的干预等，都使得在中国的语境下，媒介监督司法有其存在的必要性与合理性。作为硬性监督的信任度走低，媒介监督则因其具有的监测环境等功能和公信力诉求、经济诉求等，可以作为硬性监督的一种补充。不少反腐案件和弱势群体遭遇不公待遇的事件就是得益于公众的敏锐和媒体的跟进，才引起相关部门的注意，得以满意的解决。

（三）尚不独立的司法需要监督

在西方国家，普遍排斥舆论监督司法，但我国则将之写入中共十五大报告，"传媒监督被普遍认为是司法体系外监督的常规的，基本的形式"[1]。这其实也是立足于中国司法和新闻的基本国情，在讨论传媒与司法的关系时必须在这一大背景下加以研究，而不能就事论事，只局限于传媒与司法这两种社会现象本身。[2]

任何公共权力的正当行使都离不开一定的监督机制，没有了监督，握有权柄者便必然会运用自己的权力牟取私利，从而导致腐败。当个案演变为公共事件，司法便难逃受舆论关注的命运。在药家鑫案中，舆论站在了被告人的对立面，这种直接诉诸"死刑立即执行"的情绪，甚至对辩护律师进行语言攻击的网民行动，固然凸显出主流民意法治文化的缺失，其实隐含的是人们对司法结果的不信任。

而此次药家鑫案中，司法部门也不是无可挑剔。法院设置的问卷调查环节就遭遇到了普遍的质疑。其问卷调查的对象仅限于旁听的来自西安音乐学院等4所高校的师生和当事人亲属，对象的选取并不具有随机性，也不可能科学并具有代表性；另一方面，问卷调查针对的是量刑，而量刑比定罪更为专业、复杂，而将专属法官的"技术活"，怎能轻率地交由非专业人士随便填写？正因为如此，该案庭审后，引起了媒体和公众的强烈质疑——法院

①　顾培东：《论对司法的传媒监督》，《法学研究》1999年第6期，第17页。

②　参见吉涛：《从舆论监督到新闻法治——论当代中国传媒与司法的关系》，中国政法大学硕士论文，2002年5月，第22页。

有意偏袒药家鑫?

无法否认,在现今中国社会司法审判权不能真正地独立行使、容易受到其他力量制约和影响这种令人尴尬的情况,不仅确实存在,而且相当严重。[①] 与西方的法治不同,情与法的纠缠也是一种中国特色,但这些都不应该成为不接受监督和评论的借口。司法的专业性和独立性的提升、传媒自身素养的提升,会使得媒介审判的情况有所好转,但是要完全避免,则有赖于中国法治社会的真正建立和民众法治素养的提升等系统性的改变。

(四) 传媒与司法的一致性

传媒与司法是现代社会不可或缺的两支重要力量,被认为是维护社会公平、正义的两翼,无论大陆法系还是海洋法系国家,都将新闻自由与司法独立作为基本的价值予以肯定,我国也将其作为两项基本的权利写入了《宪法》。

从传媒与司法的性质和特征看,它们在服务人民和维护法治方面存在着实现良性互动的基本条件:新闻传媒可以通过自己的法制宣传和法治教育来提升公民的法制意识和法治理念,推动国家各项工作的法治化;司法机构则可以通过自己的司法实践来直接为推进国家法治进程,建设文明法治国家服务。而在这个过程中,新闻传媒是司法机构最好的助手,特别是在开展法制宣传和进行法治教育方面。两者有其冲突的一面,但是也有其一致与和谐的一面,中国的现代化建设、法治建设有赖于两者的良性互动,优势互补,在冲突中学习与提升。

二、媒介审判的传播学分析

(一) 媒介的特殊性

吴义周认为,中国媒介的"喉舌"功能决定了媒介不能形成"媒介审判"[②]。夏勇也认为:"从法理意义上看,中国的传媒是官办的性质,因此传

---

① 参见张健:《媒介审判的个案分析——以心理学为解析视角》,复旦大学硕士论文,2008年4月,第25页。

② 参见吴义周:《对"媒介审判"的再"审判"》,《安徽大学法律评论》2009年第2期,第175页。

媒监督与其说是公民权利的延伸，不如说是政府权力的扩张。不过中国的传媒监督司法具有其他几种根据：一是伦理的根据，即'替天行道'、'为人民服务'的道德抱负；二是职业的根据，即传媒作为社会守望者的角色作用；三是竞争的根据，即从官方化机构向非官方、市场化转变而提出的要求。这种种因素，使得媒体监督成为当代中国非常有效的社会救济手段。"① 所以，中国媒体的监督也可以算是政府不同部门之间的监督。

（二）新媒体的开放性

新媒体的出现和不断发展，使得普通人拥有了前所未有的话语权，多元化的新闻传播主体、多元化的观点和立场及其在网络上的互动、交锋，使得容易还原事件的本来面目。而网络技术的开放性、极低的信息发布成本、广泛的参与行为使网络媒介难以形成一边倒的强烈倾向性传播效果，而这是媒介审判的前提。因此，具体到药家鑫案，清晰的案件、不同观点持有者的辩论，使得媒体审判的意味淡了很多，而观点的自由表达实现了不少。

（三）受众的主动性

笔者认为，此次药家鑫案的相关报道和整个案件的流程而言，不仅仅是一个简单的媒介审判的问题，或者是与之前的媒介审判的案件相比，此次媒介的表现并不具有明显的感性情绪渲染和对案件进行提前的定性、审判等，而更多的是网民的参与和质疑，甚至于网络舆论与相关呼声远高于传统媒体。新媒体的出现，给了普通人以话语权，而碎片化、圈群化、裂变式、即时性的信息传播特征，又使得敏感或者重要信息的传播速度远远超出传播者的想象，而不同人的参与又会快速形成民意，大规模的关注和传播，势必提升了普通人或者事件当事人的话语权以及影响力，又能更好地还原事情的本来面目，对大众传播的信息形成弥补。

在中国，网民经历了多次重大、突发事件的训练，人们对于挑战眼球和想象力的新闻事件，已不再陌生，或者说变得更为理性。网民不仅仅关注事件本身、关注司法审判，同时也评判媒体的报道能力。以往明显的媒介审判或者说报道偏颇，在众人挑剔的眼光和新闻诉求下已变得难以遁形，大家

① 《"司法与传媒"学术研讨会讨论摘要》，《中国社会科学》1999 年第 5 期，第 75—76 页。

对媒体的相关报道和专家的言论不再轻易相信，每一次公共事件的发生，其实就是媒介、政府相关部门、相关当事人接受"媒介素养不断提升"的网民的质疑和围观的时刻。

所以，不要轻言媒介审判，要知道现在包括媒介在内的各方，都是被挑剔和评判的对象。在此基础上，案件的审理和报道，其实要保证的依然是自身的专业操守和专业能力：对媒介，是客观、公正、全面地报道新闻事件；对司法，是执法透明、程序公正等最基本的要求。

三、药家鑫案：媒介审判，民意审判或者其他

仅仅从整个事情发展来看，药家鑫案非常简单，整个案件流程几乎没有疑点，媒体报道也做到了尊重事实，尊重法律，相关评论也注重从个案切入，进行各项反思。而该案之所以能由个案升级为公共事件，主要是由于事件本身涉及的几个因素：音乐学院大学生、"农村人难缠"、"军二代"、药家人迟迟不肯露面致歉，以及案件被报道之后的各种挑战公众常识的说法，律师的"激情杀人说"、药家鑫同门师妹的"我也捅"、专家的"钢琴杀人说"、学者的"杀人面孔"、"罪该万死说"等等，媒体又对在此过程出现的各种声音进行了进一步的多层面的传播。笔者认为最主要的还是事件自身引发的各种声音，引起了公众持续的关注。与以往被指责为"媒介审判"的案例相比，此番媒介的做法则没有太多可供挑剔的"硬伤"，新媒体尤其是微博的出现，给了公众一个更好、更便捷的沟通平台，舆论快速形成，即使是相应的处理案件的人员，也不可能完全对此视而不见，双方律师在微博上的直接展现，也让公众可以多了一条了解事情进展的有效渠道。

所以笔者认为，药家鑫案很难将其按照以往的定义定性为媒介审判，或者换一种说法，媒介审判又有了新的特征。

转型社会的特殊背景以及政府相关各方公信力的缺失，使得网民很容易进行"情感代入"，而一些部门的"取消死刑"的政治诉求，与之同时出现，使得该事件在如此激烈的网络民意面前，媒体的报道、专家的解读都受到最严格的审视甚至挑剔，频频被网民"拍砖"。

由此，笔者认为，一个公共事件的背后，是政府公信力的下降、公众

的不信任感增强以及媒介素养提升、司法不独立以及内部的权力勾结等多种因素综合而成，不能简单地归结为"媒介审判"。简单的"媒介审判"逻辑背后掩盖的是权力的勾结和制度、公平和公正的严重缺失。

四、传媒与司法良性互动，期待自身素养的提升和制度的完善

目前，中国的司法机关还不具备完全抵御外来非法干预的能力。要解决目前中国传媒与司法的无序冲突，就必须跳出"舆论监督司法"的不合理框架，破除行政权力对新闻自由和司法公正两种基本价值的不合理入侵，使媒体和司法机关都摆脱行政权力的阴影，在法律的框架中最终实现各自独立与强大。也就是说，只有在新闻自由和司法公正两种基本价值都发育完善的法治社会中，才可以实现二者的良性互动。①

司法机关应积极支持媒体的报道活动，自觉接受媒体的监督；新闻媒体应自觉维护法制尊严，促进司法公正。而被人诟病的媒介审判负面影响的消除或减少，需从多方面做出努力：不但要在公众层面加强媒介素养，促进形成正面的舆论，媒体层面提高从业人员的职业意识和专业化报道能力，尤其是法制新闻的报道能力，积极进行舆论引导，更应在权力层面对公权力的边界予以适当限制，确保司法独立、完善人民陪审员制度等。

社会是一个复杂的系统，任何两者之间的关系都不是简单的互相影响，而是各自背后牵扯的多种力量、权力和因素的交互影响，所以，传媒与司法的矛盾的解决，有赖于整个中国社会的全面发展和法治的完善。

参考文献

[1] 陶喆、胡江春：《传统媒体如何报道"强弱"冲突事件？——药家鑫案、夏俊峰案的媒体立场解读》，《新闻战线》2011 年第 6 期。

[2] 傅达林：《药家鑫案：民意考验司法智慧》，《学习时报》2011 年 4 月 18 日（5）。

---

① 参见吉涛：《从舆论监督到新闻法治——论当代中国传媒与司法的关系》，中国政法大学硕士论文；第 27 页，2002 年 5 月。

[3] 张冠楠：《"媒介审判"下的司法困境及出路》，《新视听》2011年第4期。

[4] 慕明春：《"媒介审判"的机理与对策》，《现代传播》2005年第1期。

[5] 吴秋余：《对"媒介审判"现象的分析》，《新闻战线》2007年第5期。

[6] 贺卫方：《传媒与司法三题》，《法学研究》1998年第6期。

[7] 孙旭培、刘洁：《传媒与司法统一于社会公正——论舆论监督与司法独立的关系》，《国际新闻界》2003年第2期。

[8] 郑保卫：《论传媒与司法的良性互动》，《当代传播》2008年第6期。

"药家鑫案"的媒介议程设置分析

——以《华商报》的报道为例

• 李　璐

2011 年 6 月，药家鑫被依法执行死刑。至此，这一自 2010 年 10 月以来持续时间长达半年多，并在媒介和社会舆论上掀起轩然大波的案件终于尘埃落定。该案审理期间，《华商报》发表了大量的新闻报道和评论文章，在客观上以一种议程设置的方式影响了受众对"药家鑫案"的态度。笔者将就《华商报》报道所造成的这种影响是否成功，以及其最终形成的效果展开讨论。

议程设置理论最早是用于研究大众传播效果的一种假设。所谓"议程"就是对当前问题进行选择性的报道，对选中的事情进行不同程度的报道。1972 年，美国学者麦库姆斯和肖发表了关于议程设置理论假设的第一项系统研究成果。他们提出：媒介不仅可以告诉人们想什么，而且同样可以告诉人们怎么想①。他们的论断将媒介议程设置的研究指向了媒介传播者在媒介传播活动中的主动作用，显示出议程设置与媒介传播者的密切关系。本文在两者的观点之上，关注《华商报》在"药家鑫案"中进行媒介议程设置主要的依赖变量——新闻议程，分析《华商报》把什么议程展示给受众；同时也关注《华商报》如何呈现这些议题，即《华商报》关于该案的议程是如何被设置或建构，并力图剖析《华商报》的这种议程设置对于受众舆论的形成产生了何种效果。

---

① 参见黄旦著：《传者图像：新闻专业主义的建构与消解》，复旦大学出版社 2005 年版，第219 页。

一、在新闻报道的持续时间和呈现方式上突出"药家鑫案"议题的重要性

现代媒介研究学者认为，传媒议程设置的效果不是短期刺激受众的结果，需在较长时间跨度内的一系列报道活动才能收获成效。换句话说，传媒报道时间的长短和报道量的多少是传媒议程设置效果能否产生的重要条件。① 据笔者统计，截至 2011 年 6 月 10 日，《华商报》共刊载了与"药家鑫案"有关文章 147 篇，剔除其中内容重复的 62 篇，独家报道 85 篇。按照报道形式的划分，"新闻追踪" 49 篇，"各方反应" 28 篇，"新闻评论" 8 篇。在该案发生到药家鑫被执行死刑的半年间，平均每两天有一篇报道见报。尤其是，在"药家鑫案"的几个关键节点，如一审判决，二审判决的前后，更是达到每天一篇的频率。可以说，在这半年多时间里，关于药家鑫案的新闻和评论始终未离开《华商报》读者的视野。

对议题的设置还体现在新闻报道和评论文章在版面上的位置和呈现方式上，以登载版面的重要性、报纸标题的醒目与否、报道的篇幅长短等方式来影响受众关注，影响受众对于该报道是否重要作出判断。在"药家鑫案"报道中，刊登在社会新闻版、要闻版和评论版的文章分别为 42 篇、31 篇和 8 篇。而这三个版面往往能受到都市报读者的关注。例如 2011 年 1 月 18 日《华商报》发表评论《大学生肇事杀人　底线的沉降与拉高》，关注公众舆论对司法的监督问题。而标题如《大学生撞人 8 刀捅死伤者续：进看守所后一夜白头》、《看守所联欢会药家鑫弹琴唱歌　称已懂得承担责任》、《药家鑫肇事杀人案 3 月 3 日开庭　父母曾想卖房赔偿》等等，也不乏噱头、煽情以及一目了然的表意。

二、加强受众与"药家鑫案"的贴近性

当代社会，大学生群体越来越成为人们关注的焦点。可是，正是这样一名承载着人们关注和希望的大学生，却因为本来可以合理解决的交通事件变为故意杀人被判重刑。理想和现实之间的巨大反差构成了新闻议题本身的

---

① 参见 Everett M. Rogers, James W. Dearing 著，关世杰译：《议程设置的研究：现在它在何处，将走向何方》，中国社会科学出版社 2000 年版，第 66 页。

"强制性"特点，这在客观上就吸引了受众的关注。

麦库姆斯和韦弗在 1973 年引进了"定位需求"的观念：任何一个人，当议题与自己关联性高且不确定性也高时就有高的定位需求。这种需求促使受众进一步接触传媒，从而导致了更大的议程设置效果。这种情况在现实中往往表现为，受众意识到该议题的重要性，进而积极追寻相关信息来加以印证。[1] 同时，媒介提出的议题越具体，往往意味着该媒介与受众的切身利益越贴近，因而受众对该议题的关注度也就越高，自然增加了传媒议程设置的效果。因此，《华商报》极力拉近药家鑫案与受众的距离。一方面，将汽车驾驶事故描述为随时可能发生在受众个人身上的事件，令受众感同身受，从而将药家鑫案视为与自己切身利益息息相关的议题，始终关注此案件的进展。如《大三学生撞人后 8 刀刺死伤者 因发现被记车号》、《西安警方通报大学生撞人后杀人案 疑犯已被批捕》。另一方面，将报道的矛头指向了长期以来被作为中国社会骨干力量的大学生的素质教育问题，引爆 80 后大学生素质教育缺乏，教育体系不健全等受众在平时生活中难以全面把握，但是又愿意关注的议题。如《嚣张的马路杀手也是教育失败的产物》、《陕西将就大学生肇事杀人事件开展专项道德教育》、《药家鑫庭上诉儿时遭父母打 家庭及社会教育需反思》。在积极进行案件报道的同时，《华商报》还刊登国内外的"类药家鑫案"，进一步加强了"药家鑫案非个案"的论述。如《西安建大发生杀人案 小伙为女友"变心"杀情敌》叙述了大学生的素质问题不是药家鑫个人的问题，而以逐渐成为整个大学生群体的普遍问题。另一则新闻《日本"药家鑫"涉嫌故意杀人 警方已提请批捕》则表明药家鑫案并非国内"专利"，在国外也有类似事件发生。

三、将"单一事件"提升为"普遍问题"，强化社会普遍意义，给受众以警示

何谓"事件"？何谓"问题"？唐纳德·肖对此作了恰当的区分。他将"事件"界定为被空间和时间所限制的不连续的偶然发生的事，将"问题"界

---

① 参见 Werner J. Sevenin 等著，郭慎之译：《传播理论》，中国传媒大学出版社 2006 年版，第 166 页。

定为包括对有关可以放在一个主要类型中多个事件的、一系列积累起来的新闻报道。① 比如，物价上涨的新闻事件，往往被媒体解释为通货膨胀的问题，甚至从更广的意义上被解释为国家间竞争进而引发的遏制与反遏制的斗争。在药家鑫案报道中，《华商报》并没有局限于就事论事，而是将新闻事件放在一个社会问题的范畴中，鲜明地点出：从表面上看，药家鑫驾车撞人后"激情杀人"被判处死刑只是一起普通的刑事案件，但却从一个更高的层面反映出我国大学生生命教育和素质教育的"滞后"问题。随着时代的发展，出现了许多新事物，而大学生的教育远远赶不上社会变化，大学生素质教育内容陈旧而机械，因此有必要检讨大学生的教育问题，甚至检讨整个国家的教育体系。这就使该事件具有了普遍意义，从而提高其社会价值，增加该报道在受众心目中的分量。如《大学生撞人后杀人是法治的沦丧》、《药家鑫案反思 家长苦恼为啥进不了孩子的世界》、《药家鑫受审当庭下跪 专家呼吁应关注孩子隐形性格》等报道。

四、将倾向性寓于"客观报道"中

客观报道是维持媒体信誉度的关键。所谓客观报道，是指在报道中只记述客观事实和别人对这些事实的评价，而尽量不直接发表观点和评价。在《华商报》的 136 篇文章中，均有具体的信息来源，而其中的评论部分均是专家解读和读者评论，报纸似乎只是一个提供信息发表空间的平台，意在表明新闻事实并非凭空捏造的，而是有其来源和根据，从而增加新闻的可信性。但这并不意味着媒体的新闻报道没有倾向性。媒体根据自己的价值观和报道方针选择出"合适"的信息提供给受众，诱导他们用媒体的视角观察、理解和接受世界。

这种倾向性首先体现在信息获取渠道的选择上。从传播学的角度看，信源和媒介常常互为依赖，媒介需要信源提供消息，信源也需要媒介来传递某些讯息。尽管媒介有自己的组织目标和传播方针，在信息传播中不仅仅充

---

① 参见 Everett M. Rogers, JamesW. Dearing 著，关世杰译：《议程设置的研究：现在它在何处，将走向何方》，中国社会科学出版社 2000 年版，第 79 页。

当纯粹的信息渠道角色，在实际操作中，与事件有利益关系的信源往往会出于某种意图借助媒介把利于己方的消息向公众公布。在药家鑫案报道中，《华商报》明显侧重于采访药家鑫方。一方面这可能是由于法院方或检察院方出于保密原则或纪律要求等因素，拒绝接受媒体的采访和发表意见的无奈之举。从另一方面来看，药家鑫方为了获取社会舆论的谅解，采取主动向媒体提供信息的策略也是造成这一局面的诱因。这两种情况造成的媒介信息来源的不平衡存在一定的合理性，但在客观效果上，社会公众通过《华商报》更多地接触到了药家鑫方提供的信息。

在这种状况下，《华商报》的案件报道似乎在营造一种舆论氛围，即"药家鑫的过错情有可原，法院的判决量刑过重"，体现在三个方面：

第一，叙述药家鑫的成长背景和生活经历，暗示其本性善良，而"激情杀人"只是常人都会产生的一时糊涂。如报道《药家鑫身份性格调查　平时很乖不像富二代》引用药家鑫熟人赞扬药家鑫"老实、好学、有理想、有规划"的话；报道《药家鑫：那一刻我"弹奏"了后悔一生的"曲子"》引用药家鑫自己在看守所内的谈话，叙述自己的愧疚之情；同时连续刊登药家鑫在看押期间给受害者家人写道歉信，并参加看守所的联欢会。通过这种充满感情色彩的报道，使受众对药家鑫产生更多的同情和谅解。

第二，重点阐释大学素质教育的缺失是促使药家鑫犯罪的客观条件，大学与社会负有不可推卸的责任。这在相关报道和评论文章的标题里就已表露得相当明显，如《大学生撞人后杀人是法治的沦丧》、《嚣张的马路杀手也是教育失败的产物》、《药家鑫案折射当今中国社会怪象》等。

第三，法律存在"滞后性"缺点，对"药家鑫案"处理过于"机械"。如《药家鑫案件开审或到春节后　是否属投案自首存争议》，尽管"动用刑法太严苛"并不是所有与会专家的统一观点，但记者还是将它作为标题凸显出来。类似的评论还有《法律必须以民情为主》、《问题出在立法层面》，等等。

五、媒介议程设置的效果并非完全可控因素，应理性认识

我国学者郭庆光指出：议程设置是引导舆论的重要方面和环节，也是舆论引导的第一个阶段，即媒介通过有选择地报道新闻把社会注意力引导到特定的方向。①《华商报》对"药家鑫案"的报道，就是希望通过对其中某些问题和事件的强调程度来影响受众的态度和意见，达到引导受众舆论的目的。而这种议程设置的过程也的确引起了社会各界的强烈关注和激烈争论，普通市民、专家学者以及人大代表等纷纷各抒己见，使这一议程迅速转化为公众舆论。

但是，笔者认为议题自身的性质和特点，媒介的信誉度和议题操作能力以及受众个人的态度、信念、动机等因素都是媒介议程设置中的变数，直接影响着议程设置效果的大小和议程设置引发舆论的影响力范围。尽管《华商报》的报道中对药家鑫持一定的同情意味，但是受众的态度似乎并没有与《华商报》保持一致。在该报所属的华商网的网上调查中，对于"药家鑫杀人案该不该重判"这个问题，近70%认为"该重判"，认为"应轻判"的不到14%；而另一个类似问题"死刑重不重"，认为"合理"的超过60%，远超过认为"太重"的人数。

《华商报》对"药家鑫案"的议程设置与受众舆论的反差，从一定程度上反映了当今社会公共新闻的出现和互联网的发展，给传统媒介的议程设置过程带来了巨大的冲击力。受众不再单纯是媒介的靶子，他们有了更多的选择自由和空间，从各方面，通过各种手段获得自己想要知道的信息，并把它们拼装成最符合他们自己的新闻图像。麦库姆斯和肖在1997年的一项研究中发现："媒介将其议程设置转化为公众议程的能力，特别是激发个人经验以推动议题列入公众议程的能力，要以公众接受的容纳情况为限。"② 也就是说，媒体运用议程设置进行舆论引导必须掌握一个"度"。在传统媒介的舆论引导中，"度"是指在报道的过程中保持舆论引导的数量界限。这个界限在多数情况下表现为一种立场、态度和程度。媒介报道信息量不足，不能引起公众对问题或事物的足够关注与重视，也不利于对重要问题模糊度的廓清；但信息过多过密，又会导致公众的心理逆反与思维错觉。《华商报》在设置"药家鑫案"的议题时只是根据案件的进程和受众对于案件关注度的高低安排报道的密度和强度，并没有有意识地控制案件有关信息的投放和细节的解剖。所以，《华商报》对"药家鑫案"的议程设置过程不是一种有意识的凸显议题重

---

① 参见郭庆光：《传播学概论》，中国人民大学出版社1999年版，第212页。

② 黄旦著：《传者图像：新闻专业主义的建构与消解》，复旦大学出版社2005年版，第232页。

要性意图影响受众态度的过程，没有达到有效地引导社会舆论的效果。

六、结语

《华商报》在"药家鑫案"报道中的议程设置是我国传统媒介通过新闻报道潜移默化的为受众提供议程指导的一次有益尝试，体现了在新的媒介环境下，传统媒介传播对多接受背景下的受众的影响行为。《华商报》的这种议程设置行为并没有十分有效地改变受众的主体观念，但是，通过为受众提供不同性质议题之间的互动，体现出传统媒介积极的受众观念。我们有理由相信随着我国媒介环境的不断改善，媒介的议程设置方法和手段会更加成熟和完善，媒介议程设置的结果会更加有效。

参考文献

[1] 麦库姆斯著，郭镇之、徐培喜译：《议程设置—大众媒介与舆论》，北京大学出版社 2008 年版。

[2] 韩立新、甄巍然：《网络环境下释义"热舆论"与"强舆论"——舆论"聚能"与监督"释能"两大能量转化定律》，《河北大学学报》（哲学社会科学版）2008 年第 1 期。

[3] 卢正伟：《网络舆论的分析思考》，《东南传播》2008 年第 5 期。

[4] 郭琳、史博强：《北京奥运会媒体议程设置成效探微》，《人民论坛》2011 年第 14 期。

[5] 黄旦：《传者图像：新闻专业主义的建构与消解》，复旦大学出版社 2005 年版。

[6] Everett M. Rogers, James W. Dearing 著，关世杰译：《议程设置的研究：现在它在何处，将走向何方》，中国社会科学出版社 2000 年版。

[7] Werner J. Sevenin 等著，郭慎之主译：《传播理论 起源、方法与应用》，中国传媒大学出版社 2006 年版。

[8] 刘九洲：《和谐媒体与社会责任》，华中师范大学出版社 2005 年版。

[9] 李峻登、田新华：《大众媒介影响公共舆论的主要理论研究述评》，《同济大学学报（社会科学版）》2003 年第 4 期。

"微"力量下的媒介审判

—— 微博舆论对"药家鑫案"审判影响辨析

• 罗　朋

2011 年 8 月 4 日，《南方周末》法治栏目刊登了题为《药家鑫身后事》的报道，介绍了广州网友小侯在药家鑫被执行死刑 20 天后去西安看望药家鑫父母的经历。网友小侯曾在 7 月 17 日的新浪博客上发表了博文《药家鑫案后记》[①]，药家鑫父亲药庆卫的新浪微博也发布了这篇博文的链接网址[②]，不少网民在看了博文后，开始质疑药家鑫被判处极刑是否与网络舆论风暴有关。8 月 5 日，《新京报》发表了记者孔璞采访药家鑫父亲的文章《药家鑫父亲坦言不理解儿子——后悔送儿子自首前没好好谈一谈；临刑前儿子说他错了愿意赎罪》，同一版上还有孔璞采写的报道：《药家鑫的父亲起诉张显名誉侵权——法院已经立案；张显曾是药家鑫案原告代理人》[③]。这些报道和博文的发表后，微博上本已趋于沉寂的关于药家鑫案的讨论再起波澜。

新浪微博花小楹 v 发表博文："推荐孔璞的药家鑫父亲专访，沉重。药家只是普通人家，家里凑不出 10 万慰问金。相信律师，找不到关系问案情。直到死刑执行，他后悔没跟儿子好好谈一次，不知道儿子为什么杀人。整个过程存在太多的误解和误读。回头看那场'官二代'、'军方背景'的鼓噪与

---

① 　新浪博客：展翅的鹰 0607，2011 年 7 月 17 日 11:30，http://blog.sina.com.cn/u/2244155812。

② 　新浪微博药家鑫之父药庆卫 v，2011 年 7 月 17 日 12:03，http://weibo.com/2155458467。

③ 　《新京报》电子版：http://epaper.bjnews.com.cn/html/2011-08/05/content_261601.htm?div=-1。

狂欢，何尝不是一种暴力？"① 央视特约评论员王志安在微博对此评论："媒体也该反思，为什么要等到药家鑫已死，才想起来做这样的报道。如果在审判期间就有这样的声音，该多么可贵？"② 他还在微博中说："药家鑫案还有许多未解之谜，还有许多我们不那么愿意看到的真相。大家伙静等媒体慢几拍的报道吧，只不过到时候我们能做的，仅是唏嘘而已。"杭州日报报业集团主办《都市快报》官方微博称："[迟来的话语权] 8 月 4 日下午，药家鑫的父亲药庆卫正式起诉张显名誉侵权。今年 6 月 7 日，药家鑫被执行死刑。张显是药家鑫案中原告张妙家属的代理人。药庆卫说，在药家鑫案审理过程中和药家鑫被执行死刑之后，张显通过微博，捏造药庆卫为'官僚'、'富商'、'军界蛀虫'等，煽动民众对药家的敌视和仇恨。"③

从以上内容可以看到，当围观药家鑫案的热潮趋于平静后，网民、业界和学界对此案的一些反思和理性的声音开始出现，其中，媒体报道和微博舆论对此案的影响成为反思的焦点之一。那么，在药家鑫杀人案的审理过程中，媒体报道和舆论究竟起了什么作用呢？媒介报道或微博言论是否有误读、误解和误传？民意或者围观者是否因此被误导？法庭审判是否受到了这些因素的干扰而导致了媒介审判的出现？微博舆论又在其中起了怎样的作用？要回答这些问题，可以通过对药家鑫杀人案的审理过程中一些关键节点上的媒体报道和微博舆论的辨析找到答案。

一、对药家鑫案一审宣判前部分媒体报道和微博舆论的辨析

2010 年 10 月 20 日，西安音乐学院学生药家鑫开车撞倒被害人张妙后，为逃避责任，持刀连续捅刺致被害人当场死亡。案件经媒体披露后，法律将如何制裁药家鑫备受关注。一个在校大学生，在撞伤人后不予施救反而用尖刀刺死伤者，使一起交通肇事演变为杀人案件，其行为的不可思议与残暴引发了公众强烈的义愤，一时间，"药家鑫"成为了社会舆论和媒体报道的热

---

① 新浪微博 花小楹 v：2011 年 8 月 5 日 16:33，http://weibo.com/scarlettyan。

② 新浪微博 王志安 v：2011 年 8 月 5 日 20:42，http://weibo.com/cctvwzn。

③ 《都市快报》，2011 年 8 月 6 日，http://weibo.com/dskbhz。

点话题，特别是网民对案件审理过程的围观和各执一词的意见表达所形成的
舆论风暴，造成了强烈的社会反响，一时间"药家鑫杀人案"成为了"网络
关注大案"。

2011 年 3 月 23 日，西安市中级人民法院公开开庭审理药家鑫杀人案，
西安市人民检察院以故意杀人罪对药家鑫提起公诉。案件的审理原定在一个
小法庭进行，但由于舆论高度关注和要求旁听人数较多，庭审换到了一个能
容纳五百人的法庭进行，中央电视台等多家媒体及 400 余名在校大学生到场
旁听。

在法庭审理过程中，药家鑫的律师路钢试图把药家鑫杀人的行为划归
法官可能酌情从轻惩罚的杀人类型，在辩护中称药家鑫是一念之差，"属于
激情杀人"（指在受到刺激或人身攻击下而丧失理智、失控而将人杀死），鉴
于他学习成绩优秀且有自首情节，希望法庭从宽量刑，给他一条改过自新的
路。法理上，对预谋杀人的处罚最重，对临时起意冲动杀人的惩罚次之，对
激情杀人惩罚最轻，"属于激情杀人"也是律师在找不到更有力的法律辩护
时"基于法定职责的勉力而为"。① 然而，由于公众难以从专业的角度去理解
律师之所以提出那样牵强的辩护理由，因此律师的辩护引发了众多网民的不
满与谴责，网上舆论骂声一片。

开庭当晚，在中央电视台《新闻 1+1》栏目播出的专题节目"从撞人到
杀人"② 中，中国人民公安大学犯罪心理学教授李玫瑾对药案做了简要的分
析点评。在分析药家鑫的犯罪心理时，李玫瑾指出，在药家鑫成长过程中观
念和情感方面有缺失，家庭教育中缺少"心理抚养"，缺乏情感的交流，因
此在父母严厉督导下的练钢琴变成了他的强迫行为，他变得冷漠，导致了
"只有技能，没有情感；只有动作，没有观念；只有逃避，没有底线"③；他作
案时的行为与平时训练最多动作有关，把刀刺向受害者的行为"实际上类似

① 朱苏力：《从药家鑫案看刑罚的殃及效果和罪责自负》，《法学》2011 年第 6 期，第 4 页。

② 《新闻 1+1》，搜狐视频，http://tv.sohu.com/20110607/n309511741.shtml。

③ 李玫瑾：《解析：弹琴的重复动作如何成为行凶的手法》，http://view.news.qq.com/
a/20110405/000010.htm。

于砸琴的行为"。由于电视节目时长只有 20 分钟，李玫瑾只能在几分钟的时间内从专业的角度进行分析，而这种专业分析，对于缺乏心理学知识、不了解弗洛伊德学说的普通观众来说是难以理解的，因此，节目播出后，网上舆论有对央视的报道是在为药家鑫开脱罪责的质疑①，也有对李玫瑾的挞伐，"钢琴杀人"说被广泛传播。误读也导致了网民或公众的误解、误传。在不少并没有看过电视节目而是从微博获得此信息的人中，误解与误传较普遍，一条微博的字数被限定在 140 字以内，很难将李玫瑾说话时的语境交代清楚，因此，在不清楚语境或者缺乏心理学知识情况下，很容易断章取义、以讹传讹。专家的专业性分析被误读、误解、误传，网上舆论骂声一片，认为"药家鑫杀人跟弹钢琴一样"，是"杀人不眨眼的恶魔"，李玫瑾则是"砖家"、"著名的犯罪漂白家"，集群道德轰炸使得网上出现了舆论风暴。

相比之下，腾讯视频上的一段北京大学教授孔庆东在第一视频网站上对药家鑫案的评论，却令不少网友拍手称快。节目中，孔庆东激愤地称药家鑫"长得典型杀人犯的面孔"，"一看就是罪该万死的人，杀人犯长得都这样"，自首不能减轻对他的刑罚，"跑到天涯海角也要把你'满门抄斩'，这才是严肃的法律"，"药家鑫的名字就是杀人犯，三个金子摞在一起，就是三把刀"，"这个人就是一个杀人犯"，"这样一个嚣张的人一定是有后台的"。②基于对药家鑫残忍行径的强烈愤怒，孔庆东的言论表达的情绪化是可以理解的，但是作为一名学者在媒体上公开发表意见，其舆论引导或舆论影响作用不可小视，缺乏理性分析的不恰当的言论很容易导致公众的判断偏差。在法庭还没有宣判前就宣判罪行，称药家鑫"罪该万死"，有"舆论审判"之嫌；药家鑫杀人要受法律的严惩，但其父母没有法律上的过错，罪名和刑罚应当由罪犯承担，所谓"满门抄斩"显然违背"罪责自负"这一当代中国刑事司法的基本原则。然而，孔庆东充斥着暴力倾向的言论却赢得了部分网民狂欢式的热捧。

---

① 雅虎评论：《央视有没有为药家鑫开脱？》http://opinion.cn.yahoo.com/jdgz/piano-knife/index.html。

② 腾讯视频：第一视频《孔和尚有话可说》。

在药家鑫案审理期间，量刑问题始终是网民关注的焦点话题。法律面前人人平等，定罪量刑不应该考虑身份地位、贫富等问题，但因长期以来司法不独立所导致的人们对司法公正的不信任，流传于网络的关于药家鑫是"官二代"、"富二代"、"有背景"等的说法，挑动不少公众仇官、仇富的心理，在微博上可以看到不少网民出于道德义愤、报应观念或复仇正义，极力呼吁判处药家鑫死刑，所谓"药家鑫不死，天理难容"、"药家鑫不死，法律必死！"这些舆论在一定程度上表达了公众对刑法正义、生命安全保障的期待，然而，也就是在这种舆论狂潮的推动下，微博上出现了先用司法审判的"媒介审判"。

在新浪微博上，就有一个名为"药家鑫杀人案——民众投票审判"活动，倡导网民在官方判决出来前，进行投票表决，要求在4个选项中单选其一："药家鑫自首，认错态度，疑似精神病，不死刑"、"药家鑫故意杀人证据确凿，死缓"、"药家鑫故意杀人证据确凿，必须斩立决"、"相信法院，法院最后判决一定是对的"。[1] 这个投票活动到4月15日结束，参与投票的人数为62942，大多数网民选择了"药家鑫故意杀人证据确凿，必须斩立决"。然而在我国，司法权是一项专有权利，具有排他性，"司法权独立行使原则要求国家的司法权只能由国家的司法机关统一行使，其他任何组织和个人都无权行使此项权利；要求司法机关行使司法权只能服从法律，不受其他任何行政机关、社会团体和个人的干涉"[2]。很显然，在法院宣判之前，微博进行的这种"投票审判"有悖于司法独立原则，形成了对司法独立的干扰。

对于喧哗的舆论，部分主流媒体也发出了理性的声音。4月21日，《环球时报》发表社论《司法要敢于拒绝舆论过分要求》。社论认为，药家鑫杀人"引发了中国舆论关于法律和人道主义的复杂争论。药家鑫该不该被判极刑，司法判决已被一层层法律之外的东西裹住"，"作为外部并不专业的力量，舆论的压力曾对司法判决产生过正面及反面的效果，但总体看，舆论压力带来的正面推动是主流。让舆论长期围在法院四周对巩固中国的司法公正是好

---

① 新浪微博投票："药家鑫杀人案——民众投票审判"，http://vote.weibo.com/vid=328822。

② 张文显主编：《法理学》，高等教育出版社，北京大学出版社2003年版，第283页。

事，不能因为出现一些负面效果，就试图让舆论走开"，"然而舆论要不断成熟，反思、总结曾经造成的每一次误导。这样的例子是有的，比如张金柱死刑案受到大量争议，佘祥林蹲了11年冤狱，舆论也是主要推手"，"必须承认中国司法公正的基础并不牢固，社会有着可以通过某种方式影响司法判决的广泛猜测，尽管事实未必就是这样"，舆论"容易以自己的声势和不专业形成'民意骚扰'，法院面临的考验是，它要在舆论的监督下，拒绝舆论本身有时会'有些粗暴'的干涉"，"舆论的质量，关键还在于司法部门的质量，让舆论本身理性并自我约束是很难的，它的理性，有一部分要靠司法部门来提供。司法接受监督，但要敢于拒绝舆论的过分要求，敢于说实话，独立判决，舆论一时不理解，但它的反思会逐渐形成，它会慢慢找到监督和干涉之间的边界。""针对具体案例的民意，不能凌驾于法律之上。'不杀不足以平民愤'，这样的话我们再也不能说了"，"法律的尊严与它是不是十全十美的没有绝对关系，当前维护法律的尊严对中国社会比什么都重要。药家鑫案的讨论已经足够多了，让我们现在共同来看法院怎么判，当最终判决出来后，持不同意见的人也应对它给予尊重，而不是继续制造舆论，努力证明自己是对的"。[①]

很显然，民意的干扰有可能影响司法独立，这篇社论一方面在呼唤司法要保持独立性，不屈服与舆论粗暴的干扰，另一方面，也在警示舆论不能凌驾于法律之上，应当维护法律的尊严。然而这种理性的声音似乎未在网民中引发对网络言论的认真对待与反思。

二、对药家鑫案一审宣判后部分微博舆论的辨析

4月22日，陕西省西安中级人民法院一审宣判，被告人药家鑫犯故意杀人罪，被判处死刑，剥夺政治权利终身，并赔偿附带民事诉讼45498.5元。药家鑫不服，4月28日提出4点理由上诉，认为中院量刑过重，要求应依法从轻处罚。这样，药家鑫能否在二审判决中由死刑改判为死缓从而免于一死再次引发媒体和公众舆论的关注。

---

① 《环球时报》社评：《司法要敢于拒绝舆论过分要求》，http://opinion.huanqiu.com/roll/2011-04/1643311.html。

我国刑法规定的死刑有两种执行方式：立即执行和缓期两年执行（死缓）。一审判决中药家鑫以故意杀人罪被判处死刑，实际上就是人们常说的"极刑"、"立即执行"，判决书不用"死刑立即执行"（已是历史名词了），是因为死刑都需要经过最高法的复核，不可能在做出判决之后立即执行。然而由于法律知识的欠缺，药家鑫死刑判决公布之后，网上就有舆论质疑：为什么不是"死刑立即执行"？更有以讹传讹者，认为背后可能要玩"死缓"的猫腻。种种猜测出在微博中，而张显的微博言论吸引了众多的眼球。

张显是西安电子科技大学教师，是受害人张妙的丈夫王辉的远房亲戚，义务为王辉担任诉讼代理人。在新浪微博对"药家鑫"进行搜索，会出现3个人的微博：药家鑫之父药庆卫 v、西安张显 v 和律师路钢 v。案件审理期间，3个人的微博中只有张显微博和博客受到众多网友的关注，张显 v 的粉丝数量7万9千多人，新浪博客访问量为471万多人次，显然，张显微博言论受到了广泛的关注。药家鑫案一审判决之后，张显就在微博和博客中对西安高校师生参加一审旁听、对案件专案组的侦查工作等诸多问题提出了质疑。

从能够浏览到的新浪张显微博和博客看，他最早在微博提及"药家鑫杀人案"的时间是2011年2月13日。案件开审后，张显微博中称，有500多村民签名要求判药家鑫死刑，"村民发出了强烈的呼吁：不除杀人犯，天理难容!!!"这条微博被转发528次，有174人参与评论[①]。这条微博还提供了张显博客的链接网址，3月25日22:45发表的博文《村民签名要求判药家鑫死刑》中附有村民签名呼吁判药家鑫死刑的照片，这篇博文被推荐到博客首页，阅读有4万多人次[②]。

4月2日，张显做客新浪《微访谈》，就"药家鑫该不该被判死刑"与网友进行交流，张显微博表示："故意杀人有被判死缓的，但药家鑫杀人手段极其残忍，必须判死刑，这才能平民愤! 正国法!"（发表时间为21:14），"不接受调解，不判死刑，就没有调解!"（21:41），"我们再穷也

---

①　新浪微博：西安张显 v，2011年3月26日17：11，http://weibo.com/1050645044。

②　张显新浪博客"晴朗天空"2011年3月25日，http://blog.sina.com.cn/u/1050645044。

不愿要药家的钱，因为有血的钱不能要！"（21:49）"绝对不要带血的钱！杀人偿命，才可以给孩子长大一个交代，也为死去的亲人讨回生命的尊严！！！"（23:17）①

4月3日，张显微博中出现了"军二代"、"药家真牛"、"黑手"、"后台"等的字眼："马加爵穷，家里没钱，执行死刑了。药家鑫有车有妞还有美容，一定要将这个军二代拉上绞刑架，不然小马同学太冤了！"（12:43）"10月20日药家鑫犯案，10月23日扣押了药家鑫，社会和媒体并不知情，直到一个月后才有了这个惊天的血腥消息，且还拖了这么久，药家真牛！！！但别忘了穷人虽然无钱无势，但有良知的人成千上万，因为'穷'中有'力'，我们的力量是无穷的！"（15:21）"实际上他们拖到23日开庭就是在等待两会关于死刑及有关轻判的消息；让400名大学生参与民调，而西安有名的几所大学一个学生也没有邀请去，而让药家鑫所在的音乐学院去的学生最多，太无耻了，搞一个假民调，而来压制社会的呼声！没有黑手和后台能有这个能耐吗?!"②

4月3日，张显还在博客中发表的致李玫瑾的公开信中，指责李玫瑾对药家鑫同情，质疑她是否被药家收买？言辞中不乏对李玫瑾的恶意攻击："央视是我们党和国家的喉舌，党是穷人的党，国家是穷人的政权！央视这么受欢迎，因为央视是不会为坏人说话的！你穿的是警服，应该是为受害人说话的，……你应该替我们说话的！你是不是喜欢上了这个小白脸，而忘记了自己的职业和立场啦……我们确实看到和感觉到你在央视上同情药家鑫的眼泪，但是却忽略了我们的仇恨！""更不可思议的是，你竟然说，他杀人的动作是因为弹钢琴的原因。……你深深地伤了我们受害人的心！让全国许多不明真相的人都感觉到我们没有同情心！我们正在谋杀药家鑫，这样给我们在精神上造成了很大的伤害！……原来你是药家鑫的帮凶！""我们失去亲人的心还没有愈合，你又在我们的伤口撒了把盐！你若认识到站错了立场，你就应该在央视上为我们受害人道歉！……公安大学怎么还有你这么烂的所谓

---

① 新浪微博：西安张显v，2011年4月2日，http://weibo.com/profile.php?uid=1050645044&page=21。

② 新浪微博：西安张显v，2011年4月3日，http://weibo.com/profile.php?uid=1050645044&page=20。

'专家'！……你必须道歉！！！"① 这篇博文的阅读人次为 1 万 4 千多人次。张
显也是一名大学教授，而他的这番言论充满了暴力倾向，对李玫瑾的人身攻
击实际上也是对其名誉权的侵犯。

4 月 13 日，张显微博中提供了发表在博客中的被害人家属量刑意见书
的链接，提出了 "对药家鑫处以死刑立即执行的量刑请求"②。4 月 18 日，张
显微博中表示："目前是草根与精英的较量，他们的声音几乎被群众用唾沫
快淹死了，我们一定会赢的！"（18:51）4 月 20 日，张显发表微博表示："愿
媒体从药家鑫案入手，找出陕西司法存在的问题。能挖出腐败就更好了。"
（20:50）③

一审判决宣布后，张显在 4 月 22 日的微博中表示："任何人不管他权有
多大，官有多高，背景有多深，家里多么殷实有钱，只要他撞了法律这根红
线，那他在正义和法律面前都会变得苍白无力的。"（13:43）④

4 月 23 日，张显微博披露，药家有四处房产，药家鑫生活奢华，"买
五千块手机，花巨资整容，开十四万私家车，药家资产超出药父母收入水平
数倍"；"联想到出事之后药父母始终不敢正面示人，药父必有重大隐情，药
父身居我军军械采购要职，利益纠葛颇多，望中央军委彻查此人经济问题，
肃清军械采购环节蛀虫。"⑤

这些微博对药家鑫家庭的描述，后来被媒体证实都是虚假信息，张显
对此的解释是："我作为原告代理人有着比别人对药家更强的一种好奇心，
在网上看到些消息就粘贴到自己的微博中。对于是否属实，因为作为一个公
民我无权调查别人的隐私。"⑥ 这个解释发表的时间是在药家鑫被执行死刑后

---

① 药家鑫案原告代理人张显写给李玫瑾的公开信（2011-04-03 12:48:04），http://blog.sina.
com.cn/s/blog_3e9f92340100qmlp.html。

② 张显新浪博客：《药家鑫故意杀人一案被害人家属量刑意见书》，http://blog.sina.com.cn/
u/1050645044。

③ 新浪微博：西安张显 v，http://weibo.com/profile.php?uid=1050645044&page=18。

④ 新浪微博：西安张显 v，2011 年 4 月 22 日，http://weibo.com/profile.php?uid=1050645044&page=17。

⑤ 新浪微博：西安张显 v，2011 年 4 月 23 日，http://weibo.com/profile.php?uid=1050645044&page=17。

⑥ 新浪微博：西安张显 v，2011 年 8 月 4 日，20:17，http://weibo.com/1050645044。

的 8 月 4 日。

张显微博发表的言论和信息对网民和舆论究竟有何影响难以估量，但新浪《焦点资讯》发表的一篇文章所指出的问题不容忽视："目前尚难评估对于药家鑫父母背景连篇累牍的质疑与猜测，在多大程度上影响了舆论进而影响了判决结果。事实是，在'富二代'频频豪车撞人、仇官仇富情绪极其高涨的当下中国，这些言论，无疑加剧了人们对药家的愤恨。"①

5 月 20 日，陕西省高级人民法院二审宣判，原审判决定罪准确，量刑适当，程序合法，故依法裁定驳回药家鑫上诉，维持原判。

被告药家鑫辩护律师路钢认为，该案审判受到了法律外相关因素的干扰和影响，导致审判处于极不公正的状况。他在二审法庭辩护时指出，药家鑫案原是一起普通的刑事案件，但是在案件审判过程中却有"个别人"存在利用媒体歪曲事实、企图将案件复杂化、妖魔化，将严肃的审判活动庸俗化的行为，认为"司法程序受到了严重干扰，使该案审判极不公正"。其矛头直指原告民事代理人张显，并质疑张显"在事实上其控制了被害人的亲属"。②

在一片喊"杀"声中，西安高校的 5 位教授曾联名呼吁"刀下留人"，免除药家鑫死刑，他们认为药家鑫案的审理不是在一个公平的舆论环境中进行的，而是"被社会舆论所影响"，"舆论喊杀声一片，这不是一个好的社会现象，大众对一个年轻人的审判，不能在一个非理性、非平和的心态下去进行，这牵扯到对一个生命，对一个人的尊重"，"大多数人的义愤只是一种朴素的想法，但是不一定是理性的，不一定是符合法治精神的"。③ 但 5 位教授的呼吁同样对舆论转向不起作用，反而激起了舆论更多的猜测和指责。

6 月 7 日，经最高人民法院核准，药家鑫被执行死刑。

---

① 新浪《焦点资讯》：《一位网友是如何围观、发言、思考药家鑫案的》，2011 年 8 月 7 日，http://blog.sina.com.cn/u/2090496830。

② 路钢：《法外因素干扰让药家鑫案件审判极不公正》，华商网讯，2011 年 5 月 20 日，http://bbs.hsw.cn/read-htm-tid-2780716.html。

③ 《五教授联名呼吁免药家鑫死刑：社会舆论影响案件审理》，华商网讯，2011 年 5 月 26 日，http://news.ifeng.com/society/special/yaojiaxin/content-2/detail_2011_05/26/。

三、微博的传播特点与"微"力量下的媒介审判

微博是微博客（MicroBlog）的简称，是一个基于用户关系的信息分享、传播以及获取平台。2009 年 8 月份中国最大的门户网站新浪网推出"新浪微博"内测版，成为门户网站中第一家提供微博服务的网站。根据中国互联网络信息中心（CNNIC）发布《第 28 次中国互联网络发展状况统计报告》显示，2011 年上半年，中国微博用户从 6331 万增至 1.95 亿，半年增幅高达 208.9%，微博在网民中的普及率从 13.8% 增至 40.2%。从 2010 年年底至今，手机微博在网民中的使用率比例从 15.5% 上升到 34%。① 微博也被看作是"自媒体"——每个人都可以成为信息的生产者和消费者，它让"人人都能发声，人人都可能被关注的时代"。作为自媒体的微博，因其具有以下主要功能而赢得了众多的用户：

首先，微博具有即时性信息发布的强大功能。例如，在"7·23"动车追尾事故发生时，最早发布的消息就是动车上的乘客用手机发布到新浪微博的一条微博。这种功能，使得每一个使用微博的人都能随时随地发表信息，成为信息的生产者、发布者。

其次，微博具有强大即时互动功能。使用微博的人，可以任意浏览、转发或者评论自己感兴趣的内容，而裂变式的信息转发不仅使得部分传播速度很快，而且传播范围极广，而这些信息在快速、广泛传播的同时，会受到来自不同方面的质疑或检验——每一个用户既可以是信息的发布者，也可以是其他信息的检验者，这种即时互动功能，使得用户在信息发布时需要考量信息的真实性，以避免或减因发布错误信息致使个人信誉受损的可能性，这在客观上也能够抑制不实信息在微博平台上的传播。

基于这些优势，微博在突发事件和热点事件中的都有出色的表现，让人感慨"微"力量的强大。然而微博中的信息传播也存在诸多问题，例如，一条微博的字数被限定在 140 字以内，这样，微博内容既有可能通过只言片语表达了"微"言大义，也有可能因为背离了语境的断章取义导致"微"言耸

---

① 百度百科：微博，http://baike.baidu.com/view/1567099.htm。

听。例如，在张显的微博中，就有对李玫瑾断章取义的误读与攻击。其次，由于用户众多，对他人的信息可以任意转发或评论，裂变式的传播方式使得信息内容快速、广泛传播的同时，也为虚假信息或流言、谎言的传播提供了便利渠道。张显微博中发布的许多关于药家鑫是"富二代"、"官二代"的不实之词，网民难以查证其信息的真伪，因此谣言和谎言传播范围广，对民意起到了误导作用。而即便后来不断有媒体和网民辟谣，但其效果远远不敌谣言和谎言的传播效果。

"媒介审判"（trial by media）是指新闻媒介超越正常的司法程序对被报道对象所作的一种先在性的"审判预设"。[①]"媒介审判"的这种"先在性的审批预设"，常常会给司法造成舆论的压力，使得司法背离法律至上的原则，屈服于媒体舆论或民意而做出畸轻畸重的判断。"媒介审判"也是新闻媒体的职能错位或越位，它使司法独立和新闻自由失去应有的平衡，形成舆论对司法独立的干扰，其实质是对法治精神的背离。

微博作为信息传播、分享和获取平台，是一种新的媒介形式。通过上文对药家鑫案件审理的过程中媒体和微博舆论的分析，可以看到微博作为自媒体，在网民道德合唱或与舆论狂潮中，发挥了不可低估的作用。司法独立，意味着法官要严格按照法律规定和法律程序办事，而不能因为要听命于上级或受到民意干扰或驱动，丧失了对法律的坚守。尽管对药家鑫杀人案的审理符合法律程序，其结果也符合民意，但在审理过程中，"微"力量下的媒介审判清晰可见。

3月23日案件开庭审理，由于要求旁听的人数众多，原本定在小法庭进行的审理改换到了大法庭，从电视播出的现场画面看，庭审现场有摄像机，有摄影记者，摄影记者甚至在被告陈述时走到近前拍照。媒体记者的这种拍摄方式，显然会对庭审带来干扰。背负着舆论的压力，法官能否独立断案，就成为一个难以估量的问题。案件审理期间，西安中级人民法院向500名旁听人员发放调查问卷，征求量刑意见。且不说这500人是否具能够代表民意，法院在案件审理期间的这一做法显然就是有悖于法律至上的司法独立

---

① 百度百科：媒介审判，http://baike.baidu.com/view/1242575.htm。

原则的。

　　药家鑫故意杀人，被判处死刑，可以说是罪有应得，然而判处药家鑫死刑或者死缓，其社会效果会有很大不同。朱苏力在《从药家鑫案看刑罚的殃及效果和罪责自负》一文中提到，"罪责自负是中国刑事的基本原则"，这一原则可以理解为"罪犯承担刑事责任，刑罚只及于罪犯本人，不连累无辜者"，然而，"即使死刑罪有应得，但当罪犯是独生子女时，在某些案件中，可略微减轻罪犯的惩罚"。① 这一观点的提出，是基于极刑对药家鑫的父母会有何重大影响而产生的思考，药家鑫杀人，其父母没有法律上的过错，他们也不可能再生育、再有子女，即使药家鑫罪有应得，极刑对其父母来说也是毁灭性的，他们是这一犯罪的另一类间接受害人，他们的前途是黑暗且漫长的巷道，而"一个体面的法律和司法中，甚至应当，有这一丝怜悯。在依法执行必须的公正惩罚之际，社会应尽可能避免严重殃及无辜者。如果因为这丝怜悯，药家鑫免死，只是受了次严厉的惩罚，那也不是宽容罪犯，而只因为共和国的法律承诺基于公民同等法律保护，包括对刑事被告的父母，只要他们守法和无辜，而这个连带的好处不幸落到了药家鑫头上。……但这并不丢人，也不天然错了。"② 很可惜，在药家鑫案审理期间，迫于舆论的压力，很少有法律人能够站出来直面公众，帮助公众进行理性的分析和判断，做出正确的公共选择。《南方周末》在《药家鑫身后事》一文的最后提到，网友小侯的文章发表后，转载量过万，知名律师陈有西也转载了这篇文章，他还写了篇短文，原本想给文章起名《回归天国》，但又顾虑"说药去天堂会有很多愤青愤怒"，于是，将其改成了《魂归何处》。很显然，案件审理过程中，法律人的失声，很重要的原因是来自于对非理性舆论的恐惧与屈服。

　　贺卫方在谈及药家鑫案时曾提到，最高法对死刑的判决非常慎重，最高法方面考虑到药家鑫的确存在自首情节，而且是父母带着孩子去自首的，他的杀人属于临时起意而非预谋杀人，因此，倾向于判死缓，如果父母带着

---

① 　朱苏力：《从药家鑫案看刑罚的殃及效果和罪责自负》，《法学》2011 年第 6 期，第 3 页。

② 　朱苏力：《从药家鑫案看刑罚的殃及效果和罪责自负》，《法学》2011 年第 6 期，第 6 页。

孩子自首的情节不予考虑，那么以后很可能孩子犯了罪，父母会把孩子送到海南岛去，这样就产生了不好的后果。然而西安的法院的最终判处是死刑。①

西安高校的五教授在联名呼吁"刀下留人"时，也提出：案件的审理"被社会舆论所影响"，"舆论喊杀声一片，这不是一个好的社会现象"，"大多数人的义愤只是一种朴素的想法，但是不一定是理性的，不一定是符合法治精神的，有些人对真相根本不了解，很多细节公众并没有看到。一些人故意夸大事实，对事件进行渲染，公众看到的都是一些煽动性的言论，从而引导和利用了公众舆论"，"比如法庭判赔的民事赔偿，被告代理人公然说是'带血的钱'，这是非常错误的，同时也对大众有一个误导，这怎么能是带血的钱呢"？

从以上论述中可以看到，药家鑫故意杀人罪，判处其死刑或者死缓都符合法律规定，然而二者的后果或影响会有不同，在司法独立、公正执法的前提下，如果能从人性关怀的角度，判处药家鑫死缓可能更具理性精神和人性关怀。然而在以微博舆论为代表的舆论狂潮的影响下，司法审判最终选择了处以药家鑫极刑。可以相对比的案例是对挪威惨案的制造者布雷维克判刑问题的讨论，布雷维克造成了70多人的死亡，而在Facebook由"奥斯陆"发起题为"挪威是否应该修改法律以让布雷维克可以被判死刑"的调查中，74.5%的人反对，多数挪威民众不赞成判处他死刑，他们对此的解释是："我们对这个'疯子'的态度，是给予更多的民主、宽容和爱，这些价值观正是布雷维克想要破坏的。我们要确保这个'疯子'不能改变我们的价值观。"②

药家鑫案审理过程中，基于道德判断或复仇正义，微博舆论喊杀声不绝于耳，而最具代表性的就是张显微博的言论，为了获得舆论支持以把药家鑫处以极刑，其微博不惜传播不实信息，制造出所谓"民意"的幻象，形成舆论压力，以便达到影响司法判决的目的。

药家鑫案中微博舆论所形成的媒介审判现象值得深思。微博的使用者

① 贺卫方成都谈常识（之一），http://t.cn/apGbnc。

② 苏永通等：《挪威不相信死刑》，《南方周末》2011年8月4日。

中不乏各类专家、学者、名流，这些人往往也是意见领袖，因此微博舆论的导向或影响作用不可低估。在药家鑫案审理过程中，微博舆论常常先用司法审判而对药家鑫进行舆论审判，那些非专业的、非理性、背离法治精神的微博舆论往往又能吸引众多眼球，引发着网民狂欢式的快意围观，所掀起的舆论风暴，对司法独立造成的影响很明显。基于司法独立的原则，微博可以对审理过程是否合法、公正进行舆论监督，但这并不意味着微博可以替代或者超越法院在审判前对罪犯进行判决或量刑，以此来表达所谓民意或形成某种舆论压力。司法独立，意味着法律至上，除了司法机关外，微博或网民对案件的判决没有发言权，而是否判死刑也应当由法院来定。一个公正的判决不是为了迎合民意，而是为了忠于法律。因此，微博的使用者也应当自律，以维护司法独立的原则，避免利用微博舆论形成媒介审判。

基本理论研究

编者按

1997 年，西北政法大学（原为西北政法学院）成立了法制新闻研究中心，这是我国较早出现的法制新闻与传媒法研究机构，从此，该研究中心的一些学者就将研究方向聚焦于法制新闻以及传媒法研究领域。本专辑精选该中心在上述领域有颇多建树的两位学者的 8 篇文章，这些文章对法制新闻与传媒法治的一些基本理论问题进行了探讨。这些文章对于丰富我国法制新闻与传媒法的理论研究成果，指导传播实践均具有重要意义与价值。

【慕明春专辑】

作者简介

　　慕明春，男，陕西吴堡人，1954 年出生，1982 年四川大学中文系毕业。现任西北政法大学新闻传播学院院长、教授，新闻学硕士点导师组组长，法制新闻研究所所长。兼任中国新闻传播教育学会理事，陕西省新闻传播教育学会会长，陕西省委讲师团特聘教授，西南政法大学兼职教授。主要研究方向为法制新闻和传媒法，主要学术著作有《广告美学》、《现代广告学》、《大众传播的法律制度》（合著）等；近年来在《中国记者》、《新闻战线》、《当代传播》、《现代传播（中国传媒大学学报）》、《武汉大学学报》、《陕西师范大学学报》、《西北大学学报》等核心期刊上发表新闻学学术论文 30 余篇，研究成果获"中国新闻奖"新闻论文奖，"陕西新闻奖"论文一等奖等多项；主持的"新闻舆论监督促进司法公正的机制研究"项目获国家社科基金立项；主持的教学研究成果获 2007 年陕西省人民政府教学成果奖特等奖。2009 年荣获陕西省教学名师称号。

法制新闻的法制化原则

● 慕明春

法制新闻是一种专业化的新闻，这种专业化体现在它是法与新闻的联姻，既有一般新闻的共性，也有其法制化的特征，因此它会同时受到新闻规则与法制规则的支配与约束。

法制新闻既然是以各种法律制度规范作为报道的基本规则和依据，理所应当通过法律的视角来洞察现象，了解真相，应用法律的分析来把握事实，认识现实，通过法律的规制来传达信息，报道事实。这就要求法制新闻记者必须具有强烈的法律意识和现代法制观念，通晓有关的法律法规，熟悉相关的司法程序，将"新闻眼"和"法眼"结合起来透视法制事件，凸显事实包含的新闻价值和法制价值。

法制新闻既然是法与新闻的结晶，就必须要遵守法制的规则与新闻的规则，并尽量消减由于两套规则的差异可能带来的摩擦与冲突，弥合结合部或隐或显的裂痕。按照新闻规则办事无须赘言，那么，哪些法制规则对于法制新闻具有重要意义并且应当作为法制新闻必须遵守的基本原则呢？笔者认为以下几点是应当予以考虑的。

一、维护宪法与法律权威的原则

法制新闻应当是守法、护法的典范，法制媒体的一切报道活动都应当限制在宪法和法律许可的范围之内，维护宪法与法律的严肃性与权威性。

宪法是国家的根本大法，也是新闻活动的基本准则。我国宪法关于发展社会主义民主和健全社会主义法制，依法治国，建设社会主义法制国家的基本原则对于法制新闻有着根本的指导意义，宪法中有一些具体条款，如第二十二条关于新闻出版广播电视事业为人民服务、为社会主义服务的方向的规定，第三十五条关于公民言论、出版自由的规定，第四十二条关于公民对国家机关及其工作人员提出批评建议的权利的规定，第四十七条关于公民进行科学研究、文艺创作和其他文化活动的自由的规定等等，都是新闻活动最基本的法律规范，也是法制新闻促进依法治国和依法行政，维护采访报道权利，履行舆论监督义务的基本的法律依据。除了宪法之外，刑法中关于新闻传播活动的有关禁止性规范，民法中关于保护公民人身权利和人格尊严的规定以及其他法律中的涉及新闻传播活动的相关规定都是法制新闻应当遵循的法律规范。例如，宪法和法律规定的"公开审判"的制度就是保障新闻媒介对于公开审判的案件具有采访报道权的一项重要规定，最高人民法院原院长肖扬在落实"公开审判"制度的一次谈话中就明确提出："公开审理案件，除允许公众自由参加旁听外，逐步实行电视和广播对审判活动的现场直播，允许新闻机构以对法律自负其责的态度如实报道。"这种规定对传媒通过公开报道来提高司法过程的透明度，防止和矫正司法偏差，促进司法公正提供了法律保证。

（一）要从维护国家利益和社会公共利益的大局出发，确定报道的范围，规范报道的内容。例如不得损害党和国家的形象和利益，不得泄露国家机密，包括擅自披露公安侦破手段、公安机关的实力以及追查刑事犯罪及案件审判中的一些机密等。法律规定，涉及国家机密和商业秘密的案件，依法不公开审理，这类案件不宜公开报道。

（二）保护公民的合法权益。法律规定，涉及个人隐秘的案件和未成年人犯罪的案件依法不公开审理，因此要注意在涉及此类案件的报道中保护当事人的合法权益。例如不能随意披露公民与社会公共利益无关的个人隐私；不能虚构、夸大、歪曲事实诽谤他人，侵害公民与法人的名誉权；不将未成年人的犯罪事实详细披露和渲染；不偏听偏信，只依据一面之词而忽视另一方当事人的合法权益。

（三）维护司法的权威与尊严，不妨碍司法公正审判。例如不得在民事诉讼中为一方当事人说话，甚至以"曝光"来要挟法院作出有利于一方当事人的判决；不得在刑事案件审理过程中超越司法程序抢先对案情作出判断，将未经法院查实的证据向社会公开，甚至对涉案人员作出定性、定罪、定刑期的结论意见，误导社会公众，干扰司法审判；不得随意对司法已经审结的案件妄加评判，损害司法权威。

（四）对报道可能产生的负面效果要做预防性的处理，尽量将危害限制在最小范围。例如，对未成年人犯罪的事实一般不作公开报道，如确有必要报道时，也不能公开其真实姓名，肖像需作技术处理使其不可辨认；性犯罪案件要注意对受害人的姓名、地址、工作单位等个人信息予以保密，避免造成对受害人社会形象的损害；不得披露犯罪技术细节，防止其在社会上的扩散，等等。

二、尊重司法独立的原则

司法独立是世界各国司法工作的通行原则。我国《宪法》第一百二十六条规定："人民法院依照法律规定独立行使审判权，不受行政机关、社会团体和个人的干扰"；《人民法院组织法》第四条规定："人民法院独立进行审判，只服从法律"。司法独立是司法公正的前提，其目的是排斥各种非司法的因素对审判的干扰和影响，确保法官处于公正无偏的立场，遵从法律的精神和原则独立作出裁决和判断。关于司法的独立性，西方的学者将其内容概括为7个方面：独立于国家和各种社会势力；独立于上级官署；独立于政府；独立于政党；独立于新闻舆论；独立于国民时尚与时好；独立于自我偏好、偏见与激情。[①] 可见限制新闻媒介利用公开传播的法制报道和评论干预和影响司法审判，是保证司法独立的重要内容之一。

法制新闻报道干扰司法独立的主要表现形式就是"舆论审判"，即媒介超越司法程序对正在审理的案件的案情分析、案件定性、涉案人员定罪量刑等一系列问题作出公开的判断和结论，以其明显的倾向性引导受众，形成一种足以影响法官独立审判的舆论氛围，从而影响法官难以做到程序公正和冷静审视，使审判在不同程度上失去公正性。"舆论审判"的表现形式主要是3

---

① 参见史尚宽：《宪法论丛》，法律出版社1996年版，第329页。

种：一是舆论高压，媒体通过议程设置，形成热点，吸引公众关注和参与，对审判机关形成压力；二是提前定罪，在司法机关作出有效判决前媒体就对有关涉案人员定罪量刑；三是以情代法，用道德评判代替司法审判，以明显的感情倾向对受众进行非理性引导。

防止"舆论审判"，维护司法独立，作为法制媒体及记者要积极探索舆论监督的规律和原则，掌握监督的策略和艺术。

第一，法制传媒要摆正自己的位置，对自己承担的使命、肩负的责任和担当的角色要有明确的认识。要清醒地认识到媒体进行舆论监督，是要在社会与司法机关之间发挥沟通、联系、疏导、协调的纽带作用。媒体决无凌驾于司法之上或超越于法治之外的裁决权与处理权。法制新闻可以批评和揭露司法不公、司法腐败的现象，但决不能以此为由任意介入司法程序干预司法审判。

第二，要信守客观报道的原则。法制传媒报道审判活动和案件情况要做到有法可依，有据可查，不能凭主观臆想进行推理、判断。要特别防止形成情绪化倾向，防止盲目追求新闻的轰动效应；对一些有争议的事实，媒体应谨慎报道，如果确有必要报道，应当持相对超脱的态度，给各方当事人都提供说话和答辩的机会，让受众充分了解各方的陈述和意见；对一些难点，媒体的报道除了反映当事人的意见外，还可以介绍知情人、见证人、专家学者及有关领导的看法，尽可能提供给受众了解有关事实真相的各种信息。

第三，要注意评论的公正性。鉴于法制新闻的特殊性，媒体在案件审理过程中，法院未作出判决或裁定前，不宜作出公开评论，以免对法院形成舆论压力；案件审结判决后，媒体可以就案件本身进行评论，但一定要注意评论的公正性和专业性；批评性意见应当抱有善意，不得含有对司法人员进行人身攻击或人格侮辱的言词。

三、恪守无罪推定的原则

无罪推定的原则是国际司法界普遍遵循的一项原则，其基本内容是，在法院依法作出有罪判决前，应推定犯罪嫌疑人或被告人无罪。意大利《记者责任章程》规定："在所有过程和调查中，记者应始终记住每个被指控的人在最后审判下达之前都是无罪的。在这一过程中如果当事人未被宣判为有罪，记者便不能把其当做罪人而传播相关信息。"

作为衡量社会民主法治发展程度和刑事司法领域中人权保护状况的重要标志之一的无罪推定原则，同样也是法制新闻报道的一项基本原则。这一规则对于法制新闻报道的意义就在于：

（一）确定犯罪嫌疑人或被告人是否有罪的判决权属于审判机关，其他任何机关或个人均无权行使这种定罪的权力，大众传媒也概莫能外。因此，应严格限制媒介越位，不允许媒介在法制报道中充当司法审判者的角色，更不允许媒体充当"法官的法官"，"凌驾于司法之上，干预和影响司法"。①

（二）既然确定犯罪嫌疑人或被告人是否有罪只能由审判机关通过法定的程序作出判定，并以判决的形式公开宣布，那么新闻媒体在法制新闻报道或评论中也就无权在法院作出判决前对涉案人员作出具有明显倾向性的评判意见，并以此影响公众或社会舆论给司法机关施加压力。

（三）无罪推定原则是一种最大限度保护被告人的权益，最大限度降低冤案、错案发生几率的原则。基于这样的原则，法制报道要在报道的真实性上严格把关，做到对写进报道的事实，桩桩有着落，件件有依据，紧要之处甚至"无一字无出处"。

四、树立法律真实的证据意识的原则

真实是新闻和法律共同追求的价值目标，但二者是有区别的。新闻真实重在发现事实发生的真相，法律真实重在寻找事实发生的证据。就新闻真实而言，只要记者是通过细致的采访调查发现事实是客观存在的，就可以视为符合新闻真实的基本标准；而法律真实不但要求事实的确是发生过的，而且要有充足的合法证据支持和证明这些事实的客观存在。因此，法律真实本质上是一种证据上的真实。"只有体现为客观的证据，只有证据是确凿有力，足以驳倒相反的证据，所指控的事实才能被法庭接受为客观上

---

① 魏永征：《中国新闻传播法纲要》，上海社会科学院出版社 1999 年版，第 158 页。

的真实。"①

　　新闻采写和法律诉讼当然有着本质的差异。仅就其事实的发现和认证来说，前者强调时效，而后者注重程序。因此，法制新闻简单套用法律诉讼认定事实真伪的程序规则当然不可取，但法律重视证据证明的原则对于法制新闻却有着重要的指导意义。由于客观事物的复杂性，人的发现能力的局限性以及主观认识的差异性，新闻真实在新闻实践中是难以用科学的检测手段来衡量和把握的，何谓真实，如何确认，很难找到一个客观、合理、精确、有效的评价标准。在一般情况下，新闻的真实性是靠着记者的职业操守和职业素质的自我约束、自我调整来实现的。但一旦受主客观诸多因素的影响，自控的链条发生断裂，新闻的真实性就容易引发争议和质疑。而法律真实重在用证据来支持和证明事实的真实性的做法无疑是值得借鉴的。应用法律真实的证据原则来构筑新闻真实的合法性基础，我们可以确定这样的评价标准：1. 新闻所报道的事实应当是有证据支持和证明的事实；2. 凡是写人新闻的事实，记者和媒体应当最大限度通过合法手段找到充足的依据证明事实是客观存在的；3. 有些事实或许是客观存在的，但如果无法找到法律上认可的证据来证实它的存在，就不能作为真实的事实写进报道之中。

　　法制新闻借鉴法律真实的原则，核心是要牢固树立采写过程中寻求证据支持的意识。从证据的角度看，下面几种情况是需要在采写过程中重点把关的：

　　（一）无可证实的事实。有些新闻事实由于其发生地点的隐蔽性、事件范围的隐秘性及事件性质的隐私性等因素，在记者调查过程中常常难以找到相应的证据来证明它的发生或核实它的存在。这在一些涉及个人隐私的报道中最为常见。这类报道的内容涉及到个人不愿向社会公开的私生活方面的污点和错误，调查中当事人不愿配合，记者很难找到确切的证据，即使是在其他方面能取得一些线索，但终究无法作为确凿证据使用。因此，报道与否及如何报道必须谨慎。

　　（二）取证方式不当的事实。证据是一种能够记载和说明发生过的真实

---

① 侯健：《舆论监督与名誉权问题研究》，北京大学出版社 2002 年版，第 87 页。

情况的载体。证据的来源有合法与不合法之分，不是通过合法途径和正当手段取得的证据是没有法律效力的。常见的取证方式不当的情况：1．记者通过"引蛇出洞"等方式，人为地影响和改变客观事物的发展进程，使事件打上了记者"策划"、"制造"的烙印；2.采用违法的采访工具所取得的材料。《国家安全法》第二十一条明确规定："任何人和组织都不得非法持有、使用窃听、窃照等专用间谍器材。"如果记者使用了暗藏式窃听、窃照等间谍器材，所取得的音像资料就不能作为证据使用；3．采用违法的采访手段所取得的材料，例如窃听他人电话、提取他人私人档案，调查他人私生活，以及非法地对他人实行搜查、讯问、监视居住、扣押信件等。

（三）证据存疑的事实。证据重在确凿，具有无可辩驳的说服力。当证据存有疑点，不能完全肯定时，就应当进行调查核实。一般来说，需要核实的证据主要是记者调查过程中获得的间接性资料，一是未经核实的举报材料；二是有人为加工痕迹的证言证词；三是辗转传抄的二手材料；四是新闻源来历不明的材料，等等。对这些材料，都需要有一个认真核实，消除疑点，最终确认的过程。

五、坚持报道与司法程序共进的原则

司法领域是法制新闻报道的"主战场"，案件、诉讼、审判是法制新闻最具有吸引力的"卖点"。所谓司法，说到底，就是将纸上的法律变为现实的法律，将普遍的法律变为个案中的法律，将静态的法律变为动态的法律的过程。在这个过程中，司法活动有着严格的程序性要求，必须按照法定程序进行。在现代司法理念中，程序公正被置于与实体公正同等重要的地位。因此，法制新闻对司法权威的维护在很大程度上体现为对司法程序的遵循与尊重。1985 年，中宣部、中央政法委《关于当前在法制宣传方面应注意的几个问题的通知》规定："不超越司法程序予以报道，更不能利用新闻媒介制造对司法机关施加压力的舆论。"中国新闻行业的自律规范《中华新闻工作者职业道德》第三条第四款也规定："维护司法尊严。对于司法部门审理案件的报道，应司法程序一致。"就体现了对法制新闻的这个基本要求。

遵循报道与司法程序共进的原则，其根本目的是要约束传媒对司法独

立的非法干预，限制媒介对司法审判施加的影响，最大限度地维护司法公正。西方国家为了给司法者营造一个相对封闭的环境，保持与社会的适度隔离，以确保司法者在无干扰的环境中独立审判，采取了各种措施对超越司法程序的新闻报道加以限制。为此他们采取了一系列限制媒介取得有关未决审判案件的信息的措施，包括法院限制向媒介传送与案件相关的新闻，在法庭及周围限制甚至禁止使用摄影、摄像器材设备，向媒体封锁有关逮捕和其他公开记录的信息，对产生轰动效应的刑事案件在审判及预审期间拒绝媒介进入法庭等等。从我国目前的情况来看，过多强调司法对传媒的限制是不大合适的，因为这会明显地降低司法过程的公开性与透明度，弱化对司法腐败的监督力度，增大司法专横的可能性，从而最终妨害司法公正的实现。因此，我们仍然要欢迎和鼓励传媒对司法领域的适度介入，以舆论监督为防腐剂，有效地防范和限制司法权力的异化和滥用。但另一方面，媒体必须要认识到，维护司法公正的前提首先是对司法程序的尊重与维护，只有坚持传媒报道同司法程序共进的原则，才能真正实现传媒与司法良性互动的双赢局面。贯彻这个原则，媒体在法制报道中应注意以下几个关节点：

（一）审判正式启动前，媒体不作舆论动员，不去热炒卖点。对一些有新闻价值和法制价值，公众也比较关注的案件，媒体应客观介绍案件开庭前的有关信息，对案情的介绍应限制在司法机关已公布的材料范围之内，同时不得发表倾向性的报道和评论，避免误导公众。给法庭带来舆论压力，防止充当诉讼中一方当事人的代言人，影响公正审判。

（二）审判程序开始后，注意维护法庭秩序，注意报道的社会效果。

1. 庭审采访，要遵守法庭纪律。记者在庭审现场录音、录像、摄像，必须征得审判长或者独任审判员许可，不得擅自进行，以免干扰法庭正常的审判活动；不得在法庭上当场提问，当场批评，影响法庭的尊严和权威，使法庭既定的审判程序被打乱；不允许在庭审现场采访旁听人员，维护法庭庄重、严肃、安静、有序的氛围。

2. 客观公正报道审判活动。在案件审理过程中，媒体一般不应搞庭外调查，因为在正常情况下，相对于司法而言，媒体的调查无论从专业知识背景，专业实践经验，还是程序性制约，技术证实或伪证手段的保障，一般很难超越司法机关，因此媒体似无越俎代庖的必要。对案件基本情况的报道应保持客观、中立的立场，尽可能提供完整、全面、充分、客观的信息，避免偏听偏信，妄下结论。在案件未作出判决前，不要随意对案件的是非曲直发表意见，更不要对案件最终的判决结果事先进行预测和评议，避免形成事实上的"舆论审判"。

（三）案件作出司法裁决后，注意维护司法判决的权威性，引导公众对判决结果认同与尊重。司法是解决社会纠纷的最终的裁判，是社会正义的最后一道防线。司法机关所作出的判决一旦生效，任何组织或个人均不能以任何理由与其对抗，即使该判决确有错误，也必须由法定的当事人或法定的机关或司法机关本身提出申诉或再审，然后由司法机关依照法定程序重新作出裁判。对传媒来说，在司法机关作出判决后，不得随意发表有损司法权威的报道和评论；在没有充分的证据证明司法判决在程序上或在适用法律上确有错误的前提下，不得对判决结果妄加评议；不得以新闻调查的结果与司法判决认定的事实不符而对司法判决的结果轻易否定；对法庭及法官个人在审判活动中存在的诸如失职或徇私舞弊等行为应在深入调查取得确凿证据后积极向有关方面反映，敦促对有关违法违纪人员进行查处，而不能以此为由进行炒作；对一些重大案件的审理，公众有偏激情绪的，媒体要善于疏导，配合司法机关做好稳定工作，真正做到引导不误导，帮忙不添乱。

参考文献

[1] 魏永征：《中国新闻传播法纲要》，上海社会科学院出版社 1999 年版。

[2] 侯健：《舆论监督与名誉权问题研究》，北京大学出版社 2002 年版。

"媒介审判"的机理与对策

● 慕明春

在平衡媒介与司法的冲突，构建二者良性互动关系的过程中，始终存在着不和谐的音符，出现了两种极端的倾向。一种表现为"司法压制舆论"，给媒体的舆论监督设置种种障碍；另一种则表现为"舆论干预司法"，给司法的独立性与公正性施加过度的舆论压力。这后一种倾向中最为典型的表现形式即所谓的"媒介审判"。

一、机理：媒体角色的错位和舆论监督的异化

"媒介审判"又叫"新闻审判"、"舆论审判"，是起源于西方传播法的一个概念，指新闻媒介利用其公开传播的新闻报道或评论，干预、影响司法独立和司法公正的现象。"媒介审判"的表现方式主要是媒体超越司法程序对正在审理的案件的案情分析、案件定性、涉案人员定罪量刑等一系列问题作出公开的判断和结论，以其明显的倾向性引导受众，形成一种足以影响司法独立审判的舆论氛围，从而使审判在不同程度上失去其公正性。

"媒介审判"的实质是以新闻自由干预司法独立，以道德评判取消司法审判，以媒介的"话语强权"代替舆论监督，对于建设和谐有序的民主法治社会，有着极大的负面作用。

第一，它加剧了新闻自由与司法独立的冲突。新闻自由与司法独立是现代法治社会的两大支柱，而二者本身又是一对天然的矛盾，在理念上，在机制上，在运作方式上都存在明显的差异。新闻自由强调通过信息公开来实施对包括司法权在内的社会公共权力的监督与制约，司法独立则排斥各种非

司法的因素对司法者的指令、干扰和影响。关于司法的独立性，西方的学者概括为七个方面：独立于国家和社会各种势力；独立于上级官署；独立于政府；独立于政党；独立于新闻舆论；独立于国民时尚与时好；独立于自我偏好、偏见与激情。[①] 司法独立是司法公正的前提，"司法者的独立程度决定着司法者与法律的接近程度，司法者独立性越强，就越有可能遵从法律的精神和原则；反之，就越有可能远离法律的精神和原则"[②]。如果司法者在案件的审理过程中，不得不考虑新闻舆论的反应，影响他"遵从法律的精神和原则"独立作出裁决和判断，其结果必然是司法公正的偏离和丧失。

第二，它容易误导受众，造成公众对司法机关的疏远和不信任。在信息社会里，大众传播媒介拥有选择信息和解释信息的权力，具有"话语权"的绝对优势；而司法机关则由于其封闭性和独立性因而同社会的信息交流相对较少，表现出一定的沉默性。这样就很可能造成事实上的信息不对称，受众只能根据新闻媒体所提供的相关信息对案件审判的公正性作出判断和理解。一旦媒体提供的信息是不完整的、不全面的、不充分的、不客观的，就有可能误导受众，使公众对司法部门办案的严肃性和公正性产生怀疑，信心动摇、减弱，从而危害法治。

第三，它扭曲了新闻舆论监督的功能。在我国的监督体制中，舆论监督是一种特殊的"柔性监督"的形式，它不同于党内监督、行政监督、人大监督等刚性监督形式，是不具有法律的、行政的强制力量的。"媒介审判"则违背了舆论监督的这种性质，坚持要化"柔"为"刚"，让媒体去充当"法官的法官"，"凌驾于司法之上，干预和影响司法"[③]。这种变形的舆论监督实际上等于否定和迷失了舆论监督。

第四，它改变了新闻媒体的角色定位，干扰了新闻界的正常工作，并有可能使媒体陷入讼累之中。"媒介审判"所引发的媒体的职责超越把媒体推向了尴尬的境地：一是"审判"本身就缺乏合法性，与法律规定的"无罪推

① 参见史尚宽：《宪法论丛》，法律出版社1996年版，第329页。

② 吴湘韩：《寻找司法独立与媒体报道的平衡点》，《中国青年报》2002年5月24日。

③ 魏永征：《中国新闻传播法纲要》，上海社会科学院出版社1999年版，第158页。

定"、"罪刑法定"等原则相悖，我国《刑事诉讼法》第十二条规定："未经人民法院依法判决，对任何人都不能确定有罪"；二是道德与法律的冲突问题。"媒介审判"很大程度上体现为道德的审判，体现的是传媒自身或受众观念上的道德意义的公正，这与司法追求法律公正势必形成观念上的冲突；三是专业技术条件与手段的问题，媒体不能像司法机关那样采取合法有效的侦查技术和侦破手段，这必然使其"审判"的信度、效度大大降低。而如果过多依赖于偷拍、偷录等特殊手段，又极有可能构成新闻侵权。近几年"新闻官司"的增多，原因固然是多方面的，但"媒介审判"的存在不能不说是一个重要原因。

"媒介审判"的产生有着复杂的社会根源，概括起来，主要有以下几方面：

1. 司法的缺位。极少数司法人员职业道德缺失，业务素质低下，一些案件的审理不是久拖不决就是判决有误，其效率和公正性常常使公众产生疑虑；有些司法人员法治意识淡漠，人情案、关系案，时常不断，实现司法公正常常需要外部因素包括媒体监督的推动；至于由司法腐败所造成的暗箱操作、枉法裁判更是极大地损害了司法公正的形象。由此产生的直接后果就是公众寄希望于媒体来遏制司法腐败，维护自己的利益，因而新闻舆论也就成为救济司法缺失和司法不公的一种特殊的救济手段。

2. 新闻界的越位。中国的新闻媒体大多具有官方或半官方的性质，借助于其所依托的强大的政治权威，传媒或多或少都有评判是非、解决纠纷的能力。这既为新闻媒体作为舆论代表对社会公共权力进行监督带来了权威性，但同时也可能为进行"媒介审判"积聚了能量。如果这种能力处置不当，越过了一定的界限，异化为凌驾于司法之上或超越于法治之外的裁决权与处理权（如有的正在审理的案件经媒体报道后取得上级领导的批示，责令司法部门限期解决，形成媒体定调——领导指示——司法部门执行的模式），就可能构成实质上的行政权对司法权的干预与对抗，危及社会权力结构的平衡。

3. 媒体经济利益的驱动与恶性竞争。司法是社会正义的最后一道防线，因此司法公正相对于其他社会问题更能引起公众广泛的关注而成为舆论的焦点。这就使得一些媒体竞相追逐法制报道这个热点，吸引受众的眼球，提高媒体的发行量和收视率，刺激广告商投放广告的热情，为媒体带来可观的经济效益。由于媒体相互之间竞争加剧，各家媒体都想在时效性、权威性、预测性等方面胜人一筹，以求产生轰动效应，这就难免因热炒"卖点"而出现失控，形成对司法独立的非法干预。

4．公众人治情结的执着。我国是一个具有悠久的人治历史的国家，千百年来，人们总是不断地期盼着有着独特的人格魅力和超凡的决断能力的清官的出现来维系他们对社会的信心的底线。在现代法治社会里，清官政治已经失去了生长的土壤，但是公众的"清官意识"却并没有就此泯灭。一有不平事，便要寻"青天"。有些人特别是孤立无助的弱势群体常把目光投向有着"衙门"背景和官方色彩，信息来源广，联系渠道多，社会影响力大的新闻媒体，想借助媒体的"话语权"对司法界和行政部门施加压力，形成有利于自己的审判或裁决。再加上在中国目前情况下，一些地方实现司法公正还时常对外部干预因素（如上级指示、媒体报道）有一定的依赖性，就更容易助长公众产生"找法院不如找记者"、"记者是法院的法官"之类的心理，这就极有可能把新闻媒体推到充当"现代包青天"角色的舞台。从这个意义上说，"媒介审判"是现代法治社会里由新闻界和公众共同制造的人治的神话。

5．制度建设的空白。寻求司法独立与媒体报道的平衡是保证舆论监督合度、到位的基本前提。但目前我们还没有出台专门的法律，对监督的对象、范围、方法、措施、限度、要求等等，都有相当多的法律和政策的空白，缺乏完备而又便于操作的法律规程，致使新闻媒体面对舆论监督或者无所措手足，或者违规犯忌，所谓"参预而不干预，到位而不越位"就很容易变为空话。因此，从制度上建构有效协调传媒与司法关系的平衡机制，将传媒监督司法纳入法制化的轨道，是解决"媒介审判"这一难题的根本出路。

二、媒介对策：明确角色定位，信守客观原则

解决"媒介审判"这道难题，对新闻界来说，主要是如何调控舆论监督的角度、强度和尺度的问题。这方面，一要敢于监督，不能因为"媒介审

判"这个雷区的存在就畏首畏尾，如履薄冰，要充分地认识和评价舆论监督对维护司法公正，遏制司法腐败的重要性和必要性；二要善于监督，要认真确定和总结正反两方面的经验教训，探索舆论监督的规律、原则和方法，掌握监督的策略和艺术。

（一）明确媒体的角色定位

防止媒介"话语权"的滥用，避免"媒介审判"的形成，大众传媒首先要摆正自己的位置，对自己承担的使命、肩负的责任和担当的角色要有明确的认识。为了依法行使舆论监督的权利，保证对司法的监督卓有成效，媒体应当牢固树立书记员、调查员、联络员、守门员的意识。

1. 书记员意识。在运用舆论监督的权利时，必须明确新闻媒体不是司法机关，新闻记者也不是法官，决没有给人定罪定性的权力。舆论监督的力量就是把信息公开，"用事实说话"，媒介自身只是事实的记录者和转述者，充当的是书记员的角色。关于事实的认定和处理，诸如是与非，真与伪，罪与罚等一系列问题，都是司法机关的职责，媒体不要随便介入和干预。

2. 调查员意识。调查是舆论监督的硬功夫。要有发言权，先当调查员。一切结论都来自于调查之后，而不是靠道听途说，想当然。对于当事人的"举报"、"投诉"或提供的新闻线索，媒体不可偏听偏信，轻率报道，一定要慎重对待，做认真细致的调查，弄清事实的真相。要注意调查方法、技术手段的合法性，保证在法律所提供的空间中行事。

3. 联络员意识。媒体进行舆论监督，既不是给司法机关当对立面，也不是替上级机关当"特派员"，而是要在社会与司法部门之间发挥联系、沟通、疏导、协调的纽带作用，充当的是联络员的角色。当好联络员，媒体一方面要给司法机关提供舆情民意而不施压，特别是对一些社会反响比较大，群众意见比较集中的案件，媒体有义务向司法部门及时反馈信息，帮助司法机关改进司法审判工作，维护司法公正；另一方面，媒体要向公众通报信息而不炒作，对于一些重大案件的审理，公众有偏激情绪的，媒体要善于疏导，配合司法机关做好稳定工作。引导不误导，帮忙不添乱，可以说是媒体联络员角色的写照。

4. 守门员意识。尽职尽责的大众传播媒体在舆论监督的过程中应当是称职的守门员，把一切干扰、影响、弱化舆论监督积极效果的信息拒之于传播的大门之外。强化守门员意识，关键是处理好"为"与"不为"的关系。对媒体来说，一是要注意报道内容的适度性，从维护司法公正这个大局出发，对报道的内容进行筛选和过滤，注重报道的切入点、分寸和措词。二是要注意报道时机的适时性，审时度势，不到火候时，不要随便"放炮"。

(二) 信守客观公正的原则

客观性原则是新闻传播活动的基本职业道德准则，也是媒介实行自我保护的主要"安全措施"。新闻的客观性是建立在真实性的基础之上的，其核心内容是新闻报道应客观地陈述事实，排除任何意见、议论和情感因素的影响。"客观与公正，是新闻规律本身提出来的要求。既然新闻是事实的报道，那么，读者所求于新闻的只是对事实的了解，至于记者个人的意见，一般是无关紧要的"。[①]

法制报道坚持客观的原则，具体来说，要注意以下几个方面：

1. 报道与观点分开。事实是客观的，观点是主观的。"两者分开的意义，是为了使受众首先了解客观事实的真相，并获得与传播者同样的独立思考和评价的机会。"[②]在舆论监督中将报道与观点分开，既可以避免对正在审理的案件说三道四，招致"媒介审判"的非议，也可以防止对报道相对人的评价不当所引发的新闻侵权纠纷。

2. 报道的平衡性。媒体在一些有争议的事实的报道中，应当持相对超脱的态度，给各方当事人都提供说话和答辩的机会，让受众充分了解各方的陈述或意见。对一些难点，媒体的报道除了反映当事人的意见外，还可以介绍知情人、见证人、专家学者及有关领导的看法，尽可能帮助受众了解有关事实真相的各种信息。

3. 报道的中性化。为了防止给司法机关和受众造成先入为主的偏见而影响公正的判决，对正在审理的案件如果确需报道，应尽可能弱化倾向性，

---

① 艾丰：《新闻采访方法论》，人民日报出版社 1989 年版，第 212 页。

② 宋林飞：《社会传播学》，上海人民出版社 1994 年版，第 213 页。

过滤感情因素，剔除一些主观评价的成分，做到不煽情、不偏激、不乱用情绪化的词语，特别是慎用那些带有贬损、侮辱意味的形容词。

4. 评论的公正性。将事实与观点分开，不是不让媒体发表意见，而是为了给媒体提供一个更恰当的"喷发口"，这就是评论。评论不同于纯信息性的报道，它的重点是对事实的意见和看法的表达，带有更多的主观评价、判断、论说的理性色彩。评论作为媒体"话语权"的重要标志和风格化的重要特征，是新闻媒体拥有高度的言论自由的集中显现，因此必须注重它的公正性。各国新闻界都非常重视公正评论的问题。如《南非媒介委员会行为准则》就规定："媒体应有权对公众普遍重视的事件和行为进行公正、中肯的批评和评论。评论应建立在事实确凿的基础上，以其体裁应有的形式出现，并且要公正表述。评论应是一种观点的诚实表述，不应怀有敌意，或不良动机，并且要全面公正的权衡会涉及评论对象的事实。"衡量公正评论的要件应包含这样几个：(1) 评论的对象必须与社会公共利益相关；(2) 评论必须依据真实的事实，植根于新闻事件的土壤；(3) 评论应主要针对事而非针对人；(4) 评论者主观上应无恶意。鉴于法制新闻的特殊性，媒体在案件审理过程中，法院未作出判决或裁定前，不宜作出公开评论，以免对法院形成舆论压力；在案件审结判决后，媒体可以就案件本身进行评论，但一定要注意评论的公正性和专业性，应当学会多采用借言式评论，即请一些权威人士和专家学者发表意见，以案释法，以案论理。中央电视台《今日说法》、《新闻调查》、《央视论坛》等栏目可以说是采用这种方法的典范。

(三) 加强媒介自律

如前所述，"媒介审判"的一个原因是行业监管的乏力及行业内部竞争的无序，因此，有效防范"媒介审判"的一个重要环节，应当是新闻业通过强化行业自律和完善媒体内部的自律规定来规范舆论监督的运作机制，减少滥用新闻自由的现象，减轻新闻界因为"媒介审判"和新闻侵权所面临的外部压力，改善媒介同公共权力机构及公众的关系，为新闻自由和舆论监督赢得相对宽松的社会环境。

我国新闻业有自己的行业性组织"中华全国新闻工作者协会"，在全国记协制定的《中国新闻工作者职业道德准则》中明确规定，"维护司法尊严。

对于司法部门审理的案件不得在法庭判决之前作定性、定罪和案情的报道；公开审理案件的报道，应符合司法程序"。这说明新闻界已经对"媒介审判"的负面作用有了清醒的认识并将其纳入行业自律的范围中，现在关键是要抓监管、抓落实。笔者建议，下一步应该做好两方面的工作。

第一，对《中国新闻工作者职业道德准则》中的一些规范，应在调查研究的基础上作进一步的修订与完善，并制定出具体的操作性强的实施细则，对媒体司法报道流程的每一环节都进行严格规范，便于行业监管和媒体的自我约束。

第二，借鉴国外的一些经验，成立类似于美国的"新闻评议会"和英国的"新闻投诉委员会"之类的专家型机构，负责处理媒体与社会机构及公众之间的矛盾和纠纷，受理对媒体违反新闻职业道德的不公正行为的投诉，委员会应由新闻界和法学界资深专家组成，处理投诉的方式可采用先行调解，调解不成再作裁决的方式。这种做法可以为公众提供一种代替法律诉讼的低成本的申诉途径，减少"新闻官司"，同时也有助于在行业内部形成自控自律的氛围。

三、司法对策：开放信息通道，建立屏蔽机制

虽然"媒介审判"的存在有可能影响和干扰司法机关的正常工作，但司法机关也决不能因噎废食，拒绝媒体正常的舆论监督，压制新闻自由。司法机关可以采取的对策应当是两方面：一方面"放"，尽可能加大司法工作的公开性和透明度，满足公众的知情权，要欢迎和鼓励传媒对司法领域的适度介入，以舆论监督为防腐剂，有效防范和限制司法权力的异化和滥用；另一方面"防"，要建立一种屏蔽机制，通过法律和其他手段，约束传媒对司法独立的非法干预，限制媒介对司法审判施加的影响，最大限度的维护司法公正。这里重点探讨一下建立屏蔽机制的问题。

（一）西方国家的相关制度与措施

西方国家为了给司法者营造一个相对封闭的环境，保持与社会的适度隔离，以确保司法者在无外界干扰因素的影响下独立审判，采用了各种手段对有碍司法独立的新闻报道加以限制。

1．严格控制新闻媒体制作和传播有倾向性的新闻报道。英美等国家的法学界都认为，司法审判的"正当程序可能受到媒介及其代表的影响，方式则是通过编辑的内容对初审法官产生压力以及扰乱法庭的肃静。如此这般，使得法官尽管有可能，但是难以保证公正程序和冷静审视。"① 因此，他们不主张传媒监督司法的提法，提出法院有责任严格控制法庭和法院所处的环境，以确保媒介和公众不干预对被告的公正审判，并采取了一系列限制媒介取得有关未决审判案件的信息的措施，包括各级法院应限制向媒介传送与案件相关的新闻，在法庭及周围限制甚至禁止使用摄影、摄像器材设备，向媒体封锁有关逮捕和其他公开记录的信息，对产生轰动效应的刑事案件在审判及预审期间拒绝新闻媒介进入法庭等等。一个比较典型的例子是美国水门事件曝光后，法官在审理过程中封锁了许多与案件有关的文件和磁带，当新闻自由记者委员会向法官要求启封有关的材料并提供给新闻媒介时，该委员会的请求函件也被法官封存。

2．利用司法程序中的一些手段来消除媒介倾向性报道可能带来的不利影响。这些措施包括：推迟案件审理，使报道的影响淡化；将审判地点转移到媒介报道未覆盖地区；调整可能已受媒介报道影响的陪审员；隔绝证人及陪审团成员避免其接触媒体报道；限制案件的当事人向媒介作出带有倾向性的陈述，等等。西方国家的一些法官在审案期间以不接触媒体，不看报纸为荣，也是为避免媒介报道的干扰和影响。

3．通过新闻法律法规或职业规范限制媒体滥用新闻自由的权利。英国有藐视法庭法，用来禁止和惩罚意在使法律的权威和实施受到不尊重或干预司法审判的行为，新闻界的行为在多方面受到该法的约束。意大利《记者责任章程》规定，"在所有过程和调查中，记者应始终记住每个被指控的人在最后审判下达之前都是无罪的。在这一过程中如果当事人未被宣判为有罪，记者便不能把其当作罪人而传播相关信息"；"记者不可以发表图像，故意地人为地把未被判决的人塑造成罪犯"。

---

① ［美］T. 巴顿·卡特等：《大众传播法概要》，中国社会科学出版社 1997 年版，第 132 页。

（二）我国的相关原则与措施

以保护为主，适当加以限制是我国目前处理传媒监督司法关系的一个基本的原则。最高人民法院原院长肖扬的看法最具有代表性。在 1998 年 4 月的一次讲话中，肖扬指出：法院要自觉接受舆论监督。要将宪法和法律规定的"公开审判"制度落到实处。公开审理案件除允许公民自由参加旁听外，允许新闻机构以对法律自负其责的态度如实报道。在 2000 年 1 月的一次讲话中，肖扬再次强调法院工作的宗旨是实施法律，确保社会正义，媒体的价值也是传播法律，维护社会正义。从这一意义上讲，在建设社会主义法治国家的进程中，人民法院与新闻媒体的任务和目标是一致的。据此，他就人民法院支持舆论监督为新闻单位提供司法保护提出了六点要求，其中第六条的内容是："新闻记者对法院工作特别是审判工作的采访，各级法院要积极配合尽量提供方便和保护，不能阻挠记者的正常采访。"司法机关为媒体监督司法大开绿灯，并不等于无限制地允许传媒对司法独立的干预。因此，肖扬也要求媒体规范监督行为及司法报道，并提出了六点希望：1. 报道法院工作要有利于促进审判工作的发展；2. 宣传先进人物、先进事迹要有利于弘扬时代精神；3. 揭露腐败现象要有利于维护社会稳定；4. 鞭挞丑恶现象要有利于维护司法机关的形象；5. 报道案件要有利于维护司法公正；6. 舆论监督要有利于社会进步。这六个"有利于"可以看作是对传媒监督司法的基本准则与合理限度的原则性要求，也是建立司法屏蔽机制框架性结构的几个基本支撑点。

从充分尊重和保障新闻自由，支持传媒对司法的监督同维护法律的尊严，确保司法公正的双重目的出发，我国的一些法院相继出台了有关法制报道的庭审规定，对建立司法屏蔽机制的基础性建设作了有益的尝试。例如长沙市中级人民法院公布的《庭审现场新闻采访若干注意事项》就作了如下规定：凭庭审采访证和政法新闻采访证并经合议庭允许方可进入庭审现场采访；采访限制在宣布开庭至起诉书宣读完毕之间进行；允许在法庭辩论阶段拍摄部分庭审镜头，其余时间，记者可在场旁听，但不允许摄影、摄像、录音；不允许对标题制作作渲染性炒作，在法庭宣判前，不得制作对案件定论、定性的标题；不允许使用评论性语言，不允许就案外的事例纳入本案予以披露，谨防不实报道和不当炒作政法新闻；在法庭指定的拍（录）区域拍录；不允许在庭审现场、庭审进行当中作现场报道，不允许在庭审现场采访旁听人员，等等。应该说这些规定还有不足之处，在系统性、科学性和可行性方面还有待进一步研究和完善，但它毕竟表明了我国司法界正在对寻求媒体报道与司法独立间的平衡，并从根本上为实现舆论监督与司法独立良性互动的"双赢"局面作出积极的探索。

参考文献

[1] ［美］巴顿·卡特等：《大众传播法概要》，中国社会科学出版社 1997 年版。

[2] 宋林飞：《社会传播学》，上海人民出版社 1994 年版。

[3] 魏永征：《中国新闻传播法纲要》，上海社会科学院出版社 1999 年版。

新闻侵害名誉权的抗辩事由及其运用策略

● 慕明春

在大众传播活动中，常常会出现言论出版自由（新闻自由）同公民或法人的人格权发生冲突的问题，这是因为大众传播媒介为了满足公众的知情权和实施舆论监督，必然会通过新闻或其他方式反映一些社会问题，揭露和批评某些人和事，而这些报道活动如果处理失当就可能涉及到侵害特定人的人格权，引发诸如其社会评价降低、名誉受贬损等一系列后果，这就是所谓的新闻侵权，其中最主要的是侵害名誉权和侵害隐私权。新闻侵权无论是否直接引发侵权诉讼，都会给新闻媒体带来不少麻烦，有的甚至会为之付出高昂的代价。因此，如何在理论和实践的结合上正确把握新闻自由的界限，寻求舆论监督的支撑点，调适公民的表达权、知情权同公民人格权之间的冲突，就成了新闻理论界和新闻媒体必须认真应对和积极探索的课题。本文仅从新闻媒体自我保护的角度来探讨一下媒体在新闻侵害名誉权诉讼中如何合法而正当地利用抗辩权的问题。

所谓抗辩权，是指被告针对原告提出的诉讼请求，提出具体事实或理由使自己免责或减轻责任的权利。在新闻侵权诉讼中，只要媒体具有正当的抗辩事由，就可以用这种抗辩事由进行抗辩。如果法庭确认这种抗辩事由成立，新闻媒体就会被免除侵权责任。新闻侵害名誉权的抗辩事由，民法上称之为"违法阻却事由"，是指证明原告的诉讼请求不能成立或不完全成立的事实和理由。从法理上说，新闻报道行为的违法性是侵权责任的构成要件，抗辩事由的存在证明新闻报道没有违法，因而也就没有理由要求被告承担新闻侵权的民事责任。

新闻侵害名誉权的抗辩事由是新闻媒体自我保护的一道防线。正当的新闻出版自由及正当的舆论监督都可以凭借它的保护而得以存在和运作，而不至于因为同公民或法人的名誉权的冲突而动辄得咎。因此，它是在公民的表达权、知情权同公民或法人的人格权之间谋求平衡的法律思想的产物。

新闻侵害名誉权的抗辩事由包括全面抗辩和局部抗辩两个层次。前者是免除责任的抗辩，后者只能减轻责任而不能完全免除侵权责任。全面抗辩最基本的抗辩事由包括三个方面，即真实、公正评论和特许权。局部抗辩一般指媒体对侵权报道有补救措施。现分述如下：

一、全面抗辩事由之一：传播内容的真实性

追求真实是新闻传播铁定的法则。新闻唯有其真实，才会有力量，也才会经得起别人的查对和核实，不怕批评和指责。从学理上说，新闻侵害名誉权的行为的直接后果当是相对人应有的社会公正评价的减损，但如果确能说明所报道和传播的内容是真实的，合乎相对人的实际，没有变形和扭曲，那报道的结果就只是客观显示相对人本身应得的社会评价，不存在对其的名誉损害问题。

证明传播内容的真实性，是指媒体能够有充分的依据证明作品的主要内容和基本事实是属实的，特别是能证明事关特定人名誉评价的内容是基本准确的。1993年最高人民法院《关于审理名誉权案件若干问题的解答》第八条规定："文章反映的问题基本真实，没有侮辱他人人格内容的，不应认为侵害他人名誉权。"这里所说的"基本真实"，就是免除侵权责任的界限。新闻作品只要能达到这一标准，其报道行为就是正当的，受到法律的保护。需要注意的是，最高人民法院的司法解释之所以不硬性规定"完全真实"而只要求"基本真实"，一方面是为了给舆论监督提供一个相对宽松的社会环境从司法制度上对舆论监督予以支持；另一方面也是充分注意到了新闻传播自身的特殊规律。这是因为，新闻传播信息量大，流动速度快，有很强的时效性的限定，不可能要求所报道的每件事都是百分之百的客观和准确，有时所报道和传播的内容出现少量偏差，有个别细节的失实是可以理解的。只要这些偏差不妨碍相对人正常的社会评价，社会及司法机关就应当持宽容的态度

而不必过于苛求。

判断传播内容是否达到基本真实的衡量标准，主要不在比例上的测算，而是要看作品中事实的偏差是否足以影响到特定人正当的社会评价。如果文章的大部分内容都未出现差错但却有一两处地方出现名字、数字、地址等方面的失误，使相对人的名誉受到损害，就应认定为基本事实失实。例如，一篇报道将犯罪嫌疑人的名字写错了一个字，变成了同村的另一个人的名字，使无辜者蒙受冤屈，受到人们的指责，就是这方面的典型例子。

真实作为抗辩事由，在策略上有几点需要注意：

第一，为了维护新闻的真实性，保证舆论监督具有高度的命中率和适度的杀伤力，新闻媒体必须强化证据意识，树立一种法律意义上的真实的观念，即报道中的事实的真实性，不仅取决于它是实际存在的、的确发生过的、非虚构的，而且取决于它是有证据支持和证明的事实。正如美国学者所说："知道某事是真实的和在法院证明该事显然是两件不同的事情。……假如传播的内容的实质能够得到证明，辩护理由即可成立。"① 打官司说到底就是打证据，没有证据再有理也是枉然。媒体必须凭借有说服力的证据为报道的真实性与合法性进行辩护。

第二，新闻真实必须以尊重他人隐私为前提，不能以牺牲相对人的隐私权，非法宣扬他人的隐私为代价。在法治社会中，每个公民都享有一定范围内私生活秘密不受侵犯的权利，只要个人隐私不和社会公共利益、公共道德准则发生冲突，就应该受到法律的保护。据此，最高人民法院《关于审理名誉权案件若干问题的解答》第七条规定："对未经他人同意，擅自公布他人的隐私材料或者以书面、口头形式宣扬他人隐私，致他人名誉受到损害的，按照侵害名誉权处理。"披露他人的隐私虽未虚构事实，但将他人不愿对社会公开又对社会公众利益没有妨碍的私人信息和盘托出或随意侵扰他人私生活的空间，都会给他人带来精神压力甚至痛苦。因此，这种真实同样是侵权行为。

第三，对事实的报道要淡化感情色彩，不能加以侮辱性的描绘。如果

① ［美］T. 巴顿·卡特等：《大众传播法概要》，中国社会科学出版社 1997 年版，第 42 页。

报道内容基本真实，但在描写过程中有侮辱人格的内容，同样构成对他人名誉权的损害。最高人民法院《关于审理名誉权案件若干问题的解答》第八条规定："文章反映的问题基本属实，但有侮辱他人人格的内容，使他人名誉受到侵害的，应认定为侵害他人名誉权。"所谓"侮辱他人人格"，是指作品不适当地利用辱骂、嘲笑、调侃、羞辱的手法贬低他人人格，使相对人的社会评价受到人为改变。某市股民王某系深度近视，有一天他在股市戴着眼镜又手握望远镜看大屏幕上的行情，被记者拍摄成照片，并加上"六只眼看行情"的标题在某报刊登。从此，王某被周围的人戏称为"六只眼"。王某认为，照片的说明是对自己生理缺陷的调侃和对自己人格的侮辱，将记者和报社诉至法院。法院审理后认为，涉讼作品在选择图片说明的用词时，忽略了目前大众的道德水准，致使王某被一些人称为"六只眼"，身心受到一定伤害，判决报社侵害名誉权成立。

二、全面抗辩事由之二：评论的公正性

评论是新闻媒体就社会应当关注或正在关注的一些焦点、热点、疑点、难点问题所发表的言论。它同纯信息性的报道不同，不仅仅局限于事实的陈述，而是将重点放在对事实的意见和看法的表达上。事实性报道呈现的是"事实怎么样"，而评论更多地关注"事实为什么这样"、"它应不应该这样"、"它究竟应该咋样"。显然，评论带有更多的主观评价、判断、论说的理性色彩。评论的表达方式和表现形式也多种多样，可以是长篇大论，也可以是片言只语，可以庄重严肃，也可以机智幽默，可以是个人一得之见的表达，也可以是编辑部同仁共识的阐发。

评论作为媒体"话语权"的重要标志和风格化的重要特征，大量存在于各种媒体，是新闻媒体拥有高度言论自由的集中显现，表明了对于一切进入公共领域的事物，包括智力成果、科技成果以及形形色色的消费品，各式各样的社会现象，新闻媒介都拥有发表论说性意见的权利。同时，评论也是作为"社会守望者"的新闻媒介引导社会舆论和进行舆论监督的一种重要方式，它利用媒介所具有的"议程设置"的特殊功能，引导社会大众关注社会焦点，洞察社会现象，剖析社会弊端，促进社会发展，体现了媒介所肩负的扶正祛

邪、激浊扬清的神圣社会责任。

评论在名誉权诉讼中作为抗辩事由的前提是它的公正性，即所谓的"公正评论"。评论的"公正性"，是一种广义的概念，笔者理解，它至少应该包括公开、公平、公益等几个方面的含义，其中公益性是它的最核心的内容。美国学者在读到美国司法实践中对"公正评论"的解释时也强调了这一点："法院广义地解释公正评论。对于带有夸张、不合逻辑、讽刺挖苦、嘲弄奚落甚至是错误百出的评论，如基本事实都可证明它们的合理性，便一律受到保护。"① 公正评论原则的确立体现了在言论自由和公民的人格权之间，法律对与社会公益有关的言论予以优先保护的倾向，其目的是要激励和保护公众追求真理、解放思想、勇于探索、畅所欲言，敢于就公共事务发表各种意见以维护社会整体利益的积极性，形成一种高度民主和自由的舆论氛围。

公正评论必须掌握几个基本原则和策略：

第一，评论的对象必须与社会公共利益相关，即媒介从社会公共利益的角度对社会政治、经济、文化、科技等公共领域的事务发表意见和看法。评论必须出于公心，要从促进社会进步与发展，维护社会安定与和谐的大局出发，对与社会公共利益有关的各种现象和问题进行讨论和评判。评论公共事务当然会涉及到与公共利益有关的具体的人和事，包括对一些人和事作出批评性的甚至否定性的评判，但只要评论是出于公众利益而不是着眼于小团体利益和个人利益，就可以作为抗辩事由而受到法律的保护。

讨论公正评论的对象不能不提及一类特殊的评论对象，就是所谓的"公众人物"。公众人物是美国最高法院在 20 世纪 60 年代提出的一个概念，指"因特殊地位或表现而为公众所瞩目者，如各级政府官员、主动寻求公众评价的各种公开的候选人、体育艺术明星、因重大不凡表现而影响社会的发明家和企业家等"。② 一般认为，公众人物的言行常常与公共利益有着直接的关系，从维护公众利益的目的出发，应当由公众对他们予以监督，允许大众传播媒介对他们的表现加以评价。当然，对于公众人物纯属个人事务，与社

---

① ［美］T. 巴顿·卡特等：《大众传播法概要》，中国社会科学出版社 1997 年版，第 47 页。

② 王利明、杨立新主编：《人格权与新闻侵权》，中国方正出版社 1995 年版，第 600 页。

会公共利益无关的事项则不在评论之列。

第二，评论必须依据真实的事实。评论不是空穴来风，它必须植根于事实的土壤，基于一定的事实发表意见。因此其前提是一要有事实，是就事实有感而发；二是事实要基本真实，不是捕风捉影，主观臆断。事实是评论的由头，也是评论的论据，是评论具有强大的说服力的保证。论据出现重大失误，论点就可能成为无稽之谈而授人以把柄。对此，美国学者提出"如果评论或意见是建立在重大事实错误基础之上，公正评论辩护同样无效。例如，某位报纸专栏撰稿人在文章里称'琼斯医生是杀人凶手'，若与事实不符，此描述即为诽谤。可是，如果读者知道琼斯医生在某一例子里实施了安乐死，他们可自由表态是否同意琼斯医生是凶手的意见。"①

第三，评论应主要针对事而非针对人。"用事实说话"、"就事实说话"是新闻报道的一个基本规律，对评论同样有指导意义。评论的着眼点放在事实上，当然就允许和提倡发表各种对事实的不同看法，见仁见智，各种观点都可以摆出来。即使有些意见是偏激的、错误的，也算一家之言允许展开争鸣，在讨论中深化认识。要求评论者的观点都是百分之百的正确，大家众口一词，说的都是同一个标准答案，显然是不合理的。评论如果将"兴奋点"由事实转移到对人的评价上，就可能涉及到对特定人的品德、才能方面的评判，某些偏激的言词就可能伤害特定人的感情，构成侮辱他人人格。中央电视台的评论节目《焦点访谈》进行舆论监督的一条经验就是"对事不对人"，他们在探讨总结这方面的经验时提出："我们关注的第一目标是事实本身，而非张三、李四具体的参与者。围绕主题事实出现的人物，也只是为了证明事实，而并非作为'前景'和'衬托'被无原则地展示。"②

第四，评论者主观上应无恶意。评论自然不能完全淡化感情色彩，基于情绪化的表述，有时出现比较片面和比较尖刻的言词也是可以理解的。但有一点是必须坚持的，即评论者主观上应出于诚意和善意，而不能把评论本身当作贬低他人人格，对他人进行人身攻击的一种手段。"辱骂和恐吓决不

---

① ［美］T. 巴顿·卡特等：《大众传播法概要》，中国社会科学出版社 1997 年版，第 47 页。

② 再军：《批评性报道的采访技巧和角色把握》，《中国记者》1999 年第 6 期。

是战斗",这是当年鲁迅先生为评论制订的一条标准,至今仍有现实意义。要做到这一点,就要注意评论不当"裁判员"、"审判员",尽可能不煽情、不炒作、不偏激,慎用哪些带有贬损、嘲弄、侮辱性的言词。乱用形容词于事无补,而且很容易将事情搞糟。

三、全面抗辩事由之三:报道的特许权

特许权就是为了保护言论自由,平衡公众利益和个人利益之间的冲突,由法律规定,对于在某些特定情况或条件下散布的具有诽谤性的言论,不承担侵权责任。特许权的规定,实质上是为符合特定条件的言论自由和舆论监督网开一面。"尽管原告因诽谤而遭受名誉上的损害,诽谤者仍可能受到庇护而不承担任何责任,因为法律将首先考虑相互冲突的利益,如在传播诽谤内容时被告的利益,或收到传播的内容时第三者的利益,或在鼓励普遍关心问题的自由表达时公众的利益等。"①两利相权取其重,两害相权取其轻。规定特许权就是法律在两种利益相互冲突的情况下所作的抉择。

特许权分绝对特许权和相对特许权。绝对特许权又称为绝对的免予起诉权。在美国法律中,立法、司法和行政机关的人员在一定条件下都享有绝对特许权而无须顾虑因诽谤之罪受到起诉,其中包括美国国会参众两院的议员、各州议会议员、地方议会议员在立法会议上的言论;法官、律师、证人、被告和原告在听证或审判过程中的发言;总统、州长、市长、政府机构负责人的官方声明等。"规定绝对特许权的理由很明确:假定参与者有所疏忽,因而不得不去分析他们的言论招致严格法律约束的可能性及民事责任的风险,他们的无畏精神和独立性就有可能受到破坏,他们代表公众而采取的行动就有可能受到阻碍。"②我国《宪法》第七十五条规定:"全国人民代表大会的代表在全国人民代表大会各种会议上的发言和表决,不受法律追究。"其实质也属于绝对特许权的性质,"其目的是为了免除代表害怕承担政治、

---

① [美] T. 巴顿·卡特等:《大众传播法概要》,中国社会科学出版社 1997 年版,第 43 页。

② [美] T. 巴顿·卡特等:《大众传播法概要》,中国社会科学出版社 1997 年版,第 43—44页。

法律责任而不敢正确、全面反映人民的意见，不敢积极提出自己的主张的顾虑"。①

对大众传播媒介来说，更具有实际意义的是相对特许权。相对特许权又称有限特许权，有条件的特许权。在美国的传媒法中，规定新闻媒介享有相对特许权的范围比较宽泛，主要包括对于议会立法活动、司法机关的审判活动、政府和私人机构的公开活动的报道以及依据在这些活动中制作的公开文书材料撰写的新闻报道。相对特许权的成立应当具备三个条件：一是有关新闻报道必须公正准确；二是传媒应出于社会责任感，满足公众的知情权，所报道事项与公众利益相关；三是有正当合法的理由，没有恶意。在论及"没有恶意"这一条件时，美国学者认为，"如果诽谤性报道的主要目的不是在于让哪些'有必要了解情况'的人得到情报，公布于众即被视为带有恶意，特许权将无效。一旦公布于众的主要原因不是某一适当理由，如让那些法律承认他们对报道内容有合法利益的人了解情况，即可认定存在恶意。……如果传播动机主要是出于记者或出版商的自私目的，如牺牲竞争者（在所报道的公开活动中作不利的议论）以加强自己的营业利益，将不得获得有条件的特许权"。②

我国法律制度中对于大众传媒相对特许权的规定主要是最高人民法院的有关司法解释。如 1998 年《关于审理名誉权案件若干问题的解释》第六条规定："新闻单位依据国家机关依据职权制作的公开的文书和实施的公开的职权行为所作的报道，其报道客观准确的，不应认定为侵害他人名誉权；其报道失实，或者前述文书和积极行为已公开纠正而拒绝更正报道，致使他人名誉受到损害的，应当认定为侵害他人名誉权。"这一条规定实际上是明确了新闻媒介根据权威的信息来源发布的新闻报道，只要客观准确，即与国家机关公开的文书和活动的内容相一致，即可免除承担新闻侵权的民事责任。一般认为，以下几种情况都可作为权威的信息来源：1. 法律、法规、规章

---

① 张新宝：《名誉权的法律保护》，中国政法大学出版社 1997 年版，第 165 页。

② ［美］T. 巴顿·卡特等：《大众传播法概要》，中国社会科学出版社 1997 年版，第 46—47页。

所认定的事实；2．人民法院的裁判文书所认定的事实；3．行政机关在正式文件和正式行政程序中所认定的事实；4.党中央和各级党的组织的正式文件、出版物所认定的事实；5．国家立法、行政、监察机关通过新闻发布会、记者招待会、白皮书、蓝皮书等途径向社会公开的事实，等等。

新闻媒体正当运用特许权，须把握四个方面。第一，报道所凭借的权威的信息来源只能是国家机关的文书和职权行为，社会团体和企事业单位制作的文书不在范围之内；第二，报道所依据的文书和职权行为必须是国家机关在自己职权范围内制作和实施的，超越职权的文书和行为不足为凭；第三，国家机关的文书和职权行为必须具有公开性，凡依据国家机关未公开的、非正式的文书所制作的新闻报道不得享有特许权；第四，新闻报道要客观准确，即与国家机关的文书和活动的内容相一致，不得歪曲和夸大。

四、局部抗辩事由

局部抗辩是一种减轻媒体侵权责任的抗辩事由。在英美传播法里，局部抗辩事由只能减少侵权作品受害人可获得的赔偿额，而不能阻止追究侵权责任。

局部抗辩事由主要有以下两种。

（一）更正

更正就是新闻媒体在发现已发表的作品有侵害特定人名誉权的内容后，主动发表声明，对原传播内容予以撤销或纠正，以消除作品造成的不良影响的补救措施。在美国，"如果诽谤者发表一则撤销其诽谤传播的声明，且声明在报刊上的位置、长短同他或她的诽谤基本相当，即有可能避免惩罚性损害赔偿的裁定，亦可能减少损害赔偿额"。[①]

更正应符合几个基本条件。第一是它的主动性，即新闻媒体在发现所刊登或播出的作品有侵害他人名誉权的内容时，主动予以纠正。如果不是出于主动行为而是由法院判决予以更正，消除影响，就不能作为减轻侵权责任的抗辩事由。第二是它的及时性，即新闻媒体及时发现错误及时更正。国家

---

① ［美］T. 巴顿·卡特等：《大众传播法概要》，中国社会科学出版社 1997 年版，第 48 页。

新闻出版署《报刊刊载虚假、失实报道处理办法》规定：凡公开更正的，应自虚假、失实报道和失实作品发现之日起，在其最近出版的一期报纸、期刊的同等版位上发表。及时更正，就可以尽快消除影响，化解矛盾，平息诉讼，变被动为主动。即使受害人提起诉讼，也可以减轻甚至免除媒体的侵权责任。第三，是它的对等性，即媒体发布更正声明所占的版面、位置或播出时段，都要同侵权作品所占的版位或播出时段基本相当。第四，是它的彻底性，即更正声明应当就侵权的内容作完全、彻底的撤销或纠正，不要遮遮掩掩，含含糊糊，留有尾巴，更不要一味辩解，想方设法证明侵权的合理性。

（二）答辩

答辩就是新闻媒体允许侵权作品的相对人利用本媒体提供的版面或播出时段就侵权内容作出辩解，提出异议。和更正一样，这也是一种很有效的消除侵权作品的不良影响的补救措施。所不同的是，更正是媒体自己的作为，戏由媒体自己来唱，答辩是媒体让别人作为，提供戏台让别人来唱。其效果可以说是殊途而同归，都有利于缓冲和化解新闻报道活动中新闻媒体和相对人之间的冲突，有助于使新闻侵权的受害人非正常减损的名誉恢复到常态。

参考文献

[1]［美］T. 巴顿·卡特等著：《大众传播法概要》，中国社会科学出版社1997年版。

[2] 王利明、杨立新主编：《人格权与新闻侵权》，中国方正出版社1995年版。

[3] 张新宝：《名誉权的法律保护》，中国政法大学出版社1997年版。

新闻侵害隐私权的抗辩事由

● 慕明春

新闻侵害隐私权和新闻侵害名誉权同为新闻侵害人格权的两种基本表现形式，国际上通常称为新闻传播的"两大不当发表"。我国司法实践中，习惯上将隐私权保护归入到名誉权保护的范围中。其实，隐私权同名誉权既有一定的联系，又有本质的不同，是两种独立的人格权。这也就决定了隐私权抗辩不能简单沿用名誉权的抗辩事由。概括地说，二者的保护有如下区别：

（一）为与不为的区别。名誉权保护的是个人正常的社会评价不受人为改变，社会形象不会变形受损；隐私权保护的是个人私生活领域不受他人侵扰，个人秘密不被他人知悉。保护名誉权，需要新闻媒介有所为，即真实、客观、公正地报道和评论特定人物的客观表现，将其自然状态展示给社会及公众；保护隐私权则无需新闻媒介介入个人同社会公共利益无关的、个人不愿公开的私生活领域，"无为"就是媒介对隐私权最好的保护。因此，名誉权侵权的一个主要抗辩事由"公正评论"对于隐私权侵权是无效的。

（二）真实与非真实的区别。名誉权受到侵害，通常是由于新闻媒介传播了虚假的事实，社会依据虚假的事实对受害人作出了不客观的评价；隐私权受到侵害，是由于新闻媒介宣扬了受害人私生活方面客观存在的事实，使受害人原本不愿对外公开的私人秘密成了公众知晓的新闻。前者源于虚假，后者却是因为真实。因此，名誉权侵权的首要抗辩事由"传播内容的真实性"对于隐私权侵权毫无价值。

（三）自主与非自主的区别。名誉是一种客观的社会评价，不以当事人的主观意志为转移。当事人所能主张的，只是这种社会评价符合客观实际，至于社会怎样评价，他无法自主作出选择和要求；隐私是个人私生活领域的信息，对这类信息是否予以公布，在多大范围内公布，以什么方式公布，当事人都享有自主权，别人不得干涉。因此，隐私权侵权可以以"当事人同意"作为抗辩事由，而这一点在名誉权侵权中却没有实际意义。

（四）可恢复与不可恢复的区别。名誉权受到侵害，受害人可以要求承担侵权责任的新闻媒介通过公开赔礼道歉，对失实新闻予以更正，消除不良影响等多种措施修复已受损的名誉，使其恢复到常态；隐私权受到侵害却不可恢复，这是因为隐私是客观存在的事实，一经披露就覆水难收，无法再还原到隐秘的状态，而且消除影响往往导致影响的进一步扩大，使隐私的公开化程度更高。因此，名誉权侵权中惯用的更正、答辩等一些行之有效的抗辩事由在隐私权保护中失去了作用。

由于我国《民法通则》还没有将隐私权列为独立的民事权利，在司法实践中也没有对其有特别的保护，因此，我国对新闻侵害隐私权的抗辩事由目前还更多停留在理论探讨阶段且缺乏具体的细化研究。本文参照国外的一些经验，结合我国的实际，认为将公共利益、公众人物、公开场所和当事人同意作为隐私权侵权抗辩事由，具有一定的科学性与可行性。现分述如下：

一、公共利益

所谓隐私权，是指自然人享有的对其个人信息、私人活动和私有领域不为他人知悉，禁止他人侵扰的权利。从这个意义上说，隐私权天然排斥媒介的报道权与受众的知情权。社会出于对个人隐私权的尊重，不应当也没必要去获悉和传播涉及个人隐私的信息。但个人隐私也不是绝对不能公开的，每个公民只享有一定范围内保守私生活秘密的权利，当个人隐私与社会公共利益发生冲突，保护隐私会危及社会公共利益的情况下，隐私就可以被公开。两利相权取其重，两害相权取其轻，"公共利益"原则的确立，是公众的知情权与公民的隐私权之间谋求平衡的法律思想的产物，反映了社会对两种相互对立的权利的价值判断和利益抉择，为新闻媒介对涉及个人隐私的新闻事实的报道和传播提供了合法性的依据。

保护公共利益可以作为新闻媒介隐私权侵权的抗辩事由，是被世界上很多国家的新闻法规及司法实践所认可的。美国学者在介绍美国的隐私权诉讼时指出："按照普通法上的新闻价值辩护，媒介在公布真实的有关公共利益的事宜上受到保护。"[①] 在全球范围内，诸如"只有出于公共利益需要，新闻工作者才能报道个人生活"（《俄罗斯新闻工作者职业道德准则》），"新闻界不能干涉或侵犯个人的隐私权，除非真正事关公共最高利益"（《印度新闻记者准则》）之类的规定，已经成为国际新闻界共同遵守的规则。

对于在什么情况下适用公共利益作为抗辩事由，公共利益的具体内涵是什么，美国采用的是"新闻价值"标准，美国司法界的做法是，"法院在决定什么是公共利益时听从媒介的意见。……有了法院的尊重，媒介在公布所有声称涉及公共利益的有关个人的实情，以及在行使新闻判断时应当是受到保护的"。[②] 英国采用的是"公众安全"标准，英国报业投诉委员会（PCC）将公共利益概括为三种情况：(1) 调查、揭露犯罪和严重违法行为；(2) 保护公共健康和安全；(3) 防止公众受到个人或组织的有关声明和行动的误导。借鉴国外的经验，笔者认为，新闻媒介对以下几类事件中所涉及的个人隐私是可以以保护公共利益为依据进行抗辩的。

（一）公共安全事件。表现为新闻媒介在维护社会秩序，保护公众安全，揭露违法犯罪行为方面对个人隐私的曝光。如中央电视台"法治在线"节目中，对于进行盗窃、抢劫、诈骗、贩毒、贩卖人口等犯罪活动的犯罪嫌疑人的个人信息的公开即是典型的例子。

（二）公共政治事件。表现为新闻媒介对一些影响面较广的政治事件，如政治竞选、党派集会、政治派系斗争中涉及的政治人物的有关个人信息的披露。如西方国家的议员选举、总统、州长竞选，对一些政治风云人物的个人隐私媒介均可报道。我们国家为了提高社会政治生活的透明度，满足人民的知情权，加强对国家公职人员的监督，对政府官员、人民代表的一些个人资料在媒介上予以公布，也不属违法。

---

① ［美］T. 巴顿·卡特等：《大众传播法纲要》，中国社会科学出版社 1997 年版，第 58 页。

② ［美］T. 巴顿·卡特等：《大众传播法纲要》，中国社会科学出版社 1997 年版，第 92—93 页。

（三）公共卫生事件。主要是新闻媒介对一些关系到公众健康和公共卫生管理的个人信息的介绍。如 2002 年年底到 2003 年上半年，我国在非典型肺炎流行期间，为了有效切断疾病的传播途径，新闻媒介配合有关部门对一些"非典"患者及疑似患者的相关资料在电视、报纸和互联网上及时公布，督促有过接触史的人员及时采取隔离措施，防止疾病的进一步扩散即属此类情况。

（四）公共消费事件。主要是新闻媒介就整顿经济秩序、加大监管力度、规范市场运作、维护消费者合法权益方面对有关人员的个人信息的公布。如新闻媒介对一些假冒伪劣商品生产与销售情况，通过暗访在电视画面中播放出来，让制售者不光彩的形象置于大众眼前，形成强大的舆论压力就是常见的例子。

"公共利益"作为抗辩事由，要严格区分它的合理界限，防止对公共利益的泛化倾向。这方面，要注意把握 4 条原则：

一是公共利益的非道德化原则。一方面，公众利益不是纯粹的道德范畴，不宜用道德评判的尺度进行简单化操作；另一方面，我们承认隐私权，就意味着认可个人可以拥有一块相对封闭的私生活领地，其中也包括那种不一定符合社会道德规范的灰色区域的存在。因此，对于有些虽然不合社会道德，但对社会公共利益并无直接危害的个人隐私要慎重报道。譬如普通人的婚外恋、未婚同居、婚前性行为等等，就不宜在新闻报道中进行曝光。新闻媒介不是道德警察，过分注重"花边新闻"一类的信息的传播，只会弱化新闻舆论监督的主要功能。

二是历史与现实的不对接原则。从时间的角度来考察，个人隐私中可能有一部分内容是已经尘封在历史记忆中的个人污点和错误。对这些已经对现实的公共利益没有直接影响的个人隐私，新闻报道就应当特别慎重，不宜轻易揭去历史标签，把它们重新暴露出来。要变革中国社会惯常使用的那种对人的评价动不动就揭疮疤、挖根子甚至查三代的思维方式。美国的《读者文摘》曾经在一篇报道中揭露了一位名叫布里斯科的男子 11 年前劫持卡车的老底，法院判决《读者文摘》侵犯个人隐私权成立。

三是公共利益与公众兴趣非重合的原则。公共利益与公众兴趣不能简单画等号，公众普遍感兴趣的事情未必就是公共利益之所在。台湾地区大众传播学者郑贞铭认为，受众接触传播媒介的目的有三个：1. 消除寂寞；2. 好奇心；3. 自我的目的。由于隐私在很大程度上既可以满足人们的好奇心，又可以作为人们茶余饭后消遣助兴的谈资，因此引发许多人的兴趣是可以理解的。有的学者认为，关注隐私正是弗洛伊德所说的人们潜意识中"偷窥他人"欲望的表现，他们指出，"媒体在满足人们的偷窥欲方面也可谓功不可没。花边新闻、名人隐私历来是媒体热衷的题材。指责媒体是很难的，毕竟在这个因果关系里，人们的需求是'因'，媒体的提供是'果'"。① 但是这决不能成为媒介以公众利益为名炒作隐私的借口。事实上，新闻媒介过多地考虑受众的这种需求，盲目地迎合受众的兴趣，将是很危险的，因为这样很可能导致媒介滥用新闻自由以及对他人隐私的超限度介入。英国的黛安娜王妃为躲避摄影记者的追逐不幸遭遇车祸身亡就是典型的例子。

四是公众利益基础之上的隐私适度模糊化原则。公众利益为媒介介入并报道个人隐私提供了合法性的基础，但我们也要看到，隐私中的一部分内容的被公开有可能带来社会负面影响，如对犯罪手段的具体描绘，性犯罪和暴力犯罪过程的细节渲染等等；另外还有些内容对于某些当事人来说是具有一定伤害性的，譬如对性犯罪受害者的姓名及特征，对青少年犯罪人的照片和资料的披露都有可能给当事人带来精神压力和痛苦。因此，应当考虑出于公众利益需要大前提下的隐私适度模糊化报道原则，对一些报道内容进行模糊化处理，限制因其透明度带来的副作用。如略去当事人的姓名，虚化当事人的肖像，简化过程报道和细节描写，等等。

二、公众人物

"公众人物"作为抗辩事由是同"公众利益"的理论紧密相关的。因为按照"公众利益"的评判标准，不同的个人在社会公共生活中所处的地位、担当的职责和履行的义务是不相同的，这就使得他们各自的隐私范围具有明显差异。一般来说，一个人所处的社会阶层地位越高，担任的角色越重要，参

---

① 中央电视台研究处课题组：《隐性采访的困惑》，《中华新闻报》2003 年 3 月 4 日。

与社会公共事务的程度越深，同普通公众的社会交往越频繁，他的隐私权的范围就越小，最典型的就是所谓的"公众人物"。

公众人物，是美国联邦最高法院在 20 世纪 60 年代提出并在司法实践中得到广泛应用的一个概念，指"因特殊地位或表现而为公众所瞩目者，如各级政府官员、主动寻求公众评价的各种公开的候选人、体育艺术明星、因重大不凡表现而影响社会的发明家和企业家等"。[①] 公众人物应当具备三个条件：1. 社会地位：一般在社会生活中处于主导阶层和支配地位；2. 成就和表现：在各自领域成就卓越，表现不凡；3. 声望和影响：具有较高的社会知名度，在社会公共事务中具有较大的能量。公众人物同新闻传播具有不解之缘，在相当大的程度上他们是大众传播的产物，正是借助了报纸、期刊、广播、电视、图书、电影、互联网这样一些大众传播媒介的信息传播优势，他们的业绩和名声才能广泛地被公众所知晓。

同一般人相比，公众人物最大的优势就在于他们拥有比一般人更多的社会资源。从他们对社会资源的占有种类来看，可以把公众人物大致分为以下几种类型：

（一）权力资源型。这部分公众人物主要是政府官员。他们身居要职，地位显赫，执掌着管理社会公共事务的权柄，拥有对社会各种资源调度分配的能力，在社会政治舞台上具有特殊的"话语权"，他们既是大众传媒关注的焦点，也是舆论监督的重点监督对象。

（二）财富资源型。这部分公众人物主要是企业家和实业家。他们拥有数量可观的资产，掌控着社会的经济命脉，在社会的经济发展中发挥着举足轻重的作用。出于商业利益的需要，他们喜欢利用各种传媒来宣传自己，他们中的许多人传奇般的创业经历和戏剧化的情感生活也容易进入公众的视野，成为舆论的中心。

（三）注意力资源型。这部分公众人物其主体是演艺圈和体育界的名人与明星。这些人以其骄人的成就和出色的技艺赢得了很高的社会知名度，从而为自己积累了丰厚的注意力资源，成为相当多的公众崇拜的偶像和仿效的

---

① 　王利明等：《人格权与新闻侵权》，中国方正出版社 1995 年版，第 600 页。

榜样，吸引着公众的眼球。这部分人的社会知名度是一种无形资产，商业开发价值很高，许多广告商瞄准他们拍广告片，正是看中了他们身上聚集的宝贵的注意力资源。他们代表社会时尚，引领消费潮流，诠释现代生活方式，频频在大众媒介亮相，同时也依赖于大众媒介包装自己。这使得他们的隐私具有相当的社会敏感度，极易触动媒介及受众的"兴奋灶"。

（四）智力资源型。这部分公众人物的主体是科教、文化界的知识精英。他们以社会名流的形象出现在公众面前，凭借着深厚的知识积累，非凡的创造才能，广泛的社会交往，通畅的信息渠道，在知识经济时代大显身手。他们的智力创造成果和社会生活紧密联系，其价值被社会所重视，因此也容易成为大众传媒关注的对象。

从公众利益的角度来看，以上几类人物的各类活动包括私人性质的活动和事项都常常与公共利益息息相关，因此，出于舆论监督的需要，对这些人涉及到社会公共利益的隐私由大众传媒予以曝光，应该受到法律的支持与保护。

舆论监督重点监督的对象应当是权力资源型人物特别是政府高级官员。西方国家有"高官无隐私"的说法，也正是着眼于高级官员的一些私生活领域已经同公共利益发生了紧密的联系，甚至很难分割而不再受到隐私权保护的这一现象的存在。当然，笼统地说"高官无隐私"也失之于绝对，高级官员毕竟也还有一些属于他自身而不应受到媒介侵扰的私生活空间。一般来说，下面几个方面的相关信息是高级官员不能以保护隐私权为由而拒绝媒介的报道的。

第一，高级官员的个人收入和私人财产应该有足够的透明度。高级官员的财产收入状况是公众了解和监督政府官员廉洁自律程度的一个重要方面。公众有权力知道，政府官员的收入来源是否合法，有无以权谋私、权钱交易的情况。对于那些把官场当商场，满足于权力寻租，见钱眼开，中饱私囊的官员，媒介应该提供相应的报道供公众监督。

第二，政府官员的才能品质方面的情况应该成为媒体关注的焦点。政府官员的才能品质直接关系到他能否胜任自己的工作，履行自己的职责。媒介应该提供足够的信息供公众对政府官员的才能与水平进行评价，不要让一些尸位素餐的人占住官位而不受监督。

第三，政府官员私生活中的不良嗜好和不轨行为应该由媒介曝光。个人私生活的内容和喜好，常常反映了个人的道德水准和志趣品格。对一般人，这些方面有些瑕疵，媒体不宜去张扬，但对政府官员而言，却是公众据以衡量其道德品行是否同其担任的职务相称的重要标准。很难设想，一个私生活极不检点，或拈花惹草，或玩物丧志，或豪饮狂赌的官员会是勤政爱民、克己奉公的"公仆"。对于那些讲排场、爱豪华、比奢侈，私生活散发出霉烂气息的政府官员，媒介应当将他们的个人形象置于公众的监督之下。

此外，对于政府官员的配偶、子女和身边工作人员有关收入、资产、社交、私生活等方面的情况也应当纳入媒体的监督范围之内。

至于在文艺、体育等领域极为活跃的注意力资源型公众人物的隐私权保护范围的确定，则应视具体情况具体分析。从理论上讲，这些人的社会知名度在很大程度上是由媒介的宣传报道所造就的，他们的私生活内容也是相当一部分支持他们的公众所关注的。他们可以适当放宽对媒介介入他们私生活领域采访报道的限制，使一些生活"小节"置于公众视野之内，只要不过"度"，就不应该过于计较。当然，对于一些媒介过多介入"明星"的私生活，热衷于对明星的婚恋、私人感情生活频频炒作，也是应当反对的。

三、公开场所

隐私，从语义学的角度来阐释，隐有隐藏、隐蔽、隐秘、隐瞒的意思，私有个人、私下、暗中、秘密的意思，合起来解释就是"不愿告人的或不愿公开的个人的事"（《现代汉语词典》）。由此可见，非公开性是隐私的必备条件。这就意味着一个人如果在公开的场所，采用公开的方式，将自己的所作所为置于大众的视线之内，那么他就自动丧失了主张隐私的权利。从这个角度来说，如果新闻媒介涉及个人隐私的新闻是在公开场所以正当合法的方式取得的，媒介就可以在隐私权侵权的诉讼中以此为事由进行抗辩。

什么是公开场所，应当说这是一个模糊概念，很难对它作出严格界定。笔者认为，只要大体上具备以下三个基本特征，就可以认定为公开场所。

（一）公用性。公开场所是公众共同活动的场所，面向全社会公众开放，任何人都有权利用它。像街道、广场、公园、绿地、车站、码头、影院、剧场、超市等等，有的是公益性质的市政设施，有的虽然是经营性的商业设施，但出于商业利益考虑自然也不会把公众拒之于门外。

（二）开放性。公开场所不是封闭的禁区，一般没有特别的限制人员出入的规定，公众可以来去自由或在购得入场券后随意出入。只要遵守法律规定，不违背社会公共道德，任何人的行为在这里都不会受到约束或干涉。

（三）社会监督性。一个人处于公开场所，就等于使自己置于社会的监督之下，一言一行，一举一动都可能在他人的注意之中。中国人传统中所谓的"众目睽睽"、"光天化日之下"之类的说法，正是对这种社会监督性的形象写照。对新闻媒介来说，公开场所的这种特征正有利于进行舆论监督。所以在美国，"任何人在公共场合都有可能成为观察、摄像、录音甚至是提问的对象。唯一要求停止某些行为的警告是记者和摄影记者不得追逐和骚乱他人"。[①] 在我国，新闻记者在公开场所对于某些个人不讲社会公德和职业道德的行为进行报道，包括摄影、录像是不能看作侵犯个人隐私权的。

对于公开场所的新闻报道，在以下两种情况下仍需注意隐私权的保护。

第一是亦公亦私的场所。对于一些经营性质的商业场所，如酒吧、咖啡屋、餐厅包间等，常常用作私人聚会的地点，这类地方是否保留个人隐私，应当具体分析。譬如记者在咖啡屋拍下男女青年约会的镜头并将其传播就可能被看作为对他人隐私权的不尊重。

第二是公开场所的非公开区。最典型的如医院的手术室、病房、产房等等，都有着严格限制，记者不得未经允许随意出入进行采访和报道。如果记者使用了偷拍、偷录的方式取得的新闻涉及到他人隐私，应当承担侵权责任。

四、当事人同意

隐私本是自然人不愿为他人知悉或者受他人干预的个人私生活秘密，如果新闻作品将其通过大众传媒公开传播，就构成了对他人隐私权的侵害。是否构成侵权，当事人是否同意是一个重要条件。如果当事人同意公开，就

---

① ［美］T. 巴顿·卡特等：《大众传播法纲要》，中国社会科学出版社 1997 年版，第 84 页。

意味着对隐私权的放弃，隐私已经转化为非隐私。从学理上说，隐私权的一项重要内容是隐私支配权，即自然人对于自己的隐私有权按照自己的意愿进行支配，可以公开自己的隐私，准许他人对自己的私生活、私人领域进行调查了解，准许他人利用自己的隐私（包括商业性的用途）。因此，新闻媒介如果能够证明新闻作品传播的有关当事人的个人隐私确由当事人自愿提供给媒介向社会公开，新闻媒介便不承担侵权责任。

征得当事人同意而公开其隐私的情况，近年来是很流行的。《北京青年报》女记者安顿 1998 年出版的《绝对隐私》一书，就是作者采访了许多当事人并征得同意将他们包括同性恋、婚外恋、隔代恋等同传统的社会道德不相容的个人隐私收入书中向社会公开的。安顿本人后来被西方媒体称作中国第一位采访情感隐秘的女记者。

"当事人同意"作为抗辩事由应当具备以下几个条件：

（一）自愿。当事人自愿公开自己的隐私，凡因欺诈、胁迫、误导、诱惑等手段使当事人作出同意的意思表示的，不能视为当事人同意。从自愿的原则出发，每个公民只有权公开自己的隐私，而无权公开任何其他人的隐私。如果隐私涉及到其他人，则须征得被涉及人同意后方能公开。

（二）明确。当事人通过口头或书面声明，明确作出同意的意思表示。一般不要采用默示的方式，更不能采用推定的方式判断当事人已经同意。

（三）善意。当事人同意应以媒介利用当事人的隐私出于主观上的善意为前提，不得利用当事人的隐私进行恶意的商业炒作或者对第三人进行人身攻击。

（四）合法。当事人同意应以不违反法律法规之规定，不违背社会公共道德为基础。不得以暴露隐私为名进行非法宣传或刻意彰显腐朽的人生观与价值观。

（五）合度。媒介的新闻作品对隐私的披露不得超出当事人同意的范围和限度。不得以合理想象的方式对当事人的隐私作节外生枝的渲染和夸大不实的描写。某期刊曾刊登过一篇纪实作品，对一名知名女作家早年的一段恋情作了披露，并且凭想象虚构了许多细节。女作家在作品发表前数次电告编辑部不能发表，但编辑仍坚持刊发，并且在编者按语中标榜"绝对可靠的真实性",在文章结尾的空白处,擅自附上女作家的签名与照片。文章传播到社会上,给女作家带来了巨大的心理压力,构成了对女作家隐私权与名誉权的双重侵害。

参考文献

[1] [美] T. 巴顿·卡特等:《大众传播法纲要》,中国社会科学出版社 1997 年版。

[2] 王利明等:《人格权与新闻侵权》,中国方正出版社 1995 年版。

【姜淮超专辑】

作者简介

　　姜淮超，男，1953 年 3 月生，祖籍江苏涟水，西北政法大学新闻传播学院教授，新闻学硕士生导师，法制新闻系主任。1982 年毕业于山东大学中文系，先后讲授新闻评论、舆论学、法制新闻研究、新闻侵权与诉讼研究等课程，在《宁夏社会科学》、《当代传播》、《新闻知识》等杂志发表学术论文三十余篇，独立完成或主编著作、教材 5 部，曾获司法部教学先进个人，陕西省哲学社会科学优秀成果三等奖。

品位与责任：法制新闻传播效果分析

• 姜淮超

　　随着我国法治进程的不断推进和快速发展，各行各业都与"法"发生了密切联系，现实赋予了法制新闻丰富鲜活的内容，法制新闻作品层出不穷，已成为众多媒体新闻传播的重要方面军。作为专业新闻的一种，法制新闻传播的内容多彩多姿，既有短信息，也有长篇作品，既有报道，也有评论，且通过报刊、广播、电视、网络等媒体，以文字、口语、图片、活动画面等形式向广大受众传播，其社会效应不可小视。

　　新闻传播无疑应当追求良好的传播效果，法制新闻传播也不例外，作为法制新闻的传播者自然有其传播预期，但在传播预期与实际传播效果之间往往存在一定差距，也就是说，在通常情况下，法制新闻传播可以基本实现预期传播效果，但同时也可能会产生与预期效果大相径庭的一些负面效果，有时这种负面效果甚至会有较大的社会危害性。分析法制新闻的传播效果，以期最大程度地实现应有的传播效果，控制负面效果的产生，无疑具有积极意义。

　　传播效果研究内涵丰富，"每一个具体的传播过程都是由传播者、传播内容、讯息载体、媒介渠道、传播技巧、传播对象等要素和环节构成的，每一要素或环节都会对传播效果产生重要的影响，传播效果实际上是作为这些环节和要素相互作用的结果体现出来的"。[①]

　　我国法制新闻传播的主力军是新闻媒体。说到法制新闻的传播者，主

---

① 　郭庆光：《传播学教程》，中国人民大学出版社1999年版，第191页。

要包括全国范围内的各级专业法制新闻报刊，各级综合类报刊，各级广播电台、电视台，新闻网站和综合性网站的有关版块、栏目、网页及其从业者。我国各级新闻媒体均为国有性质，是国有独资或者国资控股，创办和运行资金大多来自公共税收，因此报刊版面、频率、频道等媒体资源的所有权属于人民。媒体接受中国共产党的领导，隶属于国家新闻出版总署和广播电视总局或相关机构，具有较高的权威性和良好的信誉度，从业者队伍相对稳定，从业人员具有较强的法律意识和良好的道德品质。就信息载体的情况看，改革开放三十多年，传媒得以快速发展，尤其是网络等新媒体的出现，给信息传播提供了更为广阔的空间和更为快捷的方式，目前已实现通过语言、文字、图片、影像等方式的立体式传播。就传播对象的情况看，经过多年持续不断的普法活动，我国法制新闻的接受者已不同程度地具备法律意识和法律常识，有部分受众十分关心法制的发展和动态，能较为主动地接受法制新闻信息。以上几方面的现实情况，无疑有利于法制新闻获得良好的传播效果。

本文对法制新闻传播效果的研究，侧重考察法制新闻的传播内容、技巧，并兼顾其他几方面问题，力求描述在现实状况下法制新闻应当实现的传播效果，并挖掘现实中的负面效果，在分析的基础上，为提升法制新闻的传播效果，减少负面效果，实现良好的社会效应提供参考。

一、法制新闻的传播内容及传播技巧分析

法制新闻是新闻媒体运用各种新闻形式，对新近发生的有关法治方面问题的有价值的报道、评论和信息。法制新闻是新闻的一个部分，一个分支，遵循新闻的基本规律，具备新闻的所有基本属性，从形式上看，与其他诸如时政新闻、财经新闻、军事新闻等新闻类型没有区别。法制新闻与其他新闻的区别在于内容方面，不论以何种形式出现的法制新闻，其内容总是以"法"作为其凝聚点，即此类新闻中必然要包含了"法"的元素，这也是它所以被称为法制新闻的原因。

（一）法制新闻的传播内容①

传播内容与传播效果有着紧密关联，传播内容的主题、观点以及所体现出的价值取向，会对传播效果产生重要影响，因此，法制新闻的传播内容是我们考察的重点之一。法制新闻内容广泛，笼统地说，凡是通过新闻媒介传播的与法治相关的事实、观点等都可纳入到法制新闻的范围之中。具体地说，法制新闻的内容包括立法、普法、司法、执法、学法、守法、用法、违法犯罪，以及社会各个领域、各个行业，人们日常生活中与"法"相关的事实、观点和信息。

法制新闻的内容呈复杂状态，可大致分为正面宣传、日常工作、预警引导、监督批评四种，这四种内容由于其质的规定性，对传播效果的影响会有所不同。当然，并不能简单地判断只要是正面内容其传播效果就一定好，中性内容其传播效果就一定较好，负面内容其传播效果就一定较差。要对具体的法制新闻作品的传播效果进行判断，离不开对传播具体情况的分析，由于传播具体情况的影响，正面、中性内容的法制新闻也可能产生负面效果，有负面内容的法制新闻也可能收到良好的传播效果。

1. 正面宣传

此方面内容包括报道评论我国立法新成果，行政执法机关、司法检察机关新近做出的重大决策以及取得的成果，司法、检察、执法机关工作人员新近的工作成就，广大人民群众学法、守法、护法的事迹等。由于法制新闻的正面宣传内容体现了"依法治国，建设社会主义法治国家"治国方略的有效实施，显现了我国法制建设的进步，从正面展示了立法、司法、检察、执法机关的工作成果、业绩和形象，表现了人民群众的良好精神状态，故此方面内容具有较为明显的宣传意味，国家意志和宣传者的意图通过新闻媒体的报道或评论而得以体现。从事公检法司工作的专业人员，因工作需要、专业需要，十分关注此方面内容，但对专业人员以外的普通受众而言，这些内容一般情况下对他们没有特别的吸引力。正面宣传的法制新闻无疑十分重要，

---

① 参阅刘斌、李矗：《法制新闻的理论与实践》，中国政法大学出版社 2005 年版，第二章第三节。

面向大众传播，怎样才能取得理想的传播效果值得研究。

2. 日常工作

此方面内容包括在新闻媒体对公检法司等专业部门日常相对重要的工作情况的报道、评论和发布的相关信息中，例如机构的设置调整，人事的变动，新近发生的重要诉讼活动以及引出的法律疑点、难点问题，法律咨询服务，生动形象的案例报道、视听节目等。相比正面内容，此方面内容更为客观，是专业人员和普通民众获知政法部门的工作情况，了解法律诉讼情况和诉讼中的问题，获知法治现状，学习法律知识，提高自我法律意识的重要途径，尤其是有些内容以生动形象的形式进行传播，贴近民众生活，引人注目，更易被大众接受。此方面内容对专业人员和普通读者、听众观众都具有一定的吸引力，是法制新闻传播的常规内容，是政法机关通过新闻媒体向社会打开的一扇窗口，只要能客观、真实、及时地传播，应当能够收到良好的传播效果。

3. 预警引导

此方面内容包括需要向社会发出预警的各种情况，如自然灾害、事故灾难、可能发生的刑事犯罪、社会治安问题等。此方面内容是新闻媒体利用其信息优势，尤其是对社会上新近出现的涉及人民群众生命财产安全问题的把握，及时传播有关情况，以引起民众的关注和警惕，使之及时采取防范措施，以避免或减轻危害。法制新闻涉及此方面内容，其进入的角度和关注的重点与社会新闻是不同的，法制新闻要从法治的角度入笔，关注其中的法律问题，如问题发生的原因，管理制度方面存在的漏洞，是否涉及违法犯罪及其社会危害性等。此方面内容受众关注程度较高，有些灾害、责任事故、法治事件会一度成为街谈巷议的热点。认真做好此种新闻，是法制新闻为受众服务，为社会服务的重要方面。

4. 监督批评

新闻媒体负有舆论监督的职能，作为法制新闻的舆论监督集中体现在法制领域，维护宪法和法律实施的监督是其主要任务，包括对立法活动的监督、司法活动的监督、行政活动的监督都在法制新闻监督的范围之内。尤其是对各级领导干部的监督是监督的重点，以防止有法不依、权力滥用、执法犯法、贪赃枉法等行为的发生。法制新闻应当对以上活动中出现的问题和部分领导干部的违法犯罪行为予以揭露和批评。同时，法制新闻还要对社会上存在的违背法治精神的不良现象，出现在公民身上的各种违法行为进行监督和批评，以弘扬法治，遏制违法犯罪。此方面内容代表人民意志，体现大众传媒社会瞭望哨的功能和承担的社会正义，是广大受众乐意接受的。

（二）法制新闻的传播技巧

"传播技巧指的是唤起受传者注目，引起他们的特定心理和行动的反应，从而实现说服或宣传之预期目的的策略方法。"[①] 根据传播学理论，结合法制新闻的传播内容，我们试对与法制新闻传播有关的传播技巧进行分析。

1. 明示结论与隐含观点

对于法制新闻评论和法制述评等必须重视观点的新闻形式，其传播效果如何，关键在于受众能否接受传者的观点，观点的表达方式不同会影响到传播效果。一般认为，重视观点的说服性文章应当在文中作出明确的结论，而且越鲜明越好，这样便于受众理解传者的立场和意图，但是，并不能笼统地说，明确作出结论的文章的传播效果就一定好于没有明确作出结论的文章的传播效果。传播学研究表明，"明示结论可使观点鲜明……但同时也容易使文章显得比较生硬而引起反感。文中不作明确结论而仅仅提供判断性的引导材料，将观点寓于材料之中的做法，则给读者一种'结论得自于自己'的感觉，可使他们在不知不觉中接受作者观点的影响。然而，这种方法容易使文章主旨变得隐晦、模糊，增加理解的困难性，有时不易贯彻作者的意图"。[②] 这一判断对于法制新闻中必须重视观点的体裁也是适用的，那么，该怎样表达观点？这里主要涉及两方面问题：一是论题的复杂程度，二是受众的文化层次。论题的复杂程度不同，理解的难度也不同，受众文化层次不同，理解能力也会不同。根据传播学众多研究成果，可以得出以下一般结论：

[①]　郭庆光：《传播学教程》，中国人民大学出版社 1999 年版，第 191 页。

[②]　同上书，第 205—206 页。

（1）在论题比较复杂的情况下，明示结论比不下结论效果好；

（2）在受众的文化层次和理解能力较低的情况下，明示结论的效果更好；

（3）让受众自己得出结论的方法，用于论题简单论旨明确，或受众文化水平较高的场合效果较好。[①]

以上结论或叫技巧值得法制新闻传播借鉴，尤其是其中的第三点提示我们，在某些情况下，明示结论未必就对提升传播效果有利，反而容易使传播对象产生反感，影响传播效果。

2. 诉诸于"理"与诉诸于"情"

诉诸于"理"与诉诸于"情"是说服的两种方法，不少学者通过实验或调查，对二者进行比较，希望做出某种方法更为有效的判断，其结果是未能得出明确结论。其原因在于，两种方法的效果因人、因事、因时而有所不同，有些问题只有通过冷静地摆事实讲道理的方法才能解决，有些时候又需要通过营造某种气氛以情感人才能更为有效，也由于人的个性差异、文化修养等方面的不同，其行为受理性或感情影响的程度会有明显差异。

实际上，在法制新闻传播中，既有主要诉诸于"理"或主要诉诸于"情"的作品，也有情理交织难分伯仲的作品，问题的关键在于：必须根据问题的性质、说服对象的具体情况、当时的情形来选择适用的方法，例如，理论方面的问题，仅靠诉诸于"情"无法解决，主要依赖诉诸于"理"；一些案件报道主要依赖诉诸于"情"；紧急情况下，登高一呼，远比摆事实讲道理来得更为有效。

3. 警钟效果问题

事物发展的过程中必然存在风险，不时敲敲警钟，引起人们的注意，唤起危机意识，增加紧张感无疑是十分必要的，也是一种常用的说服方法。敲警钟与法制新闻的内容关联紧密，"预警引导"、"监督批评"都具有敲警钟的效果。从心理的角度说，"敲警钟"具有双重功效：一方面是能够引起人们的注意，促使人们有所行动，采取防范措施；另一方面由于这种方法主要

---

① 参阅郭庆光：《传播学教程》，中国人民大学出版社 1999 年版，第十一章第三节。

是通过刺激人们的恐惧心理来达到某种效果，因此会给某些接受者带来心理不适，如果把握得不好，会对传播效果产生不良影响。那么究竟该把握怎样的分寸，目前研究者尚未达成共识，作出明确判断。可以肯定的是，警钟不敲或轻描淡写地敲显然难以取得良好效果，但危言耸听，重锤击鼓也未必就会取得最佳效果，警钟必须要敲，关键在于一定要根据实际情况把握好轻重。

二、法制新闻应有的传播效果[①]

（一）实现信息共享

改革开放三十多年，我国在法制建设方面取得了巨大成就，法治方面的信息十分丰富，已成为整个社会信息的重要组成部分，而信息共享是现代社会的重要标志。在法制新闻传播的信息中，少部分属于宣传性信息，大部分属于共享性信息，共享性信息有助于受众了解自己生活的世界，了解所处的法治环境，熟悉和适应这个世界和这样的环境，可以使受众借助他人经验教训，选择适用的生存方式和适当的应对方法。从总体而言，实现法治信息共享，有利于社会的和谐稳定和"依法治国，建设社会主义法治国家"治国方略的实现。

（二）达到价值认同

一方面，法制新闻传播所涉及的人物、事件及体现出的价值观念一旦与受众内心的价值观念相吻合，受众便会产生自我肯定、自我欣赏的感觉；另一方面，信息内容所传达的价值观念得到受众的认同，法制新闻报道、评论所涉及的人物、事件、理念也就体现出生命力和推广的意义。

（三）引导态度转变

法制新闻中的说服性内容在传播中的作用可分为两种情况：其一在于增强受众的原有态度，使接受者进一步坚定自己已有的观点和态度，自觉抵制相反的观点和态度。这种态度的转变是程度上的变化；其二在于改变受众原有的观点和态度。对于某些问题，受众原有的观点和态度未必都是正确的，

---

① 参阅童兵：《理论新闻传播学导论》，中国人民大学出版社 2000 年版，第九章第一节。

法制新闻传播用足够的事实和合理的分析论理，使受众原有的观点发生动摇，最终接受传播者的观点和态度。这种态度的转变是经过引导，使受众的观点和态度向相反方向转化。

（四）促使行为变化

行为变化是建立在态度转变的基础之上，受众在最终接受传播者的观点和态度后，放弃了原有的行为，按照传播者引导的行为方向而采取新的行动，这种变化显示了传播效果的最终实现。

（五）利于情感宣泄

法制新闻传播中的某些内容，例如追捕纪实、案例报道、典型人物报道等，能够引起受众强烈的情感反应，有愤怒、痛苦、恐惧、激动、厌恶、同情、爱慕、尊敬、失望、愉悦等多种情感、情绪，在接受法制新闻作品的过程中，受众的心灵受到冲击和陶冶，情感得以宣泄。受众的心理感受与传播者在制作作品过程中的情感投入紧密相关，法制新闻应当追求真善美，鞭笞假丑恶，使得传播内容既有趣味性、人情味，又能积极向上，催人奋发。

（六）延续文化传承

新闻传播涉及到社会的各个方面，法制新闻传播主要涉及社会科学知识和相关文化，这种传播既建立在已有文化的基础之上，延续文化，又在新的历史条件下创造文化。从即时角度来看，新闻传播传的是生命短暂的新闻；从历史角度来看，新闻传播无疑具有强大的文化传承功能，而法制新闻传播无疑在法律文化传承方面发挥了重要作用。

三、法制新闻传播中的负面效果

我国的法制新闻传播媒体存在级别不同、媒介种类不同、从业者素质参差不齐的状况，在市场经济条件下，由于多种因素的影响，法制新闻传播难免会出现这样或那样的问题。从总体而言，法制新闻发挥了其重要功能，取得了应有的良好传播效果，但同时，我们也不能忽视其负面效果对社会发展带来的不良影响。现实中的负面效果主要表现在以下方面：

（一）报道失误，造成误导

新闻报道必须做到准确无误，法制新闻因其严肃性特点，在准确无误方面应当有更高的要求。但近年来，某些法制新闻出现了报道失误的情况，对受众造成了误导，对社会造成了危害。这些失误主要表现在以下三方面：一是法制信息传播的失误；二是法治事实报道的失误；三是法制新闻评论的失误。例如 2002 年 7 月 21 日，某报刊登题为《给风景一道屏障》的新闻，称："一个专项保护长城的法律——《长城法》，经过北京市政府的讨论、论证，将正式出台。这是我国首次由地方政府制定法律、法规来保护专项世界文化遗产。"这段文字反映出撰稿人和编辑对我国立法体制和法律规范的无知。该项立法究竟是由全国人大常委会制定法律，还是由北京市人大常委会制定法规或者由北京市人民政府制定规章，在上述报道中被搞混了。[①]

（二）媒介审判，干扰司法

要实现司法公正，首先要保证司法权在运作过程中严格依法进行，我国宪法规定："人民法院依照法律规定独立行使审判权，不受行政机关、社会团体和个人的干涉。"[②] 司法独立与新闻自由是一对矛盾，尽管司法和媒体最终追求的都是社会公正，但二者评判是非的标准是有明显区别的，司法主要追求法律的公正，而媒体主要遵循道德的准则。媒体依照自己的标准，对有关案件或审判活动发表倾向性的报道或见解，特别是当媒体超越司法程序进行报道或评判时，就可能给受众甚至法官造成先入为主的偏见，从而影响公正审判。那么媒体还要不要报道和监督，答案当然是肯定的，媒体报道监督的关键在于全面和客观，报道要反映事实全貌，不参入个人主观情感，评论要公正，尤其要注意不能越俎代庖随意下结论。

（三）报道、评论失当，构成侵权

法制新闻报道失实或评论失当，不但会对受害者和社会造成侵害和影响，也会把新闻媒体和记者推上被告席。自 1985 年年底，我国第一例新闻

---

① 参见钱富兴、王宗炎：《新闻工作者要具备基本的法律知识——浅析法制宣传报道中的一些失误》，《新闻记者》2002 年第 9 期。

② 见《中华人民共和国宪法》第一百二十六条。

官司在上海开庭后，新闻诉讼案件日渐增多。"至 2004 年 6 月底，全国各地发生的新闻侵权诉讼案件已高达 3000 多件。"① 如今，媒体和记者因为涉嫌新闻侵权而惹上新闻官司，已经是屡见不鲜。在所有这些新闻官司中，因法制新闻引发的诉讼不在少数。因为法制新闻涉及的问题与法治相关，其中有一部分涉及违法与犯罪，与公民法人的人格权等权利联系密切，故侵权案件发生频率较高，损害和影响程度也较大。

（四）追求刺激，造成不良影响

法制新闻报道难免要涉及正义与邪恶的较量，涉及凶杀、抢劫、强奸、贩毒、吸毒、诈骗等严重刑事犯罪案件。对这些案件进行适度的报道，既可以起到以案说法的警示作用，也因为报道的情节性、可读性，使受众的范围得以扩展。但是，有些新闻媒介和新闻记者为了迎合部分受众追求感官刺激的心理和追求经济效益，对一些骇人听闻的犯罪情节、细节、血淋淋的凶杀场景、令人作呕的色情场面、惨不忍睹的灾难场面等采取自然主义的描写手法，进行赤裸裸的展示甚至刻意渲染。这种报道低级庸俗，对文化环境造成严重污染，尤其会使青少年的心灵受到不良影响。

对法制新闻传播负面效果涉及的问题，近年来已有众多学者和业界人士进行过研究，有关方面也采取了不少措施对问题进行控制，成效是显著的，但问题并未杜绝，尚需我们以对受众负责、对社会负责的态度，提高法制新闻的质量和品位，下大力气追求正面效果，控制负面效果，使法制新闻的传播效果再上台阶。

参考文献

[1] 刘斌、李矗：《法制新闻的理论与实践》，中国政法大学出版社 2005 年版。

[2] 童兵：《理论新闻传播学导论》，中国人民大学出版社 2000 年版。

[3] 郭庆光：《传播学教程》，中国人民大学出版社 1999 年版。

---

① 转引自刘斌、李矗：《法制新闻的理论与实践》，中国政法大学出版社 2005 年版，355 页。

新闻传播与公民肖像权

● 姜淮超

采用摄影、摄像等方法，以纪实性的可视形象反映现实生活中的人、事、景、物，并通过报刊、电视、电脑网络等媒介公诸于世，是当今新闻采制传播的常用方式，与单纯的口语、文字报道相比，以这样的方式获得并传播的形象无疑能够使报道更具有实证力和影响力。

在法制日益健全、人民群众的法律意识不断提高的今天，记者记录并传播新闻事实，必须注意以不构成对公民、法人权利的侵犯为前提。摄影、摄像方法能够真实记录和反映现实生活中的客观形象，特别是人物形象，也决定了记者必须严肃认真地进行记录和传播，既要充分发挥此种传播方式的优势，履行好采访、报道、监督职能，又要注意用法律来约束自己，在法律的规范下行使自己的职责。尽管近年来记者的法律素养和媒体的把关意识和把关能力已有一定程度的增强和提高，但因记者或媒体把关者的疏忽，或其他原因造成的侵犯公民人格权的情况仍时有发生，其中包括对公民肖像权的侵犯。

在新闻传播活动中，可能涉及侵犯公民肖像权的传播方式主要有摄影图片报道、电视报道和使用绘画传播新闻信息等方式。其中绘画方式使用频率低，不少媒体只是偶尔使用或者不用，而摄影图片和电视画面是目前报刊、电视媒体报道中最常用的方式，因此与公民肖像权发生联系的频率最高，出现侵权的可能性也最大。

一、肖像与肖像权

肖像是指自然人的外在形象通过特定的载体得以再现的视觉形象。肖像可以用绘画、雕刻、雕塑、刺绣等各种方法完成，当然也包括新闻传播中常用的摄影、摄像方法。这里有一个问题需要注意，即这一通过某种载体再现的视觉形象是否能够明确辨识，只有能够明确辨识的人物形象才能称之为肖像，也就是说，熟识者看到某形象就能够确认是某人。而要做到能够明确辨识，关键要看传播过程中是否有人物的面部形象出现，因为通过面部形象最易确认肖像的所属人。如果出现了个人面部形象，且能让人明确辨识，就应当认作是肖像；如果虽然出现了个人形象，但却不能明确辨识，例如未出现面部形象，或虽然出现了面部形象却不够清楚，让人难以确认，就不能认作是肖像。

肖像具有以下特点：第一，肖像是自然人的外在形象；第二，肖像要通过一定的物质载体加以表现；第三，肖像是自然人专有的视觉形象。[①]

肖像权是自然人享有的以其肖像所体现的人格利益为内容的权利。肖像权属于公民终生享有的一项人格权利，所体现的人格利益包含精神利益和财产利益。[②] 这种权利具体体现在以下方面：

（一）肖像拥有权

指公民有权拥有自己的肖像，未经肖像权人的许可，他人不得拥有该公民的肖像，不得损害其拥有，不得侮辱、损坏权利人的肖像。

（二）肖像制作专有权

肖像的制作是指运用造型艺术手段将公民的外部形象表现出来，并固定在某种载体上，使其形象转化为肖像。肖像制作权是指制作肖像的决定权和实施权，即决定是否制作、如何制作肖像的权利。肖像的制作可以由自己完成，也可以由他人完成。他人制作肖像权人的肖像应征得肖像权人的同意。无论是由自己或他人制作，肖像权人都对自己的肖像享有专有权。一方面，肖像权人可根据自己的需求制作自己的肖像，他人无权干涉；另一方面，肖像权人有权制止任何人未经本人的同意而制作自己的肖像。

---

① 参见顾理平：《新闻侵权与法律责任》，中国广播电视出版社 2001 年版，第 309 页。

② 转引自吴飞：《大众传播法论》，浙江大学出版社 2004 年版，第 203 页。

（三）肖像使用专有权

肖像使用专有权是指肖像权人对于自己的肖像利用价值的专有支配权，即决定是否使用、如何使用肖像的权利。首先，肖像权人有权以任何方式进行自我使用，他人不得干涉；其次，有权制止任何人非法使用自己的肖像；再次，有权有偿或无偿地将自己肖像的利用价值转让给他人，由他人使用。

（四）肖像利益维护权

肖像权人有权维护自己肖像的精神利益和财产利益，有权禁止他人毁坏、歪曲及玷污自己的肖像。对恶意毁损、玷污、丑化肖像权人肖像的行为，有权要求其停止侵害，并承担相应民事责任。肖像权人有权要求未经本人同意，以盈利为目的使用本人肖像的侵权人赔偿物质利益损失。《中华人民共和国民法通则》第一百二十条规定："公民的姓名权、肖像权、名誉权、荣誉权受到侵害的，有权要求停止侵害，恢复名誉，消除影响，赔礼道歉，并可以要求赔偿损失。"

二、新闻传播与公民肖像权

（一）新闻传播中使用公民肖像一般不构成对公民肖像权的侵犯

按照现行法律规定，只有自然人才享有肖像权，法人不享有肖像权。我国法律之所以保护公民的肖像权，是基于肖像能够体现公民的精神利益以及派生出的财产利益。《中华人民共和国民法通则》第一百条规定："公民享有肖像权，未经本人同意，不得以营利为目的使用公民的肖像。"由此可推出侵犯公民肖像权的构成要件：1. 使用了公民可以辨识的肖像；2. 未经公民本人同意；3. 以营利为目的。具备以上三个条件，即构成对公民肖像权的侵犯，缺少其中任何一个条件，即不构成对公民肖像权的侵犯。

要判断新闻传播中使用公民肖像是否构成对公民肖像权的侵犯，关键要看媒体的新闻传播行为是否具备第三个条件，即是否以营利为目的。目前，我国对于新闻媒体的定性为"事业单位"，但实行"企业化管理"的运营模式，在市场经济条件下，营利已成为媒体追求的目标之一。某一新闻媒体营利状况的好坏、经济效益如何，不仅决定了该媒体从业人员的收入状况，也关系到该媒体的生存与发展问题。所以媒体必须面对现实，在市场竞争中为获取经济利益而博弈。尽管新闻媒体普遍看重经济效益，但是，我国新闻媒体的国有属性和行业特点决定了其存在的目的就是为社会公共利益服务，事业单位的公益性决定了新闻媒体必须更为注重社会效益而不是经济效益，"应当将社会效益放在首位，实现社会效益与经济效益相结合"，[①] 以经济效益服从于社会效益，以小团体利益服从于社会公共利益。新闻媒体生产的是精神产品，我们不能将具有意识形态特征的精神产品等同于物质产品，同样，也不能将具有上层建筑特征的新闻媒体等同于一般经济实体，将新闻媒体的营利等同于一般经济组织的营利。新闻摄影、摄像作为一种为公众服务的新闻传播行为，其主要目的是为采集和传播新近发生的事实，为社会公众提供新闻信息，引导舆论和提供娱乐，主要不是为了营利。因此，在一般情况下，新闻媒体为报道新闻使用公民的肖像，即使未经本人同意，也不构成对公民肖像权的侵犯。在有关法律规定中，最高人民法院将"营利"解释为"利用其肖像作广告、商标、装饰橱窗等"，[②] 故新闻媒体只要在使用公民肖像时，不涉及将其用作广告、商标、装饰橱窗等，就不足以构成对公民肖像权的侵犯。

当然，这并不等于说新闻媒体使用的所有摄影、摄像作品都不会构成对公民肖像权的侵犯。肖像的非法使用可分为："以营利为目的"和"非以营利为目的"两种情况，不能认为只要不是以营利为目的，不经肖像权人同意，新闻媒体就可以任意使用公民的肖像。是否"以营利为目的"，并不是决定是否侵犯公民肖像权的唯一前提和要件，而只是确定侵权责任大小的重要问题。新闻传播过程中使用公民肖像必须做到合理合法，否则就可能造成侵权。例如，如果公开传播的图像涉及公民隐私，或对公民形象有丑化、玷污、侮辱的，不仅可能侵犯公民肖像权，同时也可能对公民的名誉权、隐私权造成侵犯。根据我国有关法律规定：对未成年人犯罪案件，新闻报道、影视节目、公开出版物、网络等不得披露该未成年人的姓名、住所、照片、图

---

① 见《出版管理条例》第四条。

② 见《最高人民法院关于贯彻执行〈民法通则〉若干问题的意见》第一百三十九条。

像以及可能推断出该未成年人的资料。① 如果新闻传播违反了以上规定，在未成年人案件报道中出现未成年人的肖像，同样会造成侵权。

（二）我国法律准许在以下情况下，可以不经公民本人同意而使用其肖像

1．正常的新闻报道（包括批评性报道）中使用具有新闻价值的人物肖像

新闻记者和新闻媒体为采集报道新闻，可以不经肖像权人同意拍摄和使用其肖像。例如党和国家的领导人、地方各级党政领导人、人大代表、政协委员、著名社会活动家、学者、演员、运动员以及其他社会知名人士公开露面时，新闻媒体为了报道其活动或事迹可以不经肖像权人同意，而拍摄和使用其肖像。除公众人物外，记者和媒体在新闻报道中同样可以不经肖像权人同意，采集和使用普通公民处在公共场合、与新闻事实有关具有新闻价值的肖像，包括新闻事件的当事人或者在场其他人的肖像。

2．使用参加集会、游行、仪式、庆典或其他公共活动的人物肖像

一方面，此类活动一般在公共场合，且往往具有新闻价值，所以活动的参加者应当允许将其肖像用于新闻报道。另一方面，公共活动大多都与国家和社会公共利益相关，因此，新闻媒体使用公共活动中的公民肖像，肖像权人的利益应当服从国家和社会公共利益，故肖像权人不应主张肖像权。

3．国家机关、有关组织为了社会公共利益而使用公民肖像

例如国家机关为执行公务而使用公民的肖像，包括公安机关为通缉、辨识犯罪嫌疑人，或为收集证据而使用其肖像；司法、检察机关在诉讼等活动中使用有关人的肖像；有关组织为选举、表彰而使用公民肖像等。

4．为了公民本人的利益而使用其肖像

例如为寻找下落不明的公民，新闻媒体在寻人启事中使用该公民的肖像。

5．为了科学、文化、经济、卫生、体育等公益事业的需要而有限地使用公民肖像

如为了医学教学或研究，在教室、实验室展示公民的病理照片、录像，或在专业报刊、杂志、书籍上发表文章时附带使用公民照片等。此种使用一

---

① 见《中华人民共和国未成年人保护法》第五十八条。

定要注意"有限"二字，若随意扩大使用范围，比如将使用在医学书籍中的公民肖像扩大至医疗广告中，且未经公民本人同意，就构成了对公民肖像权的侵犯。

可见，正常的新闻报道（包括批评报道）发表公民照片不受肖像权的限制，可以不经公民本人同意，但是若将新闻照片用于广告或其他商业性传播中，又未经本人许可，就构成了对公民肖像权的侵犯。当然更不能出现丑化、玷污、侮辱公民形象的情形。

（三）摄影、摄像报道及媒体广告侵犯公民肖像权的常见情形

1. 在新闻媒体上将他人私生活的肖像随意公开

根据新闻报道的需要和肖像的合理使用原则，新闻记者可以对发生在公共场所、公众活动中，或有新闻价值的人物、事件等进行拍照、录像，并通过新闻媒体发表，无须取得当事人的同意。但这种权利必须限制在公共场所或新闻人物、事件的采访报道中，而不能扩大到公民的私人领地（包括私人的居所或临时居所。如个人住宅、私人租用的客房、车船包厢等）。如果记者、媒体在新闻采访报道中拍摄并发表了公民未处在公众场所、公共活动或新闻事件中的私生活照片，且未经公民本人同意，就构成对该公民肖像权的侵犯。

2. 在报道中使用与报道内容无关人员的肖像

在新闻报道中使用的人物肖像应当与报道的内容相关。如果使用的公民肖像与报道内容无关，也会造成对公民肖像权的侵犯。也就是说，即使是在公共场所、新闻事件发生发展过程中采集的肖像，如果在使用时不慎，也可能造成侵权。尤其是当新闻报道中使用了无关公民的肖像，而报道的内容与违法犯罪、违反社会公德等不良行为或丧事、不良传染病相关，让肖像权人感觉有损于自身形象，于己不利时，就特别容易引发官司。

3. 未经本人同意，以营利为目的使用他人肖像

以营利为目的，是指行为人在主观上所要求和达到的目的是要取得一定数额的金钱或以金钱为代表的利润。最高人民法院《关于贯彻〈民法通则〉若干问题的意见》第一百三十九条规定："以营利为目的，未经本人同意利用其肖像做广告、商标、装饰橱窗等，应当认定为侵犯公民肖像权行为。"所

谓的"营利"并不是必须要有营利的实事，只要有营利的主观意图和客观行为，无论行为人是否实现营利目的，都构成"营利"之实。

在新闻媒体的传播过程中，以营利为目的的广告占有一定比例，如果在广告中使用公民肖像，必须经肖像权人同意，否则，就可能造成对公民肖像权的侵犯。

参考文献

[1] 顾理平：《新闻侵权与法律责任》，中国广播电视出版社 2001 年版。

[2] 吴飞：《大众传播法论》，浙江大学出版社 2004 年版。

试论新闻作品著作权的享有

● 姜淮超

　　著作权也称版权,是指法律赋予文学、艺术和科学作品的作者享有的权利。2001 年 10 月 27 日通过并实施的《中华人民共和国著作权法》(以下简称《著作权法》)以及 2002 年 8 月 2 日公布的《中华人民共和国著作权法实施条例》(以下简称《实施条例》),对作品的著作权问题做出了明确规定,并对有关作品的著作权予以保护。

一、关于新闻作品的著作权

(一)我国《著作权法》保护新闻作品的著作权

　　我国尚无新闻法,对于新闻作品著作权的保护,是通过《著作权法》而得以实现。新闻作品是指通过新闻媒体进行传播的反映新闻事实的作品,其形式既可以是文字、图片等视觉传播形式,通过报刊、网络进行传播,也可以是以有声语言、音响等听觉传播形式通过广播进行传播,或是以视听结合的传播形式,通过电视进行传播。新闻作品除《著作权法》明确排除的"时事新闻"[①] 外,其他新闻作品均在《著作权法》保护之列。这些新闻作品涉及通讯、专访、深度报道、新闻调查、新闻评论等新闻形式,它们与文学作品既有区别又有相通之处,在写作特点、传播方式等方面虽然有别于文学作品,但同样是一种精神产品,符合《著作权法》保护的作品的特征。首先是具有独创性,在作品中包容了作者的思想和情感,是作者创造性劳动的成

---

① 见《著作权法》第五条。

果。其次是具有某种外在形式，人的感观能够感知其存在，能够被模仿或复制。第三是处在《著作权法》保护的作品的范围之内。① 该法规定不适用于"时事新闻"，并未规定不适用于所有新闻作品。《实施条例》第五条（一）对"时事新闻"做了说明："时事新闻，是指通过报纸、期刊、广播电台、电视台等媒体报道的单纯事实消息。"显然，"单纯事实消息"不能包容前面提到的其他新闻作品。

《著作权法》保护的作品著作权是"文学、艺术和科学作品作者的著作权，以及与著作权有关的权益"。② 按照我国现行学科设置，"文学"大类包容着"新闻传播学"，因此，不应当把这里的"文学"理解得过于狭窄，应当认为，这里的"文学"作品，包容了那些具有独创性的新闻作品。

（二）新闻作品的著作权人及著作权内容

著作权人又称著作权的主体，是指根据《著作权法》的规定对相关作品享有著作权的人。《著作权法》第九条对著作权人做了说明："著作权人包括：（一）作者；（二）其他依照本法享有著作权的公民、法人或者其他组织。"结合新闻作品的具体情况，可以认为新闻作品的著作权人主要有三类：1. 新闻作品的作者。包括：（1）新闻记者（含媒体中其他作者），他们是新闻作品创作的主力军。（2）新闻单位的通讯员以及与新闻单位没有紧密关联的其他自然人作者，他们是新闻作品创作的候补队伍。（3）法人作者和非法人单位作者，他们创作的新闻作品数量较少。2. 新闻媒体。新闻媒体除可以作为法人作者对创作的具体新闻作品享有著作权之外，还对所编辑的新闻作品的整体享有著作权。3. 未参加新闻作品创作而承受著作权的公民和法人。前二类属原始著作权主体，第三类属承受著作权主体。不论是何种情况，他们作为新闻作品著作权主体的地位是相同的。

按照《著作权法》第十条规定，著作权包括人身权和财产权两大方面。其中涉及人身权的具体内容有：发表权、署名权、修改权、保护作品完整权。涉及财产权的具体内容有：复制权、发行权、出版权、展览权、放映

---

① 参见顾理平：《新闻侵权与法律责任》，中国广播电视出版社 2001 年版，第 266—267 页。

② 见《著作权法》第一条。

权、广播权、信息网络传播权、摄制权、改编权、翻译权、汇编权，以及应当由著作权人享有的其他权利。其中属财产权方面的权利，著作权人可以全部或者部分转让，并依照约定或者《著作权法》的有关规定获得报酬。

二、新闻作品著作权的享有

（一）新闻记者著作权的享有

新闻记者是指在新闻媒体中专门担任采访报道工作的专业人员。我国的新闻记者都从属于某一新闻单位，新闻工作是他们的本职工作，采写新闻是他们的职务行为。一般情况下，新闻记者的大多数新闻作品是因履行职务行为而产生的职务作品，当然也有少数新闻作品属新闻记者的非职务作品。统观我国《著作权法》保护的作品，非职务性作品占有大多数，但新闻作品是个例外，即使加上通讯员和其他作者创作的新闻作品，新闻职务作品仍然占有新闻作品的大多数。以下分别就新闻记者对职务作品与非职务作品著作权的享有问题进行分析：

1. 新闻记者对职务作品著作权的享有

对于何为职务作品以及职务作品作者的著作权归属问题，我国《著作权法》第十六条第一款做出了说明："公民为完成法人或者其他组织工作任务所创作的作品是职务作品，除本条第二款的规定以外，著作权由作者享有，但法人或者其他组织有权在其业务范围内优先使用。作品完成两年内，未经单位同意，作者不得许可第三人以与单位使用的相同方式使用该作品。"根据上述法律规定，所谓"职务作品"应当具有以下条件：（1）有创作作品的主体"公民"；（2）有与"公民"相关的"法人或者其他组织"；（3）"公民"创作作品是为完成"法人或者其他组织"的工作任务。三个条件具备才能产生职务作品。对职务作品著作权的享有问题，上述条款明确清楚：在一般情况下，职务作品的著作权由作者享有；但相关单位或组织在其业务范围内有优先使用权。对于特殊情况，《著作权法》第十六条第二款规定："有下列情形之一的职务作品，作者享有署名权，著作权的其他权利由法人或者其他组织享有，法人或者其他组织可以给予作者奖励：（一）主要是利用法人或者其他组织的物质技术条件创作，并由法人或者其他组织承担责任的工程设计图、产品设计图、地图、计算机软件等职务作品；（二）法律、行政法规规定或者合同约定著作权由法人或者其他组织享有的职务作品。"

对照《著作权法》第十六条第一款，结合新闻作品的具体情况，我们做出新闻记者享有新闻职务作品的著作权的判断当无异议，也就是说，新闻职务作品符合该款对一般情况的规定。但新闻职务作品是否符合第二款对特殊情况的规定，能否由此得出新闻职务作品的著作权由新闻媒体享有，新闻记者只享有署名权的结论？在此试做分析。先看新闻职务作品的创作是否符合本款的条件（一）。应当说新闻记者供职于某一媒体，一般都要利用本单位的物质技术条件，其中报刊媒体新闻作品的创作对单位物质技术条件的依赖十分有限，有时几乎可以忽略不记；而广电媒体的新闻作品因其制作特点，对单位物质技术条件的依赖性相对较强，不利用某种物质技术条件，作品就难以完成。由此看来，新闻职务作品的创作，特别是广电媒体新闻作品的创作，一般离不开本单位的物质技术条件。但是，还必须同时具备作品由新闻单位"承担责任"的条件。在承担责任的问题上，情况不尽一致。1993年《最高人民法院关于审理名誉权案件若干问题的解答》"六"规定："因新闻报道或其他作品发生的名誉权纠纷，应根据原告的起诉确定被告。只诉作者的，列作者为被告；只诉新闻出版单位的，列新闻出版单位为被告；对作者和新闻出版单位都提起诉讼的，将作者和新闻出版单位均列为被告，但作者与新闻出版单位为隶属关系，作品系作者履行职务所形成的，只列单位为被告。"据此，遇到新闻职务作品侵犯他人名誉权案件时，法院一般只认定新闻单位作为被告，并承担民事责任。当然，作者对新闻职务作品侵犯他人名誉权不承担民事责任，并不等于不承担责任，不少新闻单位根据《中国新闻工作者职业道德准则》，规定了对本单位新闻作品的作者造成侵权情况的行政惩罚措施。有关名誉权的新闻诉讼数量较多，因此最高人民法院屡出司法解释进行规范。但是对新闻作品侵犯著作权的问题，情况却有所不同，法律规定也不甚明确。1996年曾发生《北方时报》记者姜国和《黑龙江日报》记者焦明忠状告佳木斯电视台及其三位记者侵犯荣誉权、著作权的案件。哈尔滨中级人民法院经审理判定由四被告共同承担民事责任。这三位记者供职于佳木斯电视台，他们的侵权民事责任并未由新闻单位承担。由此可见，新闻记者仍在承担着新闻职务作品的部分责任，而并非是由新闻单位独立承担责任。因此，新闻职务作品不符合"并由法人或者其他组织承担责任"的条件。另外，条件（一）中列举的"工程设计图、产品设计图、地图、计算机软件"，都不是文字作品，且与广电新闻作品的差距也较大。可见，新闻职务作品不符合该款条件（一）的规定。

对于条件（二），法律行政法规并未规定新闻职务作品的著作权由新闻媒体享有。至于合同约定问题则另当别论。可见，新闻职务作品不符合《著作权法》第十六条第二款的规定，由此不能得出新闻媒体享有新闻职务作品的著作权，新闻记者只享有署名权的结论。

2. 新闻记者对非职务作品著作权的享有

新闻记者的非职务作品是指在完成本单位工作之外而创作的作品。就作品体裁而言，新闻记者的非职务作品可能是多种多样的，既有新闻作品，也有非新闻作品。因非新闻作品不在本文讨论的范围之内，故在此只对新闻记者非职务作品中的新闻作品著作权问题进行分析。

新闻记者非职务作品的产生有多种原因：第一，由于一些新闻记者在完成本单位职务工作的情况下，仍有时间和精力创作新闻作品，供给其他新闻单位使用；第二，新闻记者自主创作的一些新闻作品，原本是提供给本单位使用的，但由于某种原因而不能采用，故转投他处发表，成为非职务作品；第三，新闻媒体为提高文章或节目的质量，需要"外稿"支援，时常主动寻求好稿。各新闻媒体之间，特别是同一集团的新闻单位之间，存在广泛而密切的联系，用"外稿"并非罕见，这就为新闻记者的非职务作品提供了生存空间。

对于非职务作品著作权的归属，应根据《著作权法》第十一条的规定："著作权属于作者"，"创作作品的公民是作者"来认定。新闻记者创作了新闻作品，而作品的创作并非职务行为，在此种情况下，新闻记者就等同于一般公民"作者"，他的新闻作品属非职务作品。由此可以做出判断：新闻记者对非职务作品享有著作权，包括人身权、财产权两方面的诸种权利。

按照《著作权法》的有关规定，新闻作品作者的候补队伍，即通讯员、其他作者，他们对自己创作的新闻作品享有完整的著作权，在此不作专门分析。

此外，《著作权法》还对委托作品的著作权作了规定。所谓委托作品，是指受托人按照委托人的委托而创作的作品。委托作品要通过双方的合同约定，委托人一般要向受托人支付约定的报酬，受托人以委托人的名义，根据委托人的意图和要求进行创作。委托人可以是自然人，也可以是法人或其他组织。例如通过合同约定委托他人撰写回忆录，企业委托他人写作宣传文章等。委托作品不同于职务作品，委托人与受托人之间的法律地位是平等的，这一点有别于职务作品的作者与单位之间的劳动合同关系。《著作权法》第十七条规定："受委托创作的作品，著作权的归属由委托人和受托人通过合同约定。合同未作明确约定或者没有订立合同的，著作权属于受托人。"在现实中，属受委托而创作的作品数量较少。新闻记者、通讯员、其他作者创作的新闻作品如确属受委托而作，其著作权的归属应按照以上法律规定来认定。

（三）新闻媒体著作权的享有

我国的新闻媒体均为法人单位，按照《著作权法》的规定可以对新闻作品享有著作权。但是具体新闻作品的著作权属于新闻记者，在一般情况下，新闻媒体只是对由多篇作品组合的编辑作品享有相应的权利，另外还可以通过合同约定获得具体作品的著作权。

1. 新闻媒体对编辑作品的整体享有著作权

新闻作品必须通过编审才能公诸于世。新闻媒体制作作品，一般要经过编辑取舍修改，部门负责人审核，主编把关的过程，最后将多篇（节）作品编辑为一个相对丰富完整的作品，或是一期报刊，或是一档广电节目。在此过程中，编辑、部门负责人、主编都付出了劳动，他们要考虑内容的组合、协调、顺序、重点，要对具体作品进行订正、润色，要安排总体形式、局部形式和细节形式，不排除其中具有创造性劳动。但是，编辑作品与创作作品还是有差别的，创作作品是作品的从无到有，编辑作品只是对已有的作品进行加工组合，况且，参与编辑者各负其责，都是媒体意志的执行者，他们各自的劳动既有独立性又相互关联，形成一个完整的编辑程序。因此，新闻媒体的编辑人不是某一个或某几个人，而是一个整体，具体说也就是某个新闻媒体，其编辑作品的整体责任也是由该媒体来承担的。

《著作权法》第十四条规定："汇编若干作品、作品的片断或者不构成作品的数据或者其他材料，对其内容的选择或者编排体现独创性的作品，为汇编作品，其著作权由汇编人享有，但行使著作权时，不得侵犯原作品的著作权。"新闻媒体的编辑行为实际上就是一种汇编①行为。通过此行为形成具有组合性的作品，新闻媒体作为编辑人对此汇编作品的整体享有著作权。新闻记者、编辑、通讯员、其他投稿者等个人都不可能单独享有此种权利。

2. 新闻媒体在享有和行使汇编作品的著作权时，不得侵犯具体作品作者的著作权

新闻媒体对汇编作品的整体享有著作权，但在行使该权利时有先决条件，那就是不得侵犯原作品的著作权。首先，编辑人在汇编作品时，需要事先征得著作权人同意，新闻记者向所就职的媒体提供作品，通讯员、其他作者向媒体投递作品，均可被视作同意。其次，汇编作品中具体作品的作者有权单独行使其著作权。也就是说作者对经过汇编的新闻作品中的自己创作的作品，仍然享有署名、发表、出版、获得报酬等权利，新闻媒体不得以享有对汇编作品的整体著作权而剥夺作者对具体作品著作权的享有和行使。

3. 新闻媒体可以通过合同约定获得具体作品的著作权

此方面问题属继受著作权，可分为两种情况：一种是新闻媒体作为委托人与受托人签订委托作品合同；另一种是新闻媒体与著作权人签订著作权中财产权利的许可使用或转让合同。新闻媒体从而成为继受著作权主体，享有著作权或著作权中的部分权利。

（1）关于委托作品。一般情况下，新闻作品的创作是作者的自主行为，媒体选择使用。但有时媒体也需要通过约定的方式委托他人创作新闻作品。委托作品不同于职务作品，前者反映的是行政隶属关系，后者反映的是民事主体的关系。新闻媒体作为委托人与受托人签订合同，受托人一般是该媒体之外的人员。委托人与受托人的法律地位是平等的，委托创作新闻作品一般具有以下特点：①受托人按照委托人的要求进行创作，作品的观点反映媒体

---

① 1991 年 6 月 1 日起施行的原著作权法使用的是"编辑"一词。

编辑部的意志；②委托人为受托人提供一定的物质条件、报酬等；③委托人承担作品的责任；④委托作品的产生来自于委托合同的成立，受托人未能完成委托人交付的创作任务，则合同不成立。[①] 根据新闻作品的现实情况，委托合同一般指向特定的对象，也可以指向非特定的对象，委托创作的新闻作品多为社论、特约评论员文章，受托人一般不署名。按照法律规定，委托作品著作权的归属由双方通过合同约定，合同未作明确约定或者没有订立合同的，著作权属于受托人。

（2）关于许可使用和转让。新闻媒体与著作权人签订新闻作品许可使用或转让合同，只关联到著作权中的财产权利部分，著作权中的人身权利并不发生变化，也就是说此类合同的客体是新闻作品著作权中的财产权利。

《著作权法》第二十四条规定："使用他人作品应当同著作权人订立许可使用合同，本法规定可以不经许可的除外。""著作权中财产权利的许可使用，是指著作权人许可他人行使著作权中的使用权，著作权人可以许可他人行使使用权中的一项权能或数项权能"，[②] 但著作权的处分权不发生转移，著作权人不变。许可使用合同可分为专有许可使用合同和非专有许可使用合同。专有许可使用是指著作权人将权利转交给使用人独家使用；非专有使用是指著作权人在转交非专有使用权后，仍可将同一权利再许可给他人使用。"专有使用权的内容由合同约定，合同没有约定或者约定不明的，视为被许可人有权排除包括著作权人在内的任何人以同样的方式使用作品；除合同另有约定外，被许可人许可第三人行使同一权利，必须取得著作权人的许可。"[③]

著作权中财产权利的转让，是指著作权人将著作权中财产权利的产权转移给他人，使著作权的主体发生变更。著作权财产权利转让合同包括财产权全部转让合同和财产权部分转让合同。全部转让是指著作权人处分了著作权中的一切财产权利；部分转让是指著作权人处分了著作权中的部分财产权利。

在签订著作权许可使用和转让合同时，除具备合同的一般条款外，还

---

① 参见顾理平：《新闻侵权与法律责任》，中国广播电视出版社 2001 年版，第 278 页。

② 何山、肖水：《中华人民共和国著作权法新释》，中国法制出版社 2001 年版，第 120 页。

③ 见《实施条例》第二十四条。

应特别写明许可使用或所转让的财产权利的内容。因为《著作权法》第二十六条规定:"许可使用和转让合同中著作权人未明确许可、转让的权利,未经著作权人同意,另一方当事人不得行使。"也就是说,合同中未写明的权利,就被视为未经许可使用或未转让。

关于合同采用口头形式,还是书面形式问题,《实施条例》第二十三条规定:"订立许可使用合同,许可使用的权利是专有使用权的,应当采用书面形式,但报社、期刊社刊登作品除外。"根据《著作权法》第二十五条规定,转让著作权中的财产权部分,应当订立书面合同。

参考文献

顾理平:《新闻侵权与法律责任》,中国广播电视出版社 2001 年版。

网络新闻传播的问题与规范

● 姜淮超

1995 年 5 月，我国邮电部开始对国内开放与因特网互联的业务，由此，互联网作为一种独特的传播媒介、一种便捷的交流工具，迅速在国内普及和扩展。随着电脑的快速增多，无论是单位或个人，使用电脑上网获取和交流信息，逐渐成为一种常用方式，各行各业都开始向网上延伸业务。最初几年，我国实际上已出现互联网内容供应商，通过互联网可以提供各种信息服务。然而，由于当时相应的法律法规不健全，互联网内容供应商在网上提供信息服务是否合法，直到 2000 年上半年还没有得到确认。2000 年 9 月，国务院第 31 次常务会议通过《中华人民共和国电信条例》和《互联网信息服务管理办法》，由此，这种状况才得以改变。按照规定，"国务院信息产业主管部门和省、自治区、直辖市电信管理机构，依法对互联网信息服务实施监督管理。新闻、出版、教育、卫生、药品监督管理、工商行政管理和公安、国家安全等有关主管部门，在各自职责范围内依法对互联网信息内容实施监督管理。"① 此后，包括通过互联网提供新闻信息的各种服务迅速发展并有章可循。

近年来我国互联网业务发展较快，据中国互联网络信息中心（CNNIC）2010 年 1 月 15 日发布的《第 25 次中国互联网络发展状况统计报告》显示，截至 2009 年年底，我国域名总数为 1681 万，网站总数为 323 万，网民规模达到 3.84 亿人，其中手机网民一年增加 1.2 亿。我国网络普及率虽然稳步提

---

① 见《互联网信息服务管理办法》第十八条。

升，达到 28.9%，但相比韩国（77.3%）、日本（75.5%）、美国（74.1%）等互联网发达国家还有很大的发展空间，仅比世界平均水平（25.6%）高出 3.3 个百分点，排在巴西、俄罗斯之后。报告显示，我国网络应用使用率排名前三甲的分别是网络音乐（83.5%）、网络新闻（80.1%）和搜索引擎（73.3%），网络音乐属于"网络娱乐"类型，后两者属于"信息获取"类型，如果分开类型，网络新闻则排名第一。网络新闻业务虽然也发展较快，但在发展过程中也伴随着各种各样的问题，需要不断调整、解决和控制。归纳近年来网络新闻传播中较为突出的问题，主要有以下几方面：

一、违反有关规定采写、登载、转载新闻

借助互联网技术传播的新闻信息可称为网络新闻，网络新闻具有时效性强、传播速度快、超地域、超链接、容量大、可检索等特点，为广大网民提供新闻信息，无疑是互联网信息服务的重要方面。然而，利用网络这种新的传播技术产生的"网络新闻"在最初的几年中并未得到国家有关方面的认可和规范。截至 20 世纪末，我国只有公开发行的报纸、新闻类期刊，广播电台、电视台以及新华社、中新社，在大众传播领域合法拥有新闻信息的采访和刊发权。尽管当时已有许多综合性商业网站开办了新闻频道，开始转载和发布新闻，但互联网信息服务提供者能否拥有这种权利尚未得到确认。

2000 年 11 月，国务院新闻办公室、信息产业部通过《互联网站从事登载新闻业务管理暂行规定》，按照这一规定，我国各级新闻单位能否建立新闻网站从事登载新闻业务，非新闻单位依法建立的综合性互联网站从事登载新闻业务应具备怎样的条件，经批准可以登载哪一级新闻单位的新闻，以及互联网站链接境外新闻网站，登载境外新闻媒体和互联网站发布的新闻等，都有了具体明确的规定。从此，互联网站也就具有了合法从事登载新闻业务的权利和途径。

2005 年 9 月，国务院新闻办公室和信息产业部又联合发布了《互联网新闻信息服务管理规定》，对暂行规定进行了补充和细化：首先，明确规定互联网新闻信息是指"时政类新闻信息"，具体包括有关政治、经济、军事、外交等社会公共事务的报道、评论，以及有关社会突发事件的报道、评论。

第二，明确规定互联网新闻信息服务的范围，包括通过互联网登载新闻信息、提供时政类电子公告服务和向公众发送时政类通讯信息。也就是说，互联网新闻信息服务，不只是网络新闻登载，也包括电子公告服务，例如通过BBS、QQ群、电子邮件、博客等向公众发布时政类信息的行为。第三，把互联网新闻信息服务单位分为三类：(1) 新闻单位设立的登载超出本单位已刊登播发的新闻信息、提供时政类电子公告服务、向公众发送时政类通讯信息的互联网新闻信息服务单位；(2) 非新闻单位设立的转载新闻信息、提供时政类电子公告服务、向公众发送时政类通讯信息的互联网新闻信息服务单位；(3) 新闻单位设立的登载本单位已刊登播发的新闻信息的互联网新闻信息服务单位。前两类新闻信息服务单位的设立必须经过国务院新闻办公室审批，第三类向省级以上政府新闻办公室备案即可。与暂行规定相比，新规定明显地放宽了登载新闻的权利主体范围，即只要履行了相关行政审批或备案程序的网站，均可从事互联网新闻信息服务。关于网络媒体新闻信息来源的规定没有改变：第一类、第二类互联网新闻信息服务单位，应当转载、发送中央新闻单位或者省、自治区、直辖市直属新闻单位发布的新闻信息，并且需要与之签订书面协议；第二类互联网新闻信息服务单位，不得登载自行采编的新闻信息。

我国互联网行业鱼龙混杂，除了一批依赖领先技术实力雄厚品牌已有较大影响力的互联网公司，随着网络技术的逐渐普及，行业进入门槛的降低，也出现了大量的不同层次的各式各样的小网站和个人网站。在以上众多网站中，截至 2007 年上半年，约有 150 个网站拥有发布新闻的资质，[①] 至 2009 年年底，约有近 200 家网站拥有这一资质。

尽管国务院新闻办公室和信息产业部对网站从事新闻业务做出了较为严密的规定，部分网络媒体也签订过《中国新闻界网络媒体公约》、《保护网络作品权利信息公约》，但问题仍然不少，在具体管理方面还有许多工作要做。

(一) 超越协议范围登载新闻

现实情况表明，网络新闻业务准入管理的难点不在传统新闻媒体创办

① 参见白雪：《"网络媒体"突起灰色地带》，《中国青年报》2007 年 7 月 6 日。

的新闻网站，而在综合性非新闻单位网站，也就是商业网站，如新浪、搜狐这样的新闻网站。根据《互联网新闻信息服务管理规定》第十一条，综合性非新闻单位网站从事登载新闻业务，关键是要与中央、中央国家机关各部门及省级新闻单位签订协议。但在网络新闻实践中，综合性非新闻单位网站的新闻来源可谓"广泛"，大多都超越了只登载已经签过协议的新闻单位新闻的界限，也就是说，有些新闻的转载并未在签订协议的范围之内。不少网站不分地域地转载传统媒体和传统媒体网站的内容，早已将"协议"界限抛在了脑后，由此也加剧了网络新闻同质化等问题。

（二）非新闻单位设立的网站违反规定登载自行采编的新闻信息

按照现行的网络新闻政策，非新闻单位设立的转载新闻信息、提供时政类电子公告服务、向公众发送时政类通讯信息的互联网新闻信息服务单位，即综合性非新闻网站，不得登载自行采编的新闻信息，[①]但实际上，商业网站尤其是综合性门户网站往往自行进行新闻采编，不过与传统的新闻采编相比，形式发生了变化。其常用形式是对重大活动的网上直播、邀请嘉宾到聊天室接受访谈等。

南京大学新闻传播学院副教授巢乃鹏近年来一直在从事网络传播和传媒产业领域的研究，对于上述问题，他提出了自己的看法："在无法进行独家新闻采访的情况下，业内其实有所谓的'原创'的说法，简单地说，网络媒体可以利用以下一些方式获得还未在其他新闻媒体，包括传统媒体上发布的新闻。一种是用传统媒体记者为网站服务。传统媒体记者可以进行新闻采访，然后将稿件传给网络媒体，网络媒体是以接受投稿的形式来处理，进行刊登。另一种是聘任自己的专职原创队伍（有点类似于新闻通讯员），他们可以为网站撰写新闻稿件，但也应以投稿方式处理。再一种就是充分发挥网站与网民的互动，通过互动来组织稿件。此外还可以整合同一新闻事件，来自于不同媒体的新闻报道，编辑加工后形成符合自己网站新闻价值观的新闻。这些都是网络媒体应对没有采访权的策略。"

巢乃鹏认为："商业网站以论坛、访谈、现场直播等形式所进行的采访

---

① 参见《互联网新闻信息服务管理规定》第十六条。

报道，按规定是违反有关条例的。商业性的网络媒体在新闻采访方面因为政策原因先天不足，这是无法避免的事实，除非这种规定取消。"[1]

新闻引人注目，新闻业务对综合性非新闻网站有着强大吸引力，网络作为一种新型的新闻传播方式无疑还有许多新问题，需要不断进行探索，规范和调整。

二、网络新闻著作权亟待规范

从 20 世纪末开始，网络著作权问题已成为人们关注的热点。1999 年，北京市海淀区人民法院分别审理了陈卫华个人网站诉《电脑商情报》侵权案、北京瑞得公司诉四川东方公司主页侵权等案件，但尚未涉及网络新闻作品著作权问题。2000 年 3 月，时任天极网新闻中心编辑的孙光海（笔名"彼阳"）于 2000 年 3 月写成《263 侵权案：三方现身讨说法》一文，在天极网上发表。后该文被新浪网转载，其转载行为未经作者许可，并且未署名，仅有"来稿"字样，作者也未收到新浪网转载文章应付的稿酬。2000 年 10 月，孙海光为此提起诉讼，后以新浪网致歉，原告撤诉而告结束。2002 年，网站之间的抗争拉开了戏剧性的一幕，新浪网指责搜狐网"大规模剽窃抄袭"，于 1 月 24 日将搜狐网告上法庭，搜狐网在 1 月 31 日又反过来起诉新浪网，理由是"著作权侵权及不正当竞争"，受理这两起官司的均是北京市第二中级人民法院。新浪网与搜狐网都声称为签署协议付出了成本，不能容忍对方的剽窃。

网络之间新闻的相互转发和变相抄袭当时成为一种普遍现象，此类官司的爆发也不再是新闻。网站对传统大众传播媒介的侵权，传统大众传播媒介对网站的侵权和网站与网站间的侵权时有发生，网络新闻著作权问题越来越突出。而 1991 年 6 月 1 日起施行的《著作权法》缺乏相应的法律规定，或者规定的不明确，难以规范涉及电脑网络的侵权问题。人民法院在司法实践中只能以当时的著作权法、民法通则和民事诉讼法为依据，在网络著作权纠纷的处理中摸索前进。

---

① 刘潇潇：《方圆法治》，2006 年 12 月 18 日，http://fy.jcrb.com/shownews.aspx?newsid=448。

2000 年 11 月，最高人民法院审判委员会通过《最高人民法院关于审理涉及计算机网络著作权纠纷案件适用法律若干问题的司法解释》，该司法解释第二条规定：受著作权法保护的作品，包括著作权法第三条规定的各类作品的数字化形式。在网络环境下无法归于著作权法第三条列举的作品范围，但在文学、艺术和科学领域内具有独创性并能以某种有形形式复制的其他智力创作成果，人民法院应当予以保护。著作权法第十条中对著作权各项权利的规定均适用于数字化作品。将作品通过网络向公众传播，属于著作权法规定的使用作品的方式，著作权人享有以该种方式使用或者许可他人使用作品，并由此获得报酬的权利。第三条规定：已在报刊上刊登或者网络上传播的作品，除著作权人声明或者上载该作品的网络服务提供者受著作权人的委托声明不得转载、摘编的以外，网站予以转载、摘编并按有关规定支付报酬、注明出处的，不构成侵权。但网站转载、摘编作品超过有关报刊转载作品范围的，应当认定为侵权。

2001 年 10 月，九届全国人大常委会第 24 次会议通过了《关于修改〈中华人民共和国著作权法〉的决定》。修改后的《著作权法》将网络著作权的有关规定上升到法律层次，为作品在因特网上传播提供了法律保障。修改后的《著作权法》增加了信息网络传播权，"即以有线或者无线方式向公众提供作品，使公众可以在其个人选定的时间和地点获得作品的权利"。[①] 也就是说，无论是何种形式的只要是受著作权法保护的作品就享有信息网络传播权，无论作品是不是利用网络第一次发表。著作权人均可以准许他人行使信息网络传播权，作品的付酬标准可以由当事人约定，也可以按照国务院著作权行政管理部门会同有关部门制定的付酬标准支付报酬。

2006 年 5 月，国务院颁布行政法规《信息网络传播权保护条例》，进一步明确了"信息网络传播权"的内容及侵权责任，其中第 6 条则明确列举了八项属于网络"合理使用"的内容，使网络媒体转载传统媒体作品的"合理使用"问题不必再从著作权法中合理推出。2003 年 12 月和 2006 年 11 月，最高人民法院两次修改 2000 年 12 月发布的《关于审理涉及计算机网络著作

---

① 　见《中华人民共和国著作权法》第十条。

权纠纷案件适用法律若干问题的解释》，2005 年 5 月，国家版权局、信息产业部联合发布了《互联网著作权保护办法》。这些法律法规和司法解释，把我国的著作权保护延伸到新兴的网络传播领域，为解决网络作品侵权纠纷提供了法律依据。

至于新闻作品，按照《著作权法》和《著作权法实施条例》的规定，"时事新闻"不受《著作权法》的保护，"时事新闻，是指通过报纸、期刊、广播电台、电视台等媒体报道的单纯事实消息"。① 尽管有此规定，但法律同时规定，"传播报道他人采编的时事新闻，应当注明出处"。②

对于其他新闻作品，《著作权法》也有相关规定。譬如，报纸、期刊、广播电台、电视台等媒介已经发表的关于政治、经济、宗教问题的时事性文章，被其他报纸、期刊、广播电台、电视台等媒体刊登或者播放，作者声明不许刊登、播放的除外；报纸、期刊、广播电台、电视台等媒体刊登或者播放在公众集会上发表的讲话，但作者声明不许刊登、播放的除外，按规定应视为合理使用，可以不经著作权人许可，不向其支付报酬，但应当指明作者姓名、作品名称，并且不得侵犯著作权人依照本法享有的其他权利。③

对时事新闻以外的某新闻作品是否可以被他人使用，该作品的作者拥有发言权。关于"作者"，《著作权法》第十一条规定：创作作品的公民是作者。由法人或者其他组织主持，代表法人或者其他组织意志创作，并由法人或者其他组织承担责任的作品，法人或者其他组织视为作者。如无相反证明，在作品上署名的公民、法人或者其他组织为作者。

根据《著作权法》的规定，新闻单位对于所发表的新闻作品享有的著作权是有限的。新闻单位主要对职工的职务作品享有部分权利。《著作权法》规定，公民为完成法人或者其他组织工作任务所创作的作品是职务作品。除法律、行政法规规定或者合同约定著作权由法人或者其他组织享有的职务作品外，著作权由作者享有，但法人或者其他组织有权在其业务范围内优先使

---

① 见《著作权法实施条例》第五条。

② 见《最高人民法院关于审理著作权民事纠纷案件适用法律若干问题的解释》第十六条。

③ 见《中华人民共和国著作权法》第二十二条。

用。作品完成两年内，未经单位同意，作者不得许可第三人以与单位使用的相同方式使用该作品。有下列情形之一的职务作品，作者享有署名权，著作权的其他权利由法人或者其他组织享有，法人或者其他组织可以给予作者奖励：1. 主要是利用法人或者其他组织的物质技术条件创作，并由法人或者其他组织承担责任的工程设计图、产品设计图、地图、计算机软件等职务作品；2. 法律、行政法规规定或者合同约定著作权由法人或者其他组织享有的职务作品。① 此条规定明确指出了职务作品的著作权在一般情况下由作者享有，只是对作者著作权的行使做出了一定限制，而新闻单位只能在其业务范围内享有优先使用权，并不享有著作权。只有在特殊情况下，新闻单位才能享有职务作品的著作权。

《著作权法》并未对网页是否属于著作权保护的作品形式做出规定。网页的著作权主要是指网页的款式设计方面的著作权保护问题，而不是文字内容。网页著作权和侵权纠纷该如何规范和解决还有待进一步研究。

三、网络新闻公信力有待提高

当今社会，人们依赖各种传播媒介获取所需要的信息，互联网就是传播媒介中重要而特殊的一种。互联网作为一种便利快捷交互性强的新媒介，近年来得到迅速发展，其功能和作用日益显现，影响力不断扩大，已经成为我国信息传播的主要媒介之一。

某种媒介公信力如何，主要取决于该类媒介发布的信息与客观事实相符的程度高低，相符的程度越高，对该类媒介的公信力就越有利，反之则会产生不利影响。通过媒介传播的信息涉及多方面内容，既有新闻信息，也有广告和其他信息，其中新闻信息是核心，最为关键和重要。目前，我国内地通过网络传播新闻信息的途径主要有各级传统媒体所开办的网站（如人民网、新华网）和商业网站（如搜狐、新浪、网易）中的新闻频道以及各个站点中的新闻、时事论坛等。由于网络在我国内地发展的时间较短，有不少受众对网络新闻传播的渠道、新闻来源、运作机制等还比较陌生，国家对网络

---

① 见《中华人民共和国著作权法》第十六条。

的监管尚未完备，网络新闻存在的问题较多，因此也影响到公众对网络新闻公信力的评价。

据中国社科院社会发展研究中心 2005 年 8 月 23 日公布的互联网调查，"从人们对不同媒介的信任程度的调查情况来看，最为信任的新闻来源依次为：国内电视、国内报纸、国内广播新闻。电视媒体仍然是人们最为信任的媒体。而且，人们对国外媒体新闻的信任度均低于国内媒体，对于网络媒体新闻的信任度则大大低于其他传统媒体。可见，虽然网络媒体已经成为人们阅读新闻的一个重要媒体，但其可信度仍待提高"。从网民对不同类型的网络新闻的信任程度来看，"最信任的网络新闻仍然是大陆传统媒体所办的网站；其次是大陆门户网站新闻，能够取得网民仅次于对传统媒体门户网站的信任度，足以证明新媒体的巨大发展潜力。同大陆的网络媒体相比，人们对于海外的门户网站、新闻网站的信任度均低于对于国内网络新闻的信任度"。①

另据中国互联网络信息中心 2006 年 7 月发布的第 18 次《中国互联网络发展状况统计报告》显示，网民对网络信息内容的真实性非常满意的占 3.0%，比较满意的占 28.4%，一般的占 45.8%，不太满意的占 18.0%，很不满意的占 4.8%；有 8.6% 的网民对互联网最反感的方面是网上虚假信息。近年来国内网络信息信任度有所提高，据 2009 年 7 月中国互联网络信息中心发布的第 24 次《中国互联网络发展状况统计报告》显示，有 48% 的网民对互联网的信任程度比电视更高。

近几年网络出现假新闻或报道失实的情况要多于传统媒体，这是影响网络媒体公信力的重要原因。国外的如 2003 年 3 月 29 日上午，据一家著名的英文网站报道，美国有线电视新闻网 3 月 28 日消息称，微软总裁比尔·盖茨在洛杉矶出席一个慈善活动时遭暗杀死亡，随后全美及其他国家各大新闻网站纷纷转载。事后证实，所谓"盖茨被暗杀"纯属子虚乌有，不过是有人在网上搞的一出恶作剧。2004 年 12 月 3 日，在博帕尔事件 20 周年纪念日，

---

① 见《网络媒体使用状况》，中国社会科学院网站，http://www.cass.net.cn/webnew/file/2005082332400.html。

英国广播公司播出了一条陶氏化学公司将向所有受害者提供总额为 120 亿美元的赔偿的假新闻。这条假新闻的始作俑者是两个网名为"迈克"和"安迪"的"反大公司主义者"。他们在网上制作并散布了这条假新闻，结果让英国广播公司信以为真。国内的如 2003 年 3 月 31 日，一些网络媒体刊出所谓的"西安女大学生用人体彩绘抗议美对伊动武"的假新闻照片；2003 年 4 月 1 日，香港一名停课在家的 14 岁少年将新闻组、ICQ 上流传的"香港将宣布成为疫埠"的谣言复制成《明报》即时新闻网页的形态，并上传至近似明报网站的网址；2005 年 10 月上旬，在网上还出现了一条采用新华社讯头的"原中国戏曲学院院长周裕德因涉嫌贪污 5000 万元公款，被北京市公安局正式逮捕"的惊人新闻，许多读者和戏曲界人士向记者打听此事是否属实，经向相关部门和周裕德本人核实后得知，这竟是一篇伪装得像模像样的假新闻。

假新闻频现于网络，自然会影响到网络媒体的公信力，所以会出现此种情况，应与以下方面问题有关：

从我国的情况看，首先是在网络上对信息发布缺乏有效限制，从而出现发布失控的现象。由于发布者可以通过任何一台联网电脑，随时随地自由发布信息，有关管理部门很难运用某种方式或手段，对利用网络发布信息的行为进行限制。在传统媒体传播环境下，传播方式基本处于单向传播的状态。传者和受者界限分明，反馈率较低，能通过传统媒体使反馈信息得到再传播的更是十分有限。而在网络媒体环境中，传者和受者界限模糊，受者只要愿意，且有传播条件，就可以成为传者。网络媒体的受众十分广泛，各种各样的人都可以通过网络接受信息，又可以自由地传播信息，传播信息可以使其传播欲得到极大满足，但其素质却未必能够达到大众传播对传者的要求。一般而言，传者必须具备高度的社会责任感和职业素养，显然网络受众中的多数人难以达到这一标准。此外，当受者成为传者时，其发布信息时大多隐匿自己的真实姓名和身份。这种隐匿性使得信息发布者减低了责任意识，增加了主观随意性，或因疏忽使得发布的信息失实，甚至为故意作假提供了机会。

其次是商业网站的责任缺位造成假新闻影响的扩大。目前国内传统媒体首先重视的是做好传统版新闻，其自办网站主要是将传统版新闻搬上网，当然也有少量自行采集的新闻，此类网站的把关人一般都是新闻从业者，具有较强的把关意识和把关能力，因而出现造假、传假的情况较少。相比之下，点击参与者更多的商业网站，虽然开办了新闻频道，可以转载新闻，但由于制度瓶颈和人才结构的缺陷，使此类网站常常难以施展。按照我国现行法律规定，只有少数较大的新闻网站才具有新闻采访权和网上发布权，商业网站没有新闻采访和发布的权利。对于综合性非新闻单位网站从事登载新闻业务，《互联网站从事登载新闻业务管理暂行规定》确定的关键条件，就是同有关的中央新闻单位、中央国家机关各部门新闻单位以及省、自治区、直辖市直属新闻单位签订新闻登载协议后方可转载新闻，且在编辑时不得改变和损害原文内容。这样，虽然控制住了新闻的采访发布权，但也在客观上造成商业网站几乎可以对新闻的内容不负责任的现实。商业网站的编辑并非专业新闻编辑，大多缺乏新闻媒体环境和专业素养，也没有核实新闻的权利，因此只能选择和照搬，不可能按照新闻标准进行严格地筛选和过滤，碰上感兴趣的假新闻当然也会照搬不误。网络媒体信息源广泛，信息量通过链接不断放大，假新闻一旦被商业网站转载，传播的范围和影响就会急剧放大。

网络媒体的公信力较低还与一些网站为谋求商业利益，片面迎合受众，忽视社会责任有关。网络媒介环境与传统媒介环境大不相同，网页上的内容和形式设计瞄准的就是受众需求，网络信息通过链接可以连带出众多相关信息，有效扩展了信息传播量，受众接收信息和参与交流都十分便利。网络受众是广泛多样的，需求也会各不相同，于是高雅的、低俗的鱼龙混杂，"硬新闻"、"软新闻"兼而有之。网民在网上发表意见、发布信息一般采用匿名方式，不必受到社会道德的约束，不必过检察关，大多数网民发表的意见和信息倾向于追求个性，标新立异，宣泄感情和思想观点的无拘无束，在社会责任方面不做更多考虑。网络新闻传播的以上特点自然会影响到网站传播的方式和质量，为了适应受众的需求，一些网站的新闻实际上走了一条娱乐化之路，"软新闻"流行，"硬新闻"数量锐减，新奇、涉黄、暴力，带煽情性、刺激性的新闻，趣味性的花边新闻等成为网络新闻的重头戏。

对一家媒体而言，受众的多少至关重要，它是该媒体的覆盖面和吸引广告获取收入的能力的标志。网络媒体也同样，受众的多少对于网站，尤其是生存处境较为困难的商业网站来说显得尤为重要。商业网站必须不断追求高点击率来保证收费信息服务和电子商务的盈利，因此，利用新闻吸引受众，制作煽情式的新闻标题，追求新奇、涉黄、暴力等就成为一种吸引受众的必要手段，其结果带来的是对网络新闻公信力的负面作用。

四、网络新闻的法制与自律

无规矩不成方圆。媒介作为传播信息的社会公器，既要发展也要规范。规范是网络媒体正常运作，健康发展的需要。

首先，政府有关方面应注意加强对网络传播的法律规范和行政管理，将网络传播纳入法制化的轨道。尽管目前已有不少此方面的法规和规章，但由于网络这一传播方式独特的新媒介发展较快，问题也相对较多，且很多问题以前未曾遇到过，还可能随时出现一些新问题。因此，不断健全和完善有关网络的法律规范就显得十分必要。有关方面在制定网络管理法规时应当具有超前眼光，尽可能考虑到网络在进一步发展中可能出现的新问题，使有关法规更全面，更稳定，更切合实际。司法、执法部门也需要培养专门人才，提高网络法制管理的水平，严格执行网络新闻的有关规定，注意在各个环节遏制不良信息在网上的传播。

其次，要重视运用技术手段对网络进行管理。要真正实现对网络新闻传播的有效管理，只有法律法规是不够的，必须依赖网络技术手段，管理才能真正落到实处。网络信息技术的发展和控制是一对矛盾。实践表明，控制和管理技术与网络自身的发展相比具有滞后性，但目前要对网络进行有效控制，还是要靠网络管理技术。例如可以在网络上建立智能化安全系统，用"防火墙"阻隔不良信息，在局域网与广域网之间建立屏障，实现两个网络之间的访问控制和安全控制，防御来自外部网络的入侵和攻击，减少电脑黑客及网络病毒进攻的可能性。可以使用分级过滤软件，将网上的信息分成不同的级别，可人为设置过滤的标准，信息一旦超标即不被显示。

再次，要通过网络传播从业人员的自律来实现有效控制。网络新闻从业者在从事网上新闻的编辑与发布时，要严格遵守新闻真实性原则，保证内容的健康、积极向上。要树立把关意识和社会责任感，自觉抵制各种不健康信息和虚假新闻。政府网站、新闻单位网站应当及时提供数量足够的权威新闻和信息，为丰富网络信息内容创造条件。

此外，还要通过强化社会道德来实现对网络新闻传播的控制。要保证网络新闻传播的规范健康，离不开法律、技术的监控和网络传播人员的自律，但也不可忽视道德的作用。网络传播具有隐匿性和虚拟性，但背后都是现实社会中真实的个人，个人道德素质的高低与其网络行为的文明程度紧密关联。因此，学校、社会、家庭各方要形成合力，教育网民特别是青少年树立正确的人生观、价值观。从某种程度上说，提高现实社会中人的道德素质，也就意味着从根本上解决网络新闻传播中的问题。

理论与实践

转型期大众传播的政治功能：
推动国家法治建设

● 孙晓红

一、事件与传播模式

观察我国 2001 年以来的大众传播活动，有一个值得关注的现象，即通过大众传播推进国家法治建设进程，具体来说就是促使国家有关法律废止、修改、新增以及拟立法等情况。据笔者不完全统计，从 2001 年以来，因为大众传播引发的关于国家法律的废止、修改、新增以及拟立法的事件主要有：

（一）2001 年的广西南丹特大透水事故。2001 年 7 月 31 日，人民网率先刊登《广西南丹矿区事故扑朔迷离》。此后，《人民日报》和《华南新闻》刊出了 20 多篇消息和通讯，在人民网上刊发了 100 多篇相关报道。据国家安全生产监督管理局负责人证实，《人民日报》记者揭露的南丹特大矿难，是我国第一例首先由新闻记者揭露的重大灾难事故。以往的重大事故都是发生后由重要国家机关已获悉，而后新闻界再作采访，深入报道。

媒介广泛的报道促进了中国的立法特别是国家安全生产法的立法进程，半年之后颁布的《中华人民共和国安全生产法》中有很多条款吸取了南丹矿难的教训。

（二）2003 年的孙志刚事件。2003 年 4 月 25 日《南方都市报》发表《谁为一个公民的非正常死亡负责》。5 月 14 日，几位法学界人士向全国人大常委会递交《关于审查〈城市流浪乞讨人员收容遣送办法〉的建议》。关于废除收容遣送制度以及违宪审查成为当时媒介与现实生活中的热点话题。2003

年 6 月 20 日，国务院发布 381 号令，《城市流浪乞讨人员收容遣送办法》废止，《城市生活无着的流浪乞讨人员救助办法》8 月 1 日实施。

（三）2003 年的乙肝歧视事件。自 2003 年以来，因公务员录用体检标准引发的争议接连出现。先引起媒介关注的第一个有影响的事件是：在浙江的周一超参加公务员招考，因为乙肝问题受歧视愤而杀害相关人员，引爆关于乙肝歧视事件的话题；影响更大的是被称为"国内乙肝歧视第一案"的张先著状告安徽芜湖人事局因乙肝歧视拒绝录取事件，张先著将安徽芜湖人事局告上法庭事件。2003 年 11 月 13 日，《成都晚报》率先进行了报道。媒介的广泛报道引发了关于《公务员录用体检通用标准》（试行）的修改。

（四）2004 年 3 月的陕西宝马彩票案。陕西体彩中心在彩票销售中存在舞弊行为，陕西的《三秦都市报》率先报道，此后媒介广泛的关注与连续不断的报道不仅使刘亮领回了宝马轿车，相关的责任人受到法律的严惩，而且各类新闻媒体的报道深入到了呼吁出台国家彩票法的层面。

需要注意的是，从 2005 年开始，影响性诉讼进入人们的视野。2005 年，中华全国律师协会与法制日报共同举办了第一届影响性诉讼评选活动，当时形成了一个学术界、司法界、新闻界密切配合，平面媒体、立体媒体、网络媒体全方位参与的重大法治主题活动，在社会上引起了强烈反响，许多法律专家学者对此也给予了很高的评价。截至 2010 年初，已经评选出五届共五十个个案。百度百科是这样来定义影响性诉讼的：简单说是指具有制度意义、较大社会影响的诉讼，即可能引起立法和司法变革，引起公共政策的改变，检验法治原则，影响公众法治观念，促进公民权利保障的典型个案。此后，几个典型的个案更是推动了法治建设的进程。

（五）2005 年 3 月的佘祥林杀妻案。11 年前，佘祥林因涉嫌杀妻被判有期徒刑 15 年。2005 年其妻突然出现，证明佘案是一起冤假错案。2005 年 3 月 30 日，《南方都市报》率先报道《丈夫杀妻入狱 11 年后"复活" 一段冤情大白于天下》。此后，百家媒体打响新闻战。诸多的新闻，全方位的报道与评论，引发了法学界对侦查权边界、死刑复核程序、证据规则、"沉默权"、"疑罪从无"等司法制度和司法理念的深刻反思；佘祥林案也加速了对死刑复核制度、死刑案件二审制度的改革。

（六）2006年7月的邱兴华杀人案。邱兴华在陕西汉阴铁瓦殿残杀10人，在逃亡途中又杀一人，这是2006年最血腥的暴力案件之一。由于社会危害极大，因此引发了多家媒体以及网媒的关注。媒体的报道为人们了解事件提供了帮助。包括法学专家吁请为邱兴华做精神病的鉴定为受众理性看待该事件提供了不少启示。然而，该案在前期传播中存在的有失公正平衡的报道（如多关注邱兴华以及家人，少有受害人亲属的报道），以及渲染血腥的报道等存在诸多问题。2006年12月13日《东南快报》的《邱兴华家人受资助用上手机，遇害人家属受冷落》等报道从另一角度报道事件，引起社会的关注。最高人民法院表示研究建立刑事被害人国家救助制度，彰显个案促进制度完善的影响力。

（七）2009年的"躲猫猫事件"。24岁的农村青年李荞明，因盗伐树木被送看守所，最终丧命于看守所的"牢头"手里。2009年2月13日，《云南信息报》首先报道了玩游戏撞墙致死的"躲猫猫"事件，经过网络转载以后，立刻引起了网民的强烈关注。该案暴露出来的主要问题，如牢头狱霸、管理不严的现实存在，驻所检察室的监督不力等，都引起了整个社会的极大关注和反思，并在司法领域直接引起一系列变革动向（见后面的相关分析）。

（八）唐福珍"暴力抗法"事件。2009年11月13日清晨，成都金华村发生恶性"拆迁"事件，女主人唐福珍"自焚"以死相争，却未能阻止政府的破拆队伍。成都金牛区城管执法局当日继续完成拆迁。29日，唐福珍因伤势过重身亡，其数名亲人或受伤入院，或被刑拘，地方政府将事件定性为暴力抗法。然而，此事引起多方面的关注。11月26日，湖南新湘报发表特约记者刘立民的报道《成都一女企业家因拆迁楼顶自焚》，唐福珍事件首次被披露。后来，经过人民网、中央电视台等多家媒体的多角度报道，北京大学五位学者建议全国人大对《城市房屋管理拆迁条例》予以审查；国务院法制办积极回应。引来关于修订拆迁条例的举措。

上述多个事件充分说明，大众传播对关系到影响社会进程的事件的传播，对于国家的民主法治建设具有巨大的推动力。研究媒介如何传播该类事件，对于转型期的中国来说有重要的意义与价值。

通过对上述事件报道的研究，笔者发现，这种事件基本上是按照如下的模式来进行的：

（一）独家报道，引爆事件

在当前的信息社会，一个事件能否引起社会舆论的关注，首先要看它能否进入传播者的视野。传播者衡量事件的意义更多地看重事件具有的新闻价值以及宣传价值。从上述事件的简单介绍中可以看到这些事件能够引起舆论的广泛关注，与一家媒体率先对该事件进行报道有直接的关联，比如，南丹矿难由人民网率先报道、孙志刚事件由《南方都市报》率先报道、乙肝第一歧视案由《成都晚报》最早报道、"躲猫猫"事件由《云南信息报》引爆等。此时，一家媒体关注的议题有可能成为多家媒介关注的议题。

（二）广泛报道，设置议题

随着事态的发展、包括传统媒体与新媒体在内的众多媒介开始持续关注报道该事件，该事件成为众多媒体的头版头条或连续报道的内容，在大家的关注中，事件被报道得越来越充分与全面，越来越成为受众关注的焦点，这时就会出现传播学效果中设置议题理论。该理论认为："大众传播具有一种为公众设置'议事日程'的功能，传媒的新闻报道和信息传达活动以赋予各种'议题'不同程度的显著性的方式，影响着人们对周围世界的'大事'及其重要性的判断。"[①] 也就是说，在众多媒体的合力之下，公众关注的焦点就是媒介报道的这个事件。

（三）各方关注，多方评说

一个事件能否改变中国的法治进程，仅仅有关于事件的报道还是不够的。尤其是在当今社会，受众对于社会中的很多问题的意义、价值等并不了解和清楚。需要有人给予解惑。这时，传统媒体开始采用多种方式深度解读与评价事件。另外，新的媒介，尤其是网络媒体持续展开讨论，让众多观点在网上亮相，成为人们更好地探讨事件的意义与价值、表达民意的重要平台。多家媒体的联动与互动将事件的意义凸现出来。

当然，在各方的评价中，专家的说法，是特别值得关注的。由于这些事件背后均涉及到一定的专业知识，因此，如果说媒体的报道、各方的评说

---

① 郭庆光：《传播学教程》，中国人民大学出版社 1999 年版，第 214 页。

还未必能够切中事件的本质的话，专家对于事件的评价与解读则是使事件上升到法律层面的重要力量。比如在孙志刚事件中，由于专家的参与，使得违宪审查等说法，在当时成为人们耳熟能详的一个词。媒体通过报道专家的认识和看法使公众对于一个事件的法律意义有了较为深入的认识和理解。

（四）职能部门，郑重对待

大众传播能否推动社会的变革，职能部门的态度很重要。职能部门的关注，是新闻报道成为推动法制建设的重要环节。仅举一例，便可以看到职能部门在推动事件发展中的作用。如，"躲猫猫事件"发生后，最高人民检察院、公安部对全国看守所展开为期 5 个月的监管执法检查，公安部监所管理局出台《看守所防范和打击"牢头狱霸"十条规定》，建立收押告知、被监管人员受虐报警和监室巡视监控等制度。2009 年 11 月，国务院法制办公布了《拘留所条例（征求意见稿）》，向社会广泛征求意见，一个有着 52 年历史的拘留制度，其间被限制人身自由者的权益，第一次在制度和法律层面有了保障。2010 年 2 月 26 日，公安部监所管理局制定下发《推行拘留所管理教育指导意见》，要求 2010 年底前，三级以上拘留所必须实行管理教育新模式；2011 年底前，所有拘留所必须全部实行。

（五）法律法规的废、改、立

在我国，法律法规的建设与发展，不外乎废、改、立。从上述的事件与新闻法制的关系看，有的是废止了原有的法规，比如《城市流浪乞讨人员收容遣送办法》被废止的同时，《城市生活无着的流浪乞讨人员救助管理办法》出台。

有的是对原来的法规中不适应新的社会环境变化的相关内容的补充与完善。改革开放后的 20 世纪 80 年代，我国曾经出台了一系列的法规、政策，应该说，在较长的一段时间里，这些法规起到了很好的作用。但在发展中，不少问题是原有的法规中根本不可能涉及到的。通过新闻媒体对于一个事件的深入报道，使原来的法规得到较大程度的修改的情况在最近几年可以看到。比如《公务员录用体检通用标准》（试行）；邱兴华杀人案更加暴露出来的刑事被害人救助存在空白，有专家建议，在国家赔偿法再修改时，引入"刑事被害人国家补偿"这一制度等。

还有的是推动了国家的立法进程。在这方面，主要有《中华人民共和国安全生产法》等。

二、原因分析

从上述事件中，可以看出在当代社会转型的背景下，大众传播正在发挥着一种重要的功能——推进社会的法治建设。

传统的新闻理论认为，新闻媒介的功能主要有：传播信息、进行宣传、反映引导舆论、提供娱乐等方面。随着社会的发展以及媒介从业者的主观能动性的发挥，新闻媒介在不断开发深度功能。其中之一就是媒介的政治功能。新闻媒介的政治功能"是媒介的深度功能之一。新闻媒介成为强有力的政治报道和政治宣传的工具，引导公民积极参与政治活动，不断推动某些政治环节以致社会制度的变革"。[①] 大众传播推动国家法治建设就是新闻媒体政治功能的重要体现。

(一) 转型期社会变化的背景是新闻媒体政治功能发挥的基础

当然，要理解上述事件的意义，必须把它们放在当今的社会背景下。当前我国正处于社会转型期。关于转型期的含义，研究者认为："社会转型"一词来源于西方发展社会学理论和现代化理论。"转型"是社会学家对生物学概念的借用，用来描述社会结构具有进化意义的转变。"社会转型"的基本内涵就是指：社会的整体性变动。在社会学中，社会转型主要是指社会某个领域的变化。社会生活具体结构形式和发展形式的整体性变迁。其具体内容至少应该包括结构转换——机制转换——利益调整和观念转变。但在大多数学术论述中，"社会转型"期常被用来指：社会从传统型社会向现代型社会过渡时期，是社会中的传统因素与现代因素此消彼长的进化过程。[②] 在这个概念中，变迁是一个关键词语。在变迁的背景下，在政治领域，存在的突出问题就是在改革进程中因为原有的体制、制度的滞后性（与当时的社会环境是适

---

① 刘建明：《新闻理论应试精要》，清华大学出版社 2006 年版，第 176 页。

② 李肯、彭玮：《转型期贵州女性犯罪的解析》，http://www.cycnet.com/cms/2004/ccylhuo-dong/wqw/dcyyj/dcfx/200711/t20071102_607742.htm。

应的），以及在执行中人为因素的影响，使得不少的规范或者制度已经完全走样。这是一个方面；还有一个方面就是在当时的社会背景下，国家相关的制度与规范中没有涉及、没有规定、或者没有规范相关的问题。在这样的情况下，新闻媒体对于事件的持续关注与报道，就可能成为推动法制建设的重要力量。

（二）推动和谐社会建设的理念是新闻传播能够推动社会变革的关键

从 2002 年以来，以胡锦涛为总书记的党中央提出"立党为公，执政为民"。在这样的执政理念之下，我国在政治领域的变革是有目共睹的。比如，2002 年党的十六大报告指出："我们要在本世纪头二十年，集中力量，全面建设惠及十几亿人口的更高水平的小康社会，使经济更加发展、民主更加健全、科教更加进步、文化更加繁荣、社会更加和谐、人民生活更加殷实。"[1] 应该说，和谐社会的观念从那个时期开始成为人们经常谈论的话题。在建设和谐社会的大背景下，所有与和谐社会建设抵触的东西均应该成为关注以及革除的东西。新闻媒介关注社会的非常态的事件，在此基础上推动国家法治建设，就是对构建和谐社会的最好诠释。

（三）做社会的推动者的记者定位是新闻传播政治功能实现的重要途径

有社会责任感的从业者关注的是与社会发展、历史文明进程有直接关系的事件。《羊城晚报》记者李宜航说："记者，应该是这个社会的推动者——推动文明进步，推动物质发展，推动和谐构建。"[2] 实际上，在上述事件的报道中，新闻记者的角色定位均是非常明确的。媒介能够推动法制建设的前提，就是新闻传播者应该扮演着社会影响者的角色。它需要从业者有满腔的为公众服务的激情、敏锐的嗅觉以及强烈的社会责任感。诸多因素的综合才能使事件报道向着纵深、理性等方面发展。

（四）媒介生态的变化是新闻媒体发挥作用的必然选择

清华大学的刘建明对于媒介生态颇有研究，他认为，媒介生态即："媒

① 郑保卫等编著：《新闻传媒与和谐社会建设》，中国人民大学出版社 2006 年版，第 1 页。

② 新华网：《与人民同行、与时代同进：写在中国记者节前夕》，http://news.sohu.com/20051107/n227420131.shtml。

介体系与制约其发展的若干因素，构成相互依存与演变的生态系统，其间总是伴随着你死我活的博弈过程。"① 从当前我国媒介的生态系统来看，不仅有同种生态层的媒介博弈（即同类媒体的竞争），还有来自异种生态圈（不同类媒体的竞争）博弈。在媒介竞争激烈的背景下，尽管会存在诸多问题，比如虚假新闻、有偿新闻、低俗新闻等问题。但是，竞争使得新闻资源成为稀缺资源，一旦一个事件被确定具有新闻价值和意义的时候，就会引发众多媒体的广泛关注与参与，全方位、多角度、立体报道该类事件就成为新闻媒体的必然选择，也成为事件良性发展的助推器。

（五）网民的参与、专家的推动是变革的重要力量

正如中华全国律师协会宪法与人权专业委员会主任吴革所言："'影响性诉讼'离不开媒体的力量，甚至也只有在网络时代，'影响性诉讼'才完全具备发生深刻影响的物理条件。"② 2007 年党的十七大报告指出："人民当家作主是社会主义民主政治的本质和核心。要健全民主制度，丰富民主形式，拓宽民主渠道，依法实行民主选举、民主决策、民主管理、民主监督，保障人民的知情权、参与权、表达权、监督权。"温家宝总理在 2007 年的《政府工作报告》中提出："各级政府要坚持科学民主决策，完善重大问题集体决策制度、专家咨询制度、社会公示和听证制度、决策责任制度，依法保障公民的知情权、参与权、表达权、监督权。"党与政府提出的包括保障公民表达权在内的四项权利，为网民参与、推动事件提供了支持，尤其是近几年网民的参与意识与热情空前高涨，网民的舆论成为推动事件朝着真实、全面的方向发展的一支重要力量。

另外，从上面的诸多案例中，我们也可以看到法学专家在推动法律法规的修订、废止与出台等方面的影响力。这是一个表达的时代。但在其中，尤其需要有责任感、以推动变革为使命的法学家的呼吁。在 2005 年开始的影响性诉讼评选中，专家的参与、点评为人们理解案件的意义与价值起到了重要作用。如果说网民对事件朝着真实、全面的方向发展起到推动作用，专

---

① 刘建明：《新闻学前沿：新闻学关注的 11 个焦点》，清华大学出版社 2005 年版，第 305 页。

② 吴革：《为什么是"影响性诉讼"？》，《法制日报》2006 年 1 月 9 日。

家则是推动法律、法规变革的重要智库，他们凭着自己深厚的法学知识与关注法治建设的情怀，推动了多个法律法规的废、改、立。

相信随着我国整个社会各方面环境的改变，在建设法制社会的背景下，我国新闻媒介会发挥更多的政治功能。

参考文献

[1] 刘建明：《当代新闻学原理》，清华大学出版社 2005 年版。

[2] 刘建明：《新闻学前沿：新闻学关注的 11 个焦点》，清华大学出版社 2005 年版。

正当性与违法性

——试论媒体监督与媒体审判的界限

● 耿成雄

所谓媒体监督是指广播、电视、报纸、网络等新闻媒体根据法律和法规的授权对国家机关及其工作人员活动进行报道、评论等行为。媒体监督具有三个特征：主观性、自由性、时效性。众所周知，现代媒体的监督被誉为继立法权、司法权、行政权之后的"第四权力"。媒体在追求自身价值实现的同时，它的监督功能在一定程度上保障司法活动中审判独立的实现、促进法治的完善。但在媒体报道的实践中，媒体审判现象时有发生。媒体在实施舆论监督的过程中滥用监督权，就会产生"媒体审判"，进而导致干涉审判独立，损害审判机关的形象，最终导致公平正义大打折扣的后果。笔者拟从四个方面来论述媒体监督与媒体审判的界限。

一、媒体监督的正当性

媒体的存在，主要有两大基本功能，其一是对党和政府方针政策的宣传和报道，即塑造的功能。其二是对权力的制约与纠偏，也即监督的功能。在现阶段，笔者认为后者的地位与作用更显重要，特别是在社会利益多元化的今天，媒体对司法机关的司法行为的监督尤其如此。

第一，媒体监督有利于审判公正的实现。公开透明作为司法的基本理念必然贯彻于审判活动中。与奉行司法神秘主义的封建司法理念不同，现代司法要求一切活动在阳光下运行，要求审判活动的公开透明。只有在这样的环境下，才能防止滋生腐败，才能使审判活动取信于公众，从而最终实现审判的公正。

第二，媒体监督满足了公民的知情权。公民之所以时常表现出对审判活动的忧虑，原因之一是他们的知情权未被满足。为打消民众的忧虑，审判活动必须敞开大门，让民众从各方面了解审判。这需要媒体的积极介入，客观展示审判过程。只有这样，才能满足公民对审判的了解，缩小与审判机关的隔阂。

第三，媒体监督有利于公民法律意识的提高。通过媒体对审判活动的报道，使民众在潜移默化中接受法律教育，规范自己的行为，当遇到类似问题时，能做出理性的选择。

二、媒体审判的违法性

"媒体审判"一语出自美国，指新闻报道形成某种舆论压力，妨害和影响司法独立与公正的行为。1965 年，美国法院推翻了一起指控诈骗案的判决，其理由是，在庭审过程中所作的电视录像，对被告作了含有偏见的宣传，损害了他在诉讼中应当享有的权利。以后，人们就把这种凌驾于司法之上、干预和影响司法的新闻报道，称为"媒体审判"（trial by mass media）。在法制日益走向健全的条件下，笔者认为"媒体审判"是违反法律的行为，原因是"媒体审判"与我国刑事诉讼法"无罪推定"、"罪刑法定"原则相悖。我国《刑事诉讼法》第十二条明确规定："未经人民法院依法判决，对任何人都不得确定有罪。"在民事案件结案之前抢先作出倾向于一方的报道，则违反了《民事诉讼法》确认的诉讼当事人平等的原则。因此，1996 年中共中央宣传部、全国人大常委会办公厅、司法部和新闻出版署等部门下达的关于法制新闻的意见要求："不对正在审理的案件作有倾向的报道。"

在实践中，媒体越俎代庖，代替法院给嫌疑人定罪的情况非常普遍。比如，在 2001 年上半年有两宗被国内众多媒体炒得沸沸扬扬的案件引起了新闻界和法律界有识之士的高度关注：一宗是 3 月 20 日至 23 日在湖南长沙审理的蒋艳萍涉嫌受贿、贪污和巨额财产来源不明案；一宗是 4 月 14 日分别在重庆和常德开审的以张君为首的具有黑帮势力性质犯罪团伙的抢劫、杀人案。据《中国青年报》报道：仅在蒋艳萍案庭审期间，就有来自中央及省市的新闻记者 100 多名、新闻媒体 51 家，长沙电视台政法频道更是自始至终对庭审情况进行了现场直播。而对新中国刑事第一大案的张君案的媒体聚焦热度丝毫不亚于此。针对有些媒体在报道中越权、出轨的现象，新闻界、法律界人士纷纷撰文：其中有质疑——《司法：如何面对媒体审判》，有感叹——《媒体审判何时休》，也有呼吁——《禁止媒体审判》。时至今日，类似的报道不绝于耳。笔者认为，媒体对蒋艳萍一案的报道就是典型的"媒体审判"。有的媒体发表文章说："一定要看到女贪官的下场"。其实，蒋艳萍是否为"贪官"，只有在法院审判之后才能确定。我国法律实行无罪推定原则，在法院判决之前对任何人都假定无罪，这种擅自给嫌疑人"审判"、定罪的行为，已经不是一般的媒体侵权报道。

　　这里我们有必要把"媒体审判"和"法院审判"区别开来。说"媒体审判"是因为媒体把本该由法院做的事拿来自己做，并不是说它有"法院审判"的效力。媒体终究是"批判武器"，并不能代替"武器的批判"，它的"审判"作用主要体现在它能形成巨大的舆论压力，迫使法院按舆论代表的所谓"民意"办案，从而影响司法公正。反对和防止"媒体审判"，维护司法独立和公正，在国际新闻界和法律界是有共识的。1948 年，联合国《国际新闻自由公约草案·第三公约》把"妨碍法庭审判之公正进行"的新闻列为禁载。1994 年，世界刑法学会第十五届代表大会《关于刑事诉讼中人权问题的决议》第十五条规定：公众传媒对法庭审判的报道，必须避免产生预先定罪或者形成情感性审判的效果。如果预期可能出现这种影响，可以限制或禁止无线电台和电视台播送审判情况。

三、媒体监督要有法律意识

　　几乎没有人否认媒体监督功能对维护社会公正、促进社会和谐所起到的作用。毋庸讳言，无论从舆论监督的外部环境和空间，还是从舆论监督（传媒及新闻从业者）自身方面来说，都还存在不少亟待解决和克服的问题。因此，我们要树立正确观念，既不"高估"也不"低估"媒体监督力量，依靠全社会的共同努力去营造良好的社会舆论环境。

　　新闻舆论监督，首先要选择具有普遍意义的、与广大人民群众切身利益密切相关的重要问题，而不能停留于抓那些鸡毛蒜皮、无关痛痒的小问题；其次，要选择那些能够体现事物发展规律和本质的问题，那些带有倾向性、苗头性的问题，克服单篇报道容易出现的就事论事的不足，提高全局把握舆论导向的能力；要选择那些党和政府关心，人民群众关注，经过努力可以解决的问题作为舆论监督的对象。既要考虑监督的必要性，又要考虑监督后问题解决的可能性，真正使监督报道起到促进工作、凝聚人心的作用。新闻媒体进行舆论监督时就不能脱离实际，不看条件，不计后果，大肆渲染，而要科学分析，因势利导，有选择地进行监督。

与此同时，司法机关作为国家机关，必须接受人民的监督，这种监督当然包括媒体舆论监督。历史早已证明，权力缺乏监督必然导致腐败，司法权亦是如此。现实生活中，司法腐败丑闻不绝于耳，一些法官贪赃枉法，制造了许多冤案、错案，在群众中造成了恶劣的影响。因此，必须加强媒体对司法的舆论监督力度，通过新闻报道，将司法工作置于大众监督之下，增加司法的透明度，维护司法公正。但是，加强媒体对司法的监督并不意味着可以进行"媒体审判"。严格地说，"媒体审判"并不是媒体舆论监督的一部分，而是媒体舆论监督权的滥用，因为媒体舆论监督是宪法原则。我国宪法规定，中华人民共和国公民对于任何国家机关和国家机关工作人员有批评建议的权利。而"媒体审判"是违法行为，两者在内涵上是不同的。把"媒体审判"看作媒体舆论监督，是在为"媒体审判"寻找合法依据，为媒体干涉司法提供借口。因此，媒体对司法进行舆论监督，要冷静、客观，要有较强的法律意识。

四、"媒体审判"是媒体监督权力的滥用

传播学和舆论学的研究早就证明，舆论环境对于人们的心理、思想和行为有巨大的影响力，这种影响有时是难以抗拒的，历史上由于舆论压力而导致的错案屡见不鲜。英国是对媒体监督司法控制比较严的国家之一，他们有专门的蔑视法庭法，规定媒体不能发表任何损害公平审理的意见。他们用判例确立了这样的原则：当案件正在由法院积极而不是拖延审理的过程中，任何人不得对案件加以评价。即使你确保自己的评价是诚实的，但只要是在法庭审理以前过早地说出了真情，也会被认为是蔑视法庭的行为，并受到相

应的处罚。在他们看来，案件正在审理中媒体就恣意评论，会影响公正审判，比如可能会影响法官、陪审员或证人等等，甚至会误导舆论，使人们对一方当事人产生偏见。用他们的话说，"我们绝不允许法院以外的'报纸审讯'、'电视审讯'"，"必须记住，是法庭在审理案件，而不是记者"。① 媒体是公共舆论机关，对社会的影响是很大的，尤其在我国，媒体是党和政府的耳目喉舌，它发表的意见有时就代表党和政府，在这种情况下，法官势必会受到这样或那样的影响。

司法独立是当今世界各法治国家所普遍采用的一项基本原则。我国宪法和刑事诉讼法、民事诉讼法、行政诉讼法都规定，人民法院依照法律规定独立行使审判权，人民检察院依照法律规定独立行使检察权，不受行政机关、社会团体和个人的干涉。司法的独立性是由司法权和司法活动的性质决定的。司法所追求的目标是公正，而公正的前提是司法人员在司法活动中保持中立，没有中立就没有公正可言。这就要求司法人员自身摈弃私心杂念，更要求堵塞一切干涉或影响司法独立的渠道，尤其是拒绝新闻媒体肆意发表的带有"媒体审判"性质的宣传报道，从而创造一个保证司法独立办案的宽松的外部环境。

2009 年 12 月 8 日，最高人民法院公布了《关于人民法院接受新闻媒体舆论监督的若干规定》，要求人民法院应当主动接受新闻媒体的舆论监督。同时，新闻媒体如果对正在审理的案件报道严重失实或者恶意进行倾向性报道，损害司法权威，违反法律规定的，依法追究相应责任。由此可见，媒体监督和"媒体审判"是有明确界限的。新闻报道的"严重失实"和"恶意倾向"是对媒体监督权利的滥用，同时也是媒体人法律意识、法治观念淡薄的表现。最高人民法院这一司法解释的出台，对进一步落实公开审判的宪法原则，规范人民法院接受新闻媒体舆论监督工作，妥善处理法院与媒体的关系，保障公众的知情权、参与权、表达权和监督权，提高司法公信，具有重要意义。

---

① 丹宁勋爵：《法律的正当秩序》，法律出版社 1999 年版，第 48—49 页。

参考文献

[1] David Broder :《News infringement theory》,《The New York Times》, 1965 年 6 月 8 日。

[2] 吴湘韩:《开掘真相》,《中国青年报》2001 年 3 月 26 日。

[3] 魏永征:《媒介审判何时休?》,《中国记者》2001 年第 5 期。

[4] 魏超:《浅析介入式报道的:"负效应"》,《中华新闻报》2001 年 5 月 21 日。

[5] 丹宁勋爵:《法律的正当秩序》,法律出版社 1999 年版。

理性·公正·平衡

—— 法制新闻报道需恪守的原则

● 师 亚 丽

自全国范围开展扫黄打非专项活动以来，各地媒体配合此次活动进行了大量报道。这些报道对减少犯罪、净化社会风气起到了很好的作用，但其中带有明显贬损意味的失当报道也大量出现。

2010 年 7 月 3 日晚，广东东莞市清溪镇某派出所抓获 4 名涉嫌卖淫嫖娼的违法人员，7 月 5 日，清溪警方用绳子牵着两名"小姐"指认现场，并让镇电视台拍摄播放；该派出所将抓获的涉嫌卖淫妇女戴着手铐、绳牵、赤脚站街的照片在媒体上公布。[①] 该媒体不仅交代了事情的经过，还公布了被抓获的两名涉嫌卖淫女的 3 张照片。卖淫女的衣着、相貌、神情清晰可见。2010 年 7 月 14 日，在湖南华菱某集团公司足球场上，当地有关部门组织约 6000 人旁观了一场特别的活动——公捕公判大会。会后，嫌疑人和罪犯被游街示众，多家媒体重点报道。[②]

以上列举的只是其中两个典型例子，到互联网上去看，诸如此类甚至更暴烈的报道比比皆是！

将"发廊女"或"小姐"乃至犯罪嫌疑人的形象公开化、半公开化，涉嫌侵犯了她们的名誉权、肖像权、隐私权，损害了她们的人格尊严。而且这

---

① 《广东东莞警方绳牵卖淫女上街惹争议》，http://news.163.com/10/0718/15/6BSR3S2L000146BC.html

② 王松苗：《罪错应负责任，人格不容侮辱》，《人民日报·人民时评》2010 年 9 月 10 日。

种做法由于缺乏程序上的正当性和有力的证据支持，对政府机关的公信力和媒体的诚信度都造成了损害。

一、"示众门"及其报道折射出的问题

大众传播机构一向重视法制新闻报道，原因如下：首先，法制新闻报道是满足公众知情权的需要，公众的知情权不仅包括公众有权了解政府等公权力的行政行为，也包括了解社会事务、了解社会环境，以便做出正确判断的权利，法制新闻报道也是实现媒介社会环境"监测器"功能的需要。其次，此类报道可以对全社会起到预警作用。报道法制新闻，尤其是报道对相关人员的惩处，在一定程度上对具有犯罪倾向的人会产生警示震慑作用。再次，通过法制新闻报道这种形式，对于人们形象直观地了解法律，分清法与非法、罪与非罪的界限，培养自觉守法，依法行事的良好意识有积极作用。

如果报道本身出了问题，就无法发挥以上各种作用。我们注意到，媒体进行此类报道时往往忽视社会边缘群体的人格权，以情感替代法律，甚至一味迎合受众。

（一）"游街示众"集中上演，失当报道频频出现，说明这种做法有相当广泛的群众基础，法制理念远没有深入人心

在这次专项整治活动中，各地违法人员被实名曝光、张贴照片、游街，甚至公捕公判的事件集中出现。如武汉警方在一些大街小巷贴出"小姐"与嫖客的姓名、年龄，广东东莞某派出所绳牵卖淫女游街，湖南娄底对数十名偷盗嫌疑人展开示众式的"公捕公判"大会，有媒体津津乐道称不少民众对此"拍手称快"，"人们像过节一样观看"。有网友评价这一行动说："我还是赞同公捕公判的。我小的时候，这样的事很常见。那时候社会风气还是很淳朴的，偷抢卖淫嫖娼之类的行为也很少见，可能都是得益于这种惩罚方式。"

游街、示众等做法在历史上不胜枚举，远的不说，"文革"等历次政治运动中，动辄将人抓了挂牌游街示众。那是一个砸烂公检法的人治时代。在讲法治、讲人权，倡导构建和谐社会的今天，我们该怎样看待这种现象呢？

改革开放三十多年了，"公捕公判"仍然有广泛的群众基础，仍然被一些政府部门乐此不疲地使用，仍然被媒体大张旗鼓地报道，说明我国的文

化、法律启蒙还任重道远。

一切人权都是为了实现和保护人的尊严，包括我国在内的许多国家的宪法都明确规定："公民的人格尊严不受侵犯。"在最终的司法或行政认定出台之前，给相关从业者贴上带有贬损意味和歧视色彩的标签，必然导致他们的社会评价降低。游街示众、公捕公判，更是赤裸裸的侮辱。尊重每一个人的权利，维护每一个人的尊严，哪怕他们有罪有错，这是基本的法治理念，也是文明社会的底线。它应该作为法治社会的一项常识和本能，镌刻在每一名社会成员尤其是执法者的心里，须臾不可忘记。

记者由于职业特点，要跟形形色色的人和事打交道，会接触到社会生活的方方面面。用事实说话，用理性、公正、客观的态度对待人和事，是记者应该具备的基本素养。反观我们的新闻报道，许多时候采编人员无法做到以第三者的身份公正客观地报道事实，这种情况在法制新闻报道中表现得尤其明显。媒体在进行此类报道时，常常会习惯性地使用一些带明显倾向性的过头语言。

(二) 媒体的言论、导向与现行法律相抵触，不符合法治精神

1997 年我国实施的新刑诉法确立了"无罪推定"原则，与此相匹配将过去沿用的审理阶段即为"犯罪分子"的称谓改为"犯罪嫌疑人"。这不仅仅是称谓上的改变，更重要的是观念和行为方式的改变。即在人民法院判决生效前，被告人是无罪的，他仍享有作为公民的人身权利和合法权益，特别是有在法庭上为自己辩护的权利，这一观念延伸至刑事实体法中就是"罪刑法定"原则。亦即：被告人是否构成犯罪要由法庭判决，而不能是除此之外的任何组织或个人。这一转变充分显示了我国政府摒弃过去非法定组织和个人随意处置公民人身和财产的人治做法，实施依法治国，充分保障公民人身权和财产权的坚定立场。当前我国社会正处于观念与行为方式的转型期，作为舆论喉舌的传播媒介理应肩负起宣传普法的重任，引导规范人们的法律观念与行为，加速我国民主与法制建设的进程。

如果留意一下此类报道，尤其是网上，会发现违规的、情绪化的报道比比皆是。对有关卖淫女、犯罪嫌疑人、罪犯等的涉案报道，我们应该提倡理性而法制化的报道方式，而不应情绪化。新闻媒体要尽量客观、公正地报

道事实，对新闻事件尽量进行全面审慎的思考，而不是逞一时之快仓促下结论，更不该有不正确的导向。

由于我们在内心深处并没有牢固树立"人人生而平等"的观念，所以在不经意间就会奏出不和谐的音符。上面列举的报道中，可以明显看出舆论的倾斜。法治思想的核心，是"法律面前人人平等"。尊重他人人格尊严，先要从尊重那些我们不喜欢的人做起。不能基于义愤，"哀其不幸怒其不争"，就对边缘人采取不人道的做法；更不能因为他们有罪有错，就剥夺他们合法的权利。正是由于我们事先给他们贴上了标签，生硬地分了类，才会出现和现行法律法规不相符的报道，伤及被报道者的人格尊严与权利。

媒体是大众传播媒介，舆论引导功能非常明显。当前我国社会正处在观念与行为方式的转型期，作为喉舌的传播媒介理应用法律引导规范人们的观念与行为，肩负起宣传普法的重任，加速我国民主与法制建设的进程。而由于诸多历史和现实的原因，大众传媒在报道涉案新闻时常常出现偏差，误导受众，这种例子俯拾皆是。

（三）对特殊报道对象非人性化的处理，不能体现"以人为本"

由于目前社会处在剧烈的转型期，贫富差距加大，社会矛盾激化，各种犯罪比较集中地出现。而部分执法人员、新闻从业者的整体素质跟不上变动的时代对从业者的高要求，于是野蛮执法事件时有出现，违规报道频频见诸媒体。导致事件相关人员固有的人格权得不到应有的保护和尊重，进而引发争议。出现这些问题的深层原因是缺乏人本意识。许多人潜意识里觉得这些人没有人格尊严。认为某人一旦有罪有错，对其使用什么样的言语、动作都不过分。如我们前面提到的报道，表面看，是由于采编人员不熟悉相关法律，造成了报道的偏颇，究其实质，是对人的基本权利、人的尊严缺乏应有的关注。这种倾向值得我们深思。

一个卖淫女、小偷对社会的危害是有限的，而公权力肆意妄为对社会造成的危害，比那些被示众者要大得多。尊重每一个人的权利，维护每一个人的尊严，哪怕他有罪有错，这是基本的法治理念，也是文明社会做人的底线。

媒体在这些边缘人极不情愿的情况下，把他们的形象及劣迹公之于众，这种做法是欠妥的，对他们将来的教育转化也不利。

在封建等级制度下，人有高低贵贱之分。"高贵"者有尊严有颜面，"低贱"者属于"非人"，没有尊严。一个人犯了罪或有了过错，境遇更可想而知。新中国成立以后的一段时间，由于极"左"思潮的泛滥，忽视人的权利、尊严已成见怪不怪。久而久之，就形成了思维定势，这种错误的认识至今还残存在部分人的脑海里，他们甚至觉得，对犯罪嫌疑人特别是对罪犯说些侮辱性的言语非但没什么不妥，甚至是爱憎分明、伸张正义的表现。其突出的表现是犯罪嫌疑人和罪犯等如提出维护自身尊严的请求往往会被忽视或驳回，甚至被嘲笑。

我国宪法明确规定，"公民的人格尊严不受侵犯"。违法犯罪嫌疑人有没有人格尊严？违法犯罪嫌疑人的人格尊严要不要受到保护？答案是明确而肯定的。我国《监狱法》明确规定："罪犯的人格不受侮辱。"虽然违法犯罪嫌疑人的人身权利受到部分限制，但是他们仍然享有法律赋予的作为公民应该享有的民事权利，罪犯也是如此。不仅如此，在各种专门法里，还详细规定了未成年人、妇女、残疾人等各种特殊群体的人格尊严受法律保护。也就是说，任何人在做人的尊严方面是完全平等的，即使是罪犯也不得对他任意加以侮辱。

综观人类社会发展的历史，应该是公民权利日益受到尊重的历史，应该是个体的人享有的自由越来越大，而不是相反。

二、媒体报道失当原因浅析

我国现行法律中并没有剥夺违法犯罪人员全部人格权的条款，为什么大众传播媒介在传播活动中会屡屡出现侵犯到当事人合法权利的现象呢？

笔者通过对以上报道个案的分析，觉得主要原因如下：

（一）法制观念淡薄，"情"大于法

新闻工作者同大众一样，作为普通人有从情感层面对罪犯和犯罪嫌疑人犯罪行为的痛恨与憎恶，这种情感朴素而正常。但作为新闻从业者，不能任由情感代替媒介规则，更不能任由情感替代法律。法律条款有时同公众的认知、情绪、理解并不完全同向。一方面，法律是理性的，是依据社会成员的一般准则制定的；另一方面，法律在制定和执行过程中要综合考虑各种因素，出现与公众情感指向不一致的情况也是正常的。普通人可以偶尔激动甚至冲动，传媒则应保持理性。

作为社会公器，大众媒体承载着为公众提供信息、意见和娱乐，满足大众信息需求的传播责任。大众媒体在当下依然是人们最重要、最基本、使用最广泛也最信任的信息来源。人们信任媒体、需要媒体，甚至依赖媒体。而公众的依赖和信任赋予媒体更多的社会责任，也给新闻工作者提出了更高要求。而一旦新闻工作者不能满足这种要求，媒体不能给受众提供高质量的报道，随市声而汹汹，人云亦云，这种信任度就会大打折扣。

（二）个别媒体看重商业利益，有意夸大、渲染，用煽情炒作手法报道法制新闻

在市场经济环境下，作为社会控制的大众媒介，既要通过对社会的监控实现其社会职能，又要通过市场交换实现其经济预期。面对激烈竞争，有的大众传播媒介为了经济利益，采用煽情炒作的方式进行报道已经成为习惯，媒介俨然已沦为赚钱的工具。这种不负责任的报道方式，不仅容易造成侵权，也是对新闻自由的滥用。在媒介日益商业化的今天，大多数受众对媒体还是怀有一种基本的信任，受众对媒介的信任和选择成了媒体能否实现经济利益的重要保障。新闻自由是社会责任与商业利益的平衡，在保持这种平衡的前提下，大众传播媒介获得一定的利润是正常的。如果失去这种平衡，不顾社会责任，单纯追求商业利润，那就是大众传播媒介的异化。而带有一定歧视性和贬损意味的报道，会引发公众的围观和质疑，导致媒体客观、公正的形象受损，还可能导致媒体的公信力降低，直接的后果是伤害到媒体自己。

法制新闻报道侵害名誉权、隐私权实质上是与新闻自由的一种冲突，我国宪法中规定的言论自由对于新闻传播活动来说，是对于传播内容的保护，出版自由则是对于传播行为的保护，两者结合起来，构成了对于新闻传播活动的全面保护。同时，宪法中也规定了在行使权利的时候不得侵害他人的权利，亦即不得滥用自由。如果法制新闻报道的目的是为了普及法律、警示犯罪、增强公众的防范意识，那是应该提倡的；但是如果利用法制新闻报

道有意进行炒作，招徕受众，那就背离了新闻传播活动的宗旨。我们惩治违法犯罪的目的是为了维护正常的社会秩序，是为了教育改造罪犯，使其回归正常的轨道，而不是贬低他们的人格，损毁他们的形象。

（三）传统文化根深蒂固的影响以及"左"倾思想的长期浸染

我国是农业大国，几千年来小农经济一直占据主导地位，传统文化以及世代沿袭的乡规民约在民间有根深蒂固的影响，以致在有些地方"规矩"大于法律，全社会更是普遍存在着忽视人格权的现象。个人缺少人格权的自我意识，就会缺乏人格权的保护意识。尤其是长期"左"倾思想的干扰，否认人的个体价值的做法已经成为积习，个人缺乏独立的人格，就更谈不到人格权的保护，这种状况至今仍然或多或少地影响着我们。宪法规定每个人都有其固有的人格权，不论是尊贵者，还是平民百姓，不论是遵守社会秩序者，还是社会行为偏离失范者，在人格上应该是平等的。社会偏离失范者应该得到的是法律的惩罚或道德的谴责，而不是通过新闻报道贬低他们的人格。

人格尊严是人与生俱来的权利，人格尊严不受侵犯，是社会进步的重要标志，在法治社会，国家负有尊重和保护公民人格尊严的义务。只有在法制不健全的社会，公民的人格权才不会受到尊重。随着先进文化的建设，随着法律法规的不断健全和完善，公民的人格权应该得到更好的保护。

三、以上报道涉及到的公民基本权利相关法律规定

新闻媒介作为社会公共领域的监督者，担负着监督社会正常运行的职责。一个人一旦与社会公共领域发生关系，就有可能成为新闻媒介监督的对象。违法犯罪行为本身就构成了对社会、对他人的危害，这种个体的行为已经成为一种严重危害社会的偏离失范行为，在任何一种社会制度下都是要受到制裁的。但犯罪嫌疑人在法院没有定罪之前，依据"罪刑法定"原则，只是"嫌疑人"；即使判定其有罪，他们也还依法享有基本人格权。

与此相关的法律规定如下：

1997年修订后的刑法，确定的一个重要原则就是罪刑法定，依据罪刑

法定的原则，犯罪和刑罚都由法律明文规定，也就是法律没有规定的犯罪和刑罚，任何人无权超越法律擅自制造罪名。修订后的《刑法》第三条规定："法律明文规定为犯罪行为的，依照法律定罪处刑；法律没有明文规定为犯罪行为的，不得定罪处刑。"第四条规定："对任何人犯罪，在适用法律上一律平等。不允许任何人有超越法律的特权。"

依据"罪刑法定"的原则，犯罪嫌疑人在法院未定罪之前是无罪的，只能以"犯罪嫌疑人"称呼。犯罪嫌疑人和罪犯拥有一定的基本人格权。即使经法庭宣判剥夺政治权利，依据我国《刑法》第五十四条的规定，剥夺政治权利是剥夺以下权利：(1) 选举权和被选举权；(2) 言论、出版、集会、结社、游行、示威自由的权利；(3) 担任国家机关职务的权利；(4) 担任国有公司、企业、事业单位和人民团体领导职务的权利。

1966 年 12 月 6 日联合国第 2200A（XXI）号决议通过的《公民权利和政治权利国际公约》第十条第一款规定："所有被剥夺自由的人应给予人道及尊重其固有人格尊严的待遇。"① 我国是《公民权利和政治权利国际公约》的批准加入国，这个国际公约也是我们必须遵守的法律。

由此看出，不论是我国现行法律，还是国际公约，都没有剥夺犯罪嫌疑人和罪犯名誉权和隐私权的规定。

我国《监狱法》第七条规定："罪犯的人格不受侮辱。"② 从法律的角度讲，一些人由于犯罪，对他人和社会造成了危害，理应被剥夺一部分基本权利，但是这种剥夺也要由审判机关依据法律来裁定。即使这样，他们仍然拥有没有被法律褫夺的其他一些权利，这些权利依照法律同样应当受到保护。

同时，公民对属于自己私人生活范畴的事项，享有依法自由支配并排斥他人非法干涉的权利，这就是我们通常所说的隐私权（这个概念首次写入了 2010 年 7 月 1 日起施行的《侵权责任法》）。隐私权作为一项绝对权利，任何人都不得侵害——包括不得非法公开公民过去的或现在纯属个人的

① 《公民权利和政治权利国际公约》，http://news.xinhuanet.com/ziliao/2003-01/20/content_698226.htm

② 法律图书馆，http://www.law-lib.com/law/law_view.asp?id=546

情况。

从思想深处剔除"有罪（错）推定"的思维，只是执法人员平等、公平地对待每一个可疑人员的第一步。需要强调的是，即便嫌疑人的罪错得到了某种程度的证实，其人格权同样应该得到维护。"罪错应负责任，人格不容侮辱"，这是现代法治社会的一个基本精神。尤其是在"国家尊重和保障人权"被写入宪法后的今天，保障公民的名誉权、隐私权，必须成为公权力机关义不容辞的法定责任。法律可以剥夺人的财产、自由乃至生命，但不可以非法剥夺其作为人的尊严。

四、结语

通过法制新闻报道这种形式，对于人们形象直观地了解法律，分清法与非法、罪与非罪的界限，培养自觉守法，依法行事的良好意识有积极作用。

"人格权"指公民本身固有的权利，包括生命健康权、姓名权、肖像权、名誉权等。[1]"人格尊严"是指公民作为平等的人的资格和权利，应受到国家和社会的承认和尊重。人格尊严所要求的平等又超越了法律的平等，更多地是要求人们在社会生活的一切领域中，作为人的资格的平等对待。[2] 人的尊严是人类社会追求的最高价值目标，虽然人与人职业不同，受教育程度有异，社会评价千差万别，但享有的人格尊严是平等的，包括罪犯。法律的使命，不是限制人的自由，而是保障人的自由，这在今天已经成为共识。大众传播的内容，应该反映出这种社会进步。1982 年《宪法》第三十八条规定："中华人民共和国公民的人格尊严不受侵犯。禁止用任何方法对公民进行侮辱、诽谤和诬告陷害。"这是我国第一次将有关人格尊严的内容写入《宪法》，由此我们可以看出国家在保护公民人格尊严方面作出的努力。

虽然我国法律对个体权利作了种种保护性规定，但由于长期"左倾"思想的干扰，由于否认人的个体价值的做法已经成为积习，所以操作层面问题

---

[1] 参见《现代汉语词典》，商务印书馆 1996 年版，第 1062 页。

[2] 参见《宪法学（公民的基本权利）》，中国人民大学出版社 2001 年版，第 147 页。

不断，这是新闻报道业务急需改进的方面。前面列举的报道中暴露的是一些带有普遍性的问题，它反映出媒体个别从业者法制观念淡薄，法律知识欠缺，过于看重经济利益，追逐"视点"、卖点，在进行报道时带有很大的盲目性和随意性。着眼于社会的长远健康发展，尊重和保护人权不能仅仅停留在口头上，而必须落实到行动上。新闻报道应该以人为本，理性、公正、客观报道，而不该逞一时之快。

试论法制新闻评论的立意

● 符万年

随着我国依法治国和建设法治国家观念的不断深入，人们对法制新闻的关注度越来越高，各种新闻媒体的法制新闻也随之日益增多，不仅出现了许多法制类专业报刊，就连综合类报纸也大都设有法制专刊、专栏，从中央到地方的电台、电视台也纷纷开办法制栏目和法制频道（率）。

新闻原本就有两种基本形式——新闻报道和新闻评论，相应的"法制新闻既包括法制新闻报道，也包括法制新闻评论"。[①] 虽然媒体（包括法制类专业媒体）都大多以法制新闻报道为主，法制新闻评论刊播的相对较少。但法制新闻评论是法制新闻宣传的旗帜和灵魂，它与法制新闻报道相宜配合，不可或缺。而法制新闻评论对于"弘扬社会主义民主与法制、反映和引导舆论，从而规范人们的思想和言行"[②] 有着重要的作用，人们也可以通过法制新闻评论了解国家的法律、法规，增长法制知识，提高法制修养，正确处理身边的法律事件。

新闻评论（自然也包括法制新闻评论）的写作一般来说包括以下几个环节：选题、立论、布局谋篇（或者说安排结构）、制作标题，以及考虑文章的语言及文风。在这六个环节中，决定和影响一篇评论质量和水平最关键的无疑是前两个环节，选题是确定一篇评论的评说对象，立论（也叫立意）是确定一篇评论的主题思想和基调。在法制新闻评论的写作实践中对公众广为关

---

① 姜淮超：《新闻评论教程》，中国政法大学出版社 2003 年版，第 169 页。

② 同上。

注的法制新闻，多数媒体都会将其作为选题撰写刊播评论；也就是说对重要的、价值较高的评论选题大家一般都能把握住。但各媒体刊播的法制新闻评论却良莠不齐，尤其是几乎同时刊播的同一选题的评论，其质量经常是差距甚大，这种差距主要是立论的能力上的。本文将深入分析法制新闻评论的特点、剖析法制新闻评论立论的步骤、阐述法制新闻评论立论的要求、梳理法制新闻评论立论的方法，探索写作规律，以期帮助评论作者提高立论的能力，提高法制新闻评论的立论水平。

一、法制新闻评论及其特点

(一) 法制新闻评论的概念

在分析法制新闻评论的特点及立意之前有必要先对其概念加以界定。长期致力于法制新闻研究和新闻评论教学的姜淮超教授在其《新闻评论教程》中对法制新闻评论是这样定义的："法制新闻评论是针对现实生活中新近发生的，与民主法制相关联的典型新闻事实、社会现象或问题，发议论、讲道理、谈看法、辨是非的新闻文体。"①法制新闻实践经验丰富的李矗老师在其专著《法制新闻报道概况》中对法制新闻评论是这样定义的：所谓法制新闻评论，就是"通常针对新近发生的法制新闻事实和法制新闻信息，直接发议论、讲道理，说明什么是违法的，什么是合法的，什么是犯罪的，对人们的思想和行为进行引导、劝勉、警示和疏导"。②这两种定义是近年来对法制新闻评论所作的定义中最有代表性的两种，被业界和学界广泛认可。

笔者在充分汲取前人的研究成果的基础上，也试着对法制新闻评论的概念作出如下界定：法制新闻评论是报刊、广播、电视、网络等所有形式的新闻媒体对新近发生出现的、为公众普遍关注的立法、司法、执法、守法、学法、违法犯罪以及社会生活中与法有关的新闻事实、现象、问题公开刊播的发议论、作解释、提批评、谈意见的评论文章。之所以要这样定义，是想要突出两点：

---

① 姜淮超：《新闻评论教程》，中国政法大学出版社 2003 年版，第 169 页。

② 李矗编著：《法制新闻报道概况》，中国广播电视出版社 2002 年版，第 265—266 页。

1. 法制新闻评论的对象并不仅限于发生于公检法司等司法部门和国家相关部门的立法执法司法领域，它还包括人民群众日常工作生活中的学法、守法、用法以及法律意识、观念等；

2. 法制新闻评论不仅包括传统的报刊、广播、电视新闻媒体上刊播的与法制有关的新闻评论，还包括在网络（包括微博）上、手机报、移动电视、车载电视等新媒体上刊播的长短不一、不同形式的与法制有关的新闻评论。

法制新闻评论与经济新闻评论、体育新闻评论等均属于专业新闻评论，它主要着眼于对新近发生或出现的引起公众广泛关注的法制新闻事实、现象、问题等进行评价、分析，阐明作者的观点，进而影响舆论。法制新闻评论的内容一般都与法律法规建设、立法执法、违法犯罪等严肃问题相关联，其所涉及到的法律问题常常涉及到单位或个人的形象和切身利益。据调查，法制新闻评论评说的内容从多到少大体为：法律法规制度、反腐倡廉、违法犯罪、执法、立法、法律监督、法制观念意识、普法、司法等九个方面。

（二）法制新闻评论的特点

在基本厘清了其概念后，我们再来分析法制新闻评论的主要特点。特点是一事物区别于其他事物的本质属性，只有在准确把握了法制新闻评论的基本特点的基础上，才能更好地探究其写作技巧和规律。以下三个特点是在将法制新闻评论与其他类型的新闻评论相比较的基础上概括出来的，如体育新闻评论、经济新闻评论等。

1. 强烈的新闻性。法制新闻评论首先是属于新闻评论的一种，而新闻评论又与新闻报道（包括消息、通讯、特写等）同属于新闻，因而自然具有强烈的新闻性。这种新闻性突出表现在这么三个方面：

（1）时效性，就是说法制新闻评论总是就当天或者最近发生、出现的与法制有关的新闻事实、现象或现实生活中普遍存在的法律问题发表评论。有不少人认为，新闻报道非常强调时效性，要快采快写快发，而新闻评论就不太讲求时效性了，可以慢慢构思广泛搜集材料细细打磨。其实这是一种误解。旧中国的旧报馆就有看完大样写社论的传统，那时候大一些的报纸基本每期都要在头版刊发一篇社论，位置是固定的，空在那儿。一般都是由主持笔政的人（基本上都是总主笔）在下午看完大样，看哪条新闻值得议论，大笔一挥在很短的时间里写出一篇千把字的社论，排在第二天的报纸上刊发出来。据史料记载，20世纪三四十年代，《大公报》的总主笔张季鸾就是每天下午坐着黄包车赶到报馆，看完大样挥笔而就写出一篇篇精彩的社论的。这些社论与所评论的新闻一起刊发，时效性一点也不比新闻报道差。当时报刊上刊发的其他新闻评论中还有不少是配合新闻报道刊发的短评、编者按、编后，其时效性也丝毫不逊色于新闻报道。虽然这些评论并不都是法制新闻评论，但其特点是共同的。在如今新闻媒体的时效性大大提高的情况下，我们也经常在报刊广播电视网络上看到听到在重大法制新闻发生的时候，评论是与报道同时与受众见面的。

（2）现实针对性，就是说法制新闻评论所强调和关心的是"直接的当前现实"，要直接为现实服务。换句话说，法制新闻评论总是要紧密配合党和政府的中心工作，紧密结合实际情况，宣传法规政策、法制观念、法制精神，为国家法制建设服务，总是要针对群众的思想和工作实际中的法制问题，给予说明和指导，为群众的工作和生活服务。如：2010年7月1日我国有10部国家级法规开始实施，包括：《中华人民共和国侵权责任法》、《中华人民共和国国防动员法》、《城市照明管理规定》、《电视剧内容管理规定》等。但几乎所用的新闻媒体都把报道和评论的重点放在了侵权责任法上，其中原因，一是在10部法规中这是最重要的，是法制宣传的重点，二是这部法规是群众最为关注的、与广大群众的切身利益密切相关。各新闻媒体在这部法规刚开始实施之时，联系群众工作生活中与其相关的法律问题加以说明和指导，就具有很强的现实针对性。

（3）常常以法制新闻事实为依托展开评论。如：2010年4月，被认定"杀害"同村人、在监狱已服刑多年的河南商丘村民赵作海，因"被害人"赵振裳的突然回家，被宣告无罪释放，赵作海获得国家赔偿和困难补助费65万元。一时间各大新闻媒体竞相报道和评论，这些法制新闻评论从不同的视角对这一重大法制新闻进行了广泛的评论。这些评论引导公众对这一事件进行了全方位的思考，并引起了法律界司法界对"有罪推定"、"刑讯逼供"等问题的深刻反思。再如：2010年10月20日，西安音乐学院大三学生药家鑫撞人并刺死伤者案，2011年4月22日，案件一审宣判，药家鑫被判死刑；5

月 20 日，陕西省高法维持死刑判决；6 月 7 日，药家鑫被依法执行死刑。这一新闻在 2011 年 3 月被新闻媒体曝光后引起了全国公众的极大关注，相关报道和评论可谓铺天盖地，依托这一重大法制新闻事实的评论不计其数。

2. 广泛的群众性。法制新闻评论都是在作为大众传播工具的新闻媒体上公开刊播的，其视听对象是广大人民群众，而不是少数从事法律工作的专业人士，而且一般也都是代表大众发言的，因而具有广泛的群众性。这种群众性主要表现在以下三个方面：

(1) 在选题上，法制新闻评论总是优先选择那些广大群众最关心和最感兴趣的、同人民群众切身利益息息相关的、最能反映人民群众的要求和呼声的法制新闻、现象、问题作为评论的对象。虽然新闻媒体每天都会刊播大量的法制新闻，但其中只有极少数会被作为法制新闻评论的评论对象，这些被评论的法制新闻都有一个共同点——大多数人感兴趣或与大多数人的利益密切相关。如果新闻媒体上刊播的法制新闻评论在选题时不这么做，那这样的法制新闻评论就只能有一种结局——被多数受众忽视。这也是法制新闻评论选题最重要的准则。

(2) 在论述方式上，法制新闻评论要充分考虑广大受众的特点，照顾多数受众的喜好和理解能力，尽可能做到深入浅出、通俗易懂，从而被群众喜闻乐见。法制新闻评论虽然具有相当的专业性，但它毕竟是给广大群众看和听的，其受众多是法律外行和非专业人士。如果其中法律专业术语太多、写得专业性太强，就只有那些具备相当的法学知识的人才能理解，那就变成了法制评论、法学评论，而不是新闻评论了。正所谓"曲高则和寡"，一篇法制新闻评论，懂的人越多，影响就越大，发挥的作用也就越大。

(3) 在媒体实践中，法制新闻评论还要求新闻媒体尽量吸引广大受众参与到评论写作中来。不管是打电话参与评论、发表自己的观点，还是积极参加电视评论节目，拿起笔来写作评论，或者短信参与、网上发帖评论，都可以使法制新闻评论的来源更广泛，内容更加贴近实际、贴近生活、贴近群众，真正做到"从群众中来，到群众中去"。事实上近年来许多媒体办得很受欢迎的一些法制新闻评论专栏就很好的体现了这一点。如：《法制日报·法制论坛》、《中央电视台·今日说法》、《中国青年报·法眼》等。这类专栏中的法制新闻评论一般都是受众自己写的或是参与制作的。

许多颇有水平和见地的法制新闻评论之所以叫好不叫座，其主要原因就是忽视了群众性，要么没有抓住群众关注的焦点，要么就是没有站在群众的立场上用群众喜闻乐见的方式评说。这是法制新闻评论与专业论文最大的区别，也是其非常重要的一个写作要求。

3.鲜明的法制性。这是法制新闻评论区别于其他类型的新闻评论的特点，就如经济新闻评论必须从经济的视角评说经济新闻、经济现象一样，法制新闻评论自然必须从法律法规的视角去评判一件事情、一个现象是合法的还是非法的，是法规所允许的还是禁止的。法制新闻评论的法制性特点主要体现在这么几个方面：

（1）其评论对象必须是新近发生、出现的法制事实、现象、问题，或者是从法制的视角评说新闻事实、现象。如果一篇新闻评论与法制毫不沾边那自然不能算作是法制新闻评论了，这是其法制性最起码的要求。

（2）必须要有一定的法律专业性。写作法制新闻评论要求作者必须熟知相关的法律法规，了解有关的法学原理，以法规为准绳运用法理来衡量评判所要评论的对象。如果作者不知道相关的法规，在写作中信口开河，不仅损害了评论本身的质量，降低了评论的可信度，更将有损于法律的尊严。但这种专业性却不同于撰写法学学术论文的要求，毕竟法制新闻评论是给普通群众看和听的，不能运用太多专业术语，甚至还要对不得不用的一些专业术语加以通俗的解释。

总之，法制新闻评论的法制性就是要求其必须要说法、用法，评论的是法制方面的事情、现象、问题，运用的是法规、法理，否则就不能算是法制新闻评论了。

以上三个特点，在法制新闻评论中缺一不可，缺少了任何一个特点就不能称得上是法制新闻评论了。新闻性是其本质属性，没有了新闻性这篇评论连新闻评论都不是了，就更谈不上法制新闻评论了；群众性是其大众传播属性，没有广泛的群众性的评论就是只适合少数人、特殊人群看和听的，也算不得新闻评论；法制性是其特有属性，是其区别于其他类型新闻评论的根本特点，没有了法制性就没有了特点和对受众的特殊吸引力。

二、法制新闻评论的立意及其过程

任何一篇法制新闻评论，不管体裁、篇幅，立意无疑是最为重要的一个环节，它直接决定着这篇法制新闻评论质量的高低。

(一) 法制新闻评论立意的概念及作用

立意，也叫立论，简言之就是确定一篇新闻评论的主题思想。主题思想就是议论文的中心论点，它是每一篇法制新闻评论的灵魂和统帅。如果我们把评论的所有写作材料比作一个人的血肉，把结构比作一个人的骨骼的话，那么主题思想就好比一个人的灵魂。骨骼结实，血肉丰满，那这个人自然就体格健壮，但如果没有灵魂，这个人也不过就是行尸走肉而已。一篇法制新闻评论如果没有正确深刻独到的主题思想，或者主题思想不明确，其质量和价值就自然很低了。主题思想不仅是评论的灵魂，还是其统帅，就是说它制约着文章材料的取舍、结构的安排、语言的使用。一篇法制新闻评论如果立意不明，那么就算有很多很好的材料也用不好，发挥不出应有的作用，让人总感觉言不及义，话说不到点子上。因为在一篇评论中材料是要说明证明论点的，论点不明确不集中，就无法统帅驾驭材料，材料再好再多又有何用呢。古人写文章就很讲究立意。范晔在其《后汉书》中讲："常谓情态所托，故当以意为主，以文传意。以意为主，则其旨必见 (注：通"现")；以文传意，则其旨不流。"意思是说，写文章要以思想意义为主为统帅，语言文字的运用要以表达意义为目的。以表达思想意义为主，文章的主题思想就自然比较明确；语言文字的运用以表达意义为目的，则文章的主题思想就不至于流散杂乱。

(二) 法制新闻评论的意从何来

一篇法制新闻评论的意是如何产生的呢？按照认识论的相关原理，认识来源于实践，主题思想应该是赖以评论的全部事实材料思想意义的集中和概括，是作者运用一定的方法遵循一定的原理从客观材料中加工提炼出来的。从这个意义上说，评论的意具有客观性，它是事实材料中本身就蕴含着的，并不是作者灵机一动主观臆造的东西。离开了事实材料这个物质基础，就根本谈不上正确的立意。根据认识论的相关原理，立意必须从搜集材料、分析材料开始，在这个阶段我们对事实材料的正确态度应该是"韩信将兵，多多益善"，我们掌握的材料越丰富越全面，主题思想依托的基础就越宽厚，其可信度就越高。这一点，对于评说具体的人和事的法制新闻评论来说，比较容易理解。比如：我们要评论赵作海国家赔偿案件，对其前因后果来龙去脉以及相关的法律条文掌握的越多，我们的主题思想就能越符合实际越有说服力。但对于一些务虚的、并不依托具体的人和事的法制新闻评论，如：《论依法治国的必要性》，就不是很好理解。因为从表面上看，这类评论是立意在先选材在后，先有论点，再找材料加以论证的。其实不然，这类评论的意最初也是从大量材料中总结提炼出来的，只不过并不是评论作者在写时才提炼的，而是前人从大量实践中得出的，作者只是再找材料论证一下而已。此外，还需强调一点，材料所蕴含的思想意义是客观的，一定的材料只能提炼出一定的"意"来。当然，材料所蕴含的意义都不止一点，我们可以从不同方面、不同角度去确定和提炼其中的"意"，这就是所谓的"仁者见仁智者见智"。但是这种选择是有限的，它始终不能超出材料本身所确定的思想内容的范围。所以，从根本上说，还是物质决定意识，材料对于评论的立意起着制约、规定的作用。

主题思想来源于材料但又高于材料，它不是材料的平面延续，而是材料思想意义的升华，是材料思想意义的凝聚和集中。一般来说，作者所占有的材料越丰富全面，提炼的工夫下得越大、方法越科学，立意就越高。从认识论的原理看，立意的过程实际上就是作者由对材料的感性认识向理性认识升华的过程。同样的材料有的人得出的观点较肤浅，有的人对其的认识却很深刻，甚至有着新颖独到的见解。这除了提炼的工夫下的多少、方法是否科学外，还与作者自身的积累和思想的深度密不可分。一个思想深邃阅历丰富的人，看到一件事情、一个现象，往往能够触类旁通想的很多很深，就很有可能得出新颖深刻的认识。而一个思想浅薄阅历贫乏的人，则往往只能就事论事泛泛而谈，很难由此及彼见微知著。高水平的评论员不仅看到大家都看到的材料，还能将其与过去的和其他地方的同类材料相比较，他所运用的材料实际上比其他人要多，因而其提炼出的意也往往比别人高。

这里之所以要反复强调立意对材料的依赖性，是因为现在有不少人认为评论写作和其他新闻文体的写作不一样，评论是先有了正确鲜明的主题思想，或者说是先有了观点然后才去找材料的，材料只是说明印证观点的附属物。持这种观点的人在写法制新闻评论时不是把工夫主要下在搜集相关材料和充分分析材料上，而是努力琢磨寻找新观点新提法。优秀的评论作者都知道，如果一篇评论的立意是在充分占有材料后认真分析提炼所得，在写作时对材料的选择取舍和运用就格外的驾轻就熟得心应手，不仅观点能很好的统帅材料，而且材料也能有力地证明观点，观点和材料很容易地就水乳交融浑然一体。如果反之，这个立意不是自己从材料中提炼出来的，而是从文件、讲话中摘出的，是上面安排的，虽然也是正确的深刻的，但写起来就远远不能像自己提炼所得的立意那样自如，观点和材料很容易形成两张皮（观点不能很好地统帅材料，材料不能有力地证明观点）。

（三）法制新闻评论立意的过程

在评论写作中立意的过程大体要经过这么几个步骤：材料→初念→提炼→主题。正确的立意过程都是从接触事实材料开始的，一般是作者在直接接触某种事实（可能是经历或者见证），或者间接的接触到某个事实的材料（如：看到相关报道），受到某种启发，产生一些最初的想法，这就是初念。有了这个初念后，再搜集有关材料，进行对比、分析、加工、提炼，这个提炼的步骤可能要反复多次，从而使认识不断深入，最终从感性认识上升到理性认识，凝聚成一个深刻的思想观点，这就是主题思想了。任何一篇优秀的评论的深刻独到的立意都不是作者信手拈来的，而是经过其深思熟虑反复提炼打磨出来的。许多评论之所以见解浅薄立意肤浅就事论事，往往都是作者提炼的工夫下的不足，甚至是轻易地把初念就作为了评论的立意。元代的戴师初说："凡作文发意，第一番来者，陈言也，扫去不用；第二番来者，正语也，停止不用；第三番来者，精语也，方可用之。"这番话对评论（不仅是评论也包括其他文章）立意的过程讲得十分到位，其实这三番的过程就是评论立意的过程，就是主题思想不断深化的过程。这里的三番是个虚数，并不意味着提炼三遍就够了，很多时候要想得到深刻独到的见解提炼的远远不止三遍。其中的陈言相当于前面说的初念，往往是大多数人看到此事实后都会产生的看法，没有新意；正言是经过一定的推敲思考后得出的比较科学正确的结论，虽然正确也可能有一定的深度，但不够新颖、不够独到；精语是作者推翻了正言后再经过深入思考才形成的独到深刻的见解，往往见前人所未见言前人所未言，才是最好的立意。一篇优秀的法制新闻评论只有具备这样的立意才能令受众初看耳目一新，读后心悦诚服爱不释手。这就是立意的科学规律，要想立意新颖、高明、深刻，就要不断地反复地否定已有的认识，这样才能层层深入，认识才能不断得到深化。

三、法制新闻评论的立意的要求

法制新闻评论多是由媒体报道新近发生的某个法制方面的重要事实而引发出来的一种新闻体裁，它一般通过概念、判断、推理、论证等方法，专门对时事、新现象作出分析，表明作者的意见。作者的意见当然可以"百家争鸣"，但是总要能够自圆其说。其立意有着几个基本的要求，主要是：准确无误；有的放矢；具有新意。下面依次来阐述：

（一）准确无误。立意有诸多要求，但所有的要求都应以准确无误为前提和基础。如果一篇法制新闻评论的立意出现了错误、偏差，那么哪怕观点再新颖、论证再有力，都不能算是一篇好评论了。这里所说的立意的准确无误，既指其主题思想、中心论点符合国家的方针政策、法律法规和事物的客观规律，也包括其所依据的事实材料、引用的各种论据真实可靠，甚至还包括语法、逻辑正确，运用的概念、论断、提法、分寸正确恰当。如：某报的一篇评论中有这样两句话："怎么赚钱就怎么干"，"大利大干、小利小干、无利不干"。这样的论断粗看好像很符合经济规律，但仔细一推敲就发现根本不对，按照这个说法岂不是贩毒是应该大干特干的了，做好事、扶贫救灾是不该干的了，这当然是极其错误的了。再如：某报一篇关于公安人员刑讯逼供行为的法制新闻评论中引用了"执法犯法罪加一等"这样的说法，这个说法其实是不符合法理和法律面前人人平等的宪法精神的。类似这样似是而非的提法还有："法不责众"、"不知者不罪"等。

（二）有的放矢。所谓有的放矢就是指评论的立意要有针对性，这里的"的"指的是当前亟待解决的人们非常关注的法制方面的矛盾、问题，"矢"是指评论确定的主题思想中心论点，合起来就是评论要有针对性的发言，运用正确的立场、观点、方法，抓住有现实意义的迫切需要解决的矛盾、问题，实事求是的正确的给予解决和回答。法制新闻评论的新闻性的特点决定了它必须以现实中新近出现的与法有关的事物、现象、问题为主要评论对象。一篇法制新闻评论的立意只有针对广大群众工作生活中最关心的法制问题、最迫切需要解答的法制困惑、最应当针砭的法制方面的弊端来确定主题思想，才能拨动广大受众心中绷得最紧的那根弦，自然就能引起受众的广泛关注，收到极好的传播效果了。可以说，法制新闻评论立意的现实针对性强不强直接决定了它受欢迎的程度和发挥的作用的大小。

（三）具有新意。刻意求新不仅是法制新闻评论立意的基本要求，也是所有评论甚至文章立意的共同要求。一篇法制新闻评论如果没有一点新意，说的都是老话套话，哪怕这些话再正确，也无法吸引打动受众。一篇法制新闻评论要么有新观点、新见解，要么从新的角度论述一个老问题，要么运用新的由头、新的论据引出一个老观点，起码也要有几句新鲜的语言，否则就算不上是新闻评论。总之，一篇法制新闻评论总要能给受众一点新鲜的东西。优秀的富有新意的新闻评论分为三种类型：第一类是既生动又深刻的评论，这类评论既有新观点又有新材料，可谓上乘之作；第二类是以生动取胜的评论，这类评论用新鲜生动的材料很好的说明老观点，许多运用新的案例重申法制观念的评论多属此类；第三类是以深刻取胜的评论，这类评论是用老材料老论据有力的证明新观点，如：当国家有关部门提出一项新的精神、出台一项新的法规时，媒体马上撰写刊发评论论证其正确性必要性，由于还没有新的事实证明这个新精神，所以只好用老事实证明新观点。一般来说，第二、第三类评论不如第一类，虽算不上上乘之作，但起码也是中乘之作。总的来说，一篇法制新闻评论具有的新意越多，其质量就越高。

法制新闻评论的立意是其写作中极其重要的一个环节，我们完全可以说立意的水平和能力就决定了一篇评论的质量和水平。正如唐代文学家王昌龄讲的："意高则格高。"一篇法制新闻评论的立意深远其质量自然就高了。要提高评论作者的立意水平，遵循正确的步骤程序、树立重视搜集和分析材料的正确态度、掌握立意的基本要求还远远不够，这些写作技巧和规律好掌握。但要想真正的提高立意能力，更重要的治本的方法是把工夫下在不断地提高自身的思想水平和认识水平上。每一篇法制新闻评论的立意都是作者观察认识客观事物的结果，评论的写作过程则是认识过程和表达过程的统一，认识在先表达在后，没有新鲜而深刻的认识，就没有新鲜而深刻的主题思想（立意）。晋代的陆机在《文赋》中写道："恒患意不称物，文不逮意。"意思是说，经常使自己忧虑的是自己的思想认识不能正确的反映事物的规律、本质，语言文字不能很好的表达自己的思想认识。将这句话套用在我们的评论立意中也完全符合，我们每一位评论作者立意时最难的也是"意不称物"。总之，要提高立意的能力，最根本的还是要不断地学习和积累，以期不断地提高自身的思想水平和认识能力。

参考文献

[1] 马少华、刘洪珍主编：《新闻评论案例教程》，中国人民大学出版社
    2008年版。

案件报道的失范及其对策

● 孙　硕

　　案件报道是新闻媒体对有关案件审理判决以及相关信息的报道，是法制新闻传播中的重要部分。在实践中，媒介从业人员在对案件报道的内容、报道的方式以及案件报道的价值凸显等问题的认识、处理上，存在一些不规范的做法，特别是从近些年来一些新闻纠纷及新闻官司来看，其中存在的问题亟待解决，从理论和实践的两个方面探究这一问题，对于法制新闻传播的进一步繁荣和发展有现实意义。笔者试对案件报道中一些失范行为的对策做出总结。

一、案件报道不宜详述犯罪过程，以避免负面效应

　　案件报道属于法制报道的一部分，其宗旨是普法，是宣传法治，是教育公民遵纪守法。新闻媒体应该注重案件报道这一社会功能，注重报道所产生的社会影响。案件报道对于犯罪嫌疑人的犯罪事实作报道时，要注意选择和确定报道的侧重点，应该着重报道违法者对社会造成的危害及其所受到的法律惩处；对于其违法行为，尤其是对一些刑事案件的细节过程应该予以简要的、有选择性的报道，要避免暴力、凶杀、黄色的细致描述，尤其要避免对犯罪分子的残暴手段及血腥场面做详细描述。

　　有些报刊上长篇累牍地详细登载一些刑事犯罪案件的全过程，将犯罪嫌疑人各种各样的作案方法及手段、场面都详细地报道出来，对于犯罪的一些细节做详细的描述。这样的报道的确满足了一部分受众的欲知心理。但是，其负面效应却不容忽视。案件报道是以法律题材为主要内容的报道，对

普通受众有教育意义，所以更要注意报道的社会影响及其舆论导向。如果一味地追求可读性而大肆描述、渲染，就有可能间接地导致犯罪。这与法制报道的宗旨与目的可谓背道而驰。

对于一些有犯罪欲望的人来说，他们可能会从这样的案件报道中获知更多更新的犯罪手段；对于那些尚未树立起正确的世界观、人生观的青少年而言，由于他们辨别是非的能力较差，法律意识不强，案件报道中各式各样的犯罪方法与手段的描述可能会引起他们的好奇心，吸引他们去效仿，从而可能因此走上违法犯罪道路。这并非危言耸听，现实生活中，已发生了一些因案件报道导致的犯罪案件。

河南警方曾历时半月侦破了九只骨灰盒被盗案，两个窃贼盗窃骨灰盒竟然是受到一篇案件报道的启发：某报登载了一篇法制新闻，报道的是东北警方侦破的一桩案子。这篇报道很详细，有犯罪分子的作案细节及犯罪手段，有公安机关的侦破经过。两个窃贼对报道中犯罪分子的敲诈手段如法炮制，而且有针对性地弥补了他们的漏洞，加大了公安机关对案件的侦破难度。这样的反面例子，对于案件报道的新闻记者而言，值得引起深刻反思。

二、案件报道对某些个人敏感问题不宜轻下结论，以避免侵权

记者在案件报道中要注意，凡涉及到报道对象的某些个人资料，尤其是与案件没有直接关系的个人材料，应慎重运用，不宜轻下结论，以避免在案件报道中踏入法律的雷区。

我国目前没有颁布正式的新闻法，因新闻媒体或新闻报道涉及的侵权案件，是以宪法、民法通则、最高人民法院司法解释及其对具体案件的复函和有关行政法规为依据进行审理的。

在有关司法解释中，《关于审理名誉权案件若干问题的解答》对新闻报道引起的侵权纠纷规定了两种情况，即"文章的基本内容失实，使他人名誉受到损害的，应认定为侵害他人名誉权"；"文章反映的问题虽基本属实，但有侮辱他人人格内容使他人名誉受到损害的，应认定为侵害他人名誉权"。[①]

---

① 中华人民共和国最高人民法院：《关于审理名誉权案件若干问题的解答》，1993 年。

新闻失实会造成侵权，传媒历来对此非常慎重，但是容易忽视真实的新闻报道可能存在的侵权问题。虽然我国现行法律还尚未将隐私权作为一项独立的人格权予以规定，有关司法解释将隐私纳入名誉权范围加以保护。新闻报道如若不能谨慎对待报道对象的个人隐私问题，可能会造成名誉损害，从而导致新闻官司。新闻报道、舆论监督对维护公正、提高公民的法制意识有着重要的作用，但是新闻媒体在行使舆论监督的同时不能忽视公民名誉权。所谓名誉，是社会人群对公民个人的行止、能力、名声、信誉、德性等内在、外在诸因素的综合评介。名誉权是指公民自身在社会上应得到的与其身份、地位相当的评价不容侵犯。①

曾经轰动一时的"刘秋海事件"对媒体和新闻从业者具有借鉴意义。"刘秋海事件"涉及广西北海市一起和交通事故有关的案件，原告陈小俐诉被告刘秋海交通肇事逃逸，被告刘秋海称原告是自己驾驶摩托车摔伤，被告出于人道主义相救，却遭到事发地——北海市银海区交警队扣车，并被陈小俐等诬告，遂向社会鸣冤。《南方周末》经调查采访后做出判断，认为刘秋海属人道主义救助而遭冤屈，于1995年10月27日刊发报道：《做好事招来的横祸》，并发评论《叫他如何做好人》，而后随着事态发展，又陆续发表《恶人先告状》、《"刘秋海事件"再追踪》等多篇报道，陈小俐及其亲属分别状告《南方周末》的相关报道侵犯其名誉权。

原告诉称《南方周末》报道中有诸多失实和不当之处，例如《作好事招来的横祸》② 报道声称："刘秋海救了陈小俐，而陈氏兄妹恩将仇报，污人清白"的论断；《恶人先告状》③ 报道中，记者据他人提供的资料，引述陈小俐有"卖淫"、"吸毒"等"违法行为"；《"刘秋海事件"续闻》报道中，将陈氏兄妹等人在法庭的所作所为，称为"恶势力"。双方纷争的焦点集中在于：《南方周末》的报道是基于事实的监督，还是因失实导致的侵权。广西北海市中院于1999年11月19日，宣判《南方周末》在这起"名誉侵权案"中败诉。

---

① 参见《中华人民共和国宪法》第三十八条和《民法通则》第一百零一条。

② 朱德付：《作好事招来的横祸》，《南方周末》1995年10月27日第5版。

③ 朱德付：《恶人先告状》，《南方周末》1996年12月8日第5版。

《南方周末》在刘秋海事件的案件报道中，对报道对象陈小俐有"卖淫"、"吸毒"的描述，被认为侵犯了名誉权而遭到当事人的起诉。有关法律规定，中国公民，无论是守法公民或是罪犯、犯罪嫌疑人，也不论其名誉好坏，均依法享有名誉权。个人名誉因主体的不同有好有坏，但名誉权作为一项公民权利，是人人平等的。不能因为是罪犯或曾经犯罪，就可以随便侵犯其合法权利，除非指摘实有其事。而且，即使是实有其事，也仍然要注意尊重他人一定限度内的隐私权。如"刘秋海事件"中《南方周末》报道中有关原告的"卖淫"、"吸毒"等与本次交通案无关的个人材料，暴露了陈小俐个人隐私。《南方周末》之所以被起诉并被判败诉，这是主要的原因。所以，案件报道应尽可能保持中立的态度，一些与案件无关的个人材料如果涉及到个人声誉应不使用，以免发生侵权。

三、案件报道中要注意措辞恰当，力求准确客观，避免强烈的主观色彩

案件报道必须注重报道的客观性，力求将记者个人的主观情感排斥在外。新闻报道强调用事实说话，对于针砭社会现实的批评类、舆论监督类报道，要求新闻媒体只诉诸事实，不流露主观情感。虽然从实际情况上看，我们无法将新闻事实与个人情感完全分隔，新闻媒体和新闻报道不可避免带有一定的倾向和立场。但这并不意味着新闻记者能够在报道中任意宣泄情感。

一些新闻纠纷、新闻官司的案例告诉我们，新闻记者在报道中的情感流露只能是对于那些可验证事实所抒发的主观情感，而案件报道中的议论应该适当适度而不偏激、强烈，并且必须以法律为底线。如报道的言辞不可带强烈主观色彩，尤其不可带有诽谤、侮辱等攻击性色彩，不可毁损被评价对象的正当的人格、名誉。在"刘秋海事件"的案件报道中，《恶人先告状》、《恶人又告状》等系列报道中的"恶人"、"恶势力"等词语的运用，就带有明显的主观评判色彩，最终被报道对象以侵犯名誉权起诉。因此我们在案件报道中，尤其是批评性案件报道中必须讲求语言艺术，慎重对待那些看似细枝末节的问题。有时新闻报道的主体事实无可否认，真实可靠，而细枝末节的问题如遣词造句的细节问题处理不到位，会成为授人以柄的严重问题。

能否将事实准确无误地呈现在受众面前，与记者表现的角度及其语言表达有较大的关系。西方新闻记者历来标榜其新闻报道的真实性与客观性，我们且抛开其功利性、政治性、导向性呈现出的隐蔽性不谈，单就其语言运用的客观性而言，确实有值得我们借鉴之处。

美国密苏里新闻学院写作组编著的《新闻写作教程》，特别重视新闻写作中记者所选择的字词的客观意义，对修饰性、主观性、夸张性的字与词，力主排斥。如对于新闻报道中常用的一个动词"说"的使用，其认识令人颇受启发。编者认为，"说"有很多代用词，但只有"说"能够准确客观地引述新闻人物所说的话。"说"的代用词如"重申"、"泄露"、"透露"、"声称"、"辩称"、"要求"等均有"说"的意思，但不如"说"字本身的含义客观，它们各自包含着作者对说话者的态度推测以及作者自身的态度。如"被捕者泄露了同谋者的姓名"，很显然作者对被捕者持否定的态度，显示出与之完全不同的立场。如果换为"被捕者说出同谋者的姓名"则不然，这句话没有明显的主体与客体的情感色彩，仅仅表明被捕者"告诉"了姓名的这一客观事实，对此，作者自身不带有任何主观评判色彩。

案件报道中如果能坚持做到语言客观准确，那么对于案件报道避免主观评判，因而避免新闻纠纷具有实践指导意义，对于新闻一线的记者而言尤为重要。

四、案件报道中涉及相关人物的新闻图片应注意避免伤害与侵权

案件报道中，涉及相关人物的图片拍摄和发表，应该格外注意避免涉及侵犯"肖像权"、"名誉权"。

《中华人民共和国民法通则》规定："公民享有肖像权，未经本人同意，不得以营利为目的，使用公民的肖像。"[①] 最高人民法院《关于贯彻执行〈中华人民共和国民法通则〉若干问题的意见（试行）》规定："以营利为目的，未经公民同意利用其肖像做广告、商标、装饰橱窗等，应认定为侵犯公民肖像

---

① 《中华人民共和国民法通则》第一百条。

权的行为。"①

总结上述规定，侵犯公民肖像权有两个因素条件：一是未经本人同意，二是以营利为目的。

当然，新闻记者在拍摄每一张照片前，都要征得被拍摄者同意，在实践中并不现实。新闻传播活动中的摄影行为是一种为公众服务的信息传播行为，而不是以营利为目的的商业活动。因此，新闻图片只要是用于正常的新闻报道，新闻摄影工作不受肖像权的限制。

尽管如此，案件报道中使用获得被摄者同意拍摄和发表的照片，是最为安全的办法。如果被摄者是未成年人或有精神疾患的人，则应该得到家长或其监护人许可，而且最好以书面形式许可。否则，新闻记者在摄影时，应该有意识地虚化或避开人物脸部，或是在拍摄后，通过暗房或电脑技术处理，虚化和隐去人物面部主要特征，这样一方面可以避免侵权，也能避免对新闻当事人造成直接伤害，这一点在交通肇事的案件报道中尤为重要。2004年12月12日《南方都市报》头版赫然刊登了一张大幅的车祸照片，照片的中心位置上，是一具无遮无掩的年轻女尸——此次车祸的一名受害者。这幅新闻图片对于死者及其家人而言，是车祸之外给他们带来的再次伤害，其实这张图片只要稍微做一下技术处理就可以避免这种伤害。

在案件报道中，如果摄入无关人员，新闻图片就可能会涉及名誉权侵权，特别是涉及凶杀、赌博、卖淫嫖娼、吸毒等的案件报道，如果图片中摄入与事件无关的人员图像，例如路过的或围观看热闹的无关人员，这样的照片传播以后，可能会无意中侵犯了这些人的名誉权，继而可能给这些无关人员带来名誉损害。

为避免"伤及无辜"，记者除了在取景框中尽量避开无关人员以外，还可以通过后期裁剪加以去除，或者以马赛克、"云雾"等其他技术手段将无关人员的影像模糊化。

上述的这些对策总结起来不难，要真正做起来还必须依靠媒体从业人

---

① 最高人民法院《关于贯彻执行〈中华人民共和国民法通则〉若干问题的意见（试行）》第一百三十一条。

员的责任感。在我国，文章写作历来有"文责自负"的说法，即谁写的文章谁负责。这是文章写作被公认的原则。但是，从某种意义上来说，新闻报道及新闻作品是团队的集体创作结果，利益共享，风险共担。所以"文责自负"的主体是媒体与新闻工作者个人共同面对的责任，只有媒体和相关个人都充分重视案件报道中的失范问题，这个问题才能够得到比较好的解决。

参考文献

[1] 密苏里新闻学院编写组：《新闻写作教程》，新华出版社 1986 年版。

[2] 徐斌、詹晓：《摄影记者如何避免伤害与侵权》，新传播资讯网 2005 年 8 月 18 日。

[3] 曾宇：《浅析犯罪新闻报道对犯罪心理的影响》，《商情》2009 年第 25 期。

[4] 罗小萍：《法制新闻报道的新特点与存在的问题》，《新闻爱好者》2005 年第 6 期。

传 媒 法 制

记者采访权的法律保护

• 王俊荣

一、记者采访权的现实境遇

记者作为公民，享有宪法和法律赋予公民的各项权利，同时，记者作为新闻工作者，亦有其特定的职业权利。研究记者的权利，不仅要考察法律规定的权利，还要探讨习惯上已有的和应当具有的权利，更要考察法定权利是否已经转化为现实权利，因为权利"只有转化为现实权利，才能成为或再现生活的事实，才对主体有实际的价值，才是真实的和完整的；对于国家来说，才算实现了统治阶级的意志和法律的价值"。[①] 否则，法定权利再多也只是一纸空文。

那么，我国记者的采访权是一种什么样的境况呢？截至目前，采访权在我国还不是一种法定的权利，它仅仅是一种习惯性权利。由于采访权只是一种习惯性权利，而没有上升为法定权利，所以，当这种习惯性权利遭到不法侵害时，记者就很难寻求司法救济，习惯性的采访权也就很难转化成为一种切实的现实权利。因此，在新闻传播活动中，记者采访权受到侵害的事时有发生，有的还相当严重。例如，1999 年 7 月 12 日，《光明日报》通讯员程瑜因参与采访报道了山西省盂县乱伐国有天然林的重大毁林事件，在家门口遭到蒙面歹徒袭击，被菜刀砍成重伤，右手三根手指几乎被砍断。2000 年 11 月 20 日下午，济南市南郊热源厂工地突发塌方事故，山东《生活日报》

---

① 张文显：《法学基本范畴研究》，中国政法大学出版社 1993 年版，第 110—111 页。

和《齐鲁晚报》记者采访时，遭到现场保安的围攻、殴打和辱骂，三名记者不同程度受伤，其中记者郭建政被追赶了二里多地，最后被他们用砖头、石块砸昏在地，医院诊断为脑震荡和多处软组织挫伤。这次殴打记者的恶性事件，竟发生在新中国第一个记者节的喜庆气氛中。近几年记者被打事件呈上升趋势，这些事件十分严重地侵犯了记者的合法采访权。在建设社会主义法治国家的今天，这些现象是绝对不允许存在的。

二、采访权的价值和功用

新闻媒体的基本功能是提供信息，沟通情况，进行宣传，整合社会，实施舆论监督和传播知识，提供娱乐等，[①] 而新闻记者采访搜集信息则是实现这些基本功能的前提条件。因此，记者的采访活动对新闻媒体具有举足轻重的作用。那么，什么是采访？什么又是采访权呢？所谓采访，是为采集新闻而进行的调查或访问，是记者获取新闻事实的主要手段，也是记者的主要工作内容。所谓新闻采访权，是指记者依法自由地采集新闻信息及其他信息的权利。新闻记者采集信息的过程，就是其行使采访权的过程，采访权实质是记者进行采访活动的法律保障。

采访权虽然只是一种习惯性权利，但也具有其存在的合理性和合法性。我国《宪法》第三十五条规定，公民有言论、出版自由，新闻自由则是公民言论、出版自由在新闻传播活动中的体现和运用，它一般包括采访自由、报道评论自由、通讯自由和出版报刊自由。记者是公民，无疑也享有宪法和法律范围内新闻自由的权利，记者的采访权等新闻职业权利，虽然法律尚无明文规定，但这些权利是与公民的知情权、表达权相一致的，是从宪法赋予公民的基本权利中推导出来的新闻职业权利。

采访权的价值和功用是明显的。首先，采访权是记者职业权利的前提和基础，有了采访的权利，才谈得上报道、评论、传播等权利。可见，采访权在记者职业权利中是最基本的权利。其次，记者的采访权源于公民的言论、出版自由，则公民亦有信息采集的权利。但是，公民的信息采集权与记

---

① 参见李良荣：《新闻学导论》，高等教育出版社 1999 年版，第 101—102 页。

者的采访权有所不同，公民的信息采集权属于公民个人的自由和权利，而记者的采访权既是一种个人权利，更是一种职业权利。作为职业权利的采访权，其价值目标是实现社会公众的知情权、舆论监督权和新闻自由。这是记者采访权与公民信息采集权的一大区别。

三、记者采访权的法律保护

在记者诸多职业权利中，最容易受到侵害，且影响较大，后果较严重的往往就是采访权。记者在采访活动中，被人抢夺相机、撕扯胶卷、砸坏摄像器材，甚至遭到辱骂、殴打、威胁、恐吓的事常有发生，非法拘禁甚至枪击、刺杀记者的事亦有所闻，这些行为严重地侵害了记者的采访权。

采访权受到侵害就需要法律保护。侵犯记者采访权案件，绝大多数都是由记者主动采写批评报道、媒体进行新闻舆论监督导致的。其目的是为了揭露问题，消除腐败，扶正祛邪，一言以蔽之，是为了维护国家利益和社会公共利益。因此，侵犯记者采访权行为侵犯的不只是记者的采访权和人身权，同时也侵犯了公众的知情权、言论自由和舆论监督权。因此，在处理此类案件时，将其与一般侵权案件等同而不加区别，显然有失公平。有人主张对侵犯记者采访权案件适用妨害执行公务罪处罚，虽然不可行，但可以看出，他们认识到侵犯记者采访权与一般侵权案件之间的差异。我们认为，对侵犯记者采访权行为造成人身伤害而触犯刑律的，按照《刑法》中保护公民人身权利的有关条款定罪量刑。没有触犯刑律的，仍属民法调整的范畴。现实中记者采访权受到侵害绝大多数属于民事案件，但如前所述，此类案件又有它的特殊性，因此，民法应当对其加以特别保护。对侵权行为造成的损害后果，主要用损害赔偿的方法加以救济。对人体伤害造成财产损失的，应当用财产赔偿的方法予以补偿。对记者造成精神损害的，应当予以精神损害赔偿。总之，在修改《民法通则》或制定《民法典》时，可以考虑设立专门条款，明文规定保护记者的采访权，特别是在未来的《新闻法》或《舆论监督法》中，应当对采访权等新闻职业权利作出明确而具体的规定，使宪法和法律有关保护公民言论自由和出版自由的规定在新闻业和舆论监督活动中真正得到贯彻落实。

有人主张在将来的《新闻法》中规定一条"任何人不得拒绝采访"，以此切实保护记者的采访权。这些人士的用心是良好的，但却行不通。采访权是对付权力干扰的，而不是对付采访对象的。采访权只是一种权利，而不是一种权力。新闻单位不是国家权力机关，记者也不是国家公务人员，不应当拥有强制性采访的权力。记者在公共场所有自由采集信息的权利，亦有经被采访者同意进行采访的权利等，但记者不得擅自闯入私人场所和私人住宅进行采访，更不得进行强制性采访。公民有接受采访或者拒绝采访的权利，这是宪法赋予公民言论自由权利的具体体现。法律规定，公民在行使自己的权利时，不得侵害国家利益、社会公共利益和他人的合法权益。记者行使采访权也不得违反这一法律规定。

在法律上，犯罪嫌疑人或者被告人在接受讯问时，还享有沉默权。如果法律赋予记者强制采访权，无论什么人、无论什么事记者都能强制采访，有关人员必须接受采访，那记者的权力比警官、司法官还要大，其后果将是十分可怕的。因此，采访只是一种权利，而不是也不可能是一种带有强制性的权力。

行政官员亦有拒绝采访的权利，特别是在以个人的身份接受采访的情况下。行政官员如果是在有公开义务的部门里工作，对于法律法规规定必须公开的资料应当向记者提供有关信息，履行法律规定的责任和义务。人们常常可以听到官员用"无可奉告"谢绝采访，这是完全可以的。虽然行政官员有责任有义务向记者提供有关信息，满足公众的知情权，但是在特定情形下，提供信息对国家和社会不但无益而且有害，此时拒绝采访就是行政官员作出的符合社会公共利益的最佳选择。实际上，记者提出问题对官员本身就有一种舆论的压力，当他说出"无可奉告"，有时会受到更大的舆论压力。这样，他在接受采访和拒绝采访之间要权衡利弊，作出慎重的选择。

对症下药，才能有效地根除病患。要保障记者的采访权，首先就要弄清楚侵犯采访权的原因。侵犯记者采访权有一大共同点，即都是由采写批评报道或灾害报道引起的，采写正面的、表扬性的人和事一般不会招致采访权被侵害。采访权受到侵害的原因主要有以下几种：一是侵权者（采访对象）明白自己的所作所为违法乱纪，见不得阳光，或对事故负有不可推卸的重大责任，便采取暴力、威胁或其他非法手段抗拒采访，拒绝新闻舆论监督，从而侵犯了记者的采访权。这是记者采访权受到侵害的主要原因，现实中记者采访权受到侵害的案件，大多属于此类。例如，《深圳特区报》鹏城今版编辑部主任、主任记者杨黎光说他在采访过程中，"曾多次受到人身威胁"，这些威胁"有些是含糊的，有些是明确的；有些是暗的，有些是面对面的"。杨黎光介绍说，1995 年 4 月，他开始采写原深圳市计划局财贸处处长王某某特大受贿案。从开始采访到采访文章陆续发表的两年多时间里，他一直受到一些人的明里威胁和暗中不知名者的电话威胁。他的采访对象也受到威胁，后来采访对象果真被人暗杀在家门口。再如湖南《邵阳日报》主任记者卢学义说他"在从事新闻采写中，不时遇到记者的合法权益受到侵害的事情。特别是在采写批评性、揭露性的新闻时，所遭受的冷嘲热讽、刁难阻挠、强词夺理、提供虚假情况，甚至人格侮辱、人身伤害等是不鲜见的"。① 二是法律对侵害采访权的行为惩处太轻，不足以有效遏制侵权行为的发生。例如，《黑龙江日报》记者萧芷茁采访一私建滥建房舍事件时被打，后以《治安管理处罚条例》处罚打人者，结果两打人者被行政拘留 7 天，一人被罚款 200 元结案。这种结案常给某些人造成一种错觉：打记者有什么了不起的，大不了花几个钱，最多不过关几天罢了。于是，他们常用这些非法手段抵制新闻舆论监督。三是地方保护主义。1999 年 1 月 8 日下午，全国优秀新闻工作者、湖南电视台邵阳记者站站长李百祥在湘运市场打假现场采访中，惨遭业主单位——祥云邵阳客车厂暴力绑架，不法分子损坏记者手机，逼抢录像磁带，撕破记者衣服，抢走记者证；在厂长周某某办公室，记者被围攻、殴打、拘禁两个多小时，最终受伤住院。而"事件主谋、现场指挥者、厂长周某某至今逍遥法外，两名施暴者因'贡献重大'竟每人晋升一级工资，各发奖金 2000 元！"② 正是由于有地方保护主义者的支持甚至怂恿，才使一些人有恃无恐，粗暴地干涉记者采访，严重地侵犯了记者的合法权益。

　　针对上述侵犯记者采访权的情况，要切实保障记者的采访权，首先，

---

① 　杨、卢之语均见《中国记者》1998 年第 9 期。

② 　杜文、钱国季：《打假悲歌》，《新闻记者》1999 年第 6 期。

要健全法制。改革开放以来，国家制定了一系列的法律法规，但是，在文化领域的立法还不尽如人意。比如，我们还没有《新闻法》，记者的权利基本都是习惯性的权利，应当建立健全新闻法制，明确界定记者的权利和义务，使新闻活动有法可依。其次，加大对侵犯记者采访权的惩罚力度。由于没有《新闻法》，侵犯记者权利案件一般依照刑事、民事法律和《治安管理处罚法》处理，因而绝大多数侵权案件是以治安案件处理的，这种处罚不但无法有效地遏制类似案件的发生，而且给记者的采访活动蒙上了一层厚厚的阴影。这对记者来说是很不公平的。再次，要提高地方党政领导、司法机关和企事业单位负责人的政策水平、法律意识，树立全局观念，打破、清除地方保护主义，正确对待批评报道和舆论监督，对媒体的舆论监督应持支持和保护的态度。最后，加强普法宣传，使法制观念淡薄的采访对象能够知法懂法，明白自己违法、过激的行为的法律后果，对采访中发生的问题能够运用法律手段理智地予以解决。

网站采访权与网络新闻传播

- 宋　雯

　　网站新闻采访权是个旧话题，被断断续续的议论了十年，围绕的中心一直是网站该不该有新闻采访权。官方一直声称网站没有新闻采访权，2010年年初，《新闻记者证管理办法》颁布实施不久，新闻出版总署新闻报刊司负责人答记者问时还在强调："商业网站不是新闻单位，由于其没有合法采访和首发新闻的资质，经批准的也只有转发新闻的职能，没有自采新闻职能，因此这类网站一律不发放新闻记者证。"① 实际上不仅是商业网站，就是国家重点媒体所办的新闻网站也得依托传统媒体申领新闻记者证，按现有的法律规定，网络记者是非法的。

　　一边是官方一再地强调网站没有新闻采访权，一边是网站越来越广泛和快速的新闻信息传播，网站没有新闻采访权似乎并没有影响网络的原创新闻的发布，网络记者非法，但是网络新闻不一定是由网站的工作人员采集，网民的博客、帖子、空间、圈子、微博等等都可以发布由网民采写的原创新闻。虽然在形式上这些信息不一定符合规范的新闻写作形式，但是其中有许多在实质上是具有极高新闻价值的信息。2010 年最著名的网络原创新闻是由天涯杂谈上一位网名"河大义工"的网友发布的关于官二代校园撞人的帖子，其所引起的效应绝不亚于中央级媒体发布的新闻，全国各地的媒体争相跟进。这个案例只是网络所制造的众多新闻传播奇迹中的一个，没有人质疑其

---

① 《新闻记者证换发即将结束　商业网站没有新闻采访权——新闻出版总署新闻报刊司负责人答记者问》，2010 年 2 月 22 日网，http://media.people.com.cn/GB/40606/10997717.html。

从信息采集到发布过程积极的社会效果。但是如果按官方的说法，商业网站没有首发新闻的资质，这样一个有积极意义的新闻传播活动就可能带有非法的色彩。那么在中国不给网站新闻采访权是如何提出与确立的？没有新闻采访权会对网络新闻传播产生怎样的影响？不给网站新闻采访权究竟伤害了谁？

一、网站没有新闻采访权的确认

到目前为止，关于网站进行新闻采访所涉及的新闻采访权在有关的法律法规中并没有明文规定，"网站没有新闻采访权"之说，来自对相关法律的引申和官员的公开讲话及对中国新闻制度的分析。

最早和网络采访权有直接联系的是 2000 年国务院新闻办公室、信息产业部发布的《互联网站从事登载新闻业务管理暂行规定》，该《规定》第七条规定：非新闻单位依法建立的综合性网站在具备了规定的条件后，也可以从事登载中央新闻单位、中央国家机关各部门新闻单位以及省、自治区、直辖市直属新闻单位发布的新闻，但不能登载自行采写的新闻和其他来源的新闻。

这一条明确地规定了非新闻单位的网站即使有新闻登载权（有一些非新闻单位的网站连新闻登载权都没有），也不能登载自行采写的新闻，换言之，这些网站只有登载新闻的权利，没有采集新闻的权利。但是对新闻单位的网站有没有新闻采访权该规定并未涉及，可能是因为这个规定是有关互联网站登载新闻业务管理的规定，按常理如果在这个规定中未涉及新闻单位网站是否有采访权，而其他相关规定又没有出台，可以理解为这类网站应该有新闻采访权。但是在公开场合有官员却直言"目前国内所有网站受新闻法所限制，只能转载传统媒体的新闻报道，不能自设采访队伍"，[①] 这里面是包括着新闻单位网站的。

2005 年 9 月国务院新闻办公室和信息产业部发布了《互联网新闻信息服务管理规定》，这个规定取代了原来的《互联网站从事登载新闻业务管理暂行规定》，在这个新规定中，仍然是只规定登载的权利，通篇都只涉及到编

---

① 《国务院新闻办：采访权暂时不会对国内网站》，http://www.yesky.com/bus-news/216455356602122240/20000602/1215967.shtml。

辑人员，而不是采编人员。

对照 2000 年发布的《暂行规定》，2005 年的这个规定有了一些改变，首先，从两个规定的名称上看，2000 年的是《互联网站从事登载新闻业务管理暂行规定》，2005 年的是《互联网新闻信息服务管理规定》。其间从对登载新闻业务的管理变成了新闻信息服务的管理；对网站性质的界定表述，由"新闻网站"和"综合性非新闻单位网站"转变为：

新闻单位设立的登载超出本单位已刊登播发的新闻信息、提供时政类电子公告服务、向公众发送时政类通讯信息的互联网新闻信息服务单位；

非新闻单位设立的转载新闻信息、提供时政类电子公告服务、向公众发送时政类通讯信息的互联网新闻信息服务单位；

新闻单位设立的登载本单位已刊登播发的新闻信息的互联网新闻信息服务单位。

上面三种性质的网站，虽然实际上还是两类，即新闻单位设立的互联网新闻信息服务单位以及非新闻单位设立的互联网新闻信息服务单位，但是和 2000 年的规定相比，对新闻单位设立的互联网新闻信息服务单位的管理趋于严格，区分了只登载本单位已刊登播发的新闻信息和登载超出本单位已刊登播发的新闻信息的情况，新闻单位设立的登载超出本单位已刊登播发的新闻信息的互联网新闻信息服务单位与非新闻单位设立的转载新闻信息的互联网新闻信息服务单位一样，都必须经国务院新闻办公室审批才能成立。这样严格针对的显然是登载超出已刊发的那部分新闻。分析这些变化，可以发现一些问题。

非新闻单位设立的转载新闻信息的互联网新闻信息服务单位以及新闻单位设立的登载本单位已刊登播发的新闻信息的互联网新闻信息服务单位所涉及的只是转载和登载的情况，而新闻单位设立的登载超出本单位已刊登播发的新闻信息的互联网新闻信息服务单位就面临着"超出本单位已刊登播发的新闻信息"的来源问题。"登载"包括发布和转载（在 2000 年《互联网站从事登载新闻业务管理暂行规定》第二条："本规定所称登载新闻，是指通过互联网发布和转载新闻。"），登载超出本单位已刊登播发的新闻信息，应该包括转载和发布两部分，重点是发布的这一部分信息从何而来？对此 2005 年的《规定》并未涉及。现实中这一部分信息只能从原新闻单位来，实际上，新闻单位的网站从网站本身来讲无需采访权，因为其所依托的是新闻单位雄厚的新闻资源，如人民网，新华网，这些网站看似独立，实际上只是其所属媒体的一个传播媒介、一个发布部门。其次，这些网站的许多工作人员都持有其所依靠的传统媒体的记者证，真正遇到网站自采的时候，他们往往可以以传统媒体记者的身份进行采访，只要相关人员不要无所顾忌，自称是网站记者就可以了。①

也许新闻出版总署自己也觉得对这些网站的限制意义不大，所以在2010 年 7 月 23 日发布了《关于在中央重点新闻网站试点核发新闻记者证的通知》，但是这种试点并没有从根本上改变网站没有新闻采访权的现实。从中国的网络传播出现之初，源于其强大的传播力和不易被操控性，政府管理部门就对之充满了不信任，这种不信任以不给采访权的方式表现出来，当然管理部门也想通过对采访权的控制体现其管理能力。但是任何管理都有一个效果和合理性的问题，不给网站新闻采访权真的可以控制网络新闻特别是网络原创新闻的传播吗？

二、没有新闻采访权的网络新闻传播

学界与民间对网站的新闻采访权的态度比较一致，他们对网站没有采访权表示不满，很多人从宪法规定的言论自由，媒体的社会功能等角度予以论证，呼吁应该给予网站新闻采访权。但是业界的态度却有些暧昧。时任新浪执行副总裁、总编辑陈彤曾在其关于新浪新闻的《新浪之道》中声称："新浪更加看重网络新闻的整合能力，而不是追求原创"。②新浪的这种定位，实际上也是避开政策的陷阱，抓住了在现行体制下的生存之道，另一方面也是表明有没有新闻采访权，对新浪新闻并无大关系。新浪新闻是门户网站中

---

① 据 2003 年 3 月 16 日《中国青年报》报道：3 月 15 日，北京一媒体记者在记者招待会上违规以网站名义提问，被取消"两会"采访资格。"两会"新闻中心有关人士强调，这次"两会"期间有多家依托通讯社或报社的网站参与了报道，但按现行规定，网站的工作人员均没有采访权。

② 陈彤：《新浪之道：新浪的网络新闻观》，http://vip.book.sina.com.cn/book/chapter_37530_22208.html。

具有标志性的代表，新浪新闻对网络新闻采访权的态度是缘于其对自己新闻的定位，另外两家比较有名的非新闻机构的网站搜狐和网易也未见有强烈地要求政府给予新闻采访权。为什么民间、学界如此强烈地呼吁网站应该拥有新闻采访权，而业界——网站（真正的利益相关者）却态度暧昧呢？真的只是如新浪的新闻定位问题，网络新闻重在海量信息的传播而不必在意新闻的挖掘吗？

要回答这些问题，首先要仔细分析什么是新闻？什么是新闻采访？这个看似是人尽皆知的问题，在网络新闻中却是被分解认知的。

"新闻"最传统的定义是"新闻是新近发生的重要事实"，而比较流行的观点是"新闻是一种信息"，相对于"事实说"，"信息说"涵盖的内容更广泛，除了事实，还包括观点、思想等。而新闻采访，比较传统的观点认为是一种调查研究活动；比较新的观点认为是一种采集新闻素材的活动。很明显后者更接近新闻活动本身的特点，而前者则多少将社会调查活动中的采集与新闻采访混合在一起。从新闻是事实的观点出发，新闻采访所针对的是事实的搜集，而从新闻是信息的角度出发，新闻采访是对信息的搜集，前者所面对的是原生态的现实，而后者除了原生态的现实（现实本身所表现出来的也是信息），还包括从其他渠道转述的事实以及来自网络媒体外与网络媒体自身的认识和观点。

从政府方面而言，其所阐述与坚持的不给网络媒体新闻采访权，实际上是从事实的层面来界定新闻的，说的更明白一点，不允许网络媒体接近原生态的事实，而网络媒体更多地是从信息这个角度看待新闻，以此而论，实际上网站的新闻活动并没有受到太大的影响。再进一步讲，网站有时实际上也突破了对事实的采访这一禁区，网站虽不能派员去网站外采集事实（包括人物访问），但是其可以请人来网站，利用网络进行采访，而实际上这是一种更现代、更直接的互动式采访，在这样的采访中，很多时候是网民直接与采访对象交流，其采访过程可能被千万人浏览，其影响会更直接和显著。

网站不怎么在意有无新闻采访权的另一个重要的方面是论坛、博客特别是微博等方式的兴起，这些方式是网络技术优势的体现，同时也为网络新闻信息提供了广阔的平台。政府的新闻采访权并没有涉及这一部分，而这一部分中所传达的信息却是网站中影响最大的一个方面。网民在特定的新闻事件面前由于掌握了发布平台而转化为公民记者，在这部分由网民发布的信息中不乏大量的事实信息，网络已经成为备受学界关注的公民记者发布原创新闻的重要渠道。在这些技术平台上，信息几乎是完全自由流动的，它可以来自任何方面，也可以流向任何方向，其间唯一受到或是可能受到的截流是网络编辑或版主之类可以称之为网络把关人的方面，但这已属于网站内部的事情，做与不做，靠的不是政府对新闻采访权的限制，而是有关的法律规范，如《全国人大常委会关于维护互联网安全的决定》。但是，这些法律规范真正针对的是有害的信息，对于正常的信息流动并无大碍。联系网站没有新闻采访权的规定，就会发现一个悖论，普通人可以通过互联网发布自己采集的新闻，网站可以发布普通人采集的新闻，但自己却无权采集。

这样看来，所谓不给非新闻机构网站新闻采访权，实际上就只是限制了其很小一部分，可能仅仅是官方的新闻这部分，对这一部分新闻采访权的限制到底产生了什么样的作用，是积极的还是消极的？是有益的还是无益的，其中受益者是谁，谁是受损者，这些问题在官方的规定中并没有予以说明和阐释，但却是应该要思考的。

三、无效的限制与有效的破坏

从法理与逻辑上讲，言论自由是宪法权利，而"言"一定要有内容可言，所以要先有"知"的权利来保障"言论自由"。"知"可以是公民自己去寻找，也可以要求官方发布，还可以让媒体代为采集，通过媒体的发布来达到"知"的目的，而媒体的采集权实际上是公民知情权的前提和表现，是公民把自己应该享有的用来保证知情权、言论自由权能够正常行使的对信息的搜集权利，让媒体代劳，因而媒体的新闻采访权不应该是政府以行政的方式批准的，而是宪法赋予公民的基本权利。况且记者在实施此项权利时，其自身也是公民，理应享有此项权利，记者的身份只是方便其采集信息，并不决定其是否享有采访权。

但是，从中国目前的现实看，新闻采访权首先是特定新闻机构所拥有的，（确切地说是新闻单位所拥有的，新闻机构是指有新闻传播功能的媒体，而新闻单位则是经有关部门批准的有新闻传播权利的媒体，而且这种权利还必须是完全的，至少是包括新闻采访权的）其次，新闻采访权是由记者实现的，但是记者只是实现者，不是权利所有者。对记者的管理在 2005 年形成制度，以资格认证的方式予以体现，而且这个资格的认证与记者的采访权利实际并无太大关联，起决定作用的仍是媒体。一个人具有记者资格，并不等于他同时就具有采访的权利，有了资格的记者只有依附于某一个媒体，才有新闻采访权。没有媒体作为依托，只握有资格证，是无权进行新闻采访的。正是这个背景使得管理部门不给网站采访权有了所谓合法的制度前提。

　　网站的新闻采访权问题某种程度上讲是中国体制内的一个问题，不是法理、学理问题，网络新闻采访权问题实际上是作为非新闻单位的网络传媒的时政新闻采访权问题。同时，网络在其自身特点所体现的信息传播方式的过程中，仍然进行着新闻的采访，国家不可能完全限制这一部分的网络采访、互动，否则互联网就不是互联网了。可以毫无疑问的说，现在的网络新闻传播并没有受网站没有新闻采访权的影响，但是这种本来没有多大意义的限制却对法律、法规的权威、政府的形象带来不小的负面影响。如果政府有关方面颁布实施了一项法规，要么严格执法确立其权威，要么发现其与现实不符，就要修改或废弃。网站的新闻采访权问题，已被议论了十年，在今天的网络新闻传播中已变得没有意义。其被官方一再地强调只会招来社会各方面包括国际上对中国新闻自由和人权的议论，这里面的政治成本是无效付出。某种意义上说，其破坏性远远超过其建设性。网站新闻采访权实际上已不是权利本身的问题，而是一个体制问题，其所向世界展示的不会是积极的信息，对中国形象的展示只会是破坏性的，而其所谓的限制也是毫无意义的。

浅析广播电视体制对公共利益的
保障力及媒体责任的约束力

——以美国广播电视体制变迁为例

● 王　翎

一、美国广播电视体制发展阶段

(一)广播电视体制分类及特点

广播电视的出现时间晚于报纸、电影，从诞生之初就伴随着社会政治、经济、文化的变迁，而体制是体现政治、经济对广播电视影响的最直接的表现。郭镇之教授总结："广播电视体制是一国广播电视事业赖以建立和组成的所有制形式和结构方法。"[①] 广播电视体制通常主要包括两方面内容，一方面是法律法规，一方面是组织与经营的内容。

通常可以将广播电视体制分为五类，分别是：1. 国有国营，国家拥有并直接经营电台、电视台；2. 国有公营，国家拥有广播电视的所有权但由公司在社会各界参与下自主经营并管理电台、电视台；3. 社会公营，包括由社会各界联合经办和由某个公众团体经办两种情况，通常都有独立的法人单位，以服务社会为宗旨，在法制范围内独立地进行业务活动和经营管理，国家依法在宏观层面进行调控管理；4. 私有私营，由私人独资、合资或组成股份公司经营广播电视，资产为私人所有，通常以营利为目的，实行商业化经营，按市场规律运作，广告为其主要经济来源；5. 公私合营，国家和私人合资或

---

① 郭镇之：《中外广播电视史》，复旦大学出版社 2008 年版，第 36 页。

合办广播电视机构，国家通常处于主导地位，既实行商业经营，又保证了国家在机构内部的调控制约。复旦大学李良荣教授将世界新闻媒介归结为三大运行体制，分别是："一、以美国为代表的以私有制为主体的完全商业化运行体制；二、以西欧各国为代表的公私并举的双轨制运作体制；三、以中国为代表的完全国有的有限商业运作体制。"① 然而，商业化运行体制在美国的确定并非一朝一夕，也并非孤立成就，而是经过了漫长的发展演变。

（二）美国广播电视体制的发展阶段

美国匹兹堡的 KDKA 电台于 1920 年 11 月 2 日开始播音，标志着世界广播事业的诞生。广播业诞生的很长一段时间里，基本是无序竞争。《1927 年无线电法》的出现，奠定了美国广播管理体制的雏形。该法案要求广播必须满足"公共利益、方便和必需"（Public interest，Convenience，Nesessity），同时电台执照、频率也要由联邦政府统一分配，执照持有者作为公众的受托人首先要是美国公民并且没有不良犯罪记录，必须要保持中立并且公平、公正地反映政府、政党、个人、宗教、社会团体的声音。

《1934 年通讯法》（Communication Act of 1934）在《1927 年无线电法》的基础上，开宗明义，明确指出电波属于公众。为了保障美国公众在广播的收听和使用中获得最大利益，政府将空中的频率资源定义为公共财产，政府代表公众对无线电资源进行管理，广播电视机构的运营必须以"公共利益、便利、必需"为准绳，不得将商业利益置于公共利益之上，必须自觉地为公共利益服务。同时，美国创建永久性机构——美国联邦通讯委员会（Federal Communications Commission，简称 FCC），负责颁发广播电视许可证和监测无线电波。

《1967 年公共广播法》的突出贡献是将公共电视制度合法化。它不仅完成了从教育电视到公共电视、从基金资助到非商业电视网的联邦财政资助的过渡，同时还标志着 20 世纪 50 年代福特基金会和 60 年代肯尼迪、约翰逊官方政策的终结。在该法案颁布之前，美国主要通过对商业广播电视施加种种约束来保障公共的合法利益。《1967 年公共广播法》的出台，直接催生

---

① 李良荣：《新闻学概论》，复旦大学出版社 2004 年版，第 177、179、181 页。

了非营利性机构—公共广播公司（Public Broadcasting Service，简称 PBS）的出现。

20 世纪 80 年代之后，随着以数字电视、互联网为代表的新型传媒技术的不断发展，电波资源也不再稀缺。美国联邦最高法院和美国联邦通讯委员会相继改变了传媒管理理念。《1996 年电信法》（Telecommunications Act of 1996）是美国政府有史以来对广播电视进行的最大刀阔斧的改革。自 1996 年 2 月法案颁布之后，之前的"公共利益、方便和必需"、"公共利益至上"被"商业利益优先"的原则所取代。新的电信法对广播电视公司拥有的电视台和电台数量不作任何限制，只要求一家广播电视网在全美的覆盖率不能超过 35%，电视执照的年限也从 5 年延长至 8 年。广播电视业和通信产业全面解禁，在提升广电和电信产业的市场扩张能力的同时，促进了产业结构重组，最终达到有效降低费率的目的。在 2003 年 6 月，法律又放松了对覆盖率的规定，从 1996 年的 35% 提升至 45%，同时允许一个地区内的报纸、电视台、电台可以交叉持股。简言之，美国联邦通讯委员会大力放松管制，以促进传媒提高经济效益。

二、体制变化对媒体责任的影响

广播和电视作为电子媒体，所提供的节目都是稍瞬即逝的，有别于传统的报纸、杂志，后者拥有具体而独立的、具有商品属性和意义的载体。虽说大多数报纸、杂志也需要通过广告销售来盈利，但是它们毕竟有可以直接进入市场流通领域，实现其商品的价值的载体。而新兴的广播电视传播必须借助于电波的"公共性"发射，这一方面使得电视台不可能直接面向观众收取费用；同时，尽管在美国商业电视形成的初期，电视台的建立被直接同电视机生产厂商的产品销售紧密地联系在了一起，包括 KDKA 电台的出现也是因为西屋公司为了更好地销售其广播产品，但观众购买收音机及电视机的一次性支出，远远不足以用来长期支付节目制作的支出，更不可能形成利润。媒体的特性从根本上决定了广播电视节目无法直接作为真正意义上的商品进入市场流通领域，其商品的价值不可能直接实现的特性促使广播和电视媒体必须在节目的生产播出同受众的观赏消费之间，寻找作为第三者的中间环节，这就为广播电视广告的出现铺平了道路。广告通过对广播电视播出时间的经济性的占有，及受众收视习惯的了解，实现了广播电视的投资者或拥有者对经济利益的获取。

这种经济利润的获取，是同观众对广播电视节目接受与欢迎的程度紧密联系在一起的。节目被受众欣赏、认同的几率同广告诉求被接受的程度基本构成了正比关系。受观众欢迎和喜爱的节目播出时间段，成为了广告主投放广告的热点；同样，广播电视的经营者想要获得最大利润，就必须策划播出受众喜欢的节目。吸引受众眼球成为节目生产、播出行为的最终目标。

由此可以看出，低成本的制作费和高额的广告费是保障商业广播电视利益最大化的两个利器。然而，低成本、低投入，可能会带来节目粗制滥造的结果，节目质量的下降必然会导致广告收入的下降。如何平衡节目投入与广告收入的关系成了摆在商业广播电视面前最大的问题。伴随着商业广播电视的发展，以新闻节目为例，为了节约成本、吸引受众的关注，在新闻事件尚未得到当事人确认的情况下就进行报道从而引起新闻失实事件时有发生。

美国政府也意识到了问题的严重性，于是《1967 年公共广播法》问世了。最初美国发展公共电视事业的主要动机就是"匡正商业电视机构对于经济利益的过分追求和对社会弱势群体的关照不足，因为商业电视受制于广告商，迎合观众口味，往往偏离最佳的社会效益，多元性丧失"[1]。与专注于社会中具有旺盛消费欲望的受众的商业电视大异其趣，美国公共电视旨在寻求服务的普遍性、内容的多样性、编辑的独立性、社会责任至上、高质独特的文化内容、公共财政、经营的非营利性。[2]

公共电视的出现为美国商业广播电视业注入了责任与道德，媒体的责任感得到了很大程度的提高。广播电视不仅是获取利益的工具，还应作为公共启蒙和社会教化的工具。它们具有许多潜在的、可供开发利用的功能，比如，电视可以发挥教育功能，以此弥补美国教育制度的不足；又如，在更普

---

① 陆地，方芳：《国际公共电视的历史、现状和发展趋势》，《声屏世界》2005 年第 8 期，第 16 页。

② 参见张军：《公共电视频道 '公共利益' 的缺失》，《传媒》2007 年第 5 期，第 70 页。

遍的意义上，经过改进的具有深度和广度的公共事务节目会比商业电视给予美国公民更多的知识；再次，商业广播电视在播出与戏剧、音乐、电影和其他艺术形式相关的节目时，首要考虑的是利益，而一些先锋派的艺术家想获得参与商业媒体制作的节目的机会往往难度较大，然而在公共电视这里他们得到了支持，而不是被埋没。同样，在没有收视率压力的情况下，公共广播电视的新闻节目虽说时效性略慢于商业新闻，但在可信度方面却占据优势。

然而，里根政府开始大幅消减公共机构和设施的费用，在没有广告的前提下，缺少了资金支持，公共电视的节目制作费得不到保障，举步维艰。2004年，联邦政府供给公共电视的资金只有411,977,779美元。同年，作为跨国传媒集团巨头的时代华纳全球总收入已达到42，089，000，000美元，基本是公共电视所得到的划拨资金的一百倍。

商业电视在与公共电视的竞争中开始占据绝对优势。商业电视为了提高收视率，采取了迎合与制造的手段。迎合就是根据观众的观赏热点去选择节目制作团队和节目内容；制造是指在迎合的同时适时地、有机的去发掘、尝试、造就新的消费热点。美国三大广播电视网（NBC美国全国广播公司、CBS哥伦比亚广播公司、ABC美国广播公司）对1984年洛杉矶奥运会的报道和转播过程，将商业广播电视的运作发挥到了极致。根据传播学中的"议程设置"理论，"在特定的一系列问题或论题中，那些得到媒介更多注意的问题或论题，在一段时间内将日益为人们所熟悉，它们的重要性也将日益为人们所感知，而那些较少注意的问题或论题在这两方面则相应地下降"[1]。简言之，媒体对某种事件的报道数量和关注度和受众对其的关注程度基本呈正比关系。在奥运会开幕之前，广播电视网就开始大力宣传，随着开幕式的临近，宣传力度也随之增加，从而引起观众强烈的观赏欲望；奥运比赛期间定时定量的赛事报道，及时的跟踪采访，以及对焦点赛事的预测，都使得这一议题不断被持续关注。但仅有迎合还远远不够，还必须制造热点，于是，"女飞人"乔伊娜、篮球"梦之队"、"跳水王子"等夺冠过程的详尽而突出的

---

[1] 沃纳·赛佛林、小詹姆斯·坦卡德，陈韵昭译：《传播理论：起源、方法和应用》，福建人民出版社1985年版，第6页。

报道，在创造全民偶像的同时，也在挖掘着偶像背后的故事。正因为如此，洛杉矶奥运会期间的电视收视率达到创记录的程度，电视广告的费用也创下记录。

再以新闻节目为例，近年来，为迎合普通观众的口味继而获取巨额利益，新闻明显呈现出故事化的倾向。CBS 的《街头故事》、ABC 的《没有公开的故事》以及 NBC 的《没有结果的秘闻》，以挖掘社会阴暗故事为背景，用绘声绘色的语言来吸引观众，严重违背了新闻职业道德。

除此之外，近年来，基于公众对娱乐内容的消费需求，为了提高收视率从而实现对商业利润的最大化，美国商业媒体还存在高度娱乐化的情况。20 世纪和 21 世纪之交，美国的电视娱乐节目达到新的高潮。1999 年 8 月，美国广播公司推出名为《谁能成为百万富翁》的知识竞赛节目，其奖金高达一百万，几乎每期都能吸引近 1500 万的观众收看。为了与美国广播公司抗衡，哥伦比亚广播公司于 2000 年 6 月推出了实拍的野外生存节目《幸存者》，其观众数量一度超过 1500 万人。随后，美国全国广播公司的职场真人秀节目《学徒》问世了，一度掀起收视狂潮。三大广播电视网对真人秀节目的热衷引发其他电视媒体的争相仿效，有美国第四大电视网之称的福克斯公司（FOX）随后推出了《诱惑岛》，电视内容的娱乐化达到了高潮。电视传播信息的性质日渐弱化，而娱乐功能则日渐突出。

三、体制变化对公共利益的影响

商业广播电视根据利益获得的多少来控制"议题"，这使得很多本来该被受众所熟知的内容进入不了商业广播电视的节目中，这就大大影响了公共利益。1967 年，卡内基教育电视委员会在研究报告《公共电视：行动纲领》中提出，电视作为公共启蒙和社会教化的工具，具有许多潜在的功能，比如弥补美国教育体制的不足；帮助美国人了解他们生活的时代等等。为了更好地补救商业电视对公众利益关照的缺失，美国公共电视多年来坚定地恪守以下原则：第一，普遍性，公共广播电视必须是全国每一个公民都能平等使用的媒体，和受众的社会地位、收入无关，公共广播电视机构面向全体国民传递声音并为最广大的公众所使用；第二，多样性，公共广播电视提供的服务至少应体现在三个方面，即根据它提供的节目类型、达成的目标观众和讨论的主题；第三，独立性，公共广播电视应该成为一个各种观念都能自由地表达，各种信息、意见和批评都能传播的论坛；第四，差异性，公共广播电视提供的服务与其他广播电视服务有区别。①

对于美国媒体来说，公共意味着非商业，意味着政府和其他组织资助公共电视做节目，但并不能决定公共电视的内容，公共电视只为"公众"负责。例如在"9·11"事件当天，所有的商业电视一遍又一遍地播放恐怖袭击的画面，但公共电视仍然坚持播放儿童节目。目的就是为了给无辜的、不谙世事的孩子们在那么恐怖的一天中保留一个相对平静的天堂。

然而，随着20世纪80年代开始经费的不断减少以及节目制作费用的不断提高，公共电视必须寻找更多的赞助。在美国，制定规则的人本来设置了种种方法来阻止赞助商做某种形式的广告，但近年来，这种底线似乎在不断松动，甚至开始存在着某种形式的交易（trade-off）。政府和其他组织资助公共电视做节目，但并不决定公共电视的内容，听上去非常完美，但是现实是赞助商要确定他们赞助的节目必须让他们的潜在顾客看到，他们也想通过节目来传递产品的信息。不仅是赞助商，甚至是政府，也希望通过媒体来引发、引导甚至控制舆论。正如美国公共电视记者格温·艾菲尔所说："每个政府都想在媒体上反映他们的观点。不同的是，'9·11'以后的那段日子，媒体报道中有种爱国主义的论调。但我的工作只是告诉人们发生了什么，我没有感觉到很多的压力，当然有些人感到了，我能理解。我相信，布什政府试图非常努力地影响媒体，但他们如此做的效果并没有他们想得那样好。"②

综上所述，在美国激烈的竞争环境下，不管是商业广播电视还是公共广播电视，在保证节目质量之前首先要做到的必须是生存。而广播电视体制的管理杠杆稍微倾向于某一方，另一方就必须花费大量的精力、财力来应对。与此同时，媒体在应对政策变化时可能带来的影响就是媒体公信力的缺

---

① Editors: Monroe E. Price and Marc Raboy : Public Service Broadcasting inTransition: A Documentary Reader. Kluwer Law Interrmational.The Hague/Lodon/New York.2003, pp.3-4.

② 沈国麟：《美国公共电视的生存空间》，《新闻大学》2008年第2期，第98页。

失、受众知情权的损害。广播电视体制只有维持了公共电视的良好运作，才能让其在没有经费压力的条件下制作出优质的节目，从而起到制约商业广播电视的作用，进而才能最大程度地保障公共利益。

参考文献

[1] 郭镇之：《中外广播电视史》，复旦大学出版社 2008 年版。

[2] 李良荣：《新闻学概论》，复旦大学出版社 2004 年版。

[3] 沃纳·赛佛林、小詹姆斯·坦卡德，陈韵昭译：《传播理论：起源、方法和应用》，福建人民出版社 1985 年版。

[4] 周庆山：《传播学概论》，北京大学出版社 2004 年版。

[5] 陆地，方芳：《国际公共电视的历史、现状和发展趋势》，《声屏世界》2005 年第 8 期。

[6] 张军：《公共电视频道'公共利益'的缺失》，《传媒》2007 年第 5 期。

[7] 沈国麟：《美国公共电视的生存空间》，《新闻大学》2008 年第 2 期。

论电视购物的问题及管理规范化

● 许新芝 黄 冠

一、关于电视购物

在当今的社会生活中，人们对电视购物已经习以为常。但作为一种新型的零售渠道，从其在中国出现至今，一直饱受争议。曾有人直言不讳地将电视购物概括为，"节目制作请演员，产品包装学变脸，公司信息不露脸；成本不超过两成，产品效果不重要，卖得多才是关键"。更有甚者认为，"从电视购物进入中国的第一天起，就充斥着虚假、欺骗和暴利"。[①] 其实这种观点未免失之偏颇。现实的情况是，电视购物这种营销和交易模式因其方便、快捷、商品信息容量大等特点，已经逐渐被越来越多的消费者所接受和适应。但由于电视购物在我国缺乏法律法规层面的规范化管理和行业的自我约束，在运行过程中，出现了一些问题，使消费者的合法权益受到不同程度的损害。如果电视购物不能从建立健全法律法规入手，从行业整体上实现管理的规范化，其将难以健康的运行和持续性发展。

目前，在中国为大众所熟知的电视购物主要分为两种，一种是电视购物频道，另一种则是电视直销。电视购物频道，是由电视台自己组织货源或生产商品，自己拍摄制作节目，在自己的频道播出，由自己的公司销售的商品营销形式。电视直销购物，是由专业电视直销公司为主体，公司组织货源并制作成电视节目，再花钱租用申视台的频道和时间进行播出，委托第三方

---

① 陈宇：《是谁在搞垮电视购物》，《商界名家》2006 年第 10 期。

的配送和结算机构进行物流配送和资金结算的商品营销形式。

电视购物这种借助电视传播进行的无店铺销售形式和消费方式，在西方，早在 20 世纪 80 年代，随着世界经济的稳步发展和电视作为大众传播媒介对现代社会生活的影响日益深入，就开始出现在人们的日常生活中。此时美国电视购物频道就已经出现。1982 年，HSN（Home Shopping Network）全世界首家电视购物公司在美国佛罗里达州诞生，随即席卷全美。到 20 世纪 80 年代末，美国的电视购物成功实现商业化。

事实上，不仅在美国，在韩国、日本、中国香港等亚洲国家和地区，电视购物作为购买商品的一个重要渠道，也早已为消费者所接受。商家借助电视这种世界上影响最广泛的传播媒介，利用其广大的受众群体，向电视机前的消费者形象直观地推销各种各样的产品，并辅以便捷的配送服务，实现了可观的经济效益。据资料显示，仅美国有线电视网电视购物的年销售额就达上百亿美元。

在中国大陆，20 世纪 90 年代这个时间节点则成为电视购物的开端。1992 年，广东电视台的珠江频道播出了第一档电视购物节目，开创了中国大陆电视购物的先河；1996 年大陆首个专业购物频道北京 BTV 开播。2005 年 3 月 8 日，第一届广州电视购物博览会在广州开幕，2006 年 12 月 28 日，中央电视台宣布"CCTV 中视购物"频道开播，标志着中国主流电视媒体正式入主电视购物领域。与此同时，国内众多购物频道如快乐购物、欢腾购物、家家购物等也相继亮相电视荧屏。2003 年以来，随着中国经济的高速发展，电视购物的市场以每年 20% 的速度增长，中国的电视购物已经进入一个蓬勃发展的兴盛时期。

电视购物作为一种新兴的商品零售方式，其实现价值的基础是借助电视媒介大众化、覆盖广、影响大的媒介优势，推销数量巨大、品牌众多的各类商品。但就在电视购物迅速发展并越来越受到消费者关注的同时，种种的消费投诉和消费纠纷开始出现，纠纷背后则是电视购物自身和运行环节中存在的弊端和问题。尤其在其节目播出、产品质量、售后服务、行业监管等环节中显现出的问题和缺陷已经引起人们广泛关注，甚至使电视购物遭遇空前的信誉危机。

随着"一日瘦"、"近视回归镜"等电视直销产品的虚假宣传被曝光，消费者对电视直销的信任度越来越低，号称"广告狂人"的"侯总"和他的"八心八箭""劳斯丹顿"；功能强悍的"799元无限上网电脑"等产品不仅再次成为人们热议的焦点，同时也又一次将电视购物推上了风口浪尖。据中消协统计，2009年上半年，销售服务投诉量同比上升68.7%，电视购物仍然是投诉重灾区。数据表明，"3·15"期间国家工商总局发布的3992件非现场购物投诉中，电视购物投诉达1731件。[1]2010年一季度，上海12315受理的22272件投诉、申诉中，涉及电视购物的为3075件，高居榜首，与2009年一季度相比上升了284%。[2] 种种现象都在向我们说明，电视购物在方便我们生活的同时，其自身及其发展中出现的问题也应该为我们所关注。

二、电视购物发展过程中显现的问题

目前中国的电视购物已经很普遍。但无论是电视购物频道还是电视直销购物，在不同的方面和环节中，存在着许多共同的问题和弊端。

（一）电视购物节目自身

1．过分夸大商品价值和性能，引发大量纠纷

电视购物想要实现产品自身的经济价值，最重要的是要在有限的节目容量范围内抓住观众的眼球并激发其购买产品的欲望。怎样突出产品神奇的功效、性能，彰显产品超高的收藏价值和使用价值，同时还能够让"谁用都有效""一用就见效"，用别人十分之一甚至是百分之一的钱买到价值远远超出售价的商品和服务，就成了电视购物至关重要的"卖点"。为了达到目的，在节目宣传中对所推销的商品性能、效果、价格的过分夸大，"一日瘦"、"百病消"之类的不实宣传口号开始大行其道；谎称"限量"、"专属"、"官方发售"等来吸引观众注意力；借用诸如"准3G"、"晶钻"、"高分子"之类模糊的专业术语误导消费者等，诸多虚假夸大现象有泛滥之势。

---

[1] 参见窦红梅：《电视购物—专家来给您支招》，《北京日报》2009年9月3日。

[2] 《电视购物缺乏监管问题多 九成观众一见就换台》，2009年8月31日，http://news.sohu.com/20090831/n266349521.shtml。

以 2009 年度 315 消费电子投诉网数据统计排行第一位的数码手机类产品为例，OBEE（振华欧比）手机在其电视购物卖场中声称，该手机系采用最新通讯技术研发和制造的"准 3G"手机，只要购买了该款手机，打电话通通不要钱！不管在哪里！不管打多久，通通不要钱。然而事实证明，在我国现行电信运营标准中完全没有"准 3G"这一概念，至于打电话不要钱则完全是赤裸裸的对消费者的欺诈宣传。标榜"超值品质""超强性能""超低价格"的手机则是彻彻底底的"山寨"产品。①

又如，曾一度火爆电视荧屏，号称"早上戴晚上瘦！晚上戴早上瘦！8 小时瘦 1 斤，一天瘦 2 至 3 斤！"的联邦戴戴瘦产品，消费者在购买使用后不仅完全没有达到效果，而且还导致耳朵出现瘙痒、红肿、溃烂的损伤迹象。

诸如此类产品的宣传将其功能"神"化，将其价格吹嘘的异常离谱，使得一些不明就里的消费者极易被打动，而在购买商品之后又会和宣传中的功效形成参照对比，产品功效未能达到（也必然不能达到）自己的心理预期，消费者自然会产生"上当受骗"的感觉，这种感觉在消费者中口口相传，就必然的对产品的形象形成不良影响，进而出现大量消费者投诉声讨该产品的现象。由此一来产品的生命周期也就必然宣告终结。

商品性能的夸大宣传带来的直接后果就是大量的消费投诉和消费纠纷，因为消费者购买到的产品跟广告宣称的出入太大，完全达不到购买时的心理预期，甚至有些产品根本无法正常使用，更有甚者则是对消费者的人身安全和健康造成了危害。由此一来消费者要求退货、赔偿等纠纷甚至诉讼就随之产生。

2. 售后服务难以达到公开的承诺，产生大量投诉

随着市场经济程度的不断深化，消费者不单是对商品的质量要求越来越高，同时对于售后服务的品质和力度也越来越重视。因此，售后保障的缺失也被消费者视为电视购物的一大弊端。

---

① 《2009 年度电视购物行业投诉统计分析报告》，315 电子投诉网，http://www.dahe.cn/xwzx/zt/life/315/tsrd/t20100305_1757777_1.htm。

一些电视购物厂商试图通过不断的更改企业信息来达到逃脱履行售后服务的目的。例如，曾有一款便携式（简易）电脑的销售厂商在短短的半年时间里，多次更换公司注册名称（仅 315TS 收录到的该公司名称就多达 9个）、产品名称和产品型号以及客服热线，几乎每一次修改信息后，都会出现消费者的大规模集体投诉的情况。因为销售商品名称的改变使得售后服务变得无从谈起，使消费者投诉无门。生产厂家名称等注册信息的改变使一些企业购买前"七天包退货，一个月包换"的公开承诺，在交易完成后立刻就成了一句空话。诸如商品质量无保证、消费者所购商品与收到的不一致、有了质量问题不能及时退换货、退货后不能及时退款、售后服务难落实等问题屡屡发生并成了投诉的热点问题。更有甚者，在消费者打了一个订购热线咨询产品后，会接到多个"推销"电话，使正常生活受到干扰；这类问题的出现，使得原本具有相当发展潜力的电视购物行业背上了"骗子"节目的恶名，不但商家和媒体的经济效益难以充分实现，播出相关节目的媒体平台信誉和公信力也必然受到牵连和损害。

3．缺乏行业标准和品牌建设，不具发展核心推动力

我国目前电视购物行业标准不健全，行业门槛较低，是造成该行业鱼龙混杂、问题丛生的主要原因。

究竟什么样的产品可以进入电视购物卖场、卖场宣传应当采取怎样方式进行，都缺乏具体统一的行业规范来制约，在这样的环境下便造成了什么都能卖、想怎么卖就怎么卖的混乱状况。毋庸置疑，电视购物可以"短平快"的迅速捧红一个产品，或许在短时间内企业和商家的利益得到了实现，但是如果在这个变"红"的过程中存在虚假宣传和欺诈行为，那么长此以往，企业和商家信誉及媒体公信力和形象必然会受到破坏性影响。

随着一幕幕电视购物骗局被拆穿，众多消费者利益遭受损害的同时，电视媒体的公众信誉度也受到了最直接的伤害，更深层次上，中国的电视购物行业在未来的发展和相关监管部门的口碑与公信力也会大打折扣。因此，为了杜绝这一系列问题的发生，我们必须要加强行业监管，在行业终端进行建设，做好品牌的维护。如果行业监管缺失，在品牌建设、终端销售方面存在诸多问题，整个行业发展没有一个核心推动力，而单凭广告拉动，那么火

爆的销售只可能是昙花一现。产品和行业最终将走向灭亡。

（二）播出平台：只审内容，不审产品，媒体形象受损

从我国现行的行业规范角度分析，目前大多数电视购物节目被界定为广告。然而广告的播出和投放，本应在电视台的监管之下进行，但我们不得不承认，在利益的驱使下，某些电视台却将这种权利和责任当成了赚取利益的手段。近年来有些地方甚至有广播电视节目管理部门从业人员和商品厂商同为一班人马的现象出现。

"客户广告只要符合《广告法》相关规定，批文齐全，不存在欺诈行为，我们就可以播"，"广告内涉及相关产品的审核应由工商、质检等国家机关负责，电视台不应承担产品质量、性能方面审查义务"。辽宁卫视广告部业务相关人员对采访因电视购物"买网卡送电脑"节目而引发纠纷事件的记者如是说。[①] 当被问及"997元买网卡送笔记本"这则电视购物广告时，该人员称"并不清楚"。"我们的广告业务外包给了广告公司，他们统一购买辽视的广告时段，然后再去运作，按分钟卖给广告客户。"

作为电视购物节目播出平台的电视台，对购物栏目中的产品、广告内容竟然一无所知。对产品销售方的资质审查和广告宣传产品缺乏最基本的信息了解，便许可其借助电视这一受众最广泛的大众媒介进行宣传和销售，我们不仅感慨，如此这般，电视购物问题频出，也就不足为奇了。

在中国，电视台是国有媒体。因而在人们心目中也具有相当的权威性和公信力，普通消费者对电视台的信赖程度要远远高于其他商品销售行业和渠道。很多消费者在面对某些感觉不靠谱的广告时，尽管心存疑虑，但因为是电视台播出的节目，就认为必定是经过层层把关的，并因为对电视媒体的信任而打消了对其节目宣传的产品的怀疑。而最让消费者相信的也是最让消费者失望的，当消费者自身权益受到因电视购物的商品导致的侵害后，联系电视台时，电视台通常是不做回复或无以回复。有些电视台及从业者为经济利益而淡化或忽略了媒体的神圣职责和自身道德操守，使电视购物的欺骗行

---

① 《买网卡送电脑太假　电视台为何成奸商帮凶?》，2010 年 2 月 27 日，http://bbs.gxsky. com/thread-7385983-1-1.html。

为借助电视媒体这个平台变的合情合理，荼毒百姓还可逍遥法外。

对于电视行业监管部门来说，监管对象和监管职责的不明确不垂直，自然也制约了他们的监管范围和监管力度。有专家建议，治理虚假违规的电视购物广告，应当实行"问责制"，一旦由于播出的虚假广告和不实的商品宣传对消费者的权益造成损害，主要损失应由播出媒体承担。消费者则呼吁要加强监管，相关法规及处罚标准也应及早介入，加大对违规企业的惩处力度，提高违法成本。严厉打击和制裁播出违法违规电视购物节目及广告的行为。

（三）行业监管不力，相关单位职责划分不清

引用负责起草《中国电视购物行业标准》的北京邮电大学教授、中国电视购物研发中心主任曾静平的一句话："目前电视购物归属广告类型，因此，工商总局、广电总局甚至卫生部、商务部等都能监管，出了问题就开始了互相推诿。"① 这说明，"电视购物"在我国，目前的性质界定还含混不明，这也成了在行业监管上产生问题和阻碍的主要原因。由于电视购物自身所具备的多种特性使得其在行业监管上难度颇大，监管部门责任分工的不明确，部分职能范围的交叉使得多方主管部门对于电视购物中所产生的问题开始"踢皮球"。

曾在央视3·15晚会上被曝光过的电视购物产品"好记忆学习枕"就明显存在夸大宣传等问题。但就此问题的处理，各方主管单位表示了不同的态度：国家广电总局相关工作人员认为，目前的电视购物节目是由多部门联合管理，广电总局只负责对播出的内容方面进行监管，而药品类广告是否合法，则应是由药监部门负责，而市场运行中的规范则主要是靠工商部门管理。国家工商总局有关人士则说，目前对电视购物节目大多还是按广告来监管的，由于没有明确规定对电视购物在播出前应进行审批，电视媒体往往是追逐经济利益而发布虚假内容，工商主要是靠"事后监管"，有的甚至还需要其他部门来提供侵权事实和证据。工商局有关负责人称，很多电视购物企业为尽可能逃避责任，大多选择在外地电视台发布广告，利益受到侵害的也

---

① 《专家建议电视购物划归广电总局监管》，2009 年 03 月 17 日，http://www.cctv.com/cctvsurvey/20090317/106568.shtml

多是外地消费者，部分受骗者由于考虑到投诉费时费力，最后维权行为也就不了了之。同时，经营者的广告违法行为是在外地发生，按照"属地管辖"的相关规定也只能由当地工商部门查处。药监局负责人则表示，依据《药品广告审查办法》，药监局日前已联合工商、新闻出版、公安执法等相关部门从今年年初开始，对涉嫌虚假宣传的部分药品实行法律许可范围内最严厉的惩罚，并许诺将定期监测电视和平面媒体刊登的药品广告，一旦发现涉嫌虚假宣传的广告，将对其实行暂停销售举措，责令生产企业在相同媒体相等版面刊登更正公告。然而"好记忆学习枕"是否属于药品和医疗器械，现在仍然没有准确界定。

从上述实例可以看出，电视购物在其根本属性的界定上模糊不清，管理部门职责划分和监管对象不明确，成为了诱发电视购物没人管，管不了问题的源头。

（四）消费者自身

消费者是电视购物交易过程中的重要组成部分，消费者的不成熟为销售者提供了不需要支付太高的成本就可以获得高额暴利的可能，进而使得他们通过各种方法在剖析消费者心理后，采取各种各样的营销方式甚至不正当手段来降低消费者的理性判断能力。面对电视中鱼龙混杂的购物节目和广告，作为消费者，首先应该擦亮双眼，在决定购买之前，通过电话、互联网等方式进行相关信息的咨询与了解，比如销售厂商是否具有正规的经销资质，销售的产品有无经过国家正规质量认证等，这些"功课"都需要去做，而并不是现如今盛行的迷信大牌明星代言，讲求名牌和权威。只有消费者自身更加成熟，才能使厂商和广告播出方更加注重自身素质和商品品质。消费者自身具有这种强大力量，才是杜绝电视购物虚假宣传，使自身权益免受侵害的最优办法。

三、电视购物存在问题的解决对策

（一）明确电视购物节目性质，确立主管部门和行业规范

"作为一个注册公司，工商总局要管；在电视台播出广告，广电总局要管；推销的产品又需要质检部门管。正是因为这种复杂性，造成了电视购物

一直无人监管的局面。"① 电视购物到底算是一个节目还是广告，在我国一直都没有明确。早在20世纪80年代初，美国就已把电视购物明确定性为节目。但在我国，由于各方面因素的制约，对电视购物性质的界定迟迟未能明确，这成为了一系列问题出现的根源。如果将其定性为电视节目，那么依照节目的相关流程和规范来制作，规定专门的播出时段，消费者能根据自己的需求来选择观看，就会有总负责人来把质量关，节目在制作和播出上就得考虑节目的艺术性、趣味性、思想性，需要考虑广大受众的接受心理，像现在电视购物里主持人疯狂的叫嚷、吆喝的现象就会从根本上得到遏制；如若将其定义为电视广告，我国《广告法》中关于虚假广告和夸大宣传的问题的处理方法和司法解释，便可完全适用于电视购物中出现的问题和纠纷，由此一来，所谓专家身份不能再假冒了，明星的代言和宣传也只能在法律规定的范围内进行，电视购物在公众的审视和监督下也就不敢再大言不惭的声称产品如何如何绝世无比了。总之，对其准确定性将会使得眼下电视购物中假冒专家、名人虚假代言、夸张虚假宣传等问题和现象得到集中地规避和改善。

（二）加紧制定专业性行业法律法规

在明确电视购物的性质后，便可依据电视购物自身特点和行业属性进行专业性、针对性的法律法规制定。在立足于整个行业可持续健康发展的基础上，客观分析中国电视购物的特点和背景，从客观实际出发，一方面充分借鉴外国或其他地区先进经验，另一方面结合自身特点制定一部权威性和操作性并重、符合我国国情的电视购物专业性法律法规。同时健全电视购物广告审查制度，制定规范严格的审查标准，规定审查程序，加强审查机构从业人员队伍建设，完善广告审查责任的长效问责机制；建立与健全电视购物行业性组织并制定相关制度体系，充分发挥行业协会的自律功能；加强社会监督与政府部门协调沟通和职能部门间的联动。将电视购物节目的审批、播出，电视购物的产品交易、售后服务等整个链条纳入法制化和规范化轨道。目前，我们已经可喜的看到，面对问题，有关部门已经站出来制定了部分切实可行的管理法规。2006年8月1日，国家广电总局、国家工商总局联合

---

① 罗坤：《中国电视购物的现状及发展趋势》，《商情》2010年第37期。

颁发了对药品、医疗器械、丰胸、减肥、增高产品等五类商品不得在电视购物节目上播放的法规条令，可以说这是自电视购物在中国出现以来，相关监管部门的第一次重拳出击。2009 年 4 月 15 日，国内首本电视购物质量手册《快乐购商品ＱＣ手册》在湖南正式发布。其中对商品标识必须用中文注明，进口保健食品必须有中国保健食品批准证书，对于氧化锆类的珠宝不能标注"水晶钻"忽悠消费者，附送的赠品也必须出具质检报告证书等问题做出了明确规定。[①]2009 年 12 月，广电总局发布通知明确规定，从 2010 年 1 月 1 日开始，电视台将对电视购物承担连带责任，此外还将对上星电视购物节目进行集中清理整顿。显而易见，尽管目前我国电视购物的法律法规还不够健全和完善，但毕竟已经迈开电视购物管理法制化规范化的步伐。

（三）提高市场准入门槛

当前之所以有如此之多的问题出现在电视购物节目中，与前期对其资质审查和企业信息审核过程中的疏漏和缺失有着必然的联系。想要使得我国电视购物产业得到良性健康发展，在前期电视购物企业申请注册时，就应当提高其准入要求。尤其是在对从事电视购物的企业注册资金、场地面积、呼叫中心电话接入数量等问题上必须保证高标准、严要求。确保进入市场交易的企业自身的规范性，客观上提高了企业的违法成本，促使企业权衡利弊，主动守法经营。我国现有相关行业规范在针对电视台投放电视购物短片广告的购物企业提出了 5 条准入条件，其中包括投放广告的电视购物企业的注册资本金不少于 1000 万元人民币和必须具有固定经营场所、售后服务能力等。播出机构必须严格审验这些条件，对不达标的企业不得通过并投放购物短片广告。同时特别指出，因审查把关不严，对消费者造成损害的，播出机构除要接受广播电视行政部门的行政处理外，还须承担相应的法律责任和经济赔偿。

（四）强化消费预警提示

在我国目前的电视购物条件下，消费者和经销商在一定程度上存在着

---

① 《广电总局关于电视购物频道建设和管理的意见》，2009 年 12 月 15 日，http://www.gov.cn/gzdt/2009-12/15/content_1487922.htm。

信息的不对等，消费者在消费信息占有量方面属于弱势群体，所以我们应当提倡和鼓励消费者权益保护协会发布针对性的消费预警。可以采用咨询热线、曝光网站、信息发布等平台供广大消费者咨询和了解，在交易进行之初做足功课，从而避免上当受骗，这样不仅可以有效地降低潜在消费侵权比重，减少消费纠纷，同时也减少了销售单位售后服务所消耗的成本，可以在保证买卖双方利益的同时将经济效益得到最大化实现。

四、结语

近年来，即使是在全球金融危机的背景下，我国电视购物行业依然快速增长。2009 年，规模增长 50%；2010 年第一季度，行业增长率超过 30%，其中上海东方购物增长率为 78%，湖南快乐购为 50%，橡果国际为 37%。总之，电视购物行业作为朝阳行业，不仅能为国家经济发展带来许多积极因素，同时也为消费者提供了全新的、便捷的消费模式和渠道。尽管在发展中还存在着诸多问题，在监管中还存在一些困境，但是我们相信，通过不断健全相关法律法规，进一步加强行业监管的力度，不断完善企业的经营模式，尝试推行一些具有针对性的办法和措施，有效地解决存在的问题，实现电视购物管理的法制化和规范化，电视购物产业必将大有作为。

参考文献

[1] 百度百科词条"电视购物"，http://baike.baidu.com/view/67490.htm。

[2] 李静颖：《业内人士谈电视购物：缺乏监管和自律致行业之罪》，《第一财经日报》2010 年 2 月 23 日。

[3] 王紫：《北京市消协提出规范电视购物节目五项建议》，《人民政协报》2009 年 4 月 27 日。

[4] 王彩萍、池建新等：《从东森得易购说起——对国内电视购物频道发展的思考》，百度文库，2007 年 3 月 25 日，http://wenku.baidu.com/view/13e9be23bcd126fff7050b62.html。

[5] 李京丽：《终端定位：电视购物的运营变革》，《新闻界》2008 年第 2 期。

〔6〕沈小枫:《中国家庭电视购物》, http://www.docin.com/p-87492743.html。

〔7〕曾静平、许学峰:《电视购物与品牌创新》,《北京邮电大学学报》2009 年 8 月第 11 卷第 4 期。

〔8〕温婷:《电视购物的两种业态及其渠道整合分析》,《学周刊》学术研究版 2009 年第 1 期。

〔9〕罗坤:《中国电视购物的现状及发展趋势》,《商情》2010 年第 37 期。

〔10〕郭俊:《是救命稻草,还是洪水猛兽——电视购物的利与弊》, 上海市场营销网, 2007 年 5 月 9 日, www.sh360.net/Article/200705/22158_2.html。

〔11〕《2009 年度电视购物行业投诉统计分析报告》, 315 电子投诉网 http://www.dahe.cn/xwzx/zt/life/315/tsrd/t20100305_1757777_1.htm。

〔12〕《先行赔付" 首次进入中国内地电视购物行业》, 中国新闻网, 2009 年 4 月 23 日, http://www.chinanews.com/life/news/2009/04-23/1661269.shtml。

〔13〕《广电总局关于电视购物频道建设和管理的意见》, 中央政府门户网站, 2009 年 12 月 15 日。

〔14〕《广播电视广告管理新令　引导广告经营走向新的平台》, 人民网传媒频道, 2009 年 11 月 20 日, http://www.cctv.com/cctvsurvey/special/02/20091120/104218.shtml。

〔15〕《行业标准: 重整电视购物品牌联盟》《中国质量万里行》, 2008 年 12 月 19 日, http://www.chinavalue.net/Media/Article.aspx?ArticleId=38110。

媒介侵权

论视频网站的侵权责任

• 杨芬霞

一、视频网站纷纷成为侵权主体

视频网站的兴起是以 2005 年 2 月美国的 YouTube 网站建立为标志的。创始人是 eBay 网络支付部门 PayPal 的三位二十多岁的职员查德·赫尔利、史蒂夫·陈和贾维德·卡里姆。YouTube 是用于上传和共享视频，允许上传不同格式的视频文件。从 2005 年 11 月允许用户分享自己制作的视频后，YouTube 迅速走红。用户每天通过 YouTube 网站观看的视频数量超过 1 亿。建立 18 个月后，YouTube 就被 Google 以 16.5 亿美元收购。大洋彼岸的 YouTube 神话激励着中国的创业者。2006 年，随着一亿多美元的风险投资涌入，中国有四五百家视频网站诞生。人们把这一年称为网络视频元年。网站运营别具特色：在内容制作来源方面，网络视频内容由传统影视的专业机构制作发展到草根类个人创作；在展现平台方面，从传统面向用户单向点播平台，转化到用户互动为主的 WEB2.0 分享为特征的播客形式；内容类别分得更细，更贴近娱乐性。网络视频核心特征是用户自主性，令其在与传统电视的比较上特点差异更突出。目前中国市场大约有超过 150 家经营视频共享业务。根据艾瑞在 2007 年发布的数据，视频分享的网民覆盖人数已经超过 7000 万，而估计 2010 年，网络视频用户规模可达到 1.8 亿人。据互联网版权工作委员会成立大会上透露，我国网络视频产业 2007 年的广告收入和个人付费收入已高达 9 亿多元。国内视频网站的迅速扩张也暴露出许多问题。

首先，视频网站发展迅猛，但是却存在着致命的先天缺陷，那就是版权问题。

视频内容因来源渠道多元化、授权链不清晰、权属查证困难而产生了版权法律高风险。在美国，Youtube 受到传统电视媒体的集体反攻。出版商和电影公司称之为"寄生虫"、"盗贼"，维亚康姆集团 CEO Philippe Dauman 说："毫无疑问，网民在 YouTube 上传未获授权的视频损害了我们的利益，我们已经要求从 YouTube 网站上删除维亚康姆的所有版权视频片断。"[①] 伴随指责的是接踵而来的侵权官司，Google 甚至发表声明称要拿出 2 亿美元"储备金"，来应对 YouTube 视频共享的侵权诉讼。据不完全统计，目前国内 80% 以上的网络视频影视内容是未经正版授权的。对于视频网站来说，"收视率"高的节目的版权，包括电影、电视节目、专题片，他们或者买不到，或者没钱买。也有一些视频网站从创立之初就坚持购买版权。显然，这需要巨大的资金投入和内容提供商的支持。各家视频网站通过盗版成功吸引人气之后，却引发新的问题。几乎零成本的节目导致该行业同质化竞争严重、盈利模式模糊。而缺乏盈利渠道也使他们无力去购买影视作品的网络传播权。这使视频网站的发展陷入一个恶性循环的怪圈。

其次，法律不完备、监管漏洞也使视频网站畸形发展。

从建立到相当长的时间，由于法律缺失、监管的不力，导致许多视频网站出现了低俗、恶搞的内容。据 2007 年统计称，视频网站播放的内容有 60% 涉及色情，盗版问题尤为严重。为此国家广电总局和原信息产业部于 2007 年联合发布《互联网视听节目服务管理规定》，实行准入制度。凡从事互联网业务的各大视频网站，必须取得"信息网络传播视听节目许可证"。2007 年广电总局公布的《获准开办网上传播视听节目业务的单位名单》中，只有 66 家网站获得批准。但提供视听服务的网站数量远远超过这个数。[②] 广电总局开始对视频网站的内容进行监管，2007 年，曝光、取缔了北京 10 余家非法网络电视台。2007 年 5 月，商务部发布了《2007 年中国保护知识产权行动计划》，网络侵权盗版犯罪被作为 2007 年的打击重点。商务部还筹建

---

① 三木译：《视频网络巨头的天使？撒旦？》，《数字电视》2007 年第 4 期。

② 邝新华：《视频网站打政策擦边球小心走上不归路》，《IT 时代周刊》2007 年第 4 期。

"鹰眼小组"，专门监控和打击互联网上侵犯知识产权犯罪。而在互联网著作权保护方面，2005 年 4 月 30 日我国第一部网络著作权行政管理规章《互联网著作权行政保护办法》诞生，2006 年 7 月 1 日起《信息网络传播权保护条例》颁布施行，为长久以来因互联网引发的诸多著作权问题提供了基本的法律框架。2011 年 1 月 12 日，最高人民法院、最高人民检察院和公安部联合公布了《关于办理侵犯知识产权刑事案件适用法律若干问题的意见》，对网络传播中的侵犯知识产权犯罪行为作了详细规定，网站或将面临更为严格的法律规范。但是，立法滞后，法律不健全，监管不力，使视频网站产业在发展初期就没有走上正途，许多依靠打擦边球，钻法律、监管空子的发展策略，使视频网站进一步发展付出了沉重的代价。而矫枉过正，过急、过于严厉的制裁和惩罚，既违背法律精神，也使许多视频网站举步维艰。

再次，视频网站纷纷成为侵权被告。

国家对网络侵权的监管和执法空前重视，视频网站纷纷站在被告席上。2007 年 4 月，国内规模最大、浏览量最多的视频分享网站土豆网被《疯狂的石头》信息网络传播权授权方"新传在线"告上了法庭，拉开了网络视频侵权官司的序幕。接着：

2008 年 2 月，美国电影协会代表 6 家电影公司对迅雷提出侵权诉讼，索赔经济损失高达 700 万元。

2008 年 5 月 7 日，北京时代影音国际娱乐有限公司因 PPlive 向公众提供电影《花花刑警》定时在线播放的服务，将其诉至上海浦东新区法院，索赔 33 万元。

2008 年 7 月，某部奥运主题电视连续剧出品方以侵犯网络信息传播权等为由，将优酷网、酷 6 网、六间房视频、我乐网和飞视网等五家国内知名视频网站告上法庭，共索赔 340 万元，同时要求被告方赔礼道歉和停止侵权。

2008 年 7 月 28 日，凤凰网向北京海淀区人民法院提起诉讼，状告酷 6 网和中国联播网侵犯其知识产权，分别索赔人民币 50 万元和 20 万元。

2008 年 8 月 13 日，央视国际网络有限公司状告迅雷网络技术有限公司网站（简称迅雷）和世纪龙信息网络有限责任公司两家网站奥运视频转播侵权案获得立案，并分别提出了赔偿 410 万元和 200 余万元的诉讼请求。央视国际称世纪龙 5 月 8 日在其网站上实时转播了中央电视台奥运频道的奥运火炬珠穆朗玛峰传递节目；而状告迅雷是因其网上出现了大量未经授权的火炬传递的视频。

2011 年 6 月 21 日，国家版权局在北京通报 2010—2011 年打击网络侵权盗版专项治理"剑网行动"进展：截至 2011 年 6 月，全国版权执法部门及公安、电信等部门共查处网络侵权盗版案件 1148 起，是 2005 年以来查处侵权盗版案件最多的一年。据国家版权局版权司司长于慈珂介绍，本次专项行动选定新浪、搜狐、优酷、土豆、酷 6、迅雷等 18 家重点视频网站作为重点监管对象，并针对这些重点网站的 300 部重点作品进行深度监管。①

国内多家视频网站轮番成为被告，而原因都无外乎版权问题。这一方面表明网络维权概念已经深入人心，另一方面也标示视频发展将到了整合分化时期。

二、视频网站侵权责任认定

(一)"避风港"原则是否可以成为抗辩理由

著作权领域的"避风港"条款最早出现在美国 1998 年制定的《数字千年版权法案》（DMCA 法案），是指在发生著作权侵权案件时，当 ISP（网络服务提供商）只提供空间服务，并不制作网页内容，如果 ISP 被告知侵权，则有删除的义务，否则就被视为侵权。我国 2006 年 7 月 1 日颁布实施的《信息网络传播权保护条例》（以下简称《条例》）也明确规定了信息网络传播权领域的"避风港"原则。《条例》第二十三条规定："网络服务提供者为服务对象提供搜索或者链接服务，在接到权利人的通知书后，根据本条例规定断开与侵权的作品、表演、录音录像制品的链接的，不承担赔偿责任；但是，明知或者应知所链接的作品、表演、录音录像制品侵权的，应当承担共同侵权责任。"可见是否适用"避风港"原则的关键在 ISP 是否"明知或应知"侵权。

2007 年 4 月新传在线（北京）信息技术有限公司状告土豆网，被称为

---

① 参见陈磊：《"剑网行动"查处网络侵权盗版案逾千起》，《科技日报》2011 年 6 月 24 日第 3 版。

"国内视频网站版权第一案"。上海全土豆网络科技有限公司应用了"避风港原则"进行抗辩。2008 年 3 月 10 日，上海市第一中级人民法院判决认为，对于此类网络服务提供者侵权责任承担与否的认定，应当根据《信息网络传播权保护条例》的相关规定并结合具体案情进行综合判断。"土豆网"提供的并不是单纯的网络存储空间服务，实际上是一个影音、视频的发布网站，删除涉嫌侵权作品的处理页面恰恰说明"土豆网"对上传到网上的作品是有批准过程的，因此被告称无法得知侵权是逃避责任的一种托词。法院认为，从一部电影拍摄所需倾注的人力和财力、涉案影片的热门程度等方面分析，被告作为专业网站理应知晓电影《疯狂的石头》一般不会是著作权人自行或许可他人在互联网上发布供公众无偿观看的。因此，可以认定被告主观上具有纵容和帮助他人实施侵权的过错。另外，法官从"土豆网"的后台设置分析，被告有权利和能力掌握和控制侵权活动的发生。然而，从不同用户先后多次在"土豆网"上发布《疯狂的石头》的事实来看，被告没有尽应有的审查和删除义务。故被告主观上具有纵容和帮助他人实施侵犯原告所享有的信息网络传播权的过错，不完全具备《信息网络传播权保护条例》第二十二条所规定的可不承担赔偿责任之条件。①

然而，2010 年 4 月，土豆网却也以"避风港原则"获得了两起网络视频版权纠纷案件的胜诉。在《魔方》一案中，上海浦东法院在该案判决书中明确"不能仅以被告网站出现了侵权作品而推定被告具有主观过错"，且"原告并未事先通知，且被告收到诉状后及时删除了涉嫌侵权视频，已经尽到了其作为网络服务提供商所应尽的合理的版权注意义务"②。法院最终判决土豆网进入"避风港"，免除赔偿责任。

同类案件之所以有不同的判决结果，主要是在对被告是否有主观过错的认定上存在差异。在前一个案例中，上海市第一中级人民法院判决在案件的判定上虽然推断被告方有过错，但所用只是或然判断。推断理由和结论之

---

① 参见《中国法院裁判文书库》，http://www.fsou.com/html/text/fnl/1175367/117536773.html。

② 崔西：《土豆网称借避风港原则胜诉激动网侵权起诉》，http://tech.sina.com.cn/i/2010-05-06/17324153302.shtml。

间并不是必然的、唯一的。让人感觉在这个问题上似乎适用了双重标准：侵权认定的无过错责任，以及侵权损害赔偿的过错责任。所谓无过错原则即不论行为人主观是否有过错，只要其行为与损害后果间存在因果关系，就应承担民事责任。从理论上说，归责原则强调的是行为者是否应承担责任的判断依据。"责任是归责的结果，但归责并不意味着必然导致责任的产生。责任的成立与否，取决于行为人的行为及其后果是否符合责任的构成要件，而归责只是为责任是否成立寻求根据，而并不以责任的最终成立为最终目的。"①

（二）如何确定侵权责任

各视频共享网站为了避免承担侵权责任，在网站的隐私和版权条款中都写有类似声明，如："本网站作为网络服务提供者，对非法转载、盗版行为的发生不具备充分的监控能力。但是一经发现，负有移除盗版和非法转载作品以及停止继续传播的义务。我们对他人在网站上实施的此类侵权行为不承担法律责任，侵权的法律责任概由本人承担。"可见，视频网站认为侵权责任应由上传者自负，自己不承担侵权责任。

最高人民法院 2006 年修订的《最高人民法院关于审理涉及计算机网络著作权纠纷案件适用法律若干问题的解释》第三条规定：网络服务提供者通过网络参与他人侵犯著作权行为，或者通过网络教唆、帮助他人实施侵犯著作权行为的，人民法院应当根据民法通则第一百三十条的规定，追究其与其他行为人或者直接实施侵权行为人的共同侵权责任。最高人民法院在《关于贯彻执行〈民法通则〉若干问题的意见》中阐释"共同侵权"为："教唆、帮助他人实施侵权行为的人，为共同侵权人"，把"帮助侵权"视为"共同侵权"的一种类型。共同侵权的合法性基础在于它合理分配损害，以减少社会危险因素，使受害人处于更优越的法律地位，从而获得更充分的保护。《民法通则》第一百三十条规定："二人以上共同侵权造成他人损害的，应当承担连带责任。"根据"连带之债"的原则，所有的共同侵权人都是必要的诉讼当事人，只有将直接侵权行为人列为被告，才可以对提供帮助的其他行为人提起诉讼。共同侵权责任的创设是为了让有共同侵权行为的人共同承担责任，而

---

① 李永军：《合同法原理》，中国人民公安大学出版社 1999 年版。

实际上却并非如此，在诸多的网络侵权事件中，只有网络服务商作为可视的责任人而最终独立承担侵权责任。虽在民事诉讼中可行，但是直接侵权人逍遥法外，网络侵权也并不会因此而减少，没有起到改善网络环境的作用，在一定程度上是社会资源的浪费。即使网络服务商在我国的连带责任中有权在全额赔偿之后继续追究最初侵权人的责任，但是，要想找到版权人自己都殆于寻找的侵权人还要付出额外代价。这样看来，追偿权只不过是以一种极其合乎规范和程序正义的方式将查找真正侵权人的重负转移给了网络服务商。合法的权利和程序就这样产生了不尽合理的责任、风险转嫁。

三、网络著作权侵权判定中存在的问题

在网络环境中，中国著作权法的模糊性和法院解释的不可预测性，给互联网行业发展带来风险和忧惧。中国急需完善法律，营造一个有利于技术发展的法律环境。为了更好地实现这个目标，中国著作权法需要修改直接侵权责任和过失侵权责任，规定更高要求的主观要件的间接责任理论。

（一）应明确间接侵权、帮助侵权责任

我国现存法律对共同侵权行为的定义过于简单笼统，在司法实践中，法院直接套用一般侵权行为法的规则解决网络侵权中的"间接责任"案件，出现了大量争议。我国《著作权法》没有"间接侵权"、"帮助侵权"的用语，但最高人民法院在《关于贯彻执行〈民法通则〉若干问题的意见》中规定"教唆、帮助他人实施侵权行为的人，为共同侵权人"。对于"帮助侵权"，民法理论的解释是：通过提供工具、指示目标或以言辞激励等方式从物质或精神上帮助直接侵权人。帮助侵权的成立，要求直接侵权行为成立且帮助者主观上一般出于故意；但在特殊情形下，如确属对加害行为产生辅助作用，也可承担责任。[①] 故意的确定，在侵权法理论上存在争议，学界通说采折中主义：行为人应当认识或预见到行为的结果，同时又希望或放任其发生。因而故意之主观状态，包括明知侵权而有意为之（直接故意），应知侵权而放任（间接故意）两种。《信息网络传播权保护条例》第二十三条则明确为"明知或者应

---

① 参见王利明、杨立新：《侵权行为法》，法律出版社 1997 年版。

知侵权"。如何判断"有理由知道"，客观化标准应是以"理性人"或"善良诚信之人"的注意力为衡量标准的，故而人们通常担忧课赋技术发展者以较高的注意力要求可能会阻碍技术创新活动。① 上海市第一中级人民法院在"新传在线"状告土豆网侵权一案的判词说："被告明知会有盗版和非法转载作品被上传至'土豆网'的可能，却疏于管理和监控，导致一度热播之影片《疯狂的石头》被网络用户多次传播而未能得到及时删除，故被告主观上具有纵容和帮助他人实施侵犯原告所享有的信息网络传播权的过错。"显然有失笼统和偏颇。要知道，服务对象将信息上传到服务器，这一过程是自动的，中介服务商并不知晓信息内容，只有到服务对象将信息上网络后，服务商才可审查和监控。土豆网虽在辩词中称其审核是计算机按照特征码进行自动识别的，也只能辨别出上传者上传影视作品时用的是盗版还是正版光碟，并不能辨别出上传行为是否违法。那么从用户上传至服务器到服务商应该知道侵权，法律没有作出任何时间限定。这就意味着只要有用户上传未经授权的影视作品，服务商就难脱帮助侵权罪责。这对每天上传数万或者数十万计，而员工只有几个人的视频共享网站来说，难免过于苛责。因而，法律应该规范当影视作品被存储置于中介服务者的控制之下，中介服务者负有依据"表面合理标准"、在"合理时间"审查信息合法性的事先审查义务。而这里合理判断的标准、合理时间，都需要法律明确标准。

（二）以传统的版权理念去看待网络著作权

2011 年 1 月出台的《关于办理侵犯知识产权刑事案件适用法律若干问题的意见》对刑法第二百一十七条规定的"发行"的认定更加具体明确，认为"发行"，包括总发行、批发、零售、通过信息网络传播以及出租、展销等活动。把网络著作权简单地看作传统版权向网络的延伸，忽视网络的特性，没有认识到正是因为网络技术的存在使得网络著作权具有了不同于传统著作权的特殊性。在司法实践中，以出版商之注意义务要求网络服务提供者对用户所传的每一个视频都要负有审查合法来源的义务，而忽略了其所面对的是开放性和交互

---

① 参见梁志文：《论版权法之间接侵权责任———以〈网络信息传播权条例〉为中心》，《法学论坛》2006 年第 5 期。

性极强的互联网和每秒钟不计其数的信息流量，必然背上沉重的负担。

新《意见》对通过信息网络传播侵权作品行为的定罪量刑标准作出了明确的规定。从非法经营数额、传播他人作品数量、作品被点击的次数、注册会员人数等方面进一步明确了定罪量刑的标准。规定非法经营数额在五万元以上、传播他人作品的数量合计在五百件（部）以上、传播他人作品的实际被点击数达到五万次以上、以会员制方式传播他人作品，注册会员达到一千人以上，均属于侵犯著作权犯罪，彰显了打击此类违法犯罪的决心和力度。但上述规定也显得过严，有点矫枉过正，对国内网站的发展很不利。忽视互联网的特殊性，就无法从根本上解决网络著作权的保护问题。忽略服务商的工作实际，将使所有站在被告席上的视频网站无可避免的承担侵权责任。这在一定程度上降低了侵权门槛，与发展网络技术便利信息的交流与传播之基本目标和价值取向背道而驰。

媒体侵权涉诉高败诉率的制度思考

● 董　斌

因媒体活动而产生的侵权纠纷，已呈日益增多的趋势，2010 年，腾讯网因用户在 QQ 上相约自杀被诉侵权并败诉，引发了学界和业界对媒体尤其是网络媒体承担侵权责任的一场大讨论。有数据表明，自 1985 年至今，各地法院系统审理的新闻侵权纠纷就有近 2000 多起。耶鲁大学管理学院金融经济学教授陈志武对近年来发生在我国的 170 件媒体侵权官司所作的统计表明，媒体的败诉率高达 80%。与之形成对照的是，在美国，媒体新闻名誉侵权官司中媒体败诉的几率仅为 8%。[①]

侵权必承责，但一行业因业务活动而面临频繁的侵权诉讼，且面临相当高的败诉率时，对其发展必然产生制约和负面影响。为了新闻事业的健康发展，人们就得反思其中所存在的社会和制度原因。笔者对这一问题进行了粗浅思考，认为存在以下几个方面的原因。

一、媒体法律定位的模糊

在一些媒体诉讼中，因法院让媒体在名誉侵权诉讼中承担与普通民事主体相同的举证责任，结果导致因媒体无法举证证明所报道事件与事实一致而败诉。这一现状，无疑会给媒体行使监督权与批评建议权构成实质上的障碍，也使媒体的舆论监督时常处于过高的法律风险状态。

之所以如此，是因为在我国，随着新闻事业的发展，新闻媒体事业单

---

① 　http://chinese.mediachina.net/index_yp_info_view.jsp?id=945。

位法人主体的特色逐渐淡化，新闻媒体的企业法人色彩加强了。[①] 对新闻媒体界定：是从事党和国家新闻事业的机关，是大众文化传播与信息传播的载体，舆论监督是它承担的重要社会功能。身份和功能的多元，却未有一部规范和保护其活动的《新闻法》，新闻媒体的法律地位也从法学理论和实践上难以准确予以界定。

这一身份界定上的多元性和不确性，导致了其法律定位上的模糊性。媒体究竟是一般的民事主体，还是承担了特殊社会责任的事业法人；在侵权诉讼中，它的抗辩情由等同于一般的民事主体，还是应该因其行业的特殊性和承担的社会责任而有所不同，这一问题的法律答案是模糊的。而这一模糊性在事实上影响了媒体在新闻名誉侵权诉讼中的权利保护与侵权抗辩。

从法理而言，新闻媒体法律权利的基础，是宪法赋予人民的言论自由权和对任何国家机关及其工作人员的批评建议权。宪法第三十五条规定："中华人民共和国公民有言论、出版、集会、结社、游行、示威的自由。"第四十一条规定："中华人民共和国公民对于任何国家机关和国家工作人员，有提出批评和建议的权利。"由于绝大多数民众在行使上述权利上存在知识、制度、时间及精力上的不足，由国家赋予媒体在一定程度上行使普通民众实际上不能或不便行使的对国家机关和国家机关人员的批评建议权，是更为可行的制度设计，也是被国际社会认可的规则。并且，从权利相互制衡及防止公民滥用言论权、监督权的角度，国家机关、政府工作人员或公众人物因为比普通民众拥有更多的话语权力和表达能力，因此也能有效地对抗媒体监督权和为自己辩护，这也是法律允许媒体在监督批评国家机关和公众人物有较大自由的原因。在美国，国家机关和公众人物如果不能证明媒体故意诽谤，就不能因媒体的过失而让其承担侵权责任，这一制度设计使得媒体宪法权利的行使不成为一纸空谈。

二、司法证据准确性要求与媒体新闻真实之间的矛盾

作为审判媒体名誉侵权纠纷的重要法律依据之一《最高人民法院关于审

---

① 参见顾理平：《新闻法学》，中国广播电视出版社 1999 年版，第 73 页。

理名誉权案件若干问题的解答》第七项规定："因新闻报道严重失实，致他人名誉受到损害的，应按照侵害他人名誉权处理。"可见，在我国，新闻名誉侵权只是民事侵权的一种，它也须满足一行为成为侵权的四个要件："应当根据受害人确有名誉被损害的事实、行为人行为违法、违法行为与损害后果之间有因果关系、行为人主观上有过错来认定。"依我国民事法律的规定，在民事诉讼的举证规则中，除了特殊侵权的情形，一般当事人均须为自己的主张承担相应的举证责任，即所谓的"谁主张，谁举证"。在新闻报道与客观事实尤其是与司法证据有较大出入的情况下，新闻媒体承担败诉结果是非常自然的逻辑结果。

在最高人民法院的司法解释中，我们可以看到，法院在审理新闻媒体侵权时，要求原告提供媒体报道"严重失实"的证据，媒体则需对自己报道的"基本属实"举证。在这里，媒体所追求的新闻真实与法律的真实并不是对等的，法律所强调的是有证据所能证实的客观情况，这一法律真实与客观的真实发生的事实也并非完全对等同一。新闻首先要新，这是其及时性的要求，也是其成为新闻具有新闻价值的一个首要条件，新闻虽然也要追求真实性，但因为媒体工作的特殊性，它无法在一个比较短的时间内做到像司法证据那样的真实，它所追求的只能是新闻事实的相对真实，即在一个媒体工作人员尽到其职业注意义务后，以一个理性的有职业责任感的新闻职业人员的判断来认定的事实情况，而非司法机关在较长的时间内经过非常专业的工作程序所获得的法律之真。因为新闻时效性的要求，新闻媒体在对一事件进行新闻报道时，尽管非常谨慎地进行了职业审查义务，并进行了一定的技术处理，仍然难免会出现报道并非事件本来面目的情况。如在这些情况下因"严重失实"而判新闻媒体侵权，对新闻媒体进行舆论监督和行使批评建议权势必造成一定的障碍。在这一对抗中，原告的举证相对容易，而追求及时性的媒体对自己报道的举证，相对比较难。从而，媒体为了防止法律风险，在某些事实无法确定的情况下，要么回避报道，要么冒着法律风险进行业务操作。

这一法律制度设计的不足在于，它忽视了媒体所奉行的新闻真实与司法证据所强调的真实性、关联性的不同，也没有考虑新闻报道的时效性要求与司法证据所要求的准确性之间的冲突，更忽视了媒体作为人民喉舌与舆论监督者的特殊性，从而实际上损害了民众舆论监督权与批评建议权的行使，更易导致媒体在名誉侵权纠纷中的高败诉率。

三、忽视"公众人物"名誉权的特殊性

在新闻媒体名誉侵权诉讼中，有一部分是因新闻媒体报道公众人物的负面新闻而招致的。在这一诉讼中，媒体一方面要承担报道事实是否"严重失实"的举证责任，另一方面还要对是否侵犯隐私权承担法律责任。只要报道侵犯了隐私权，无论是否失实，媒体都应承担侵权责任，因此当把公众人物的隐私权与普通公民的隐私权等同时，公众人物可以借法律保护自己的隐私权的便利而隐蔽自己在私生活和背后进行的种种不当或违法行为，使之不暴露在阳光之下，从而逃脱舆论监督与公众的目光而为所欲为。

从常理而言，公众人物与其他自然人是一样的，但由于他们的知名度超过常人，或者承担的职责涉及到公共利益或者国家利益，他们的行为关乎到国家、社会的利益或者公众的知情权，关乎社会良心与风尚，因此，人们对他们的关注和观察就远远地超出对一般人的程度。正因为如此，这里就涉及到两个问题，一个是国家的利益和公众利益，另一个就是公众的知情权。前者表明，如果公众人物的行为关系到了国家利益或者公共利益，那么这种行为无论是多么的隐私，也是一定要让人民知道的，一定要让人民监督的，否则就会损害国家和社会的重大利益；后者则是为了满足公众的知情权，因而需牺牲公众人物的部分权利来满足社会公众的权利。不论前者还是后者，都是为了满足或者实现更大的利益，而牺牲作为极少数的公众人物的某些权利中的利益。[①]

在发达国家，"高官无隐私"基本上是一种共识，在我国，长期以来并无相关法律对高官与公众人物的名誉权和隐私权进行限制，只是到了2003年，中纪委文件才把领导人的私生活纳入到监督范围，但这种监督目前多为党内纪检部门对党员的监督，还不能完全引入到新闻监督，也不能完全在新

---

① 参见杨立新：《公众人物与"媒体暴政"》，《青年记者》2004年9月。

闻侵权诉讼中作为媒体一方的抗辩事由。

四、诉讼管辖对媒体诉讼结果的不利影响

在一宗侵权诉讼中，管辖法院有着非常重要的意义，一方面它是影响诉讼成本的一个重要因素；另一方面，由于我国司法实践中存在地方保护主义倾向，法院选择往往对诉讼结果有一定程度的影响。而目前我国媒体名誉侵权诉讼中高败诉率的一个原因，就是诉讼管辖法院确定规则的设计并不对媒体有利。

依我国民事诉讼法的相关规定，对于民事侵权的诉讼管辖，一般依被告所在地与侵权行为发生地原则。《最高人民法院关于侵害名誉权案件有关报刊社应否列为被告和如何适用管辖问题的批复》："如果原告只对报刊社起诉的，由该报刊社所在地的基层人民法院管辖，受诉法院可追加作者为被告；如果原告把作者和报刊社作为共同被告起诉的，一般由报刊社所在地的基层人民法院管辖为宜。"但未对其他媒体侵权诉讼的司法管辖作出明确的限定。

在司法实践中，有的法院在受理新闻侵权诉讼时，并不完全遵守《批复》的精神，而依《民事诉讼法》与《最高人民法院关于审理名誉权案件若干问题的解释》确定的侵权行为地来确定。这样的话，媒体因为其信息传播之广，所到之处均可成为侵权地，因此，当某一公民对媒体的报道不满时，可以依对自己最为有利的选择来提起诉讼，而媒体则处于非常被动的地位，可能要远赴异地去应诉。在这种情况下，即使媒体胜诉，因为过高的成本投入与精神付出，往往会有明胜暗败的感觉。

五、网络媒体监控与发现义务的不可承受之重

从侵权责任承担的角度而言，网络媒体对公众信息交流所存在的法律责任就是"发现"、"知道"或接到通知后采取必要的措施。《全国人民代表大会常务委员会关于维护互联网安全的决定》第七条规定："从事互联网业务的单位要依法开展活动，发现互联网上出现违法行为和有害信息时，要采取措施，停止传输有害信息，并及时向有关机关报告。"从司法实践看，如果包含有害信息的内容经过了网站的"加工",如推荐、置顶、编辑、修改、转载等,就可认定其"已经发现";如果有害信息已经被网友向网站投诉、举报,或者网站收到了相关当事人的"有效通知",就可以推定网站"应当发现"。

但现实是,由于网络信息的海量、技术手段与人员有限的原因,要对如此海量、多变的信息进行监控以发现侵权信息,对网络媒体而言,无疑是不可承受之重。而这一点,正成为其侵权纠纷败诉的重要法律原因。比如,2010 年 12 月 3 日,浙江省丽水市莲都区人民法院对一起大学生利用腾讯 QQ 网络相约自杀的民事赔偿纠纷作出一审判决,腾讯被判承担 10% 的责任。一审判决书指称腾讯"不履行监控、事后处理的法定义务"。

百度文库侵权责任辨析

- *卢世玲*

2011 年 3 月 15 日，50 位作家联名声讨百度文库的宣言呈现在广大网民眼前。随后的两周时间，各路媒体集结关注此事，作家、文著协、版权管理局等个人与组织轮番上场，整个事件沸沸扬扬声势浩大。作家们发出"百度文库不死，原创文学不存"的警世口号，百度总裁李彦宏放出"管不好就关掉"的仿佛孩子气般的态度，双方均作出生死存亡决于一役的姿态。众网民怀着复杂的心态关注事态发展。作为互联网上又一种新的信息传播模式，百度文库未来的出路指向何方？这场热闹的论战在激战若干回合后终于在百度发表道歉声明和百度文库合作平台上线后息声。

然而，公开论战的结束并不意味着侵权纠纷的最终解决。事实上，百度文库着手处理与作品创作者们著作权保护问题的工作才刚刚开始。而事件引发的更有价值的思考在于，随着网络传播的迅速发展，人们对互联网功能的开发不断深化，如何平衡媒介自身发展与相关权利人权利保护之间的关系。要建立和谐共赢、可持续的发展模式离不开法律的制定、完善以及人们对法律的理解、使用。基于此，笔者尝试对此次事件中当事人双方就侵权责任认定的焦点问题进行辨析，以期对网络传播中著作权保护的探索提供思路。

一、是否涉及物联网出版——百度文库的性质分析

从目前公开的有关谈判的资料来看，百度方面和作家对百度文库在信息传播中的功能和性质在认识上是存在偏差的。3 月 24 日晚间，作为此次

作家联盟代表作家之一的路金波在自己的博客中发表了《3.24 谈判破裂六代表告百度书——百度文库指侵权之事实、逻辑、法律与解决之道》[①] 一文。在这篇义正辞严的博文中，路金波首先援引了我国自 2002 年 8 月 1 日起实施的《互联网出版管理暂行规定》，明确指出"百度文库系互联网出版行为"。而与此同时，百度方面的法务负责人则否认百度文库涉嫌违法经营，在其看来百度文库只是提供了一个网络存储空间，而不涉及互联网出版活动。

侵权责任主体的认定影响援引法律规定的来源，进而影响对侵权责任的认定。在现代网络传播中，由于传受关系相比较传统的大众传播已经发生了复杂的变化，而互联网媒介的功能开发与运营模式也日新月异。在不同的传播模式下，媒介所承担的著作权保护义务及相关的侵权免责条款有所差别。在这场侵权纠纷中，双方聚焦百度文库是否属于互联网出版的原因也在于此。那么百度文库确如作家所言系互联网出版吗？

同样被路金波所引用的一个概念来自《互联网出版管理暂行规定》："本规定所称互联网出版，是指互联网信息服务提供者将自己创作或他人创作的作品经过选择和编辑加工，登载在互联网上或者通过互联网发送到用户端，供公众浏览、阅读、使用或者下载的在线传播行为。"而事实上，在百度文库的运营模式中，"百度文库"仅仅是为网友提供了一个在线分享文档的开放平台。百度文库自身并不上传文档，百度文库中的所有文档均来自用户上传，同时百度文库自身也不对用户上传的文档信息进行出版意义上的选择和编辑加工。百度文库仅仅是一个网络平台的提供者，为用户提供网络信息存储空间。从这个角度分析，不能认定百度文库涉及非法互联网出版，其侵权责任的认定也无法援引《互联网出版管理暂行规定》的相关规定。

二、"先审核，后发布"还是"先删除，后审核"——百度文库审查义务分析

在《3.24 谈判破裂六代表告百度书——百度文库侵权之事实、逻辑、法律与解决之道》一文中，著作人路金波明确提出诉求：百度文库在今后的经

---

① 参见路金波：《3.24 谈判破裂六代表告百度书——百度文库侵权之事实、逻辑、法律与解决之道》，http://blog.sina.com.cn/s/blog_467a4bd101017aa8.html?tj=1。

营中应以"先审核，后发布"为运营模式，切实保障著作权人的合法权益；要求建立经谈判双方认可的"先审核，后发布"的运营模式。并拟出细则：必须核实上传者之真实身份；必须核实上传作品之权利人；必须核实权利人授权文件。[①] 作家维权代表之一、磨铁图书创始人沈浩波在接受记者采访时称此诉求为本次维权行动的"核心诉求"。[②] 对于这一诉求，百度方面并未予以响应，而是通过开放针对版权方的投诉进行"先删除，后审核"的机制来作为回应。即为投诉侵权的作家提供绿色通道，在接到侵权投诉后立即删除文档，然后再对被删除文档的著作权进行审核。

粗浅的看，作家联盟提出的"先审查，后发布"的运营模式与百度文库的"先删除，后审核"机制似乎并非同一层面的两方观点。作家同盟的诉求直指百度文库最基本的运营模式，百度文库所启动的机制则是现存运营模式下网站为用户提供的侵权问题解决途径。究其本质，双方在制止侵权行为发生的时机上发生了分歧。具体而言，便是百度文库是否承担事前审查的义务。

网络服务提供者对网络信息的审查义务通常有事前审查和事后审查两种。事前审查是指，网络服务提供者在知道或被告知侵权信息存在前，积极主动地对系统内的信息是否合法进行审查。事后审查则指网络服务提供者知道或被告知侵权事实后，及时采取删除或断开链接等行为。不同性质的网络服务提供者所承担的审查义务有所不同。具有重要理论和实践意义并为各国立法广泛借鉴的美国《数字千年版权法》没有向网络信息服务提供者施以事前审查的义务；《欧盟电子商务指令》也宣布：欧盟成员国不得规定网络服务提供者负有监视其存储的信息，以及积极发现相关侵权事实的义务。《欧盟电子商务指令报告》则更加明确：规定网络服务提供者没有监视网络的义务十分重要，因为要求网络服务提供者监控海量内容不但在实践中不可能，也会给网络服务提供者造成过重的负担和提高用户使用基本网络服务的费

---

① 参见路金波：《3.24 谈判破裂六代表告百度书——百度文库侵权之事实、逻辑、法律与解决之道》，http://blog.sina.com.cn/s/blog_467a4bd101017aa8.html?tj=1。

② 参见谢睿：《百度向 50 位作家服软　3 天内清空文库侵权文档》，《南方都市报》2011 年 3 月 28 日。

用。① 在我国，2010 年 5 月 19 日发布的《北京市高级人民法院关于审理涉及网络环境下著作权纠纷案件若干问题的指导意见（一）（试行）》明文规定，提供信息存储服务的网络服务提供者对他人利用其服务传播作品是否侵权一般不负有事先进行主动审查、监控的义务。

可见，在百度文库侵权纠纷中，作为提供信息存储空间的网络服务提供者，百度文库不负有事前审查作品是否存在侵权的义务。互联网的重要特征便是海量信息可以瞬时传播，如果要求百度文库进行事前审查，必将使其增加巨大的人力、物力、财力成本，从而影响产业的发展，同时也制约网络信息共享的实现。

以上两个问题皆为此次侵权纠纷中双方关注的焦点，百度文库涉嫌非法出版和百度文库应进行事前审查的主张均由作家联盟提出。通过对相关现行法律的理性分析，我们发现，以上作家联盟的主张缺乏有力的法律支持。然而，作品未经著作权人许可而在网络上传播，致使权利人对作品的使用权和获得报酬权受到侵害的后果确有发生，这是毋庸置疑的。作家联盟据此提出百度文库侵犯其著作权，百度方面援引"避风港原则"进行抗辩。

三、是否"通知—删除"即可免责——"避风港"原则于百度文库的适用性分析

"避风港原则"源于美国《数字千年版权法》，我国《信息网络传播权保护条例》也有类似规定。该原则为网络服务商提供了"通知—删除"的免责程序，即权利人以一定规范向网络服务提供者发出通知是网络服务提供者承担赔偿责任的前提，但如果网络服务提供者按照权利人的通知要求断开侵权链接或者删除侵权内容，就可免除其赔偿责任。

"避风港"原则是此次纠纷中百度文库所使用的最重要的免责理由之一。在与作家联盟数次谈判后，百度方面采取删除非授权文学作品的措施，以示其严格遵循"避风港"原则下的相关规定，不负有侵权责任。截至 2011 年 3

---

① 参见《文库经营者　须尽何种审查义务——关于百度文库事件的法律分析》，《中国新闻出版报》2011 年 4 月 21 日。

月 29 日中午，百度文库中非授权文学类作品已经基本清空。

那么，百度文库是否应该得到"避风港"原则的庇护？换言之，"避风港"是否适用于百度文库进行侵权责任的规避？笔者认为答案是否定的。

体现在我国《信息网络传播权保护条例》中的"避风港"条款规定：网络服务提供者为服务对象提供信息存储空间，供服务对象通过信息网络向公众提供作品，具备一定条件的，不承担赔偿责任。这里的条件在法条上有五款规定。其中第三款为：不知道也没有合理的理由应当知道服务对象提供的作品、表演、录音录像制品侵权。

作为无事前审查义务的百度文库而言，用户上传的作品是否涉及侵权的确是无法知道的。但是在作品被网民不断点击、下载的过程中，有没有"合理的理由应当知道"侵权事实的存在呢？笔者认为以下两方面的事实可以认定百度文库有合理理由应当知道用户上传的作品侵权。

首先，百度文库上传作品的作者有许多是当代知名作家或者畅销书作者，其作品具有较高的知名度。同时，在现代图书营销运作下，这些作者新书的出版动向都会通过广播、电视、报纸、互联网等各种传播媒介广泛宣传，百度文库应当知道用户上传作品特别是某些畅销新书侵权，这是基于对现代传播影响力认知的合理判断。

其次，百度文库根据上传作品被点击、下载的数量统计，在百度文库首页显著位置特别设置了关键词索引、作品推荐等栏目。这说明百度文库已经注意到部分作家作品具有较大的下载量，应当知道存在于这部分作品中的侵权。

再次，此次作家联盟对百度文库的声讨已经不是权利人第一次向百度文库发难。之前已有多次作家、出版商对百度文库在著作权保护方面的公开质疑。如 2010 年 12 月 9 日，中国文字著作协会、盛大文学与磨铁图书公司共同发布了《针对百度文库侵权盗版的联合声明》。百度文库完全有理由知道其网络平台的上传作品侵权。

事实上，以上论证所依据的正是为了防止"避风港"被滥用的"红旗标准"。

"红旗标准"也源自美国《数字千年版权法》，在网络传播下的著作权保护中被各国广泛使用。所谓的"红旗标准",就是当侵权行为明显到如同鲜艳的红旗高高飘扬时,一个理性人或者一个诚信人应当知道其所链接或者提供的内容是侵权的,网络服务提供者因此要承担断开链接、删除内容的义务,否则,因为应知侵权而为构成过错,承担侵权赔偿责任。

在此次纠纷的双方博弈中,百度文库正是在作家联盟指其侵权的高声指责中,删除了未授权文学作品。可以说,百度文库将现行法律框架下的"避风港原则"和"红旗标准"研究、利用到极致,使其网络平台上的侵权作品保留到他们所理解的法律赋予的最后时刻,不留丝毫余地。但是基于以上关于"红旗标准"的论证,可以认为,早于此次作家联盟的声讨,百度文库中上传作品的侵权已经如同红旗高高飘扬,百度文库有合理理由应当知道其网络存储空间的上传作品侵权,但其对此视而不见,放任侵权行为的发生而没有及时制止,因此"避风港"原则不能适用于百度文库,百度文库应当承担侵权责任。

参考文献

[1] 许春明:《百度文库"避风港"遭遇"红旗"》,《检察风云》2011 年第 9 期。

[2] 王晋:《网络存储空间服务提供者侵犯著作权问题研究》,《西部法学评论》2011 年第 3 期。

[3] 侯琰霖、陈娇娜:《小议百度文库侵权的法律责任》,《出版发行研究》2011 年第 6 期。

新媒体研究

新媒体环境下政府传播策略构建

● 胡　凯

一、政府传播概念及其特点

政府传播，也称政府信息传播，主要是指政府机构利用大众传媒面向公众进行信息传播。与其他传播主体不同，在信息传播过程中，政府扮演着双重角色——既是信息的传播者，也是传播行为的管理者。作为信息的传播者，政府通过特定的信息渠道掌握着所辖区域内权威性的信息源，可以获得有关事件全面、准确的信息而发布；作为信息的管理者，政府则通过行政手段对其他传播主体的传播行为进行监督与控制，扮演着"把关人"的角色。这就使得政府传播具有一些其他传播行为不同的特点。

首先，传播主体的权威性。政府传播主体是享有国家权力和权威的政府，传播对象是普通公民。政府掌握着制定政策、执行法律、管理社会的权力职能，因此，政府所扮演的角色具有不容置疑的权威性，在传播过程中也占据着绝对优势和主导地位。

其次，传播行为的主动性、控制性。政府对信息源和信息渠道享有绝对垄断，同时，政府对受众具有一定的言行控制能力。无论是影响受众行为后果的结局控制，还是通过改变政府的行为而造成受众行为变化的行为控制，都足以导向建立在政府意愿基础上的传播内容和结论。此外，政府拥有更多的传播手段，控制和主导着传播过程，使受众往往处于传播的被动状态。

再次，传播内容的目的性。在政府传播的行为中，政府对信息进行筛选和过滤，扮演着信息把关人的角色。一方面，政府从公共行政的需要出发，对传播内容进行取舍，决定受众应该看到、听到什么信息，以保证传播的质量和秩序。另一方面，出于对社会公共事务管理的考虑，对危及社会安全、社会稳定之类的信息，政府传播也会予以防范和隔离。

最后，传播渠道的高度整合。为保证信息传播的畅通无阻，顺利地把政府的意愿传播给受众，政府需要一套畅通高效的传播机制。现代社会官僚科层组织为政府传播提供了好的传播机制，无论是组织内部不同职级的个人与部门之间相互的信息沟通与联系的垂直传播，还是组织内部相同职级的部门与成员之间的信息沟通的水平传播，都是以组织结构为依托的层级递推传播模式。因此，信息传播的准确性、及时性、有效性都能得到保证。此外，政府还拥有其他社会组织无法比拟的数量众多的各种类型的传播媒介，政府利用这些大众传媒进行各种宣传，从而极大提高了传播效率，扩大了传播面。

二、新媒体环境及其特点

以新一代数字技术、网络技术、信息技术为代表的新媒体正以迅猛之势，悄然改变着信息传播的方式，也改变着人们的生活。毫不夸张地说，新媒体的出现使得今天的我们真正进入了一个"自媒体"时代。与传统媒体相比较，新媒体具有以下特点：

（一）公众分散性。网络世界的低准入门槛，让任何人不论学历高低，社会角色不同，都可以就任何话题发表看法，并且不用承担相应道德法律责任。谁都可以在网络上发表属于自己的独一无二的声音，人人都有话语权。由于网络的虚拟、匿名等特点，使得每个公民把在现实世界中无法实现的话语表达欲望发挥到极致。因此，网络社会思想更为活跃，言论更为开放。

（二）网络开放性。在这种高速度、大容量、开放性的信息平台上，任何社会公民都可以以个体身份参与传播。通俗点说，只要拥有一台电脑，一个调制解调器，一根电话线或网线，任何人都可以成为网络世界的公民。公民既可以通过搜索引擎、超链接或数据库等方式随心所欲地获取信息，也可以通过电子邮件、BBS、blog、微博等手段自由发表言论。

（三）传播速度快，传播范围广。现代网络技术的发达，使得信息高速化传播成为可能。一条信息可以通过网络在瞬间传播到地球的任何一个角落。以微博为例，微博上信息是按秒刷新，更新速度极快。饭否网其每秒更新量达 5 至 10 条，如果隔秒刷新就会出现变化。传播速度之快、传播范围之广，让传统媒体望尘莫及。

（四）传播方式的互动性强。著名的 IT 类杂志《连线》曾给新媒体下了简单的定义："由所有人面向所有人进行的传播。"传统媒介世界受众永远被排除在了话语权的外面。随着网络技术的发展，一对多的传统传播途径被改变。在网络世界里，信息是流动的，是双向的，是多点对多点的。每个网民既是信息的提供者，也是信息的享用者，互动性极强。

三、新媒体环境下政府传播面临的挑战及其应对策略

（一）传统舆论引导方式日渐式微，新媒体环境要求政府传播必须采取新的舆论引导模式

在传统媒体环境下，政府把自身定位为公众信息的把关者，政府相关部门往往容易通过对有害信息的屏蔽，删除或关闭已经造成危害或负面影响的信息和网页等方式来控制舆论。然而，在新媒体环境下，政府传播面对的是一个更为复杂的舆论环境：网民与日俱增，信息来源渠道多样，每个网民都是大众传播的发起者，负面影响并不一定会随着删除或关闭的行为而消除，反而有可能因此而增效。因此，政府很难再充当信息把关者的角色，传统的控制手段的作用日益式微，有效的方法不是"堵"而是"疏"，即采取积极正面的舆论引导。

1.通过网络平台传播信息，实现政府与公众互动，以达到舆论引导的目的

众所周知，当公众无法从正规渠道获得需要的信息时，流言便会迅速传播，其负面影响非常大。如果政府通过网络平台传播信息，可以及时快速地把正确的信息告诉公众，从而避免了虚假信息的传播。此外，政府还可以通过网络实现与公众间的交流互动。比如，在政府部门主页或者在公众中影响较大的公共论坛上以主题发帖形式，用正面的信息回应夹不实内容或带有

情绪化的观点，引导网民理性地面对问题。如此一来，政府与公众之间的沟通障碍最大限度消失，信息的透明度增加，公众接收到的信息出现失真或偏差的可能性减小了。这里有两个前提，第一，政府的网络平台必须是规范统一的，这样才能保证传播渠道的权威和畅通。第二，传播的信息必须是权威政府部门整合的，以保证政府传播的效果。

2. 通过建立和完善新闻发言人机制实现舆论引导

权威、公开、顺畅的沟通渠道可以及时、全面、准确地将正确信息传递给公众，满足公众的知情权，提高政府工作透明度。新闻发言人既作为政府的代表，也作为联系政府和媒体、公众的中间人，可以有效地保障政府权威信息的及时流通和公共舆论的正确引导。特别是在一些公共性突发事件中，通过新闻发言人媒体和公众可以在第一时间获知政府的态度立场，以及相应的政策举措，这样就会及时消除公众的种种猜疑、各种虚假的小道消息，最大限度地将事实真相恢复到本来面目。面对不断变化的事态、不断出现新的情况，新闻发言人的出现使政府始终能够掌握舆论的主动权。

3. 通过设置意见领袖的方式来引导公众舆论

我们身处在一个信息爆炸的网络时代，对于今天的人们而言，信息量不是不够而是过剩。面对真真假假、良莠不齐的海量信息，人们更多的是无所适从。而在网络上，少数学识渊博、信息量大、颇有思想深度的人会在网络上形成一定的影响力，其意见和观点会被大部分人接受，成为网上所谓的"意见领袖"。要引导社会舆论，仅仅靠政府通过官方途径来发布信息还不够，还应当利用这些意见领袖的影响力，让其担当舆论引导人的角色，通过意见领袖发表客观的、理性的、全面的和辩证的观点来引导社会舆论。当然，意见领袖的个人品格、价值观必须是符合社会主义道德规范的，否则将会给舆论引导带来负面影响。

（二）新媒体环境下传统的传播优势不再，政府必须更新观念，树立正确的传播观念

在传统媒体时代，政府作为信息传播者和传播行为的管理者，这种双重角色的扮演几乎是不容置疑也是顺理成章的。政府只需借助媒体便能传播信息，轻松控制舆论，而一般的公众只能被动地接收媒体发布的信息，

几乎没有充分表达意见的权力。以互联网为代表的新媒体的出现及其广泛应用，在很大程度上减弱了政府传播的传统优势。网络信息传播的快速，影响范围的广泛，让政府无法再从容面对一切，政府必须抛弃原有的旧观念，重新确立全新的传播观念，才能够在信息瞬息万变的今天抢占舆论的最佳时机。

1. 必须快速地传播正确信息

发达的网络信息技术把世界各个角落里的人们连接到了一起，传统单一的传播模式早已风光不再。在网络世界里任何人既可以是信息的传播者又可以是信息的接受者，而两种角色又可以随时任意切换，于是一条信息的传播，我们甚至还来不及反应，就已经在瞬间传遍世界。正面信息和谣言的传播途径、方式毫无差别。因此，为了让公众第一时间获知正面信息，不给谣言传播的机会，政府必须快速反应。及时广泛地传播权威准确的信息，对矛盾不回避，及时澄清问题，用正面信息回应不实传闻，把负面信息的影响限制在最小范围内。

2. 必须及时防范有害信息的散播

互联网的开放性使网上的任何一个用户都可以通过电子邮件、BBS、blog、微博等方式传播信息、发表观点。传播者的广泛存在及其身份的隐匿性和模糊性，为不同思想、观点的传播提供了充分条件，同时也使网络的信息内容复杂化，其中可能有欺骗性的信息、虚假性的信息，要监控与管理这些信息难度很大。因此，政府应通过相关政策法规的制定以及技术性措施的实施，来阻挡或过滤有害信息，对网络信息加大审查的力度，一来保证了信息的真实合法，二来净化了网络环境。

3. 必须改变介入的姿态

正如前文所说，在传统媒介时代，政府作为信息传播者和传播行为管理者的双重角色，几乎占尽"天时、地利"的优势，导致政府部门存在着一些滞后的观念。例如，过度看重自己的权威性而忽视民众的知情权，缺乏公开性和透明度，对群众隐瞒事实真相，有的甚至习惯说套话、说假话来敷衍媒体和公众。又如，有的政府部门对事件反应迟钝，缺乏主动性和预判性。此外，长期以来养成的官僚作风让一些政府部门趾高气扬，高高在上，面对公众缺乏诚恳态度，更无责任感。这些僵化的观念和行为会在新媒体的环境中被放大，损害政府形象，导致政府传播失效。因此，改变旧有观念，以积极、诚恳、主动同时又富有人性化的姿态面对公众，成为当下政府传播中亟待解决的问题。

（三）日新月异的新媒体环境，要求政府必须了解、熟悉和利用新媒体进行传播与管理

以宽带互联网数字技术和移动通信技术为基础的新媒体正日益深入到人类社会生活的方方面面，以其惊人的能量带来了信息传播方式的巨大变革。互联网产业在我国经过十多年的发展，也取得了长足进展。随着政府各级部门门户网站的建立，新媒体被当做协助各级政府履行职能、实现政务信息公开、服务公众和社会的有力工具，其作用和能量在政府传播中的作用也越来越被认识和关注。但是，政府部门对于新媒体的认识显然已经远远落后于新媒体发展变化的速度，甚至在某些部门还存在着一些认识上的误区。例如有的政府部门仍然固守"主流媒体（传统媒体）形成主流舆论，网络媒体形成非主流舆论"[1]的观念，对网上言论抱着一种轻蔑的态度。然而，据2010年中国互联网络信息中心统计，截至2010年6月底，我国的网民数量已达4.2亿，手机网民半年内新增4334万，达2.77亿，增幅为18.6%。[2]，而这个数字每天正以成倍的速度增长。新媒体以其巨大的吸引力聚集着越来越多的用户，在普通人的生活中扮演着越来越重要的角色。如果对其认识不足，重视不够，必将带来不可挽回的负面影响。当然，对新媒体仅停留在认识熟悉上还不够，政府部门更要掌握其特性，学会熟练运用新媒体进行信息传播。

首先，对新媒体的特性、传播方式以及传播效果要有足够的认识。新媒体和传统媒体在传播方式、渠道、特性方面有很大的不同，只有认识了新媒体的特点，才在结合政府传播的目的最大限度地发挥其优势。

---

[1] 程曼丽：《新媒体对政府传播的挑战》，《对外大传播》2007年12月，第4页。

[2] 参见中国互联网信息中心：《第26次中国互联网络发展状况统计报告》，http://research.cnnic.cn/html/1279173730d2350.html。

其次，对其技术手段，包括网络与移动通信技术结合所产生的延伸功能要有充分的了解。当今网络技术的发展用"日新月异"来形容似乎都稍显逊色，新的网络技术、通信技术，例如宽带技术、无线通信技术、P2P 技术等的出现，高端手机集网络、广播电视以及传统电话等媒介为一体，集信息采集、发布、传送与接收为一体，博客、微博等新的的网络传播形态不断撞击人们的眼球。政府部门应该对这些情况及时了解，掌握其发展趋势。

再次，对网络传播内容，包括网民关心的话题，关注的焦点，感兴趣的信息以及互动的内容等有一定的了解。

通过网络传播内容了解网络舆情，及时把握舆论动态，掌握社情民意，并对可能出现的舆论走势作出预判分析。

对新媒体有了全面的了解后，政府应充分利用这个强大的传播工具进行政府传播。在处理日常事务中，政府部门可以加强和完善各级门户网站，吸引公众来浏览关注，把政府的门户网站打造成为政令下传、民情上达的畅通的信息传递通道。此外，政府还应在一些热门的网络公共空间里的搜集、观察舆情，以便制定相应的政策，及时解决矛盾，释疑解惑。同时，政府还可以利用博客、微博等新的网络传播形态传递声音，拉近与公众的距离，塑造新形象。近年来，有的公安部门利用微博借助网民的力量成功追缉逃犯，获得了不错的社会反应。

在处理公共性突发事件时，政府应利用新媒体做好事前防范和事后疏导两方面的工作。首先，政府应建立专门的危机事件监测与预警网络系统、危机信息传播网络系统，确保在危机事件不可避免发生时，政府能够在第一时间掌握并传播利于社会安定的官方信息，占据公众舆论的主导地位。其次，危机事件发生后，政府更应当利用危机信息监控系统把握实时信息，并通过新媒体进行传播，即建立官方网络发言机构的实时播报体制。播报渠道可以是门户网站、官方博客，甚至可以是人气较高的公共论坛、即时通信软件。政府通过与这些主流新媒体合作，发布代表政府观点的官方信息，稳定人心的同时，避免谣言传播造成负面社会影响。

参考文献

[1] 程曼丽:《新媒体对政府传播的挑战》,《对外大传播》2007 年第 12 期。

[2] 范桂香:《我国网络舆论引导的制约因素及对策选择》,《文史博览》2010 年第 7 期。

[3] 张志海:《试论突发事件与政府传播———大众传播的视角》,《岭南学刊》2010 年第 2 期。

[4] 田军:《政府传播概念探析》,《学习与探索》2004 年第 2 期。

《纽约时报》网站对我国媒体网站的启示

● 申玲玲

互联网技术刚刚兴起之时，纽约时报公司就把握先机，创建网站，成为最早向新媒体转型的传媒企业之一。本文在考察《纽约时报》网络版发展历程的基础上，结合我国传统媒体网站的实际，研究其对我国同类网站可提供的借鉴之处。

一、《纽约时报》网站的探索历程

《纽约时报》针对网站的各项尝试和改革自 1996 年始，至今也未曾停止，其网站从母报的电子版延伸发展为独立综合的信息服务平台，在数字化的浪潮中开辟了一条独具特色的发展道路。以下详述之：

（一）《纽约时报》网站的转型历程

1996 年 1 月，纽约时报公司成立了报纸网站，提供报纸内容的在线阅读。

1999 年，时报网络版从编辑部分立，建立了独立的管理层和采编队伍，并在创办当年就已开始盈利。

2002 年 9 月，其网站日独立 IP 访问量超过日报平日发行量。

2005 年 2 月，通过一系列的收购行为试图将网站打造成名副其实的消费者综合信息服务的网络平台。

2008 年，纽约时报公司把发展网络业务放在"绝对优先"的地位。

2010 年，《纽约时报》网站每个月平均有 1990 万美国访问者。

（二）网站业务的创新

1．丰富的内容提供。尽管是一家报纸的网站，但从其网站的版面看，它提供了丰富的内容，除了新闻之外，还有纽约时报电影网、今日纽约网、纽约时报学习网等。这些子网站的建立，丰富了垂直内容，提高了点击量。

2．多媒体化的表现形式。《纽约时报》网站上除了文字报道，还有视频、音频报道，更为重要的是，这些报道之间的组合形式，以及新闻表现形式的高质量和独创性。至今，《纽约时报》已是集文字、图片、音频、视频等多种形式于一体的多元表现形态，而不仅仅是报纸的网络版。

3．增强阅读体验。《纽约时报》成立了业内第一家网络研发部门，研究读者日益变化的阅读习惯和阅读偏好，以期吸引网民，并通过满足广告主的精准投放需求赢得广告的投放。2005 年，《纽约时报》还专门设计出适合读者阅读的软件；2009 年推出 Time Reader2.0 阅读器，该阅读器的最大特色就是离线阅读和文本可读性，用户可以方便地改变字体大小，文章可以打印。另一个特点就是可以缩小预览报纸，和阅读真正报纸的感觉类似。另外，用户还可依个人使用习惯设定从《纽约时报》网站下载即时新闻的频率，阅读器自身预设每五分钟进行同步更新。

4．提升细节服务。2009 年 2 月，《纽约时报》推出"Times News wire API"，通过它，读者可以即时阅读《纽约时报》的文章，并可以详细了解文中提到的地理位置、公司以及人物的相关信息，编辑团队提供的分类和标签可以做到实时更新。而之后发布 API 的细化产品 Times Wire，则借鉴了社交媒介的经验，意欲提供实时化的"river of news"。

（三）免费 or 收费的探索

虽然《纽约时报》大名在外，其网站也多次被评为最佳网站，但是对于成本高昂的优质新闻成品，在是否收费以及怎么收费的问题上，虽经多次尝试，依然面临困扰。

《纽约时报》网站最初采取对国内用户免费、对国外用户收费的策略。但这一举措并未成功。一年半后该集团就宣布网站内容全部免费。

2005 年，网站启动了 Times Select 的订阅收费服务，即对高价值产品（包括报刊的社论及专栏作家的独家报道、历史档案等，价格为一月 7.95 美元，或一年 49.95 美元，）收费、普通新闻依然免费的模式。这项服务为集团每年带来 1000 万美元收益，但同样遇到了流量减少和遭受知识界批评的压力，之后又重新免费开放。

2007 年 8 月 8 日，改为全面免费，还把自 1987 年后所有纸本内容刊载于网络版上。

收费标准 （每四周）	15 美元：可进入网站，并可下载报纸的 Smartphone 应用软件；
	20 美元：可进入网站，并可下载报纸的 tablet 应用软件；
	35 美元：可进入网站，并可下载 Smartphone 应用软件和 tablet 应用软件。
不收费标准	通过"推特"、"脸谱"等社交网站进入报纸网站，可以无限阅读；
	通过"谷歌"搜索引擎阅读报纸文章，每天限量 5 篇；
	通过报纸网站阅读文章，每月限量 20 篇。

2011 年 3 月 28 日，《纽约时报》网站开始收费，但此次的收费标准和不收费范围显然复杂很多（详见上表）。[①] 实施收费之后的 1 个月时间，调查公司 Hit wise 监控数据显示，在《纽约时报》网站设置付费墙后，网站访客数量已连续 12 天下降，平均访问数量下降了 5%~15%；网站的页面访问量也下降了 11% 到 30%。但《纽约时报》的回应是，设置付费墙之后，付费读者已高达 10 万，据估计付费用户将给纽约时报公司带来 2000 万美元年收入，这一结果"好于公司预期"。[②]

二、纽约时报网站对中国报业数字化的启示

（一）廓清未来惨烈的竞争态势

我国绝大多数新闻网站是依托传统媒体建立起来的，经过十多年的发展，重点新闻网站都形成了自己的特色，在新闻信息生产上有了长足的发展，也形成了一定的影响力，但是若论盈利状况，则欲说还休。虽然是和互联网的发展一起成长，但是其对技术与市场的把握能力和反应速度则严重滞后。当下，互联网技术的发展和各项应用的创新、智能化终端的出现，都在

---

① 唐见端：《〈纽约时报〉温和收费"钱"景看好》，《文汇报》2011 年 3 月 27 日。

② 文静：《点击率下滑〈纽约时报〉付费越不过的高墙?》，《广州日报》2011 年 4 月 27 日。

进一步蚕食传统媒体网站的市场份额和广告市场。三大传统媒体之间的竞争也会日趋激烈，用户的要求越来越高但却越来越缺乏耐心，媒体网站如不抓住时机，提升竞争力，占有一席之地，以后再想发展壮大就更为困难。另外，随着市场环境进一步改善、国家转企改制工作陆续推进，媒体网站完全面对市场化的步伐越来越近，亟待解决的问题更为迫切。

（二）在转型中实现理性定位

微软总裁史蒂夫·鲍尔默曾经说：10 年之内，所有的传统内容都会数字化。如果仅是复制报业的传统思维，那注定是要失败的。① 毕小青等人研究发现，纽约时报公司在向新媒体转型的过程中，由于对在线市场认识不足，导致了对新媒体业务的战略定位失误。主要表现在：其一，在具体操作过程中，按照现有的盈利模式来打造新媒体；第二，低估了在线广告细分市场上竞争者的类型和数量。②

目前，我国大多数传统媒体网站的战略定位和纽约时报公司前期的战略定位一样，把自己定位成一个新闻网站。事实证明，这种定位对报业数字化业务构成了巨大的限制，难以分享网络市场上的更多份额。加之我国传媒市场体制等问题的存在，媒体网站的身份、定位（包括用户定位、市场定位等）并不明确，这对于网站的各项创新、经营管理、人力资源管理、发展战略制定等带来了较大的束缚。

（三）积极的创新意识

纽约时报副总裁 Gloria Anderson 女士认为，在向数字化的转型中，《纽约时报》面临的最大难题仍然是内容，是"如何把网上产品做得和印刷品一样好"，如何使网络拯救正在流失的读者，让"报"在"纸"死的情况下依然存活。③

可以说，在"拯救正在流逝的读者"方面，离不开创新意识，离不开对

---

① Steve Ballmer.Traditional media will not bounce back.http://www．guardian.co.uk/media/2009/jun/24/microsoft-steve-ballmer-cannes.

② 参见毕小青等：《纽约时报公司新媒体战略及对中国报业的启示》，《重庆广播电视大学学报》2009 年第 6 期，第 46—48 页。

③ 参见周伟：《报纸会消失吗——转型中的纽约时报》，《中华新闻报》2008 年 9 月 9 日。

技术更新、用户需求多元化的准确把握。以《纽约时报》为例，目前时报在 iPhone、BlackBerry 手机等移动网络方面每月有 7500 万的浏览量；在 Twitter 上有 200 万追随者；在 Facebook 上有 50 万读者；在亚马逊 Kindle 的浏览方面，该报是大报中名列前茅的佼佼者。在英国，《卫报》开发的 iPhone 手机程序自 2011 年 1 月以来下载 40 万次，有 6.7 万人最终付费订阅，收入 25 万欧元。[①]

用户方面而言，随着 Web2.0 的到来，个人消费者正处于媒体体验的中心，他们现在兼具生产者、程序员以及自身品牌建立者的身份。这就需要媒体网站对于媒体与用户的关系进行重新思考，重视用户的互动性和参与度要求。

《纽约时报》和《卫报》的创新，对我国媒体网站而言，具有先行者的意义，是可以在其探索的基础上，寻找适合我国国情的信息增值模式和数字化媒体商业模式。

（四）谨慎制定相关标准

国内只有少数的报纸网站曾经尝试过收费，但都无疾而终。对于缺少独家、竞争力强的内容产品的媒体网站而言，收费是一个值得谨慎思考的问题，有没有值得收费的产品和服务？若有，怎么收费，收费标准如何？这两个问题考虑不清的话，结果就会适得其反。

例如当年的传统媒体面对来势汹汹的商业网站，以极低的价格供应自身承担较高成本采集来的新闻，游戏规则一旦制定，就很难改变，而传统媒体也只能眼睁睁着别人以低廉的成本打造远胜于自己的影响力和注意力。这种情况在美国是不可想象的。所以，前车之鉴，媒体网站要有较强的市场意识和长远的战略眼光，这样才能在行业竞争中拥有一定的户主动权。未来，或许"纸"不在，但是"报"还会存在，所以，笔者认为，传统媒体及其网站要充分运用自己的资源优势赢得话语权。

（五）品牌意识

当下，我国的媒体网站做出了很多有价值的尝试和改革，但是论品牌

---

① Martin Cloake.Guardian iPhone app makes ￡250k.http://www.dailyfinance.co.uk/2011/06/15/guardian-iphone-app-makes-250k/.

知名度，与商业网站比遥不可及，和传统媒体比也是逊色不少；论影响力，虽在日渐提升但仍差强人意。媒体网站应该一方面展开贴切到位的宣传工作，一方面提升内容和服务质量，利用社会化媒体、微博等提升知晓度，扩大知名度，增加美誉度。

这一点，可以借鉴《商业价值》杂志的做法。该杂志发行量只有 3 万份，但却充分利用国内外微博、社会网络媒体等扩大影响力，用新锐的观点、独立的内容和特色活动与读者互动，仅在新浪微博的官方账号，就拥有近 12 万的粉丝，是新浪微博上最受欢迎的商业管理媒体。该杂志还以官方身份加入豆瓣网、开心网等国内知名社区网站，发挥社区网站开放、交互式传播的特点，获得了不少的拥趸，极其有效地扩大了品牌知名度，刺激了杂志的销量，而非传统意义上的导致了印刷版销量的下降。

传统媒体网站的发展是一个系统、复杂的过程，牵涉到很多因素，但是技术和硬件的更新以及年轻用户的信息需求、使用方式等则是最值得关注的。

微博传播中的人格互动及特征分析

● 刘丽华

在信息爆炸的今天，微博快速地成为现代传播方式中不能忽略的信息源头，从草根到明星，从个人到机构，每时每刻的更新都带着自己非常突出的个性态度。相对于报纸、广播、电视等传统媒体，通过网络微博公众的参与意识表现得更为强烈。而人们所感受到的个性态度其实密切联系着它背后的决定因素——人格。从传播学的角度来看，微博传播的过程中同样存在着传者与受者之间的心理互动。人格正是一个心理学概念，在人的各种心理活动中带有综合性和统领性的作用，包括一个人的智慧、才能、气质、品德等等能区别于他人的全部的心理特征的总和。微博传播中传受者之间人格互动的特点非常突出，并紧密地联系着微博的传播优势和效果。

一、微博优势下的传受者关系

2011 年 7 月 23 日，20 时 27 分，网友"Smm_ 苗"用手机更新了自己的微博："狂风暴雨后的动车这是怎么了？爬得比蜗牛还慢……可别出啥事儿啊……"①；

20 时 38 分，北京至福州的 D301 次列车在温州市双屿路段与杭州开往福州的 D3115 次列车追尾；

事故发生四分钟后 D301 次列车上的乘客网名"袁小芫"发出了第一条微博，比国内媒体在互联网上的第一条关于"列车脱轨"的报道早了两个多

---

① 霍仟、来扬：《动车追尾事件的微博版本》，《中国青年报》2011 年 7 月 25 日。

小时。① 之后，微博中关于事件现场的、救援的、祈福的、寻亲的各种声音就再也没有停歇过。世界上没有先知，对于突发事件，做一次从头到尾的同步报道是不可能的，但是人们却能在微博上发现事件发生前到发生后的几乎每一个环节，文字虽然简短，却基本可以还原事件的过程。微博这一传播形式再一次显现了自己的优势。

传播迅速是微博最为鲜明的特点。不到 200 个汉字，传者编辑文字信息非常省时省力，既不用谋篇布局，又不用写作技巧。受者阅读基本也不需要花费工夫，就如同浏览报纸的新闻标题。所以每一位微博用户都同时既是传者又是受者。在自己关注别人的时候，自己也被别人关注着。正是这种速度拉近了不同的传受者，所以我们会在微博里看到大家对同一件热点事件进行评论甚至是争论；也会看到所谓的微博直播等等。这使微博从某种程度上看起来更像人际传播，而其传播的范围更加广泛。传受者身份的迅速更换，说明信息的发出和反馈是迅速的，所以它既是微博信息传播迅速的成因又是其结果。

内容自由是使用者愿意选择微博表达自己的重要原因。在之前传统的大众传播模式中，传者的身份是特定的，甚至连内容都是特定的，受者虽然可以选择媒体，但是听到的声音却有很强的相似性，媒体声音是经过加工的。尽管现代各个媒体都在力求发出更新更有力的声音，信息的自由度有了很大的改善。例如中国之声"央广夜新闻"中有特约评论员和主持人对新闻话题的争论；《每周文摘》上也有各界针砭时弊的言论收录等等。但是这些突破较之微博内容的自由是非常有限的。前面我们提到的例子中，如果没有动车追尾的重大事件发生，单纯看第一条微博，完全是非常自我情绪的记录而已。微博没有苛刻的要求，传者可以把自己的所见所闻所想随时随地发布出来，不必在意它们有没有新闻性，有没有深度，有没有人评价。而受者也是自由地选择关注对象，自由地转播感兴趣的内容。虽然媒体机构也有自己的微博，他们的发言依然有着自己的特色和限制，但是限制不来自微博，而是机构自身，所以和那些个人微博一样，在微博里都有着属于自己的自由内

---

① http://info.broadcast.hc360.com/2011/07/250932430219.shtml。

容。

人们认为："在大众传播中传者和受者是对立的统一体。其中，传者居于主导地位。他决定着传播的方向，影响着传播的效果，因此他在大众传播中起着重要的导向作用。"① 对比之下，我们发现在微博中传受者几乎是一体的，每个微博用户都是自己广播内容的主导者。快速的发布、自由的选择、及时的反馈，在微博的领域中，传受者的人格是真正的主导，彼此互动。

二、微博中的人格互动特征

2011 年，名校针对高分生争夺战由复旦大学教授、湖北招生组组长冯玮连发 16 条微博开始；王菲和方舟子在微博上曾经就一尊木制佛像展开口水战；吕丽萍微博转发文章流露反同言论，立刻引爆网络舌战；……那些在现实生活中，关联的或不关联的人们，都可能在微博中密切关联到一起。这样的状况对于熟悉微博的人来讲不算稀奇了。传受者根据自己的兴趣选择关注对象，这种关注交织成网，将众多的人联系在一起。每个人的人格构成又决定着他关注的对象和信息的内容，所以当微博环境一旦有新的信息刺激这个人的视听时，作为受者的人格就会瞬时作出反应。总体来看，微博传播中的人格互动具有三大特性。

第一，微博传播中的人格互动具有直接性。我们在读报、看电视、听广播时也总是伴随个体特色很强的反应，比如人们会因为某条民生新闻而怨恨，和周围的人发牢骚，或对某个社会新闻兴奋不已，拍腿大笑等等。但是和传统媒体中受者的反应不一样的是，微博中的受者可以立刻将自己的感受、情绪编辑下来广播出去。不同的受者有着各自不同的情感、道德、性格、能力以及气质，即不同的人格构成，还可能在微博信息的刺激下，受者产生更有意义的创造性想法，达到更高程度的信息更新和更深刻的思想交流。同样的，传者所发出的信息必然带有自己非常独特的人格特色，而且很快得到许多完全不同的人格的回应，无论是赞成或是反对，交流在进行，思想在碰撞。在传统媒介环境中，受者也有反馈的需要，但是反馈的过程却往

---

① 刘京林：《大众传播心理学》，中国传媒大学出版社 2005 年版，第 198 页。

往因环境而被迫停滞下来。比如一个人在观看或收听，找不到可以倾诉的对象或是自己看到听到而别人没有接受同类信息，自己的感受也没有人回应，久而久之，人格对信息的接受和反应就都变得迟缓了。

微博中虽然传受者不会见面，但是彼此的人格却在"亲密接触"，进行直接互动。互动的结果是网民的参与热情被大大地调动和强化。心理学家班杜拉提出过"自我效能"的概念，那是从成功的经验中衍生出来的能力信念，它可以影响到人们做事情时的坚持程度[①]。对照这一心理学研究的成果，我们就会发现，微博简单快捷的方式会让人们从尝试参与到习惯使用自己的这一权利。其实微博进入我们的视线时间并不长（2009 年 8 月），但是今天使用微博的个人和官方媒体已经不在少数了。微博互动成为电视广播节目中和受众进行实时互动的必然选择，其中重要的原因就在于很多受众是坚持使用微博来实现参与权的。

第二，微博传播中的人格互动具有平等性。从对公开"三公经费"的问询到对铁道部的指责，我们在微博上可以听到很多问政的声音。这些声音铿锵有力、惹人深省，有谁能视其为"微言"呢？微博提供的是一个平等发言的平台，无论那网名后是怎样身份的人，在微博中都是一样的言说者，大家在这个平台上交流的是文字背后的态度。中国几千年的封建历史中，百姓的声音是微弱的，官和民是不平等的。于是儒家温文敦厚就成了所有中国民众的气质标签。而有网络之前，传统的大众传播可以代替公众问政，但没有真正完全的"等同"，受者总是对传者抱以仰视，仰视中其实也有很多无奈。所以，公众不是没有监督意识，而是缺少行使监督权利的平台和环境。微博中传受者无须仰视任何人或势力，只需要用自己的智慧去判断、用自己的头脑去思考、用自己的情感去感知、用自己的气质去感染……传受者的人格没有高低贵贱之分，有的只是优劣的不同。社会性是人的共性，百姓对生活的感知是最真实的，关注整个社会而不是自我，是优秀人格社会性的体现。社会政治、公共事业越来越多地成为微博中的热门话题。同时政府、公安、交通、工商、税务等也纷纷注册官方微博，而每个机构在社会中所承担的责

---

① 方建移、章洁：《大众传媒心理学》，浙江大学出版社 2007 年版，第 31 页。

任、开展的工作也正是他们的社会角色。也有各地政府官员在微博实名注册，来聆听社会的声音，以平等的姿态出现在微博，监督与被监督在人格互动上仍然是平等的。

第三，微博传播中的人格互动具有张扬性。一个昵称"郭美美 baby"的女孩在微博上公然炫富，这一炫耀引来众多质疑的声音，事态的最终发展远远超出了炫富的初衷。像"郭美美"这样在微博中的"晒客"为数不少，只是晒的内容、程度都有不同而已。弗洛伊德早就将人的意识做了划分，各种冲动和欲望都属于人的潜意识。正常情况下是受到社会习俗、法律、道德和习惯监管，深深地隐藏在意识之下的。网络是一个较为宽松的环境，许多人同时活跃在微博中，却没有几个人会在乎你是谁。所以对潜意识的监管就会放松很多。在无惧的情况下人格张扬起来，寻求刺激好玩，忽略社会后果，遵循快乐原则，这正是"郭美美"一类晒客活跃于网络的原因。

其实不仅是那些自曝类型的微博中有张扬的人格，张扬性是微博传播中人格互动的一个普遍特征。留心一下微博中那些批评的声音，很容易就会发现有许多放肆的粗口，而这样的言辞是我们现实生活中可能都很难听到的。这固然是激动情绪的表达，但是为什么传者会在不知不觉中选取这样的话语方式而非其他呢？在传受者双方人格激烈互动的时候，主体在意的都是情感的第一反应，可以很少或者根本不用在意其他人格介入，之前在现实生活中压抑的话语方式就会冲出监管。当然谩骂并不是张扬的全部，只要是大胆挑战生活中原有自己的思维、言说方式的微博都是张扬人格的产物，这种情况在微博的传播过程中是普遍的。当传者被受者关注并产生进一步的人格互动后，那么传者的自信度就会瞬间提升，这种张扬就会得到鼓励和刺激。现代人在现实生活中生存压力很大，自我压抑是时时存在的，网络微博从这个角度上来讲是现代人自我释压的场所，也是人格趋向自由的表现。

三、微博传播环境的维护

从以上特征中，我们看到微博具有诸多优越性，但是它并不是完美无缺的传播方式，它是存在于互联网上的产品，作为交流的平台还很年轻，缺乏引导和监督的力度，还有待完善。尤其微博也是谣言滋生的场所，居心叵测的人还可能利用它散布不良信息，无良人格也可能从这里迅速蔓延，轻则污染视听影响价值观，重则激化矛盾引发混乱。微博环境和秩序是需要维护的，维护应该从两方面入手。

一方面是软环境，即提升网民素质，让人格美起来。既然微博中传受者人格互动那样频繁而激烈，那么人格的优劣其实对于微博环境的影响是非常直接的。虽然微博尊重每个人的发言权，但不是所有的声音都是有影响力的信息。亚里士多德说过："说话人的品格是一切劝服的手法中最有说服力的。"[①] 在微博上最真实、最智慧、最有社会责任的传受者是最受关注的对象。在微博中，可能人们的关注会从亲朋好友、明星名人开始，但是最终能让人们留驻目光并积极互动的还是那些有特点的声音。人格总是有魅力的，他吸引着众多的欣赏者。行为主义心理学非常推崇榜样的力量。在微博上，优秀的人格具备着成为榜样的特质，是非常有利于信息环境的优化的。事实上如今网络上已经活跃着一批网友，他们自觉地担当起网络辟谣使者，及时击破谣言，被称为"谣言粉碎机"，并开通微博让粉碎的结果传播更广。他们的行为其实体现的是人格中强烈的社会责任感，而这样的行为又被许多网友效仿，让谣言现身在日光之下。

怎样才能让人格美起来？这不是一个容易完成的任务。在法律规范尚不完善的情况下，每一个传受者的人格优劣都不能被忽视，提高网民的道德修养，在于每一个公民都应该自觉地加强自修，保持健康良好的社会心态。说到底是一个广义层面上的教育和学习问题。教育的角色除了学校担当外，更重要的是社会，各个媒体都要在其中发挥重要作用。不放弃社会责任感，坚持正确价值观和职业操守，无论是面对灾难还是反腐倡廉，媒体的每一次传播都在影响、塑造着社会人格，人格的提升方能推进全社会的文明程度。

另一方面是硬环境，即完善相应的规范和法律。其实微博也正在不断地开发新功能以达到对自身环境的净化。新浪微博就设有"不实信息曝光专区"，发动网友积极举报"虚假信息"、"不准确信息"和"诈骗信息"等，防止不实信息误导网友。这既是对受者的提醒，又是对传者的警示。对于发现

---

① 高国希：《道德哲学》，复旦大学出版社 2005 年版，第 17 页。

确认信息不实的，也会有一定的惩罚。如"中国女留学生张颖在北欧全裸募捐"消息不实，涉及的两名用户被暂停发布和被关注功能两周。对于更为严重的诈骗信息，还可能被取消用户 ID。或许有人会质疑，这和微博的自由发言不是有冲突吗？会打击传受者互动的积极性吗？自由发言不是谎言，谁也不希望自己被欺骗，无论是传者还是受者。说到底，必要的法规不是对微博的限制，而是对微博包括网络传播的保护。

总之，微博特有的快速、自由传播促成了传者和受者的人格互动呈现出直接、平等和张扬的特点，而扬长避短、健康发展也正是我们对微博传播的热切期盼。

参考文献

[1] 霍仟、来扬：《动车追尾事件的微博版本》，《中国青年报》2011 年 7 月 25 日。

[2] 刘京林：《大众传播心理学》，中国传媒大学出版社 2005 年版。

[3] 方建移、章洁：《大众传媒心理学》，浙江大学出版社 2007 年版。

[4] 高国希：《道德哲学》，复旦大学出版社 2005 年版。

网络恶搞的把关困境与对策分析

● 陈　琦

"恶搞"一词最初起源于日语"Kuso"，最早风行于 20 世纪 80 年代末 90 年代初的电玩界，有"糟糕、可恶"之意，后经我国台湾传入内地，逐渐向"搞怪、恶搞"等本土词汇靠拢。网络技术的飞速发展为网络恶搞提供了传播途径和技术基础，诸多恶搞作品得以迅速传播并广为人知。短短几年的时间，网络恶搞从最初的被移植头像、PS 成各种版本的学生小胖，到胡戈恶搞陈凯歌电影《无极》成《一个馒头引发的血案》，几乎对簿公堂，再到恶搞红色经典、恶搞流行歌曲，网络恶搞迅速渗透到生活的各个领域，同时也引发了社会各个层面的热议。

在人类文化建构的历史进程中，每个社会不仅有主流文化，还存在着次生的异构文化。网络恶搞兴起于网络蓬勃发展的时代，恶搞文化就是人们在生存压力不断加大的情况下对现实的逃避、宣泄和释放心理压力的一种次生文化。在当前中国互联网络的语境当中，"恶搞"融合了本土的无厘头娱乐精神，通过拼贴、反讽、变形、戏仿等几种手段实现对传统的颠覆和解构。

一、网络恶搞之"恶"

2006 年 8 月 10 日，光明日报社组织了防止恶搞成"疯"专家座谈会，与会专家给出的"恶搞"的定义为："恶搞是当前网络上流行的、以文字、图片和动画为手段表达个人思想的一种方式，完全以颠覆的、滑稽的、莫名其妙的无厘头表达来解构所谓的'正常'……是历史虚无主义、文化虚无主义思潮的一种新的表现形式。"① 当然，这一定义是站在批评和管理的角度给出的，在一定程度上有失偏颇，但也指出了网络恶搞的明显特征。

虽然网络恶搞在娱乐大众、缓解紧张情绪、宣泄社会压力甚至商业宣传方面都具有一定的积极意义，但由于其来源复杂、监管力度薄弱等多方面原因，网络恶搞还是在很多方面都体现出了其"恶"的一面：

(一) 网络恶搞破坏了社会的主流价值体系

"怀疑一切、恶搞一切是历史虚无主义和文化虚无主义思潮的一种新的表现形式，是对人类历史、对生命价值、对社会道德的蔑视。"② 有些网络恶搞颠倒黑白、混淆是非、篡改历史事实，腐蚀了传统的道德观念。比如对英雄人物的恶搞，说"雷锋是因为帮人太多累死的、黄继光是摔倒了堵上枪眼的、董存瑞是炸药包粘在手上才牺牲的……"如果任由这种明目张胆篡改历史、践踏民族精神的网络恶搞泛滥而不加制止，我们的社会将会丧失明辨是非善恶的能力。

《中国青年报》关于网络恶搞的调查显示，恶搞破坏主流价值体系的不在少数。(表 1)

表 1：中国青年报社关于网络恶搞的调查

你觉得哪些行为称得上是"恶搞"？投票人数：17924 人

选项名称	投票数	百分比
颠覆经典，篡改史实	4342	24.22%
七拼八凑，黑白颠倒	4027	22.47%
恶意人身攻击	3524	19.66%
一味搞笑	2134	11.91%
纯粹情绪发泄	1971	11.00%
讽刺社会现象	1620	9.04%
以上都不算	306	1.71%

① 光明日报官方网站：http://www.gmw.cn/content/wseg/htm。

② 《应如何看待"恶搞"英雄人物》，人民网：http://theory.people.com.cn/GB/40553/5120268。

（二）恶搞引发社会信任危机

网络恶搞编造的内容大部分是虚构的，甚至是无中生有的。这在某种程度上就鼓励了弄虚作假、搬弄是非，是滋生谣言和流言的温床。比如恶搞典型《Q 版语文》里，杨子荣有了私生子、白毛女成了商界女强人、孔乙己偷书被美其名曰"资源共享"、卖火柴的小女孩成了时髦的促销女郎，甚至恶搞姚明患上了"巨人症"、多次约会女明星等。如果这些行为不能得到有效的遏制，将会引发社会捕风捉影、弄虚作假的不良风气，整个社会的信任将陷入危机。

（三）网络恶搞易引发侵权的纠纷

1. 网络恶搞大部分对抄袭持有纵容的态度，使得知识产权的保护又一次被推上了风口浪尖。《著作权法》第 22 条第一项规定："为个人研究、学习或欣赏，使用他人已经发表的作品，属于著作权的合理使用"，不构成侵权。但法律专家认为，大多数网络恶搞作品都不属于合理使用的范畴。比如胡戈的《一个馒头引发的血案》，"就从署名权、作品完整权、修改权、改编权和汇编权等几个方面侵犯了《无极》的著作权。"[①]

2. 网络恶搞经常滥用批评的自由，对被搞者进行诽谤、丑化、形象扭曲，造成对其人格权的侵犯。例如博客安迪用油画将李宇春和向鼎画成"雌雄连体"。比如无辜学生小胖，照片被 PS 成多个版本在网上流传，任人戏谑，一度使其产生了悲观厌世的情绪。

（四）网络恶搞污染了传统文化

1. 网络恶搞扭曲了民族传统文化中的精华。例如一度盛行的"大话、水煮"系列，对经典作品进行了歪曲和误读，比如在网络上红极一时的"国学辣妹"，打着弘扬国学的旗号，对孔子进行恶搞，实际上是对传统文化的践踏和侮辱，借国学的名义实现自己一夜成名的美梦。

2. 传统文化中的平等和谐的思想也受到了网络恶搞的冲击，歧视和偏见被不加限制地放大和鼓励。比如网络上对于河南人的恶搞，与其说是恶搞不如说是恶毒的攻击，严重损毁了河南人的形象。有时候，网络恶搞对于一些

---

① 黄芳：《无极 VS 馒头的法律分析》，《商业管理》2006 年第 5 期，第 58—59 页。

群体比如农民工群体、女大学生群体、90 后等，也进行了曲解和误读。

（五）网络恶搞传播了色情和暴力

借着"恶搞"这件外衣的庇护，一些不健康的内容就光明正大地在网络媒体上招摇。比如《七里香春宵版》的 MTV，借用周杰伦的《七里香》来传播淫秽的歌词，并夹带对知名主持人李湘的形象诋毁和人身攻击。还有一些网络恶搞充斥着宣泄的脏话，还有一些恶搞则不遗余力地宣扬着暴力。

二、网络恶搞的把关困境

（一）自媒体时代"关"之所在

传播学四大奠基人之一勒温（kurllewin）在《群体生活的渠道》一文中首次提出了"把关人"的概念。他认为，在群体传播时，信息是在一些有"门区"的渠道里流动的。这些门区存在着一些"把关人"，只有符合群体规范或者把关人价值标准的信息才能进入传播渠道。

在传统媒体时代，"把关人"在大众传播过程中最具话语权，他们通过把关活动，操纵着大众媒体对信息的筛选和编辑的标准，在传播活动的整个过程中，控制着信息的传递权和解释权，直接影响着信息传播的效果。

网络媒体的兴起，尤其是 web2.0 概念的引入，宣告大众传播进入了"自媒体"时代，把关人的地位受到了前所未有的挑战。这个由美国著名的 O'Reilly 公司在 2004 年 3 月提出的概念核心是强调真实性、参与性、共享性和去中心化。为网络用户提供了包括博客、播客、微博、搜索引擎、SNS 社会网络等个人媒体服务。在 web2.0 时代，任何网络用户都可以参与到内容的创作和信息的定制中来，传播方式成了以共享为基础，以个人为中心，无数个传播自我信息的网络节点取代了传统传播方式中把关人对信息的控制地位。自媒体时代，信息的传播貌似已无关可守。

（二）网络恶搞的把关困境

网络恶搞的技术基础是以 web2.0 为主导服务的网络空间里进行的，传者与受者的界限日渐模糊，恶搞信息在一种缺乏审查或者审查几乎形同虚设的环境中滋生蔓延，这使得信息传播的把关工作几乎陷入困境。主要表现在以下几个方面：

1. 把关权的真空

Web2.0 时代，网络信息传播的传者和受者的界限进一步模糊。网络为用户提供了一个极为开放的自由的虚拟的空间，没有门槛准入的限制，理论上讲，只要拥有基本的网络接入条件，任何一个社会成员都可以随时成为信息的发布者。

在传统传播流程中，信息必须经由把关人依据传媒组织的立场和方针以及群体价值标准进行判断，充分考虑到传播效果和社会反响之后才能顺利进入传播流程。在这个过程中，把关人常常以信息审查者的姿态出现。

而在网络时代，把关人的作用已经被最大限度地弱化，传播者要发布网络恶搞的作品，只要将其拷贝、粘贴或者上传即可。什么样的内容能够被传播，完全依靠传播者的自身素养和良知。

虽然服务提供商会进行一定程度的审查，但这种审查完全是滞后的，即使发现了不良内容，也是在信息传播出去之后了。

2. 信息传播的中心点已不复存在

传统的大众传播常常是以媒体为中心的辐射式传播，而网络传播综合了人际传播和组织传播的特点，多呈现群体内的多点到多点的"葡萄藤"式的传播，速度快，多向性、交叉性强，覆盖面呈几何级数增长；其信息来源是散点式的，没有一个明显的信息中心，很难在特定的关口对不良恶搞进行把关，同时互联网的海量信息也常常使把关人无从下手。

3. 传播技术更为畅通和隐蔽

网络传播技术的飞速发展打破了传统媒体对于信息发布权的垄断，为传播者提供了保密性更强的、更加私人化的传播渠道。比如借助 P2P 工具进行的文件传输，或者个体对个体的交流或者对话，就是完全在没有第三者监控的条件下进行的。这种隐蔽的传播方式使得把关人很难对不良网络恶搞进行追踪和监控，更谈不上对不良恶搞的信息进行过滤了。

4. 相关法律法规滞后，约束惩戒成难题

对于网络恶搞，现行的网络法律约束还很不完备，一旦发生纠纷，界定责任和惩处的难度都很大。发现、取证、破案、起诉、定罪等整个法律过程都面临着一个"难"字的巨大障碍。比如网络恶搞涉嫌侵权，对原作品改编到什么程度可以认定为抄袭、改编权限如何获取；对被恶搞者的讽刺算不算诽谤和侮辱？比如最近在网上发布全裸照片而迅速蹿红网络的"周庄少妇"，有人怀疑是裸模推广，少数旅游业内人士怀疑这是一起商业炒作事件，是想借"少妇、裸体"等敏感词汇吸引人气。业内人士认为，古镇不仅仅是可以创造经济效益的旅游景区，更是一种文化遗产和文化符号，"恶搞"它们就等于是"污染"我们的文化。律师严国亚认为，如果是艳照女主角自己所为，这存在故意传播意愿，违犯了治安管理处罚法，涉嫌传播淫秽物品；若是他人把艳照发上网，同样也涉嫌违法。但如何界定，依然是个难题。

法律支持的力量薄弱，网络传播的把关就会进入一个相对灰色的地带，有时候为了换取点击率，一些有违社会伦理道德甚至涉嫌违法的网络恶搞也会得到网络服务提供商的默许。

缺乏把关的限制，网络传播者自我约束的力量又相对薄弱，网络恶搞被越来越多的纵容，恶搞的手段花样翻新，甚至有些恶搞公然挑衅社会主流价值观和伦理道德观念，再不加控制和约束，网络恶搞将会在离经叛道的路上越走越远。

三、网络恶搞传播失范之对策

网络恶搞有其积极的一面，但其带来的消极因素也非常明显。因此，规范网络传播，在娱乐大众的同时，不伤害健康文明生活的新空间，也是媒体管理与信息传播建设面临的新课题。针对网络恶搞传播失范现象，可以逐步通过以下几个途径来改善：

1. 加强对网络传播的监管力度

近年来，我国先后颁布了《网站名称注册管理暂行办法实施细则》、《互联网文化管理暂行规定》、《互联网站禁止传播淫秽、色情等不良信息自律规范》等来规范网络传播失范现象。但是，网络传播的相关法规在执行和管理方面还存在着不少漏洞。由于网络舆情监管的复杂性以及网络传播单位的趋利性，网络传播违规甚至犯罪现象仍然比较严重。网站监管依然存在真空，网站注册管理混乱，有些不法运营商唯利是图，为增加点击率对涉黄的恶搞内容放任自流，甚至形成利益链条，对网络传媒环境造成了污染，尤其是对身心尚未成熟的青少年伤害极大。而我国现有的《预防青少年犯罪法》和《未成年人保护法》对网络不良信息危害青少年的行为，并未作出相应的规定。所以，堵塞漏洞，加强监管，完善立法是网络管理部门在目前环境下的首要任务。

2. 强化网络媒体行业自律

建立网络媒体行业自律制度，是今后网络媒体发展的必经之路。中国互联网信息中心《第 22 次中国互联网发展状况报告》统计显示，85%中国网民不信任互联网，中国网络媒体正面临着巨大的信任危机。媒介的公信力在很大程度上影响着人们对信息的理解和对社会的认知。如果任凭网络不良恶搞盛行，将大大伤害传播者和受众之间的信任。网络传播和相关产业要取得升级和发展，必须解决行业自律和诚信问题，建立网络媒体从业人员的准入机制，加强监管体制的建设，提高网络媒体的社会公信力。

3. 提高网络从业人员的职业道德水准

网络从业人员的文化修养和道德水准，在很大程度上影响着网络传播的内容。加强对网络从业人员的素质教育和职业道德培养，也是加强网络媒介形象建构，推动网络行业自律、净化网络环境的重要途径。当今的媒介教育很注重操作方法和技艺传授，却忽视了对传统文化和传播的职业素养教育，造成许多网络从业人员一味追求点击率，而无视其社会负面影响的现状。故大力加强对网络从业人员特别是"把关人"职业道德与媒介素养教育，才能遏制网络不良恶搞，净化网络环境。

4. 重视网络受众的媒介素养教育

概括地说，"所谓媒介素养就是指正确地、建设性地享用大众传播资源的能力，能够充分利用媒介资源完善自我，参与社会进步。主要包括受众利用媒介资源动机、使用媒介资源的方式方法与态度、利用媒介资源的有效程度以及对传媒的批判能力等"[①]。我国的网络受众中有相当一部分是青少年，他们正处于身心发育的重要时期，科学的价值观还未形成，主体意识也还不稳定，很容易在接触网络传播的过程中受到负面影响。加强受众的媒介素养

---

① 百度百科：http://baike.baidu.com/view/360750.htm。

教育，特别是青少年的媒介素养教育，是刻不容缓的事情。因此，可以尝试在中学和大学课堂开设媒介素养教育课程，营造良好的媒介教育氛围，打造健康的网络传播环境。

参考文献

[1] ［英］戴维·冈特立编，彭兰等译：《网络研究—数字化时代媒介研究的重新定向》，新华出版社 2004 年版。

[2] 张海鹰、滕谦编著：《网络传播概论》，复旦大学出版社 2001 年版。

[3] 赵士林编著：《Internet 传播新天地》，上海交通大学出版社 2003 年版。

[4] 陈卫星主编：《网络传播与社会发展》，北京广播学院出版社 2001 年版。

[5] 何明升：《叩开网络化生存之门》，中国社会科学出版社 2005 年版。

[6] 郭玉锦、王欢：《网络社会》，中国人民大学出版社 2005 年版。

[7] 周艳敏、宋慧献：《滑稽模仿与版权保护—由〈无极〉与〈一个馒头引发的血案〉谈起》，《出版发行研究》2006 年第 6 期。

[8] 赵宪章：《超文性戏仿问题解读》，《湖南师范大学社会科学学报》2004 年 5 月。

[9] 邹伟、王亦高：《"娱乐"与"抵抗"—谈互联网恶搞短片的形式、特质与意义》，《国际新闻界》2006 年第 9 期。

[10] 赵新利：《"恶搞"文化：凸显网络传播的娱乐功能》，《北京邮电大学学报》2006 年 7 月。

[11] 蓝步华：《把关网络传播》，《东南传播》2005 年第 11 期。

[12] 王晓渔：《恶搞文化的症候分析》，《南方文坛》2006 年第 3 期。

网络文学商业化运营模式研究

——以起点中文网为例

• 李 璐

随着我国互联网应用的发展，以"全民文学"为代表的网络文学网站迅速发展，成为文学艺术进入网络时代的一个独特现象。从最初游子思乡之情的寄托，到后来身心感情的叙述，再到如今为获求功利的取悦，网络文学作为文学的一种特殊阶段的表现形式，其发展成为众学者关注的焦点。

本文试图考察文学网站的出现及运营模式、网络文学商业化的运营模式。笔者以起点中文网为例，提出网络文学商业化运营应树立品牌模式、完善奖励制度、与传统文化行业相互衔接兼容、多元化发展、产业链延伸，从而充分挖掘网络文学潜力的发展战略。

一、文学网站的出现及早期运营模式

随着网络的发展，网络文学作为人们的精神需求应运而生。最初的原创网络文学网站多是由文学爱好者创办，因而其创作不以营利为目的，只作为一个共同爱好者的集聚地与交流场所，例如这一时期的"榕树下"网站。这一时期的网络写手们多出于兴趣爱好而非功利性进行文学创作，而杜书瀛曾指出："他（作者）恰恰要摆脱直接的实用目的和直接的功利态度。如果不能摆脱直接的功利态度而取得某种精神上的自由，他就很难从事真正的文学创作。"[1] 正是这些写手们的自由心态帮助他们创作出了不少真正意义上原生

---

[1] 杜书瀛：《文学原理创作论》，社会文献科学出版社 1989 年版，第 207 页。

态的网络文学，宁财神、安妮宝贝、李寻欢等最初的一批优秀的网络作家成为这一时代的领军人物。

随着"榕树下"网站影响力进一步扩大，一些始料未及的漏洞也日益凸显。首先作为当时号称"全球最大的中文原创文学网站"，日益递增的投稿量迫切需要足够多的编辑进行稿件筛选，相应的服务器与数据库系统也需要不断更新升级，这些不得不使其一再追加网站投入资本；同时，作为追求纯文学的非营利性原创文学网站，其创收的渠道单一，只能通过与出版社合作的实体图书出版、广告等方式获取一定的收益。渐渐"榕树"开始枯萎，几经易主却难逃衰败命运，这似乎也意味着坚持纯文学的理想主义的破灭。

当"纯文学梦"遭遇经济赤字的打击，原创文学网站的生存举步维艰。一些网站开始将目光投向了商业营利。"博库"网成为第一个吃螃蟹的人。博库开始尝试将自身的网络文学资源作为一种商品，以全本付费下载的形式向受众进行推销。然而在推崇共享、免费的网络时代，读者选择在网上进行阅读也多是冲着免费而去，没有人愿意为网络文学的阅读下载买单，全本付费的营销最终以失败告终。继"博库"之后，"读写网"、"明杨全球中文品书网"等网站也曾陆续尝试收费阅读，但均未实现盈利目标，使得这一时期的原创网络文学网站的生存道路一片迷茫。收费阅读失败的最大原因在于，对读者需求的定位不够准确。全本收费不论是下载还是在线阅读，都无法保证该内容一定适合读者的口味，一般读者不会冒这种风险去尝试内容未知的先付费再阅读。

为了生存，也有部分文学网站开始寻求脱离网络环境的实体环境发展。龙的天空原创联盟网在面临较大资金压力的情况下选择放弃发展网站，转型进入了传统出版行业，成立了北京幻想文化公司。这样一来，龙的天空原创联盟网就不再是网络文学网站，不仅流失了原有的一批网络文学的作者和读者，而且网络文学资源不再有新的补充。很快，当北京幻想文化公司手中的网络文学作品出版完后，便在市场中销声匿迹了。

这一时期文学网站急切需要一种既能拥有盈利，又能不脱离网络这个大环境的模式帮助其长足发展。用起点中文网 CEO 吴文辉的话来概括，便是"不收费，没有钱；收费，又怕失去好不容易积攒的人气，要不等死，要不找死"的"两难境地"。①

二、当代网络文学商业化运营模式研究——以起点中文网为例

起点中文网的前身出自一群玄幻文学爱好者所创建的玄幻文学协会，2002 年 5 月正式独立经营起点中文网。2003 年开始商业化运营，尝试在网络文学中寻找盈利，迅速成长为同类网站中的佼佼者。2004 年起点中文网被盛大网络以 1700 万元收购，在盛大的强力整合下，连同潇湘书院、起点女生网、晋江原创网、红袖添香、榕树下、小说阅读网等七家国内领先的原创文学网站一起构建了国内最大的网络原创文学平台——"盛大文学"，形成了网络文学的规模化发展与影响。通过其首创的原创网络文学大赛与 VIP 签约制度，起点中文网从 9 年前的 21 部加盟作品扩充到了拥有原创作品 22 万部，总字数 120 亿，日新增 3000 余万字的国内最大的网络文学网站。据第三方统计数据显示，起点中文网最高日 PV（页浏览量）已达 2.2 亿。起点的文学作品在百度十大小说搜索排行的前十名中长期保持 7 部以上。②

起点中文网自 2005 年以来，通过与内地、港台地区许多专业出版社、文化机构密切合作，将所持有的网络文学作品转化为实体图书、影视、动漫、游戏等多种文化产品。截止到 2007 年，起点已经建立了与国内近百家出版社和机构的合作关系，合作出版了上百种图书，数量多达上千万册。在 2007 年最佳商业模式中国峰会上，起点中文网推行的网络文学商业化模式荣获"2007 年度商业模式未来之星"。2008 年起点中文网荣获福布斯中国新锐媒体奖。

生存的压力使网络文学网站不得不由免费阅读走向付费阅读以获取盈利。在众多文学网站举步维艰、艰难探索盈利与文学创作的平衡点时，起点中文网以其敏锐的洞察力在读者、作者和网站这三者中巧妙地维持了平衡关系，并找到了行之有效的商业模式。是什么支撑起起点中文网近十年的高速发展呢？笔者认为，起点中文网的成功建立在以下几个方面：

---

① 吴文辉：《网络图书的异军突起》，《编辑学刊》2008 年第 1 期，第 23 页。

② 起点中文网 2011 年第 1 季度销售报告。

(一) 符合读者阅读心理的"半本微支付"阅读制度

与前人所不同的是，起点所开创的收费阅读是符合读者阅读心理的"半本微支付"制度，即一部作品的前三章免费阅读，之后的章节收取千字3分钱的"微支付"。读者可通过网上信用卡或购买盛大的点卡付费，一部近百万字的作品，不过十元钱。与此同时，起点中文网的编辑要求作者在章节末巧设悬念，吸引读者的二次阅读兴趣，保持了读者的忠诚度。低廉的收费与引人入胜的故事情节吸引了大量的小说读者，收获了文学网站运营新阶段的第一桶金。

在进入商业化运营初期，起点对"半本微支付"的推出采取了循序渐进的办法。在培育阅读市场时期，只是对一些热门连载长篇小说的新出章节实行 VIP 收费，旧作品继续免费。这样的营销策略一方面不会丢失那些冲着网络的免费共享而来的保守读者，为他们保留了大量优秀的老作品；另一方面通过情节的吸引性刺激、改变着思想前卫、肯为自己的阅读消费买单的新新阅读群体。与此同时，新书上架都会免费开放前三章内容供网民阅读，将阅读的挑选权完完全全交给了网民，使网民能自由选择为自己中意的作品买单。这正如商品经济的发展，由最初现行付费才能看到商品，到目前的大型超市供消费者自主随意挑选后付费。

目前，起点中文网拥有超过两千万的注册用户，其中付费用户超过两百万。坚实的读者基础，使得千字3分钱的"微支付"并不因利润的微薄而丧失其意义，反而在越来越多的网民的参与下变成一笔不可估量的巨大资本。2006 年吴文辉在接受记者采访时曾自豪地说："我们在收费阅读方面的月收入现在是二百多万元，预计年底可以达到300万元，公司在三年内就达到传统出版行业30年的努力结果。"起点中文网付费制度的成功，不仅标志着我国网络文学的发展进入了"量贩式"商业化运营时期，也标志着网络文学的营销体制进入了新的自主消费阶段。

(二) VIP 制度与"双赢"的良性循环

拥有了肯付费买单的消费者，起点中文网对于网络文学作品和作者的选择也煞费苦心，通过 VIP 制度的实行，建立"共赢"的良性循环。

当作品得到读者和起点中文网的编辑们认可时，便可申请签署 VIP 作品协议，这个协议的签署意味着作者花费大量时间、精力去码字不再是徒劳，那些心血凝成的小说可以换取优厚的酬劳。据起点中文网相关 VIP 制度的资料显示：按照千字稿酬计算，每个月完成协议规定字数（2 万字 / 月）的作者平均稿酬达到千字近 40 元的标准，最高稿酬超过千字 300 元人民币。这是一笔不菲的收入，这不仅对作者的能力与受欢迎度是一种肯定，更是促使部分优秀 VIP 签约作者从兼职写作转为专职写作，极大地激发了作者们进行创作的热情。

作者与网站"双赢"的良性循环也吸引了越来越多的优秀写手加盟。起点中文网从一开始就将对作者的培养和奖励放在了第一位，历年来，该网站设有"天道酬勤作者保障计划"、"天行健作者支持计划"等奖励项目。同时，每年投入近 200 万元完善阅读与写作平台，使 VIP 作者能够伴随起点的成长，真正实现功成名就，给予所有作者更优厚的待遇。事实证明，自 2003年 10 月起点开始实施 VIP 计划以来，起点中文网最高稿酬作者收入已超过100 万元，月收入上万者达 30 余人。这样的分红模式造就了多个百万富翁作者。这种通过写作获得丰厚报酬的形式极大地刺激了网络作家的写作积极性，保证了起点中文网作品对受众的持续吸引力。

（三）较为成熟的编审制度

作为"买单消费阅读"的发起者，为了保证作品能成功地得到读者的认同，起点中文网对原创文学作品的收录标准作了详细的规定。针对网上网络文学负面发展产生的不良影响，起点从内容、篇幅、质量、题材等方面做了详细的规定，保证了作品的原创性、合法性。作为起点的编辑，还会帮助作者写出符合网民审美的作品，并及时更新各种推荐榜单，及时将优秀新作放在首页推荐，为读者提供便利，帮作者赢得人气。许多小有名气的写手在提及自己最初的创作时都纷纷谈到编辑的帮助，网络文学创作毕竟有别于传统文学创作，不少写手初涉网络文学创作都是在熟知读者喜好心理的编辑的引导下获得"第一桶金"。因而，作为连接读者与作者的灵魂人物所在，编辑的力量不容小觑，成熟的编审制度对起点的发展起着推波助澜的作用。

起点中文网将人性化注入了商业化运营模式之中，较好地考虑了读者与作者的利益，很快便培育起强大的读者群体及高产的作者群体，并以其独创的"起点模式"解决了网站诸多生存难题。在起点中文网运营的商业化改造成功后，"起点模式"作为一种行之有效的先进模式被诸多文学网站纷纷效仿，并陆续获得新生。

三、网络文学商业化运营模式的发展方向

（一）商业化运营模式对网络文学发展的影响

起点中文网的网络文学商业化运营模式不仅仅挖掘了巨大的文学附加值，在带来巨额利润的同时也颠覆了网络文学的发展。

商业化的创作动机往往促使作者迎合读者的口味，摒弃自身特有的思想与感受，从而使作品内容题材单一，为招揽读者，往往多为情节离奇的长篇小说。很多"屡败屡战"的写手为追求商业利益甚至总结出了一些所谓的"潜规则"：首先"必须降下身份，不要再想文学，只想故事怎么吸引人。暴力是需要的，偶尔还要打打色情的擦边球"。其次，在小说末尾添加"求票"、"各位读者大人"、"跪求"等字眼，以求得高票数。最后在内容上还要顺着读者的意愿去进行创作，让读者们反感的人物死于非命或是将故事脉络顺着读者的意愿发展下去。可想而知，这样的心态创造出的"速食文学"就算会有人附和，但已经丧失了作者本身的才气与最初的文学意愿，在这鱼龙混杂的网络世界，难以得到直步青云的发展。

除了天马行空的幻想外，网络文学作品语言口语化、内容"速食化"，难以符合真正的文学艺术审美要求。在商业化大环境中，作品的质量很难得到提高。另一方面，由于商业利益的驱使，文学体裁在网络环境中难以得到全面的发展，散文、诗歌、短篇小说等体裁作为文学体裁的重要组成部分却在这个争名夺利的环境中缺失掉了。

起点中文网的稿酬制度是以字数计费，然而这种计费方式往往会降低作品的质量。大量的作者为了经济利益，放慢节奏，拖延情节以获取更多利益；为了盈利，作者间甚至相互抄袭使得作品内容大同小异，换汤不换药，作品质量直线下滑。这样长此以往，不仅会失去读者群，还会失去一些被平庸之作埋没的优秀作品，从而流失作者。

（二）网络文学商业化运营模式的发展方向

随着起点模式的不断完善和深化，这将成为文学网站以后发展的新道路，很多文学网站已经深刻地意识到，只有先协调好网站、读者、作者三者之间的平衡关系，才能将盈利模式安全引入，最终达到"三赢"。然而在今后的发展过程中，要想使文学网站的发展道路更加平稳、宽阔，还应积极着手以下方面：

1. 树立品牌，形成品牌效应

网络文学作品本身不存在品牌与否，它往往可以在多个网站同时发布。然而网络文学网站作为承载网络文学作品的平台，会被万千读者相互对比、挑选，因为品牌形象的树立对于网站的发展尤为重要。

品牌更多的是一种信赖，是消费者对某一企业的认同。就像我们提到牛奶会想到蒙牛伊利，提到电脑会想到联想，提到手机会想到诺基亚一样，起点中文网树立品牌的目标就在于，当受众想要阅读网络文学时首当其冲想到起点中文网。

首先，应在网络环境中树立良好的形象与知名度，依靠网络文学作品资源的优厚与读者作者良好的互动关系，让读者乐意在众多文学网站中选择起点中文网。其次，应举办大型网络文学大赛吸引更多优秀作者的参与与加盟，壮大作者团队，提高团队素质。再次，应注意避免一些不良影响，杜绝色情、暴力、反动内容的发布与传播，树立健康的品牌形象。最后，应将部分优秀的网络文学作品结集出版，将网络文学的精髓渗透到传统文学之中，从而扩大网络文学与自身的影响。

2. 建立完善的作品及人才奖励制度

起点中文网所首创的 VIP 制度虽然在一定程度上鼓励了作者，但随着时间的推移，也暴露出不少作品及人才奖励制度的弊端。

首先应端正作者的创作态度，不应以利益最大化为目的，而导致拖沓、抄袭、有头无尾等不良现象的产生。其次应加强编辑的编审能力，监督作者完成高质量的作品。再次应加大优秀作品的奖励力度，鼓励作者创新，以健康积极向上的心态进行作品创作。另外，还应多对作者团队进行集中培训，帮助那些想法独特但学历不高的作者创作出符合文学艺术审美的高品质作品。

3. 延伸文化产业链，充分挖掘网络文学的潜力

在网络文学的发展过程中，与之关系最为亲密的莫过于传统出版行业，然而榕树下的衰败发人深省。若是只与传统出版行业携手，最常见的结果在于部分网络写手通过出版社转型成为传统作家，却由于自身带有的网络文学的风格而在网络文学与传统文学的夹缝中显得不伦不类，终被磨去灵气退隐草根。

网络文学因其自身的产生及发展处于特殊的阶段，其载体也异于传统文学，作为一个新生的文化现象，网络文学具有很多与传统文学相对立的特殊性。这便需要通过延伸文化产业链来为其寻求量体裁衣的出路。如起点中文网小说《双面胶》被改编成电视剧后，在全国获得极大的成功，这又进一步刺激了受众对于起点中文网的关注。网络文学的发展通过延伸文化产业链，通过挖掘网络文学的魅力而寻求适合的出路，多元化发展，开创与传统行业相互衔接、相互兼容的新局面。

四、结语

文学网站成就了平民的"文学梦"。随着资本的大批量介入，网络文学商业化运营模式成为了文学网站求生的唯一选择。起点中文网的"半本微支付"阅读制度与 VIP 制度开创了网络文学的"量贩式"商业化运营时期，也标志着网络文学的营销体制进入了新的自主消费阶段。如今的网络文学发展已不仅仅限于网络，更多的是寻求与传统文化行业相衔接、兼容，通过传统出版物、影视、游戏、漫画等多元化开发，最大限度展现网络文学的魅力所在。

然而，文学网站商业化运营的蓬勃发展滋生了不少写手对功名利禄的追捧，过分的利欲熏心导致网络文学的发展也受到了影响。部分写手为了赚取人气与金钱，一味地附和读者的口味，甚至以色情、暴力等违规内容作为谋利的筹码，败坏了社会风气；诗歌与散文由于其体裁的特殊性，渐渐从网络文学的队伍中消隐，纯功利的诱导不利于文学体裁在网络平台上的全面发展。

因此，在网络文学商业化的过程中，还需要相关部门出台相关法律法规对文学网站进行管制，并通过树立品牌、完善作品及人才相关制度、延伸文化产业链、开发"无纸化"阅读新风尚等行之有效的措施，进一步完善网络文学商业化运营模式，促进我国网络文学平台更加积极向上的发展。

参考文献

[1] 鲁捷、王粤钦：《论网络文学概念及特征》，《新疆师范大学学报》（哲学社会科学版）2005 年第 1 期。

[2] 杜书瀛：《文学原理创作论》，社会文献科学出版社 1989 年版。

[3] 贺子岳、邹燕：《盛大文学发展研究》，《编辑之友》2010 第 11 期。

[4] 何流：《网络文学：2 分钱之上的商业大厦》，《中国报道》2009 第 7 期。

[5] 吴文辉：《网络图书的异军突起》，《编辑学刊》2008 年第 1 期。

[6] 李磊：《起点中文网　文学有价商机无限》，《中关村》2008 年第 7 期。

[7] 杨驰原：《寻求与传统出版业携手共赢——访起点中文网总经理吴文辉》，《出版参考》2006 年第 12 期。

[8] 钱晚：《网络写手的潜规则》，《现代计算机》（普及版）2009 年第 10 期。

传 媒 教 育

顺应融合趋势，走法新结合复合型人才培养之路 *

——法制新闻教育的价值取向与目标定位探析

● 罗　朋

进入 21 世纪，伴随着信息传播技术的快速发展，媒介融合成为新闻传媒业不可阻挡的发展趋势，传媒生态环境被极大地改变。一方面，传统新闻媒体纷纷实施跨媒体战略，建立全媒体数字技术平台，通过内容生产流程再造，打造全媒体综合性新闻信息内容生产体系，实现了由传统的单终端、单形态、单向度传播向多终端、多形态、多向度传播模式的转变。另一方面，新技术支撑下的新媒体不断涌现，互联网、手机、博客、播客、微博、移动电视等新的媒介形式被广泛运用，使用者既可以是新闻信息的接收者，也可以是发布者、评论者，由此，信源结构、受传方式和媒介终端呈现方式发生了很大变化，多媒体、即时和互动的移动新闻播报得以实现。与传统新闻传媒业相比，走向融合后，融合媒体的新闻信息内容生产流程与传播样态更为复杂，专业化和综合化程度更高，对从业者的素质与能力要求也更高。

在此背景下，基于传统新闻传播业组织构架与运营模式而建构的大学新闻教育体系面临新的挑战。培养法制新闻复合型传媒人才，是大学新闻与传播教育走多元化、特色化道路的具体体现。媒介融合带来的巨变是无法回避的现实，法制新闻教育必须寻找应对之策，厘清法制新闻的教育理念、价值取向，清晰准确地定位法制新闻教育目标及其实现途径，这也是提高人才

---

* 本文为 2010 年度陕西省教育厅专项科研计划项目《媒介融合趋势下陕西新闻教育的变革》（项目编号 2010JK336）的阶段性研究成果。

培养质量亟待解决的一个根本性问题。本文将结合西北政法大学在法制新闻教育方面的探索，对法制新闻教育价值取向与目标定位进行探讨。

一、媒介融合时代对新闻传媒人才的新要求

"媒介融合"（Media Convergence）也称"媒体融合"、"融合媒介"，它意味着不同的信息传播载体（媒介）间的跨界、汇聚与整合，正如美国学者Andrew Nachison 所指出的，媒体融合是各个媒体之间的、合作和联盟，是"印刷的、音频的、视频的、互动性数字媒体组织之间的战略的、操作的、文化的联盟"[①]。媒介融合依靠新技术的支撑，依托于数字技术、网络技术、宽带技术等新技术，文字、图像、音频、视频等信息符号实现了传播介质的共享，不同的信息符号都可以在数字化信息平台上得以呈现，"各种媒体传播方式汇聚成电子和数字的方式"。[②] 由此，不同媒介形式彼此之间的互换性与互联性得到了加强，传统媒介之间泾渭分明的边界被消弭。

就新闻传媒业来说，媒介融合首先增加了新闻信息传播平台的数量，人们除了通过报纸、广播、电视了解新闻信息，还可以通过互联网、手机、移动电视、ipad 等不同终端接受信息。其次，媒介融合使媒体资源得到优化配置，新闻信息产品样态与服务形式变得多样化。在融合媒体中，记者对某一新闻事件的报道，只需一次采集就可以将文字的、影像的、音频的等不同素材囊括，这些素材上传至媒体共享的采编平台后，记者或编辑可根据报道的需要和不同发布终端的特点对素材进行加工与整合（如 CNN 的旗舰节目《安德森·库泊 360 度》就有网络播客版，节目时长短于电视播出版，这是根据受众使用网络时的特点来进行的编排），最后包装制作成文字、图像、视频、音频、动画等不同产品样态，并在不同的发布终端上呈现。而受众可以通过报纸、广播、电视等传统媒体以及互联网、手机、ipad 平板电脑等新媒体了解新闻事件，也可以在线使用博客、播客、微博等了解新闻事件或对

---

① 丁亚韬主编：《中国媒体融合发展报告（2010）》，《新闻与写作》特刊，《新闻与写作》编辑部 2010 年 11 月，第 9 页。

② 同上。

新闻事件进行评论，由此，受众获得信息的渠道和数量大大增加，接触媒介的时间延长，接触媒介的方式更为便捷，受传之间的互动性也极大增强。

简言之，媒介融合使多种媒介形式汇聚于数字化媒体平台，新闻传媒可以借此整合不同的媒介形式进行全媒体传播，为受众提供多平台、多介质、多层次的新闻信息产品与服务。在融合过程中，"建立全媒体的生产能力、形成全介质的传播能力和提高全方位的经营能力"成为了媒体向融合型全媒体发展的目标。[①] 例如当今的《纽约时报》就不止是一张报纸——报纸只是其传播信息的介质之一，它同时还是网站、电视台和广播电台，各种介质上的内容你中有我、我中有你，交相辉映。在这种全媒体传播中，新闻信息内容的聚合式生产流程是十分重要的环节，它对从业者的素质与能力有更高的要求——从业者要具备全媒体的宏阔视野与思维方式，跨媒体的信息采集、整合与制作能力，这种传媒人才可以称之为"全媒体"记者、"全能型"传媒人才或"融合型"传媒人才，其专业素养与能力不仅仅局限于某一类媒体。

2009 年 1 月，宁波日报报业集团组建了国内首个全媒体新闻部，要求其全媒体记者携带高清摄像机、数码相机、录音笔、笔记本电脑和通信设备等，进行多媒体信息的采集并利用图文、音频和视频等多种手段进行即时新闻报道。全媒体新闻部要求其记者要学会全媒体新闻生产所要求的"用脑"、"用眼"和"用手"。所谓"用脑"是指记者"要有新闻聚合的头脑。全媒体新闻要适合传统媒体和互联网、手机、其他载体特点，不同载体的不同组合产生的效果大不一样"。所谓"用眼"是要求其记者"要充分利用网络、手机等互动传播的'新闻眼'，挖掘受众的新闻资源，全媒体记者要善于与受众互动"。所谓"用手"即要求其记者"要会写文章、能拍摄、擅互动，熟练进行电脑、手机制作发布。多种媒体手段通过多种信息载体的聚集，使报道既有广度又有深度"。[②] 由此可以看到，新闻传媒业对从业者提出了更高的要求，

---

① 杨兴锋：《从南方报业看传媒集团战略转型的方向与路径》，《中国记者》2010 年第 1 期，第 20 页。

② 田勇：《全媒体运营：报业转型的选择——宁波日报报业集团的全媒体实践》，《新闻与写作》2009 年 7 月，第 10 页。

除了传统新闻业所要求具备的专业素养外，融合时代的新闻人才还需要具备跨媒体的视野与思维能力，以及多媒体信息采集制作能力，成为一专多能的"多面手"或"全能型"人才。

对于大学新闻与传播教育而言，应当敏锐地体察到媒介融合发展趋势对新闻传媒人才培养的新要求，并根据行业发展的需求，适时调整教育理念与人才培养思路，准确定位新闻传媒人才的培养目标与实现途径，培养出适应社会发展需要与行业需求的适用性强的全能型传媒人才。

二、媒介融合发展趋势驱动法制新闻教育的转型与变革

大学新闻与传播教育的核心任务是，"培养具有神圣的社会责任感、宽阔的国际视野、深厚的文化修养、科学的思维方法和精湛的专业技能的新闻工作者"[1]。以此为基本框架，西北政法大学新闻传播学院早在 1999 年就提出了依托于学校法学优势资源，以"法"、"新"结合培植专业特色与优势，打造核心竞争力的办学思路，并在法制新闻教育方面进行了可贵的探索。法制新闻教育以培养既通晓新闻与传播学又熟悉法学的复合型、应用型新闻传媒人才为目标。这一目标的设定，具有较强的针对性与适用性，符合我国民主法治建设和传媒实践对法制新闻人才的需求，也是新闻与传播教育走多元化、特色化发展之路的具体体现。西北政法大学新闻传播学院在人才培养的过程中，强调厚基础、宽口径，一方面致力于夯实学生新闻学专业基础，培养和养成良好的专业素养与能力；另一方面，努力拓宽人才培养口径，依靠学校法学资源优势，走"法"、"新"结合之路，除了在人才培养方案中设置了法学原理、民法学概论等一定数量的法学课程，以及法制新闻专题研究、新闻法规与新闻职业道德等新闻学与法学交叉课程，还引导学生采取主辅修学习模式，在主修新闻与传播类专业课程的同时，辅修法学专业课程，涉及的相关课程有《法理学》、《宪法学》、《民法学》、《知识产权法》、《刑法学》、《民事诉讼法学》、《行政诉讼法》、《行政法》、《婚姻法》、《经济法》等，通

---

[1] 高钢：《媒介融合趋势下新闻教育四大基础元素的构建》，《国际新闻界》2007 年第 7 期，第 30 页。

过这些课程的学习，培养学生的法律素养，既通晓新闻学又熟悉法学，宽口径、复合型的人才培养目标借此得以实现。经过十多年的实践与探索，西北政法大学的法制新闻教育模式已形成品牌效应。随着受众对法制新闻、新闻法制的关注度越来越高，学院所培养的宽口径、厚基础、高素质、应用能力强、具备创新精神的法制新闻复合型人才受到众多媒体的欢迎与好评。

然而当下媒介融合的发展趋势，对法制新闻教育也形成了较大冲击，针对传统新闻传媒业的需求而确立的法制新闻教育理念与培养模式，已经难以适应融合时代对法制新闻人才的需求。学者范玉吉认为，法制传媒人才培养机制存在不足，其中"人才培养与市场需求严重脱节"、"人才培养缺乏基本的规格标准"是比较突出的问题。[①] 这些问题关涉人才培养的全局，如果不能较好地解决，法制新闻教育就难以发挥其应有的作用，从而影响到人才培养的质量。

2002 年年底，中宣部、新闻出版总署和国家广电总局联合发出《关于开展新闻采编人员资格培训工作的通知》，要求对所辖各新闻单位的新闻采编人员进行专业技能培训，通过考试者发给《新闻采编人员资格培训合格证书》，具有采编工作从业资格。这种资格培训的主要内容包括："马克思主义新闻观和新闻事业的党性原则，党的新闻出版工作方针、政策和新闻报道中需注意的问题，国家关于新闻出版工作的法律、法规，著作权法和著作权的保护，新闻职业道德与新闻侵权，新闻传播学知识与传播技术发展，提高采编工作者的基本素质，语言文字规范与运用等。"[②] 这些培训内容，涉及新闻理论知识、新闻出版政策与法规、新闻传播实务与技能、新闻职业道德、文化素养等方面内容，涵盖了人才培养中的知识、能力和素质等三个主要方面，表明新闻传媒行业所需要的是知识、能力和素质三位一体全面发展的从业者。目前大多数院校的新闻与传播教育也都是按照知识、能力和素质这三方面的要求来设计人才培养目标与模式的。然而，根据有关研究数据显示，"新闻采编从业者的综合素质达到优秀素质标准的仅占 0.4%，达到良好素质

---

① 范玉吉：《法制传媒的创新与发展》，《新闻记者》2009 年第 11 期，第 87 页。

② 百度百科：《新闻采编从业资格证》，http://baike.baidu.com/view/1559403.htm。

标准的只占 7.8%，达到中等素质标准的占 33.7%，刚达到及格素质标准的占 43.7%，不及格的为 14.4%"。① 与此相关的是一组新闻作品质量分析数据：日常新闻报道中，"一般性报道比例占 89.3%，深度性报道比例占 10.6%，前瞻性报道比例仅为 0.1%"。② 这些数据表明，新闻从业者的整体素质不高，连带反应是新闻作品的质量不高。

2009 年 4 月开始，中国记协新闻培训中心和中国人民大学新闻与社会发展研究中心组成的课题组，开展了建立《新闻采编执业资质标准》的试点工作。资质即人才的素质。制定执业资质标准，是为了全面促进新闻从业者综合素质的提高。从业者"知识结构的完备程度、专业技能的掌握程度以及职业操守的遵循程度"会直接影响到新闻作品的质量，即所谓"素质决定新闻引导力"，因此有研究者提出："在完整把握新闻实践活动规律的基础上，科学建构新闻工作价值体系，把新闻从业者的理论素养（价值基础）、实践技能（价值能力）、职业道德（价值规范）、工作业绩（价值成果）构成一个完整且相互联系的价值整体。"③ 在试点工作中，课题组还依据执业资质标准的要求，开展了对从业者的培训工作，培养目标被确定为："培养具有深厚的理论素养，精湛的实践技能，高尚的职业道德和优秀创新能力的复合型新闻专业人才。"具体目标被设定为："（1）具有比较全面的知识结构和深厚的理论素养，比较系统地掌握马克思主义的新闻理论；（2）掌握精湛的新闻实践技能，娴熟驾驭和运用各种文体的能力；（3）拥有高尚的职业道德和社会责任感，具有良好的职业形象；（4）具备优秀的创新能力，能够紧密结合社会转型期的发展需要。全面深入地分析社会现象和把握社会发展的规律，有效提高新闻舆论的引导力。"④ 这些培养目标的设定，实际上也昭示了传媒行业对其从业者应当具备的素质的要求。

---

① 刘梓良：《建立科学的长效机制　全面提高从业者素质——建立〈新闻采编执业资质标准〉试点报告》，《新闻记者》2010 年第 7 期，第 5 页。

② 同上，第 6 页。

③ 同上，第 4 页。

④ 同上，第 6 页。

从上述内容可以看到，一方面，新闻传媒行业从业者的整体素质不容乐观，在媒介融合趋势下，新闻传媒对理论知识全面、实践能力强、综合素质高、具有创新能力的复合型人才充满期待。另一方面，新闻传媒行业对其从业者提出的要求，也正是法制新闻教育进行变革的驱动力，应对之策是及时调整教育理念，进一步厘清法制新闻教育的性质与价值定位，根据社会发展需要和媒介融合时代传媒对新闻人才的要求，清晰定位法制新闻教育目标，使法制新闻人才培养有明确的方向，人才质量有明确标准和规格，符合传媒行业对人才素质的各项要求。

三、法制新闻教育的价值定向与教育目标定位

在建立《新闻采编执业资质标准》的试点过程中，研究者提出，要在把握新闻实践活动规律的基础上，建构"新闻工作价值体系"，"把新闻从业者的理论素养（价值基础）、实践技能（价值能力）、职业道德（价值规范）、工作业绩（价值成果）构成一个完整且相互联系的价值整体"。[1] 这里把价值这一概念引入新闻工作，并厘定出从业者素养所包含的价值要素，有助于清晰地认识新闻工作从业者素质的价值意义，也有助于引导从业者建立积极的价值取向并作出正确的价值判断。这一做法具有启示意义。

价值产生于人类的实践活动，它属于关系范畴，表示人与各种对象之间需求和满足需求的关系，"即客体的存在、属性和变化同主体需要之间的关系。在主客体相互关系中，客体是否按照主体的尺度满足主体需要，是否对主体的发展具有肯定作用，这种作用或关系的表现就是价值。"[2] 简单地说，价值就是一种事物能够满足另一种事物的某种需要的属性。从价值的角度来看法制新闻教育，则有助于厘清法制新闻教育的价值取向，进而对人才培养的性质、功能和积极作用做出价值判断，对人才培养的方向与标准进行

---

① 刘梓良：《建立科学的长效机制　全面提高从业者素质——建立〈新闻采编执业资质标准〉试点报告》，《新闻记者》2010 年第 7 期，第 4 页。

② 学术定义：价值，CNKI 知识元库，http://define.cnki.net/WebForms/WebDefines.aspx?searchword=%25e4%25bb%25b7%25e5%2580%25bc。

明确定位。

法制新闻教育的核心任务是，培养服务于社会、服务于公众、服务于媒体的法制新闻人才，这种人才所必需的思想道德修养、文化素质、专业素养等决定着法制新闻教育的价值，因此，法制新闻教育的价值定向不应当局限于狭隘的专业领域，而应当使之成为以人文素养教育为核心、以通识教育为基础、以职业教育为定向的素质教育。

（一）法制新闻教育的核心是人文素养教育，其宗旨是"立人"

新闻传媒是社会的耳目喉舌，新闻从业者是新闻信息与公众之间的媒介，肩负着公众的信任，负责新闻信息的采集、记述、解释和传播，因此，斯坦福大学传播学教授泰德·格拉舍指出：新闻是社会、政治和文化的一部分，"新闻是有关社会变迁、社会变革的东西"，"好的新闻学意味着好的社会"，"新闻从哪儿来？它不是从使用某种技能而来的，真正的新闻来自于人性。目前，新闻学教育者们面临的最大的挑战之一，就是如何将新闻学教育回归到人性教育"，"新闻是人性的一个反映"。[①]斯坦福大学新闻学教授吴惠连则指出："尽管作为新闻教育者，我们至关紧要的工作是教学生怎么写新闻，但是并不意味着这样新闻学就有了一个满意的目标。"就像外科医生学习的目标并不是开刀，而是如何把病人治好、使病人恢复健康一样，"新闻实践并不是新闻学教育的目标"，学会新闻技巧本身并不能保证记者写出有深度和社会意义的报道，"新闻的目标是服务于公共的信任"，新闻教育在使学生成为出色的新闻人时，还要"帮助他们认识目标的意义……他们要认识到，新闻学的意义不是新闻学本身，而是把它作为一种方式，一种用艰苦的工作、勇气和独立提供的事实信息和思想的方式，从而把中国人、美国人和全世界的人引向更幸福的生活。"[②]

这些论述，清晰地阐明了新闻与社会、新闻从业者与新闻教育之间的关系，面对纷繁复杂的世界，新闻人要准确判断新闻价值，努力探究事实真

---

① 黄瑞等翻译整理：《21 世纪新闻学院应培养什么样的人才——北京"21 世纪新闻学教育峰会"纪要》，《新闻记者》2006 年第 2 期，第 45 页。

② 同上，第 46—47 页。

相，把应当让公众知晓的最新发生、最重要的新闻信息予以报道，力求报道的真实、准确、客观、公正，通过新闻的力量推动社会的进步，而这些都需要靠新闻从业者服务于公众的社会责任意识、追求公平正义的职业理想与信念等基本素质来支撑；而这些基本素质的培植，可归入人文素养教育的范畴，这也是法制新闻教育的核心，其目标是培养健全的人格，是"立人"。

人文素养教育包含的内容很多，其实质是通过人文学科的学习和人文精神的弘扬，使学生了解和掌握处理人与自然、人与社会、人与人关系的正确态度和能力，"树立正确的世界观、人生观和价值观，从而使感情得以陶冶，心智得以充实，精神得以提升，人格得以完善"，完善人格也是人文素养教育的"凝聚点和归宿点"，"用中国古代教育家的话说就是'成人'，用我国现代教育家的话说就是'养成人格'，用马克思的话说就是促使'人自由而全面的发展'"。① 简言之，就是要在学习的过程中学会做人、学会做事。

新闻和法律都负有维护社会公平正义的神圣使命，法制新闻教育应当围绕人文素养教育，对学生进行公民人格教育和公民能力的培养，培养学生的主体意识、权利意识、责任意识、参与意识、法治观念、自由平等观念和理性精神等，不断完善人格，具备追求真理、维护社会公平正义的精神品质，成为具有独立、民主、自由精神和法治信仰的新闻人。

人文素养教育在法制新闻人才的培养中居于核心地位，贯穿法制新闻教育的始终，实现的途径和方式主要有：开设人文素养教育课程、在通识课程和专业课程中融入人文素养教育内容、开展的学术活动、开展校园文化活动等。

(二) 法制新闻教育以通识教育为基础，其目标是培养"通才"

通识教育也称博雅教育，属于非专业、非职业性教育，是"不直接为职业作准备的知识和能力的教育，其涉及范围宽广全面"②。通识教育也被看做是对学生进行素质教育最有效的实现方式，能够对学生的人格塑造发挥重要作用。通识教育通过拓展学生视野、增加学生知识的广度与深度，使学生兼

---

① 赵馥洁：《人文素质教育的探索性"文本"——评〈人文素质教育视点〉》，《宝鸡文理学院学报》（社会科学版）1998 年第 12 期，第 79 页。

② 百科名片：通识教育，http://baike.baidu.com/view/628666.htm。

备人文素养与科学素养，博才多学，成为具备多种才能的全面发展的人。

新闻报道要记录世界的变化、社会的变革和人们生活的变迁，它涉及领域广阔，因此，新闻学被认为是"杂学"，新闻记者是"杂家"。在进行新闻信息的采集和报道过程中，记者可能会遇到政治、经济、文学、艺术、哲学、科学等方方面面的问题，因此，法制新闻教育不能囿于定向型的职业教育，应当把通识教育和专业教育结合起来，通过通识教育拓宽学生知识结构的覆盖面，使他们广泛接触政治、哲学、科学、经济、管理、艺术等多学科、多方面的知识熏陶，为成为视野宏阔、知识广博的通用型人才打下坚实的基础。

为了适应快速发展的经济需求，美国的新闻教育曾一度朝着实用主义的职业化教育发展，新闻职业化教育所培养的人才具有很强的适用性，上手快，能迅速适应行业实践的需求。然而，单一化的职业教育很快就显现出弊端——所培养的人才缺乏人文理想，视野狭隘，适用面窄，发展后劲不足。因此，很多教育界的有识之士又重新调整教育理念，倡导通识教育。例如，美国一些学校就要求学生在进入真正的新闻学专业学习之前，必须涉猎不同的学科，学生可以根据自己的兴趣选择不同的专业、课程进行学习，具备不同专业的知识与理论，学分修够后，再正式学习新闻专业的课程。

在新闻实践中，我们常常看到这样的例子，由于记者对自己专业以外的学科知识储备不足，报道经常会出常识性的错误；或者对所报道的领域缺少必要的知识和判断，导致报道不准确或难以深入。有研究者通过调研得出这样的结论：目前新闻媒体从业者的知识结构尚存欠缺，导致新闻作品质量不高，"很多新闻媒体刊登（播出）了大量反映事物现象层面的报道，而深入挖掘新闻事件意义层面的报道所占比例很小，至于对新闻事实所蕴含的规律性的东西进行探究和诠释，更鲜有涉及。这说明由于缺乏多学科知识体系的理论支撑，新闻从业者比较普遍地存在着思维平面化的现象，难以从本质上把握事物的发展规律"。①

---

① 孙菲：《媒体从业者多学科知识体系的构建——东、中、西部多家试点媒体调研分析》，《新闻记者》2010 年第 5 期，第 8 页。

因此，搭建一个由不同学科知识理论组成的较系统、全面的知识体系，以避免长期以来专业划分过窄、知识分割过细、课程设置过分定向单一的弊端，对于法制新闻教育来说是非常重要。面对市场经济体制下人才流动加大、职业转化频繁的社会现实，面对新闻传媒业快速变化的行业需求，法制新闻教育应当以通识教育为基础，拓宽人才培养口径，所培养的人才应当是眼光远大、博学多识、具备自由精神与优美的情感、具有自主获取知识意识和能力、兼备实践应用能力的"通才"。

法制新闻教育以通识教育为基础，能够极大地拓宽所培养的人才采集新闻信息的视野和思维的宽度，使其能够高屋建瓴地抓住事物本质，洞悉事物发展规律并对作出准确的判断或前瞻性的预测。在搭建由不同学科知识理论组成的知识体系时，可以进行层次的划分，如以哲学、历史、经济学、社会学、文学等多学科知识为知识体系的主要构成内容，使学生通过学习，了解掌握这些学科的基础知识、基本理论与基本方法；注重与相邻学科专业知识的衔接，尽可能关照新闻与传播学和法学、政治学、经济学等学科之间的联系，形成新闻学科与其他学科知识之间的交叉渗透、吸收与应用，最终实现知识体系框架中不同学科知识的融会贯通。

（三）法制新闻教育以职业教育为方向，其目标是培养训练有素的从业者

新闻传播业属于知识产业，需要受过良好教育、训练有素的从业者。职业教育也即狭义的专业教育，是教育与职业沟通的主要渠道。1945年，哈佛大学发表的《自由社会中的通识教育》报告（即哈佛"红皮书"）提出："教育可分为通识教育与专业教育两部分。前者作为大学教育的一部分，主要关注学生作为一个有责任感的人和公民的生活需要，后者则给予学生某种职业能力训练。两者有区别，但并非相互对立和割裂。"[①] 由此可以看到，大学教育中，专业教育与通识教育既相互区别，又紧密联系。与通识教育相比，职业教育具有明确的职业定位和适用性，是直接为职业作准备的知识和能力的培养，涉及专业知识、职业技能和职业道德的教育，它以专业知识与能力的培养为指归。

---

① 百度百科：通识教育，http://baike.baidu.com/view/628666.htm。

　　法制新闻教育要为传媒行业培养法制新闻人才，职业教育或专业教育是题中应有之义。法制新闻人才是"法"、"新"结合的复合型人才，这种人才培养涉及特定的专业领域与知识范畴，其人才培养目标的特定性与人才培养规格的特殊性，主要也是通过职业教育来达成。在法制新闻教育中，一方面要根据传媒行业对法制新闻人才素质的要求，培养学生掌握系统的新闻传播学理论知识，建立马克思主义新闻观，认同并恪守职业伦理，学会判断新闻价值，掌握专业的报道技巧，还应兼顾媒介融合对人才提出的新要求，引导学生树立全媒体的传播理念，学会跨媒体的传播技能，根据不同媒介的特点和报道需要，对新闻信息进行加工、整合，使呈现在融合媒体平台上的新闻报道实现传播效果的最大化；另一方面，要通过相应的法学课程的开设，传授必要的法律知识与理论，帮助学生树立理性的法律信仰，培养他们的法律素质，使他们具备一定的法律思维能力、探知法律事实的能力和法律表达能力①。在这种职业教育中，新闻与传播学和法学二者既相互区分，又相互融合，共同为培养既具备新闻专业素养又具备法律专业素养的复合型法制新闻人才提供专业支撑。

　　总之，为社会发展和行业实践培养专业人才，是大学教育的主要任务。不同专业教育目标的确定，关涉全局，决定着该专业人才培养的方向、规格与质量。如同吴惠连所指出的："一个只有高度专业但没有目标的新闻学，就像一个只关心手术技巧而不考虑患者的外科医生。一个充满了目标但没有专业水准的新闻学，又像一个高谈健康的可贵而你却连感冒也不敢让他治疗的医生。"② 在媒介融合发展趋势下，进一步厘清法制新闻教育的价值取向与目标定位，有助于明确定位人才培养目标与实现途径。法制新闻教育以培养既具备新闻专业素养又具备法律专业素养的复合型新闻传媒人才为主要任务，在教育目标的确立上，应当以夯实人文素质教育为核心，以加强通识

---

① 参见张文显：《法理学》（第二版），高等教育出版社、北京大学出版社 2003 年版，第16—17 页。

② 黄瑞等翻译整理：《21 世纪新闻学院应培养什么样的人才——北京"21 世纪新闻学教育峰会"纪要》，《新闻记者》2006 年第 2 期，第 45 页。

教育为基础，以强化新闻传播职业教育为方向，辅之以法学专业教育，走"法新结合"之路，培养懂新闻、懂法律、懂技术的复合型、全能型、融合型人才，使人才培养与社会变化、行业发展对新闻传媒人才提出的新要求相契合。

参考文献

[1] 黄鹂：《美国新闻教育研究》，华中科技大学出版社 2008 年版。

[2] 丁亚韬主编：《中国媒体融合发展报告 (2010)》，《新闻与写作》编辑部 2010 年。

[3] 王翰主编：《法学教育研究》第 3 卷，2010 年。

法制新闻复合型人才培养模式的探索与实践

——以西北政法大学新闻传播学院人才培养模式为例

● 董晓娟

西北政法大学新闻学专业开办于 1959 年，是西北地区建立最早的新闻学专业，后因历史原因停办。1999 年新闻学专业恢复招生，建立了国内第一个以法制新闻为专业方向的新闻系，2003 年，成立了新闻传播学院。从 1999 年至今，西北政法大学的新闻学教育已经走过了 12 个年头，经过多年来坚持不懈的探索与实践，逐步确立了"注重专业，培养人文，突出特色，加强实践"的法制新闻复合型人才培养模式，这一模式在教学实践中不断被完善，并取得了较突出的成绩。以下就该模式的内容及实施效果进行总结和分析。

一、法制新闻复合型人才培养模式的构建思路

(一) 社会发展需要复合型新闻人才

随着传媒产业的不断发展壮大，传媒市场也逐步细化。为了满足多样化的受众需求，新闻媒体在综合发展的同时，也十分重视专业化发展，媒体间的激烈竞争也延伸到了对传媒专业人才的竞争，单纯的新闻专业知识与技能已不能完全满足传媒市场对人才的要求，媒体急需既有新闻专业知识与技能、又有相关专业背景与特长的"一专多能"的复合型新闻人才。具体到媒体业务实践中，我们可以看到，新闻媒体的从业者在采写编评的过程中，除了需要具备新闻与传播专业的知识与技能外，报道内容的广泛 (涉及政治、经济、文化、体育等各个领域)，也要求他们具备报道领域所需的专业知识或专业训练，因此，那些兼备跨专业、跨学科知识背景的人才，非常受媒体

欢迎，而那些优秀的时政记者、财经记者、军事记者、体育记者等，也都既是新闻记者，又是其所报道领域的专家或专业人士，这种专家型记者得以在各自的专业领域取得不俗的成绩。因此，在新闻学教育中，跨专业或者跨学科的复合型人才培养模式成为教育工作者必须思考的问题。

（二）法制新闻办学理念与人才培养模式的形成

培养人才，是教育的主要任务。教育目标的确立，需要考虑社会需求和行业发展对人才的要求，同时，还应结合所在院校人才培养的宗旨与目标、学科资源，以形成核心竞争力，在激烈的竞争中走特色化发展的道路。

在依法治国的时代背景下，基于社会和行业发展对人才的需求，西北政法大学新闻传播学院依托学校雄厚的法学资源优势，确定以"法制新闻"为专业特色的教育目标——培养既通晓新闻又熟悉法律的复合型、应用性新闻传播人才。在新闻与法律相结合的复合型新闻传播人才培养过程中，学院明确提出了"以法学为背景，以新闻学为基础，高起点，广视野，创办有特色的新闻专业；以市场为导向，以素质为根本，厚基础，宽口径，培养复合型的应用人才"的办学理念。经过不断的探索与实践，西北政法大学新闻传播学院目前已形成了"注重专业，培养人文，突出特色，加强实践"的复合型新闻人才培养模式。其中注重专业是指注重新闻专业知识的学习；培养人文是指培养学生的人文素养；突出特色是指突出法制新闻特色；加强实践是指该院的课堂实验实训、校内实践活动以及社会大课堂的社会实践和专业实习相结合的实践教学体系。致力于以专业知识和法制特色相结合帮助学生完成相应理论知识的积累，以人文素质培养则提升了"新闻传播人才最基本和最重要的素质"[1]，以实践教学体系提高了学生"采、写、编、评、摄"的专业技能，四者相结合，有效提升学生的专业素养、人文素养和法学素养。

---

[1]　慕明春：《新闻传播专业人文素质教育的长效机制研究》，《法学教育研究》2010 年第 4 卷，第 237 页。

二、法制新闻复合型人才培养模式的内容与实践

（一）法制新闻复合型人才培养模式的主要内容

从教学内容上看，法制新闻复合型人才培养模式包括专业知识、人文素养、法制特色、实践环节四个部分；从教学时间分配看，该模式又分为第一课堂、第二课堂和社会大课堂三个阶段。

在第一课堂人才培养方案的制订上，经过多年的摸索与实践，该院教学计划涵盖以下几种课程类型：新闻专业理论课程、新闻专业实践课程、人文素质课程、法学专业课程及法学与新闻交叉课程。

为了充分利用第二课堂提高学生的人文素质、专业素质和实践能力，西北政法大学新闻传播学院先后在学生中开展了旨在提高学生人文素质和专业素质的读书活动，提高学生专业素质的摄影大赛、采访技巧大赛、DV 片制作大赛、装帧设计比赛及小论文大赛，提高学生综合素质和能力的主持人大赛。学院还为学生的校内实践创造机会和平台，学生现在自办《新语》和《阅思集》两种期刊，自办《政法播报》和《映像西法大》两个新闻视频栏目。《新语》主要发表学生的专业论文，凸显了学院法制新闻的特色；而《阅思集》则专门登载学生优秀读书的笔记和学生原创文学作品，以拓展学生的视野，丰富其读书生活。《新闻播报》以报道校内新闻为主，而《映像西法大》则是一个综合性栏目，以校园人物和专题报道为主。这几个实践平台的建立，既给学生创造了施展才华的舞台，同时又展示了同学们的学习成果，起到了很好的实践效果。

进入社会大课堂锻炼，主要是安排学生参加学院组织的暑期社会调查活动、进行专业实习。每次的暑期社会调查活动都会确定一个调查主题，学生利用暑假完成这些调查活动。专业实习分为三个阶段，即 2—4 周的机动小实习，4—6 周的中实习和 20 周的大实习。其中小实习安排在第一学年，学生可到媒体见习，以便对媒体工作有一个大致了解和直观印象，没有具体的实习任务要求。中实习和大实习分别安排在大二暑假和大四第一学期，有具体的实习要求和实习成果量化考核标准。

（二）法制新闻复合型人才培养模式的实践

1．第一课堂：打好基础，完成知识构建

为了完成法制新闻复合型人才的知识构建，西北政法大学新闻传播学院分别在2000年、2005年、2009年、2011年对新闻专业人才培养方案进行四次修订。本着"加强基础，注重素质，突出能力，发展个性"的人才培养理念，现行人才培养计划强调人文素质的培养，加大了课堂实践教学比例，开设了"广播电视采编实务"、"广播电视栏目策划"、"媒介市场调查"等多门选修课程，并要求"新闻摄影"、"广播编辑与节目制作"、"电视摄像"、"报刊编辑学"等课程的实践课时比例应不少于30%。设置了法律专业课和"法制新闻专题研究"、"新闻法研究"、"新闻法规与职业道德"、"媒介案例评析"等法律与新闻交叉的课程。鉴于教学计划学分有限，学院还开设法律辅修班，二年级结束时学生可掌握除"国际法"和"法制史"课程之外法学专业的全部专业核心课。这些课程的学习，使学生打下较为坚实的法学基础。同时，学院还鼓励学生选择法制新闻类主题来完成学年论文和毕业论文的写作，丰富其法制新闻的知识储备。

2．第二课堂：学以致用，提升综合素质

利用第二课堂，学院开展了读书活动和一系列校园文化活动，并都尽量彰显法制新闻专业特色。

读书活动。读书活动是学院从2001年下半年开始的一项旨在提高学生新闻素养、法学素养、人文素养及写作能力的活动，使学生通过大量阅读，完成知识与素质的同步提升与高效转化。由教师向学生推荐读书目录，目录涉及新闻、法律、文学、历史、政治、宗教、美学等社会科学多个方面，要求学生四年内读100本书，写3万字读书笔记，推行指导老师和在学生中开设"流动图书馆"制度等，每年组织召开一次读书经验交流及先进读书个人表彰大会，选择优秀读书笔记发表在《阅思集》。据统计，大学四年阅读100本以上书的同学占91%，写出3万字以上读书笔记的同学占83%，有部分同学读书笔记多达10万字以上。

（1）开展五项专业竞赛活动。"采访技巧大赛"，将真实的采访现场搬到赛场上，同学们在比赛中模拟专业传媒人。大赛中设置"我在现场"、"嘉宾访谈"、"专业知识问答"等多个比赛环节，由学生参加比赛，指导老师通过现场进行辅导点评，最后评出优胜者。比赛使同学既消化了课堂所学的理论知识，又积累了新闻实践经验，使学生真切感受了新闻的真谛和新闻工作者的甘苦，帮助学生提高专业技能，清晰专业理念，明确学习目标。

"专业小论文比赛"，由专业老师确定比赛论文题目，学院面向本科生及研究生广泛征稿，经过由专业教师组织的评定小组评审，确定获奖同学名单，颁发证书及奖品，制作专业小论文集。活动的开展培养了学生的科研能力，锻炼了学生的思考能力，呈现了众多稚嫩但不乏真知灼见的理论思维成果。

"DV 片制作大赛"则要求学生从选题策划，文案撰写，摄录制作全部独立操作完成。以镜头表现生活的绚烂多彩，以其贴近性、亲和力和原创性而受到学生关注。拍摄的短片内容可涉及到故事片、纪录片、专题节目等。学院组织专职教师对学生 DV 作品进行评比打分，择优奖励，并在实验室向学生展播。

"新闻摄影"是新闻专业学生必须掌握的一种专业技能，它用瞬间形象表现新闻事件，传达新闻观念，富于艺术表现力。学院每年定期组织学生进行实地新闻图片的拍摄外拍实践活动，由专业老师带队，事先确定拍摄主题，在陕西省周边选址组织学生拍摄。同时学院也会结合社会现象，进行反映社会主题的拍片。拍摄结束后，由专业教师选出一百幅左右作品，在校内进行汇报展出。评选出优秀作品奖励，并多次选送作品参加国内外多项摄影比赛，先后获得多项国内外奖励。

"装帧设计大赛"由编辑出版专业教师根据专业实际情况，每年确定不同的比赛选题，或为报纸版面设计大赛，或为书籍版式设计大赛，或为报纸版面设计大赛，可以由学生个人创作，也可自由组合为小组参赛，同时，学生可以图片、文字、实物、PPT 等多种形式对于制作过程进行辅助的作品创作思路介绍。最后，由专业教师组成的评审组对参赛作品进行集中评定，分别评出各项大奖和单项奖，并择优进行汇报展出。

(2) 举办"主持人大赛"。西北政法大学校园主持人大赛，始于 2001 年，至今已举 11 届。大赛旨在通过考察选手的语言表达、专业表现能力及艺术鉴赏水平来为学生提供一个挑战自我、展现自我、提升自我的平台。大赛不仅吸引了西北政法大学本校学生，也引起西安地区多所高校学生的关注和参与，每年都有近十所院校的选手报名参赛。主持人大赛已经成为西北政法大学校园文化建设的一个品牌项目。

（3）自办刊物和自办视频新闻节目。《新语》专门刊载学生学术作品，刊物分为以下几个栏目：学术论坛、特别推荐、本期特稿、新闻论坛等。组稿、编辑等事项由学生完成。该刊物的出版，为学生了解本专业学科发展状况、本专业学术研究状况提供了一个窗口，也为优秀学生论文提供了发表平台。自 2001 年 1 月创刊至今，《新语》共出版 13 期，刊载学生原创作品 300 余篇。《阅思集》则专门刊载学生原创文学作品和优秀读书笔记，自 2002 年 3 月创刊至今共出 14 辑，刊载学生作品 400 余篇。

学生自办新闻视频节目《政法播报》和《映像西法大》，两个节目从策划，主持、采访、摄录制作全部由学生完成，两个栏目都以风格清新形式活泼而获得好评。

结合以上活动，学院在学生中推行"从阅读起步，启发心智，吸纳知识；从写作提高，磨砺理性，长于思考；从实践强化，培养能力，学会创造"[①]的学习模式，为学生全面发展提供了重要条件，为学生走向社会大课堂做好了准备。

3．第三课堂：体察民情，实现完美蜕变

与社会大课堂的接触，学生主要通过以下两种形式：

一种是参加农村社会调研活动。学院以"走进农村，解读乡土中国"的口号吸引学生踊跃参加这项活动。活动在每年暑期进行，由学院提出调查内容，如 2007 年是"一村一品"调研，组织学生赴陕西省一村一品项目示范村西安市临潼区河西村和行者村进行调研。2008 年则调研农村基础设施存续及使用情况。调研前由专职教师对学生调研员进行集中培训，培训内容包括：调研问题的提出及解释，调研的基本方法，调研资料的收集、分析和调

---

① 慕明春：《新闻传播专业人文素质教育的长效机制研究》，《法学教育研究》2010 年第 4 卷，第 239 页。

研报告的写作等。通过调研，让学生了解中国农民的生存状态，让学生更加深刻地认识中国社会的现状，自觉感受到当代大学生肩负的社会责任。调研结束后，学院要召开社会调研总结会，对学生假期社会实践的情况进行总结和交流，并表彰优秀学生，每年举办一次。学院还将学生每年的优秀调研报告汇编成册。

另一种方式是完成三次专业实习。学院加强学生的实习管理，采取实习前动员、实习中检查、实习后评比总结的方式。实习前，由专职教师向学生讲解实习的重要性，公布学院实习量化标准，由高年级优秀实习生讲述实习见闻与经验。在实习单位的选择上，学院鼓励学生尽量选择法制类报纸、法制类电视栏目、法制类电视频道等能体现法制特色的新闻媒体。实习中，通过与学生和实习单位的沟通，了解并解决学生遇到的具体困难，帮助学生克服实习的盲目性和随意性，通过实习单位监督和学院监督相结合、过程管理和目标管理相结合的方法，提高学生的实习效率。实习结束后学生必须提交实习鉴定、实习日志和实习成果，由专业教师进行评定，给出实习成绩，并评选优秀实习生进行表彰。对优秀实习作品组织优秀实习作品展示活动。

通过农村社会调查，使学生了解农村，增强他们的社会使命感，帮助学生树立良好的职业精神和职业操守，为毕业后成为高素质新闻人才打下基础。三次实习，总计不少于28周时间。实习使学生对媒体有了深入了解，有利于培养出能力强、出手快、能很快进入角色的新闻工作者。事实证明，很多同学通过实习确立了自己的就业目标。

三、法制新闻复合型人才培养模式的实施效果

经过12年的探索与实践，西北政法大学新闻传播学院"注重专业，培养人文，突出特色，加强实践"的法制新闻复合型人才培养模式在新闻人才的培养中发挥了重要作用。2010年，由院长慕明春担任项目负责人而申报的法制新闻特色专业获批为国家级特色专业，这标志着该院法制新闻教育取得显著成绩。在教学方面，学生的综合能力也普遍得到提高，教学工作取得丰硕成果。

该院学生宋飞鸿撰写的《关注网瘾少年》荣获2005—2006年度全国法制新闻系列报道类一等奖。读书活动积极分子、主持人大赛主创人之一的新闻

专业 2003 届学生刘哲现担任《华商报》娱乐版首席记者。2004 届学生吴玮，在韩国写真作家协会举办的摄影比赛中获奖，现为中央电视台新闻中心记者。曾任《新语》责任编辑的 2004 届学生郭敏现任南方报业集团旗下《云南信息报》首席记者，其撰写的《无极污染香格里拉》系列新闻报道引发全社会关于风景名胜区生态环境保护的大讨论，引起国家高层有关领导的关注，并最终促成了有关政策法规的出台。2004 届学生母家亮在陕西省"校园之春"大学生文化节摄影大赛中获得一等奖，又在韩国写真作家协会举办的摄影比赛中获奖，现为《陕西日报》首席摄影记者。2006 届毕业生何弘曾受到教育部和共青团中央的表彰，获全国三好学生称号，在中央人民广播电台举办的全国大中专院校优秀播音员主持人大赛中获二等奖，现任陕西电视台公共政法频道主持人。在专业小论文大赛中获一等奖的 2007 届学生王博现为新华社记者。

西北政法大学新闻传播学院的复合型法制新闻人才培养模式取得了良好的效果。他们培养的新闻专业毕业生，既拥有新闻专业知识，又具备一定的法律素养，这种复合型法制新闻专业人才受到业界的广泛好评。学生一次性就业率一直名列前茅，尤其是那些在第二课堂和第三课堂各种活动中获得锻炼和表彰的学生在就业和工作中表现尤其突出。新闻专业的很多学生被知名媒体录用，部分同学就业不久就成为单位的骨干力量。

20 世纪 90 年代以来国外编辑
出版高等教育研究述评

· 王立平

一、20 世纪 90 年代的国外编辑出版教育研究

(一) 对日本编辑出版教育的介绍和研究

出版学校成立于1964年，是日本最早从事编辑出版教育的一所专科院校。创建于1953年的上海出版印刷高等专科学校则是我国第一所出版印刷类学校。从1991—2001年，两所学校共举办7届出版教育交流会[①]，交流两国的出版教育情况、出版业状况。之后，一系列有关日本编辑出版教育的文章问世。

孙国明全面介绍了日本编辑学校开展出版教育的情况，重点介绍了其专业特点、专业设置和学制等方面的情况，使国内读者对日本编辑教育的现状有了初步了解。[②] 同时，国内学者还翻译了日本学者的相关文章。岩崎胜海的文章回顾了20世纪日本出版业发展、变化的历程，特别介绍了战后日本出版业快速发展的历史，并就日本在21世纪所面对的出版教育问题做了分析和预测。[③] 稻庭恒夫的文章则介绍了日本职业资格的种类和职业资格考试。[④]

---

① 参见甄西编译：《让昨天与明天对接：日中、中日出版教育校际学术交流年会10年回顾》，《出版发行研究》2007年第1期。

② 参见孙国明：《日本编辑学校与日本出版教育》，《出版发行研究》1993年第5期。

③ 参见岩崎胜海：《日本编辑的工作变化和出版教育》，《出版与印刷》1994年第2期。

④ 参见稻庭恒夫：《日本出版工作者的职能资格和出版教育》，《出版与印刷》1997年第3期。

吉田公彦对日本出版教育做了最全面的叙述和分析。他指出，日本出版公司吸收的新员工，并不要求接受过出版方面的专业教育，因此，新员工入职后要再接受公司培训或社会教育机构的专业教育。而日本编辑出版学校则开设有"日班部、夜读部和函授部"，讲授编辑、生产制作、校对、版式设计、杂志编辑和写作等课程。此外，一些职业学校也开设编辑、生产制作和校对方面的课程。而出版公司则开设一些临时性的出版教育培训班。①

（二）对美国出版教育的研究

20 世纪 90 年代初，杨贵山、杨涛、魏龙泉等最早开始关注美国出版教育。魏龙泉介绍了美国出版教育发展的背景及其现状。90 年代初，美国 60 多个机构设置了出版教育课程，包括书刊出版、制图、图书发行和印刷等，共有 86 个科目。开办出版教育的机构有大专院校、行业协会、基金会、公司企业等。其中，后两类机构主要举办短期讲习班和研讨会。纽约大学等 37 所高校设立出版课程，对计划从事出版职业的初级人才和出版领域的高级人才进行培训。② 杨贵山也对美国的出版教育做了详细介绍。③ 杨涛则对纽约大学加拉庭部在 1981 年开辟的出版研究硕士专业做了介绍。该专业旨在为出版业培养未来的编辑和营销人员，其毕业生受到普遍欢迎。纽约大学成为美国出版教育的重要中心。④

（三）对法国和荷兰出版教育的介绍和研究

杨贵山还对法国和荷兰的出版教育做了详细介绍。荷兰从事出版教育的机构有荷兰皇家图书贸易协会和两所大学。皇家图书贸易协会主要培训在职出版人员，学员考试合格后授予零售商证书。阿姆斯特丹工业大学经济与信息学院开设有全日制出版专业课程，学制四年，主要课程有图书营销、图

① 参见吉田公彦：《日本出版业与出版教育》，《中国出版》1997 年第 5 期。

② 参见魏龙泉：《美国出版教育概况》，《中国出版》1994 年第 1 期。

③ 参见杨贵山：《美国的出版教育》，《中国出版》1992 年第 10 期。

④ 参见杨涛：《纽约大学的加拉庭出版研究专业》，《出版发行研究》1993 年第 3 期。

书出版、编撰书目、编辑实务、图书制作与设计、市场调查等。[①]

(四) 中外出版高等教育的比较研究

还有一些研究者试图对中外出版学专业设置情况做比较研究。其中，蒋伯宁对部分国家出版高等教育简况及出版课程做了概要介绍。他认为，国外出版高等教育开设多种课程，课程设置多样化，以适应出版业的相互竞争和时代发展的需要。不仅重视出版基本理论知识的教育，还重视课堂技能实习、模拟教学、经验交流等。各国也非常重视本国语文训练和新技术在出版业中的应用。[②] 杨贵山汇总了当时一些出版大国在出版专业人才教育方面所采取的措施，并指出这对国内开展出版教育工作的借鉴意义。[③] 乔好勤和张利辉也对中外出版教育的体制、课程结构做了比较。[④]

最具代表性的研究是罗紫初的比较研究。他认为中外高校出版类专业有三个方面的差异：第一，国外高校专业名称大多为出版专业，很少再细分为编辑学专业、出版管理专业、发行专业、印刷专业等，而我国高校出版类专业则划分太细，很难适应业界需要。第二，国外高校绝大多数以培养图书市场营销人才为主，只有少数专业侧重培养编辑及印刷技术人才，而我国高校则以编辑学专业为主，营销专业匮乏。第三，我国高校出版专业的绝对数量较大，大大高于其他出版业发达的国家，出版类专业设置数量处于严重失控状态。[⑤] 罗紫初还搜集了美国纽约大学加拉庭出版学院的出版研究专业、加拿大邦夫中心的图书出版专业、德国慕尼黑大学图书专修科、英国牛津大学图书专修科、法国出版职业学校编辑及出版管理专

[①]　参见杨贵山：《法国的出版教育》，《中国出版》1991 年第 5 期；《荷兰出版职业标准和出版教育》，《出版发行研究》1994 年第 6 期。

[②]　参见蒋伯宁：《国外出版高等教育培训概况》（上、下），《编辑之友》1992 年第 5 期、第 6 期。

[③]　参见杨贵山：《国际出版教育现状》，《出版发行研究》1992 年第 2 期。

[④]　参见乔好勤：《中外出版发行学教育体制与课程结构之比较》，《图书情报知识》1994 年第 4 期；张利辉：《中外出版教育的比较研究》，《外国教育研究》1995 年第 5 期。

[⑤]　参见罗紫初：《中外高校出版学类专业设置情况比较：中外出版高等教育比较研究之一》，《中国出版》1998 年第 1 期。

业、日本出版学校图书发行专业、巴西圣保罗大学大众传播与艺术系所出版专业的主要专业课程，并将其与国内武汉大学、清华大学、四川大学、北京印刷学院等院校的出版专业课程做了详尽比较。第一，中外出版高等教育的教学内容有许多相同之处；第二，中外出版类专业在课程设置上的差异也非常明显，如我国重课堂面授，国外重课外实践；我国重理论规律教育，国外重实用技能训练；我国重人文基础素质培养，而国外重市场营销知识传授。[①]

（五）20 世纪 90 年代国外编辑出版教育研究的特点

这一时期的研究呈现以下几个特点：第一，研究者开始介绍国外出版教育现状，如出版教育的形式、主要内容及特点等。但研究主要集中于日本和美国等少数国家。第二，文章大多为介绍性质，研究性不强。但是，即使是这些概要性的介绍，也让国内的出版教育工作者开阔了眼界，增长了见识，对国内刚刚兴起的出版教育产生了一定影响。第三，研究者开始从课程设置、专业教师来源、教学方式、培养目标等方面对国内外的出版教育进行比较研究，一些结论对改进国内的出版教育至今仍然有一定的启示作用。

二、2000 年以来的国外出版教育研究

（一）继续关注日本出版教育

进入 2000 年，日本的出版教育继续受到研究者关注。诸葛尉东认为，20 世纪 80 年代以前，和中国一样，日本在很大程度上把出版视为一种技术性操作，没有将其上升到学术层次。但他也认为，重视实际操作的做法应予以肯定。[②]

甄西回顾了中日出版教育校际学术交流十年的历程。[③] 日本学者川井良

① 参见罗紫初：《中外高校出版学类专业课程设置比较》，《出版发行研究》1999 年第 4 期。

② 参见诸葛尉东：《从中日出版教育体制的差异看编辑人才的培养》，《中国出版》2003 年第 5 期。

③ 参见甄西编译：《让昨天与明天对接：日中、中日出版教育校际学术交流年会 10 年回顾》，《出版发行研究》2007 年第 1 期。

介指出，日本的出版教育大致可分为大学和大学以外的教育。大学以外的教育，主要有出版业界各协会和专科学校举办的培训教育。就大学的出版教育而言，在日本，无论是大学或短期大学、研究生院，和过去一样，都未设置出版学科，有关出版的课程也很有限。川井良介认为，其原因是宏观上受美国影响，微观上与出版学自身的性质有关。[①]

植田康夫认为，出版教育与出版学科的发展密不可分。出版学到底是一门独立学问，还是采用诸学问方法的"应用学"，对此，至今仍争论不休。它的影响是，日本大学没有出版学科，只是作为新闻学科或传播学科的一个科目，开设"出版论"或"出版文化论"等讲座。因此，补大学出版教育不足的，正是各类其他学校。[②]

（二）对美国出版教育的进一步研究

徐丽芳从美国访学归来后，发表《近距离观察美国出版教育》一文。这是对美国佩斯大学、纽约大学、艾默森学院、斯坦福大学、丹佛大学、哥伦比亚大学等 6 所大学出版教育专业负责人所做的深度访谈。访谈的问题如下：（1）出版专业的历史和发展情况；（2）专业设置的宗旨和特色；（3）专业定位和特色；（4）专业规模；（5）招募兼职和全职教授的标准；（6）出版专业面临的主要问题和挑战；（7）毕业生就业前景；（8）专业未来发展方向；（9）美国出版专业教育能否满足行业需要；（10）对中国出版教育的看法。这篇文章让国内研究者对美国的出版教育有了一个全面而又准确的了解。[③]

美国的出版专业研究生教育也开始引起研究者的注意。叶新、陈青首先对纽约大学出版研究中心的研究生教育做了详细介绍。[④] 张志强、万婧就美国纽约大学、佩斯大学和艾默森学院的出版研究生专业做了介绍和研究。

---

① 参见川井良介：《概观日本的出版教育》，《河南大学学报》（社科版）2007 年第 2 期。

② 参见植田康夫：《日本的出版研究及出版教育》，《中国编辑》2007 年第 5 期。

③ 参见徐丽芳：《近距离观察美国出版教育》，《槐市中人》2004 年 6 月；另见《中国图书商报》2005 年 7 月 22 日，http://www.cbbr.com.cn/info_2895.htm。

④ 参见叶新、陈青：《纽约大学出版研究中心的研究生教育》，《出版经济》2003 年第 1 期。

佩斯大学出版硕士学位课程提供营销战略、图书和杂志出版、财务管理、信息系统等方面的课程。艾默森学院的出版与写作硕士学位课程涉及图书出版、期刊出版和电子出版物，小说、非小说写作，文学和书评等方面。该专业有图书出版、期刊出版和电子出版三个培养方向。

从办学宗旨看，艾默森学院以培养学生的写作能力为主；纽约大学则重点培养学生的管理技能，其专业的实践性胜过学术性，且商业性较强；佩斯大学出版专业既注重文科知识也注重商科知识，兼具艾默森学院和纽约大学的特点。[①]

叶新、刘梦楠认为，全美有专业研究生教育、高级出版培训课程、出版入门培训及认证课程等三种出版高等教育层次。[②] 林余荫分析了美国出版教育的特征。[③] 练小川追溯了美国出版教育的发展历程。他认为，拉德克里夫的办学模式持续到今天，对美国出版教育的办学模式有深远的影响。[④] 汤菲、赵苏阳和李娟、苏世军也分别撰文剖析了美国出版教育的特点及其对我国出版教育的启示。[⑤]

(三)对英国出版教育的研究

何玉柱把英国的出版高等教育归结为：硕士学位教育、研究生学历证书、学士学位教育和高等专科学历几种教育层次。[⑥] 徐鸿钧、徐钟庚对牛津国际出版研究中心的出版教育进行了综述和分析。中心自1997年起即已形成较为完整的高等出版教育体系，开设了几乎所有类别的出版教育教学培训课程，既有从学士到博士后的全日制课程（其中博士和博士后以研究为主），

---

① 参见张志强、万婧：《美国的出版研究生教育略述》，《编辑学刊》2005年第6期。

② 参见叶新、刘梦楠：《当今美国的出版高等教育》2005年第6期上。

③ 参见林余荫：《美国出版教育特征分析》，《广西民族大学学报》2006年第12期。

④ 参见练小川：《美国的出版教育紧扣行业注重实际》，《出版参考》2009年第2期下。

⑤ 参见汤菲：《美国的编辑出版高等教育发展对我国的启示》，《兰州商学院学报》2007年第4期；李娟、苏世军：《浅谈美国出版教育的特点》，《教育管理》2009年第5期；赵苏阳：《美国出版教育体系及其对我国的启示》，《中州学刊》2009年第3期。

⑥ 参见何玉柱：《注重能力培养的英国出版高等教育》，《北京印刷学院学报》2000年第12期。

又有各类短期和夜校课程。①

2002 年，保尔·理查森教授撰文介绍英国出版教育状况。他认为，十几年前，英国高等出版教育并没有得到出版界普遍认可。但是，现在出版教育变得越来越重要。英国出版教育课程包含以下三个方面：即知识和理解能力、专业技能（如编辑技术、设计等）和一般的或可迁移的技能（如团队精神，口头和书面交际技能，谈判技能和时间管理等）。理查森还介绍了英国的在职出版教育。②

张志强重点介绍了英国伦敦地区旺兹沃思出版培训中心。作为一个非营利组织，该中心以开展各类出版培训活动、为业界人才提供各种指导、提高出版业人员素质为宗旨。迄今为止，已培训 5 万多名员工。课程涉及编辑、管理、营销、制作、版权等多个方面，既有入门性的基本知识介绍，也有针对某一方面的专题知识。总体来看，这些课程能使学员很快掌握出版领域有关方面的核心知识，迅速适应出版工作需要。③ 李武通过焦点访谈法和专家咨询法分别从学科定位、教学目标、课程设置、教学方法、学习年限、产学结合等方面确定了 8 个半开放性题目和一个完全开放的主观题目，对英国八位院校的出版课程主管进行了深度访谈。④

（四）德国出版教育研究

施勇勤介绍了德国的书商教育。法兰克福的德国书商学校提供职业培训、经营培训和进修班。学习时间 4—5 个月，要在两年内完成，课程主要为图书销售行业中有发展前途的人员所开设。除了训练学生的经营能力和技巧外，德国的出版教育工作者十分重视出版从业人员的品德教育和出版理念

---

① 参见徐鸿钧、徐钟庚：《牛津国际出版研究中心及其出版教育》，《出版发行研究》2001 年第 12 期。

② 参见保尔·理查森著，徐鸿钧、徐钟庚译：《英国的出版教育》，《宁波大学学报》2002 年第 2 期。

③ 参见张志强：《英国出版培训略述》，《国际新闻界》2006 年第 11 期。

④ 参见李武：《英国出版学研究生教育的特征分析：一项基于深度访谈的实证研究》，《国际新闻界》2009 年第 1 期。

教育。因此，培养了一大批高素质的书商和出版从业人员。①

宋晓冬介绍了德国的出版高等教育状况。德国招收图书出版业的大学主要有美因兹大学、莱比锡大学、慕尼黑大学和纽伦堡大学。大学的学习一般分为基础阶段和主课阶段。选图书专业为主课的学生要求学习三门外语，并达到一定要求。主修图书专业的学生应修满 68 周学时，其中基础课为 36 周学时，主课为 32 周学时。在毕业前，除通过主修专业的研讨班考试外，还必须通过辅修专业研讨班的教育。之后，在六个月内提交硕士论文，合格者授予文科硕士学位。②

科尔斯廷·埃姆里希认为，莱比锡大学的图书学专业侧重于图书经济、图书历史及图书理论。莱比锡技术经济文化高等专科学校的图书贸易与出版经济专业更注重学科理论知识和实践相结合、培养计划和方案，强调实习是该专业成功的重要因素。美茵茨谷登堡大学的教学内容包括出版实务、出版国际化等内容。斯图加特媒体高等专科学校图书学教学的重点是媒体经济、市场与媒体研究、图书市场营销、期刊市场营销、出版生产以及计划实施等。埃朗根-纽伦堡大学的图书学专业则更注重理论基础。慕尼黑大学和明斯特大学也设有图书学专业。③

（五）俄罗斯出版教育

马海群、王迎胜认为，俄罗斯出版专业高等教育可分为三个阶段。初创时期（20 世纪 30 年代初—50 年代初）。莫斯科印刷学院于 1930 年组建，主要培养出版、印刷和发行领域的专门人才。发展时期（20 世纪 50 年代初～80 年代末）。莫斯科大学、列宁格勒文化学院、莫斯科文化学院分别设立图书学教研室（专业），主要培养图书出版、发行及古旧图书的整理与贸易人才。至此，俄罗斯 4 所高校开设编辑出版学专业。各院校教师中，60% 以上具有副博士或博士学位，教授和副教授的比例占 70% 以上。1969 年，

---

① 参见施勇勤：《德国的书商教育》，《出版与印刷》2001 年第 4 期。

② 参见宋晓冬：《德国图书出版业的高等教育》，《出版参考》2006 年 11 月下。

③ 参见 [德] 科尔斯廷·埃姆里希著，丁恺译：《德国图书学研究与教育："图书学研究与教学"学术研讨会综述》，《出版科学》2008 年第 1 期。

图书装帧与插图设计方面的第一个博士学位论文通过答辩。1971 年，第一个编辑理论与实践方面的博士学位论文通过答辩。1989 年，莫斯科印刷学院正式成立博士研究生部，主要培养图书学和印刷生产过程与机械设备两个方向的博士生。莫斯科大学也在 20 世纪 50 年代设立编辑学副博士点，莫斯科文化学院和列宁格勒文化学院则在 80 年代初设立图书学副博士点。扩展时期（20 世纪 90 年代初～21 世纪初）。这一时期全俄罗斯有近 30 所高校开办了与编辑出版相关的专业。出版学主要分为出版事业与专业、图书发行专业和图书学专业三个专业。俄罗斯的出版事业与编辑和图书学两门专业在社会上得到广泛认可，受到众多文化企业的欢迎，其毕业生供不应求。因此，入学竞争也很强，8～10 个学生竞争一个招生名额。①

王迎胜还对俄罗斯的出版事业与编辑专业做了详尽介绍。俄罗斯出版事业与编辑专业教育分学士、专家和硕士三个教育层次和全日制 5—5.5 年教育和函授 6 年制教育形式。在俄罗斯本科专业目录中，图书事业隶属人文科学门，与新闻学、历史学并列一级学科，下设"出版事业与编辑"、"图书发行学"两个二级学科。研究生目录中，图书事业是人文与社会经济科学门下的一级学科，下设"图书学"、"出版事业与编辑"、"图书发行学"三个二级学科。

俄罗斯出版事业与编辑专业教师的学历背景主要为语文学和图书馆学两种，任课教师 100% 具有副博士以上学位，专业课教师中副教授的比重较大，平均占 70% 左右。课程设置注重语言文字、文学基本功的培养，也注重实训课程。专业核心课程涵盖现代出版的核心领域，基础理论课程比重合理。毕业生主要去向依次是出版社、报刊编辑部、其他信息出版机构，从事人文社科、科普类、儿童类及大众信息类出版物的编辑出版工作及书业管理工作。② 亚历山大·茨伽钦科简要介绍了俄罗斯印刷人才的培养情况。③

---

① 参见马海群、王迎胜：《俄罗斯的编辑出版学专业高等教育及对我们的启示》，《出版发行研究》2005 年第 5 期。

② 参见王迎胜：《俄罗斯出版事业与编辑专业发展现状》，《出版发行研究》2008 年第 8 期。

③ 参见亚历山大·茨伽钦科：《俄罗斯出版印刷领域高级专门人才培养》，《北京印刷学院学报》2009 年第 4 期。

（六）对韩国出版教育的研究

韩国的李钟国教授较全面地介绍了韩国的出版教育状况。1981 年韩国中央大学的新闻广播研究生院开设了出版杂志课程，这是第一次在大学设置出版学教育课程。到 1999 年，13 所大学、7 所研究生院开设了出版专业，120 多座大学开设了出版学讲座。

韩国大学出版教育的一个特点是，研究生院先行开设出版专业（学科）培养高级人才，但大学的系却是空白。另一个特点是其重点放在编辑方面。韩国出版相关学科的主要教学课目分理论课和技能（实习）课。出版相关学科的主要教学课目有 23 个理论课和 20 个实习课。设有出版相关学科的各个大学所办课目会各有不同，实习课的差别更大。[①]

韩国学者金善男认为，出版学以梨花女子大学研究生院图书馆专业为开端（1966 年），从 20 世纪 80 年代后期到 2001 年，在 10 所以上的专科大学，3 所 4 年制大学，8 所特殊研究生院课程中设置了该专业。2 年制大学的出版教育始自新丘专科大学 1980 年在印刷系所设的出版专业。到 1990 年之后，全国有 10 所大学新设了与出版相关的专业。4 年制大学出版专业培养兼具学术研究及实际能力的出版专业人才。

韩国出版学的教育领域最近呈现出缩小的倾向，特殊研究生院的课程从 8 个缩小为 7 个，4 年制大学中出版关联专业已经减少到全无的地步。韩国出版学教育存在的问题是：第一，大学的结构调整和出版学的评价贬低。2002 年起，参加大学入学考试人数减少，各大学开始调整其结构。出版关联专业或更改专业名称，或被其他专业学科兼并重组，结果是出版关联专业销声匿迹。第二，对出版产业和由出版业界带来的出版文化的培养关心不足。社会上读书人口减少，出版文化处于低迷，人们对出版关联专业失去兴趣。第三，出版学教育处于停滞状态，必须开发、树立新的教育范例。[②]

（七）澳大利亚的出版教育研究

杨金荣的研究指出，全澳大利亚近 40 所大学中，有 12 所开设编辑

---

① 参见李钟国：《韩国出版教育考察》，《出版发行研究》2000 年第 3 期。

② 参见金善男：《韩国出版学教育的变迁》，《河南大学学报》（社科版）2007 年第 2 期。

出版课程或授予学位，其中不乏一些著名大学。这些大学多数可以授予硕士学位。这一比例也普遍高于英、美、加拿大、日本等国家。澳大利亚没有专门的出版类大学或学院，其出版教育专业隶属于不同的系科或二级学院。

澳大利亚高等出版教育有硕士证书、硕士文凭和硕士学位三个层次。其课程特点如下：第一，理论性课程少，出版实务课程多；第二，学科体系主导型的课程少，岗位任务驱动型的课程多；第三，实用性、实践性强，与业界联系紧密，体现出产业发展的新动态和新趋势。澳大利亚出版教育课程更新很快。

澳大利亚出版高等教育的最大特点是一只脚在学界，一只脚在业界。其课程对入学申请者的资格要求是要有一定的编辑出版工作经历。出版高等教育的组织者、实施者不仅有大学教师，还有来自业界的专业人士。[①]

(八) 中外出版教育的比较研究和综合研究

这一时期，也有一些综合性研究。如杨贵山认为，国外出版教育大体可分为法国式、英国式和北美或美加式三种模式。法国式是政府积极参与；北美式的出版教育是以学校为主导，培训标准和内容多样化；英国式的出版教育特征则是非正规教育与正规教育并举。[②]

张晓新、张彬对中外高校编辑出版类专业课程的设置做了比较研究。[③]汤菲对国外出版高等教育进行了评述。[④]张志强、张瑶对美国、英国、法国、俄罗斯、韩国、澳大利亚、加拿大等国的出版研究生教育进行了介绍。[⑤]徐翔对中外编辑出版学高等教育做了比较和分析。[⑥]

---

① 参见杨金荣：《澳大利亚高等出版教育的定位、特点与启迪》，《中国编辑》2007 年第 4 期。

② 参见杨贵山：《国际出版教育模式概览》，《大学出版》2000 年第 3 期。

③ 参见张晓新、张彬：《中外高校编辑出版类专业课程设置的比较研究》，《陕西师范大学学报 (哲学社会科学版)》2005 年第 1 期。

④ 参见汤菲：《国外编辑出版高等教育发展述评》，《出版广角》2006 年第 12 期。

⑤ 参见张志强、张瑶：《国外出版研究生教育概述》，《中国编辑》2006 年第 2 期。

⑥ 参见徐翔：《中外编辑出版学高等教育比较分析》，《出版发行研究》2008 年第 7 期。

（九）2000 年以来国外出版教育研究的特点

第一，研究范围从美国、日本等少数国家扩大到世界各主要出版大国，如俄罗斯、法国、德国、韩国、加拿大、澳大利亚等国。第二，对国外出版教育的研究和介绍更有深度。如果说之前的研究多是一些泛泛而论的概要性介绍，那么，这一时期的研究和介绍更加具体化，研究多集中于介绍一个国家的出版教育，甚至某一学校的出版教育，对国外出版高等教育的现状和内容观察得更仔细、更具体。第三，研究的针对性更强，结论更具借鉴价值。如对国外研究生教育、编辑出版教育课程设置、学制的研究和介绍，都是从我国出版高等教育面临的困境和问题出发的，针对性更强，因此这些研究对改进我国出版高等教育有积极意义。第四，更加注重国外出版教育研究者的研究成果。研究者翻译了国外出版高等教育研究者的文章，这对国内研究者全面、准确地了解国外出版高等教育的情况颇有价值。

以童话意趣构筑杂志文本的传播价值

——对女性时尚杂志的传播学分析

● 庞晓虹

作为人类文明的经典话语类型，童话以其无可替代的价值魅力，影响着一代代无论是老或是少的人们的精神世界。从安徒生到格林，从东方到西方，童话似乎只是作为美丽的故事存身于文学作品之中。其实，审视今天人类生活中的诸多现实，何尝不具备童话的感召力。女性时尚杂志，正是这样一个不期然以童话的意趣标示其内容，展示其价值，体现难以阻挡的魅力的新童话话语载体。抑或可以这样说，女性时尚杂志本就有着某种摆脱不掉的童话情结。

一、以童话般的视觉表达追求形式上的吸引力

调查发现，受众视觉停留在女性时尚杂志上的第一感觉，是其文本形式上的赏心悦目。这也是女性时尚杂志迎合当代阅读趋势所采用的传播手段。

首先，以极具冲击力的图片内容推出美妙的视觉传播感受。据统计，一份女性时尚杂志中的图片量至少有 20% ~ 30%，而且，常常采用虚拟的手段，选择一些极富煽情意味的画面，幻想般地为读者营造出令人神往的异域风情和浪漫温馨的生活情调。我们可以随意列举出一长串装帧精美的女性时尚杂志，它们的每一帧封面和每一幅插图，都像一个个美丽的童话，向人们传递一种难以抗拒的美丽。这些图片一方面在色彩的运用上非常出色，对读者能产生巨大的吸引力，正如马克思所说："色彩的感觉在一般美感中是

最大众化的形式。"① 现代彩印技术恰使女性时尚杂志版面的色彩设计得有如童话般的鲜艳生动，富有美感。另一方面，大量采用"出血"版面，有的是以一张图片或插图占满全版，四周不留空白边，或占有部分边白位置的版面；有的是以黑色实底或网底或其他颜色的衬底，用来衬托出文字与图片，总之，"出血"版面以特别的视觉冲击力来获取读者的注意并产生美感，以视觉效果所促生的想象力彰显出特有的童话意趣的张力。

其次，以精湛的版本设计追求出众的视觉传播效果。一是包装精美的形式。女性时尚杂志长于使用国际流行大开本、刊中刊版式，总体设计精湛大气、装帧豪华、印刷讲究、图片美观。这种精美的外在包装，承载着生活先锋、观念前卫、思想敏锐的内容，辅之以鲜活富有生命力的文字，共同成就了童话般的传播魅力。二是设计精致的版面。女性时尚杂志在标题、图片、广告的排版中，往往设计得非常精致，富有美感，避免了一般杂志中某类内容集中安排、所有内容同时涌入读者眼帘的做法，而采用处处见彩、处处不同、处处精致的排版思路，使整本杂志作为一个完整的叙事结构，使各种文本的编排次序、所占篇幅都相互呼应地向读者传递着故事般的信息，一旦翻开，便让人爱不释手。

伯格在《通俗文化、媒介和日常生活中的叙事》中曾说："叙事文本由个人（在协作性的传媒，例如电影和电视中，是由集体）创作，为这种或那种类型的观众所撰写，通过某种媒介，如口语、广播、印刷、电视、电影、因特网，等等，传达给他人，然后对人（观众）和社会产生影响。"② 女性时尚杂志所选择的传播路径，正是以杂志文本所特有的视觉传播为第一冲击力，以童话般的视觉表达奉献出文本的第一波阅读快感，达成与受众的首轮对话。

二、以童话般的内容叙述寻求文本的可读性

针对阅读群体对杂志的消费追求心理，女性时尚杂志在办刊理念、稿

---

① 马克思：《政治经济学批判》，《马克思恩格斯选集》，人民出版社 1963 年版，第 145 页。

② 伯格：《通俗文化、媒介和日常生活中的叙事》，姚媛译，南京大学出版社 2002 年版，第 17 页。

件编选等系统中，深深地融入了人类童话的意趣，以现代版的书写编织着新的童话。

(一)以美丽的人间形象钩织童话般的生活境界

翻开各类女性时尚杂志，其一切无不笼罩在美轮美奂的光晕之下，并以一种以优雅迷人的姿态向受众频频招手。无论是作为杂志主体部分的专栏文章，还是不可或缺的组成部分——广告，两类内容都以图文并茂的传播手段，绘声绘色地介绍并展示着时装、美容、健康、家居、旅游、汽车、婚礼以及与泛文化有关、涉及内容非常庞杂的信息。对此，诸多学者提出了消费主义泛滥、大众文化心理变迁、强国文化入侵等观点。但是，如果从受众，尤其是女性受众的选择趋势来看，不能不正视其间所透露出的某种文化心理选择的价值意义。

"爱美是人类的天性"，此话最本质的意义不在于人们单纯的对美的向往和追求，而在于人们对生活中总有缺憾总有不美的现实的理性认知和明明白白的遗憾，以及勇敢地对美的不舍的追求精神。也恰由于这种精神趋力，形成了女性时尚杂志的市场繁荣，也造就了一批批热心的杂志受众，既包括以女性为主体的受众群，也包括一定数量的男性受众。于是，女性时尚杂志中美的形象、美的物品、美的手段、美的境界，这些本就是现实中的真实存在，并且是既有距离又无距离的内容，便无一不带有使人们脱胎换骨的神力，使读者受众在阅读中感知、审视并提升着自己的魅力。

仅以女性时尚杂志中的各种女郎画面为例，无论是封面女郎，还是内页中各种广告女郎，虽然她们本身就是存在于社会中的真实的人，但是，都已经不再作为自然的"人"出现，而是代表着一种理想，只不过她的"形象被媒体符号化和商业化，吸收了白领女性对理想女性形象的向往，并通过迷人的图片偶像将其明确下来"。[①]因此，真实人物和虚拟符号在女性时尚杂志中的女郎身上得以融合，使两者的区别在图片中被遮蔽或忽略了。女性时尚杂志正是通过向受众反复提示这种完美无缺、令人羡慕的杂志女郎形象，不断创造着有关美丽的童话般的"拟态环境"，使受众感觉到"童话"并非遥不

---

① 卡罗琳·凯奇：《杂志封面女郎》，曾妮译，天津人民出版社 2006 年版，第 56 页。

可及，只要努力，完全可以将"童话"变为现实。

《时尚COSMOPOLITAN》每期都有"流行观点"、"时尚生活"、"心灵DJ"、"美人计"、"美容顾问"、"时尚圈"等栏目。《VOGUE》也包括了"时装"、"美容"、"专题"、"艺术与生活"等板块。这些专栏文章将所有时尚的人、时尚的事、时尚的妆容服饰、时尚的休闲方式、时尚的商品服务交汇在一起，全方位地展示了各种时尚元素，向人们提供了美丽如童话般"时尚生活"的模板。

(二) 以成功的人文品格构筑现代童话意趣

但凡童话都有一个完美的结局，有一种成功的快意，这既是童话的善意追求，也是人类精神的美好寄托。无论是出身高贵的睡美人、白雪公主、豌豆公主、青蛙王子，还是身世卑微的灰姑娘、拇指姑娘，形形色色的男男女女最后都以成就欢笑结束故事。其实，女性时尚杂志中无处不在的也恰是这种童话般追求成功与完美意趣的对现实生活追求的书写。

最直接明显的莫过于对事业成功女性的着力推出和高声喝彩。文本大都以图文并茂的形式，以鲜明的女性声音，叙述职业女性如何走出传统、寻求发展的真实人生历程，与此同时，也深刻真实地反映了职业女性在角色转变过程中，从传统的家庭角色转变为社会家庭的双重角色历程中的种种荣辱辛酸和甘甜慰藉，与妇女解放的社会主题同步，探讨索解着时代女性独立自主、坚强自立的人生道路。《幸福女人》、《追求》、《时尚伊人》、《白领丽人》、《瑞丽》等，我们随意列举出的女性时尚杂志，无不对女性的事业成功给予了大量的关怀和书写。

与事业成功女性必然相关联的另一个内容，是对女性的人生忠告。现代女性拥有更多自由和机会的同时，也面对更多的诱惑和陷阱，若不细心审视鉴别，可能会遗憾终生。正是基于此种理念，女性时尚杂志在展现事业成功女性的同时，也以各种各样的生活实例，从另一个角度温婉中肯地警告不够细心谨慎的女性如何清醒面对并防范花花世界中的诱惑和陷阱，为她们提供人生方向的指导，引导她们向健康成功的人生更准确地迈进。

女性时尚杂志对成功含义及内容的诠释和表达是全方位的，既有对社会身份成功的张扬展示，也有对个人生命的成功诉说。可以说，美丽的容颜、骄人的身材、富裕的生活、美满的情感、多彩的生命、成功的事业，铸就了女性生命的质感，体现着女性生命全方位的成功。纵观女性时尚杂志，往往通过美容讲座和各种生活知识启使女性读者发现并展现自身的骄傲之处，唤醒她们的性别意识，树立起自强自信心；通过时尚类杂志设有的法律专栏，为女性提供法律知识咨询或个案分析，帮助女性树立法律意识，学会以法律的手段争取和保护自己应有的权益，维护自己的生命通途；通过女性心理信箱和心理热线专栏，尽可能帮助当代女性解决心理问题，解除心理压力，释放生命光彩；通过情感故事，展现女性特有的柔弱而又刚强的心理特质和情感轨迹，以亲情、友情和爱情的甘苦经历及教训，启发引导女性读者的情感取向和责任意识。

我国与美国的赫斯特出版集团（Hearst Corporation）合作的《时尚COSMOPOLITAN》杂志，每期都设有"人物社会"、"情感健康"、"职业居家"、"时装美容"、"文化娱乐"等版块，主要侧重两性关系、职业生活、健康健美知识以及时装和美容题材，访问的人物以行业名人为主，从内容策划到版面编排皆以实用为先。

中国版《好管家》号称是第一本倡导品质生活新家政的月刊，它以实用的、哲思的、艺术的、文学的"女性生活指导读本"全新亮相，内容涉及理财、职场、健康、饮食、美容、服饰、情感、心理关爱等。它不追求华丽与张扬，而是热衷于实实在在地帮助女性营造幸福、温馨的家庭生活。《好管家》的办刊宗旨是关怀女性，关爱儿童，关注家庭。

1995 年 9 月与日本联手的《瑞丽》杂志一经上市，就非常注重杂志的实用性，并以覆盖日常生活方方面面的杂志圈，诸如《瑞丽服饰美容》、《瑞丽伊人风尚》、《瑞丽时尚先锋》、《瑞丽家居设计》等，全方位地引导女性生活、关注女性快乐。

总之，女性时尚杂志正是以上述童话般的内容叙述奉献出文本阅读的第二波快感，在不断刺激受众阅读兴趣，达成编辑出版行为、刊物、受众三位一体心灵契合的过程中，实现与受众的进一步对话，对其当下生活产生影响。

三、以童话般的情绪交流构筑文本的价值品位

阅读是人类追求与释放某种情绪的重要手段。一册女性时尚杂志在手，无论是色彩、版面还是内容，无一不与受众的求美心路暗相契合，与人类难以消磨的童话情结深情对话。这种在阅读中通过情绪调动激起的第三波阅读快感，构成了杂志文本与受众的第三层次对话，并使之深入其心。

《i－D》杂志创办人特里·琼斯曾说："时尚不仅仅是衣着，它还是我们身边的文化，是音乐、电影、文学、艺术和食品等这些影响我们日常生活决定的东西。"他希望这份杂志能够在主流之外为时尚界和关注时尚的人带来更开阔的视野和更多的声音。因而，源自生活的灵感，对现实的敏锐洞察，创新的思想，迥异于传统的表现手法，出色的摄影和富于个性的版面设计，铸就了《i－D》的成功。

作为视觉媒介，女性时尚杂志对传播手段尤为重视。从版面部分的标题、栏、页等，到图片部分和文字部分，无一不设计得非常精彩，小到每个字的大小与字体，大到封面图片的选择和设计，每一面、每一页，都是一件艺术品，都透露着童话般迷人的境界和气息。以《瑞丽》为例，其印制精美，色彩艳丽，在视觉上非常具有冲击力。事实上，一册设计优美的杂志，仅仅是浏览版面，欣赏各页间的点与面、光与影的组合之美，就已是一种赏心悦目的享受和美好的情绪交流了。

以受众层面来审视女性时尚杂志，可以毫不夸张地说，杂志的成就者不是杂志本身，而在于杂志的接受群体对它的态度，在于其整体的内容及风格与接受群体的某种精神追求的呼应。受众在接纳过程中，通过阅读、端详、对比、反思、审视、取舍、交流等一系列心理及行为的反应，实现了人类生命中重要的两大经历：一是自我的不断完善和个人魅力的逐步提升，从美丽的外表到善良的内心，从丰富的生活到高质量的生存，以此不断丰富自我的生命质量和价值快感。二是与社会大众的"合群"性追求，真正展现出人的"类"和"群"的社会特质，既是"同化"的人类群体的一员，同时也是在同类群体中"分化"出的以独特魅力受人拥戴和尊重的对象，并以此充实和提升人的生命价值和生命品位。

统揽女性时尚杂志所传递的有关各种名贵物品和高尚生活的信息，事实上已成为女性有品味生活的象征性符号。消费者通过阅览和消费这些信息，不仅消费的是信息的使用价值，同时也消费着它们所代表的社会地位、身份和品位，并由此得到满足感。正是这种杂志现实与阅读期待及至消费实现的交替作用，使得女性时尚杂志虚幻与现实交糅的文化特征综合反映出来，隐约含蓄地体现了人类，特别是女性读者群的童趣心理，一种想象自我、开发自我、赏爱自我的童话意趣之美，一种借助此类杂志的阅读，获得高尚社会阶层身份的认同，由此产生快感与满足，实现对生命意义的追求。

通过以上分析不难看出，女性时尚杂志在以文本形式进行传播的过程中，是在迎合受众接受心理的基础上，通过三个梯次的传播进程，实现与受众的对话，即以视觉表达的冲击引起受众兴趣，借助内容叙述的贴心诉说读者心绪，追求情绪交流的契合，实现双方精神上的共舞。三个梯次以编辑意图、刊物本身、读者阅读三位一体的模式，以层层推进的程序设计达成与受众由远及近、由外在而内心的对话，实现了女性时尚杂志童话意趣的整体构筑。

参考文献

[1] 马克思：《政治经济学批判》，《马克思恩格斯选集》，人民出版社1963年版。

[2] 伯格：《通俗文化、媒介和日常生活中的叙事》，姚媛译，南京大学出版社2002年版。

[3] 卡罗琳·凯奇：《杂志封面女郎》，曾妮译，天津人民出版社2006年版。

[4] 沈奕斐：《被构建的女性：当代社会性别理论》，上海人民出版社2005年版。

论传媒时代文学传播的多元化倾向 *

——从《废都》的文学传播谈起

● 李清霞

　　《废都》是 20 世纪 90 年代争议最大的长篇小说，出版之初曾被誉为当代《金瓶梅》、《红楼梦》。褒者称之为"《围城》之后写中国知识分子的一部杰作，是中国当代文学的里程碑"[①]；贬者称之为"嫖妓小说"（孟繁华语），是中国当代小说穷途末路的标志，色情描写让人无法忍受，等等。但它创下了发行量和评论文章最高的纪录，引起了读者和评论界的普遍关注，成为 20 世纪末最具轰动效应的文学作品。小说 1993 年 6 月出版，1994 年 1 月 20 日，北京市新闻出版局下发《关于收缴〈废都〉一书的通知》，不到 1 年，正版发行量超过一百万，据说盗版发行量上千万。国内被禁后，《废都》在国外得到广泛传播，先后被译为英、法、日、韩、越等国文字出版发行，并于 1997 年获得法国女评委外国文学奖（也称费米娜文学奖）。2009 年，《废都》解禁，重新再版发行，并迅即以百万的高价卖出了影视改编权。《废都》的出版、发行、传播成为新时期重要的文学事件和文学现象，其传播方式具有大众传播的典型特征，我们将以之为个案，对传媒时代文学传播的多元化倾向进行探讨。

＊　本文为陕西省社会科学基金项目"秦文化与当代陕西作家研究"（10K047）；2010 年度省教育厅人文社会科学研究项目"现实主义与陕西当代小说创作"（2010JK325）。

①　孙见喜：《危崖上的贾平凹》，花城出版社 2008 年版，第 233 页。

一、文学批评是《废都》传播的强力推手

1993 年，社会转型期的文学处于被边缘化的尴尬处境，要想引起公众（包括大多数批评家）的关注与兴趣，即引起轰动效应，只有成为公共媒介事件、新闻事件，即"文学事件"。因为成为媒介化公共事件的文学已不再是纯粹的文学现象，而是由文学引发的综合性公共文化现象。就《废都》来说，可谓成也媒介，毁也媒介。小说尚在创作中，出版社就以"当代《金瓶梅》"作为广告词大肆宣传，小说出版后，书中的性描写果然十分暴露，而且还有"□□□"和"此处删去多少字"这样俗套的删节形式吊人胃口，事实上，很多读者阅读和购买《废都》并非看重文本的社会批判内容或作家（人文知识分子）的心路历程与精神痛苦，而是在性描写中猎奇或寻找感官刺激。在文化市场化初期，出版社的营销策略尚不成熟。作为文学事件，《废都》具备畅销书的许多特质，首先，它"讲述话语的年代"与"话语讲述的年代"是一致的、同步的，小说具有及时性、新鲜性的传播效应，读者的阅读也具有了"现场感"。其次，小说故事性很强，围绕一场名誉权的官司展开，事件本身就具有一定的娱乐性，西京文化名人之首庄之蝶与女官员景雪荫为男女关系的事打官司，即便没有那些密集暴露的性描写，小说也具备了通俗小说的诸多要素，当然，表现手法的时尚化、商业化、市场化、功利化、感官化、庸俗化或曰媚俗化、低俗化倾向，也是其成为图书市场宠儿的重要因素。

文学批评对文学传播具有重要的调节作用，几乎所有广泛传播过的文学作品都被评论过，文学批评早已成为文学传播的助推器，通常情况下被评论越多的作品，传播越广，有时否定性评论或争议越大关注度越高。以至于近年来出现了"红包批评"、"人情批评"、"酷评"、"炒作"等现象，酷评家们关注的作品往往能在短时间内"走红"。恶评并不影响小说的销路，每天仍有很多人去书店购买被恶评的图书。比如有很多读者就是因为看到批评家对小说的批评才去阅读或买书一探究竟的，《废都》就是典型的个案，有些趣味低俗的读者就是冲着"当代《金瓶梅》"、"嫖妓小说"、"流氓小说"等恶评而去的。当然，否定性评论也可能会对日后的传播起抑制作用。《废都》被

禁之后，"名声"反而更大，国内被禁促发了它在国外的传播和"热播"，正规渠道被禁后，盗版书填补了国内的市场空白。此后，几乎贾平凹的每部长篇问世，都有来自各方面的批评，往往是批评声音越大越犀利的作品，关注度越高。由于《废都》的影响，《白夜》、《土门》、《高老庄》、《病相报告》的影响远不及《怀念狼》和《秦腔》，但国外批评家对《白夜》、《土门》、《高老庄》的评价都很高，也相对公允。2000 年，法国 Stock（斯托克）出版社出版了法文版《土门》，译名为：《被吞没的村庄》，又一次引发了西方媒体和学界对贾平凹小说的关注。2000 年 6 月 1 日，法国《世界报》教育版认为《土门》写出了现代经济社会的无可阻挡和农村城市化的必然趋势，说"仁厚村的几个村民希望抵御西京城像触角般向四周伸展的攻势，保持小村庄田园牧歌般的风光。另外还有一些人更愿意响应现代化的号角。""《土门》为我们描绘了一个不顾传统的腐化社会的不朽画卷"（《城市的光辉》）。① 而在国内，评论界的淡漠使这几部长篇的关注度远不及《废都》。2000 年之后，李建军陆续发表了一批论文指出贾平凹文学创作的病灶，一度引起陕西评论界的围攻，甚至出现过人身攻击的过激言论。这些批评性的论文学理性、针对性很强，随后的论争也很激烈，影响面很广，使沉寂多年的贾平凹迅速成为媒体关注的焦点，客观上为其《怀念狼》和《秦腔》的宣传和发行起到了推动作用。《怀念狼》因为涉及生态保护问题以及人的精神生态问题引起研究者的关注，小说入围第五届茅盾文学奖，关注度比前几部更高一些。《秦腔》尚未出版，就出现了"硬着头皮读《秦腔》"、"《秦腔》难读"的所谓批评，这种批评与另外一些批评家对小说的高度赞誉形成对照，刺激并冲击读者的感官，利用读者的逆反心理，激发读者的阅读兴趣和购买欲，成为比较成功的图书市场营销的个案。这里，正反两方面的批评互相策应，收到很好的营销效果，《秦腔》营销策略的成功显然受到了《废都》被禁的启示，即先给小说定位——"乡村史诗"，思想主题和基本格调没有问题，小说艺术表现和语言细节等方面的问题则是仁者见仁智者见智，像贾平凹这样的作家，这类问题可以说是缺憾，也可以说是艺术创新。可见，文学创作、文学批评、文学传播、媒介

---

① Julie Chupin.Le monde,2000-6-1.

传播与图书出版等方面已经构成了一个巨大的利益网络，各个环节要协调共荣，才能利益均享，其中任何一个环节出问题，都会影响整个利益网络。

但是，文学依然具有自己的内在规律，并不完全受批评界、文学传播和市场营销的制约。因为和大众传播相比，文学传播的是一种特殊信息——具有美感特征和渗透着作家主观情感的社会生活内容和思想观念，具有自身的形象、意象、意境等美学体系，具有"意义空白"、"陌生化"和"模糊性"等特征，优秀的文学作品具有无限的"可解读性"与"可阐释性"，能带给读者道德的熏陶和美的享受，唤起读者的艺术想象力和对未来美好世界和人性的向往。这是大众传播无法取代的基本特质，也是文学赖以生存的根本。那些思想艺术性薄弱的文学作品，即便在批评界和媒体推介与炒作下在短期内引起轰动效应，但却很难长久。诸如某些美女作家和网络作家的作品，红极一时又很快被读者淡忘，这样的事例屡见不鲜，包括一些获得过茅盾文学奖的长篇小说，如今也淡出了读者的阅读视野，只在文学史上被提及，这与文学批评的遗忘或滞后也有一定的关系。

《废都》的解禁并不是偶然的，它在国外的获奖使国内评论界压力很大，国内禁止公开发行的小说在外国却得到很高的评价，而且发行量持续走高，以日本为例，日文版《废都》初版印数（6 万册）比鲁迅著作所有日文版印数的合计还要多。国内评论家若视而不见，就难免有中国文学批评界与世界文学批评界游离或"不同步"之嫌，而这正是国内批评界的一块"心病"。于是，批评界对《废都》的评价和批评从未停止过，贾平凹每有新著问世，大家都会将新著与《废都》比较一番，《秦腔》出版后，陈晓明认为其是乡土叙事的终结，与《废都》构成了一种对话。①《秦腔》获得茅盾文学奖更直接促发了对《废都》的重新评价和最终解禁。

2006 年 5 月 7 日，在江苏常熟召开的"贾平凹作品学术研讨会"上，关于《废都》的评价就有了极大的转变，丁帆认为《废都》是贾平凹创作的最高峰，从文学史的角度看，"还是整个 20 世纪文学上的一个高峰"。谢有顺发

---

① 参见陈思和：《作家，是属于时代的——"贾平凹作品学术研讨会"发言摘要》，《当代作家评论》2006 年第 5 期，第 98 页。

现"绝大多数作家对《废都》都推崇，而当年的批判是我们批评家干的，我们真应该反思"。① 这里，谢有顺忽略了批评家的作用，当年如果没有批评家的批判，《废都》的影响不会那么广泛，发行量或许不会那么大，国内的批评和被禁使《废都》更深地进入了国外理论批评界的学术视野，比《废都》稍早的陕西作家陈忠实的《白鹿原》影响和争议也很大，但国外批评界的关注度却远不及《废都》。两部小说，一个是历史题材，一个是现实题材；一个写乡村，一个写都市，思想艺术表现上各有千秋，二者在国外境遇的不同，一是由于《白鹿原》所表现的那段历史已有相关作品涉及过，其"话语讲述的年代"要早于"讲述话语的年代"，不具备"当下性"与"新鲜性"的传播效应；二是由于《白鹿原》没有"被禁"，还逐渐取得了主流意识形态的认可，并于1998年获得第四届茅盾文学奖，这就使国外批评界和媒体将之划归为体制之内的作品，致使小说在具有共同文化背景的华侨中广受好评，而在文化背景差异较大的国外读者中没能产生更大的影响。当然，中西方文学批评的标准具有政治经济文化上的巨大差异，特别是某些西方批评家和媒体出于各种各样的原因，对国内受到批评的作品和作家格外关注。

早在《废都》被禁时，国内就有批评者指出"二十年后，《废都》会大放光芒"（季羡林语）。②《废都》的思想艺术价值和它艺术表现上缺失，特别是性描写在当时社会所引起的轩然大波，我们不再赘述，这里旨在探索它在文学传播上的意义，显然，文学批评，包括正反两方面的批评和论争，客观上推动了《废都》的文学传播和文学接受，因为没有文学传播，文学接受就是空中楼阁，在大众传播时代，"酒香也怕巷子深"，所以陶东风认为只有当文学成为"媒介化公共事件"时，才会受到公众（他们也是文学的主要受众）的关注③，也就是说当作家和作品成为媒介关注的焦点时，其作品才会得到广泛的传播，其反映的社会内容、思想情感和美的观念等才可能被接受。

---

① 陈思和：《作家，是属于时代的——"贾平凹作品学术研讨会"发言摘要》，《当代作家评论》2006年第5期，第100页。

② 贾平凹、谢有顺：《贾平凹谢有顺对话录》，苏州大学出版社2003年版，第216页。

③ 参见陶东风：《作为媒介化公共事件的文学》，《文艺争鸣》2010年第1期，第6—9页。

而文学"一旦成为'事件'和'现象',创作中个人性的东西似乎就没有了位置,取而代之是社会的焦点和大众的兴趣"。[①] 这也是《废都》传播中的难题,从出版、被禁到再版,《废都》始终作为一个文学事件和文学现象被关注着,小说的文本意义被其作为文学事件的社会政治(主要针对国外传播而言)文化意义遮蔽和消解了,这是文学在传媒时代无法摆脱的命运。

二、《废都》被禁后,图书盗版成为主要的传播方式

20 世纪 90 年代始,图书盗版已成为一个严重的社会问题,1992 年前中国没有加入国际版权公约,"盗版"行为不会受到追究。1997—2000 年,盗版成为一种犯罪,但没有明确的执法依据。盗版屡禁不止,愈演愈烈。任何事物的存在都有其合理性,图书盗版在中国大陆存在和蔓延的原因是复杂的,也有其特定的社会经济文化基础:一是法制不健全,监管不力,盗版书商有可乘之机;二是有供求需要,盗版图书制作成本低,非法出版商有利可图,消费者购买成本低;三是打击盗版的成本较高,我国曾出现过遭遇盗版的出版社自己出钱查禁盗版的现象,出版社不堪重负,收效甚微;四是地方保护主义的阻挠,也加大了打击盗版的难度和社会成本。从法律和社会公德的角度看,图书盗版行为是应该制止和取缔的。

通常情况下,某一事物或行为的存在一般都有其正面和负面的影响和功能。盗版是非法活动,扰乱了正常的出版秩序和市场,损害了国家的形象和文化安全,也损害了正版出版单位的利益,侵犯了作者的著作权、版权和相关权利,也损害了消费者的权益,甚至可能导致腐败行为和违法犯罪行为。但盗版图书也具有一定的积极的社会功能,比如它丰富了广大人民群众的文化生活,给文化消费经济能力低的人群带来了便利,也在一定程度上激发了出版社和作者的版权意识和市场意识,客观上还解决了一部分人员的就业问题等。

就《废都》而言,盗版在正版未禁之前就已出现,而且数量不比正版小,正版被禁后,读者的猎奇和逆反心理被禁令激发,反倒萌发了一探究

---

① 张新颖:《重读废都》,《当代作家评论》2004 年第 5 期,第 59 页。

竟的念头和欲望，盗版书填补了空白，特别是 1994 年 9 月 19 日《今晚报》刊发消息称"《废都》引发了凶杀案"，文中说某建筑队干活的一名男青年因为看《废都》，强奸了表妹，竟导致表妹窒息身亡。《文摘报》的转载使这一消息广为流传，有人通电媒体要求禁毁《废都》，甚至有人向公检法写信要求严惩作家。[①] 这则负面消息给作者带来了很大的困扰，给盗版书商却带来了新的机遇，小说诱发杀人案，不仅使某些读者对《废都》产生了的浓厚兴趣，连带对作家也产生了兴趣，随后陆续出版了 9 部关于作家生平和创作的传记类图书，与《废都》相关的专著也有 21 部之多，销路都还不错。小说在法国获奖后，国内媒体仅刊发了一则消息，称中国作家贾平凹的一部长篇小说获得法国费米娜文学奖，只有《中华读书报》在详细介绍 1997 年法国各文学大奖的获奖书目和作家时，披露了"外国文学奖"获奖作品的书名——《废都》，但并没有介绍作家作品简介，这在国家级报纸上是第一次。[②] 11 年后，贾平凹提及此事，还感慨唏嘘不已。尽管如此，《废都》在国外获奖的消息不胫而走，在国内广泛流传。蒂姆·哈福德在《卧底经济学》中提出了"稀缺性力量"的概念，即产品本身具备独一无二的特质而使其在市场上可以获取高价。《废都》在其出版的年代，从内容上看，特别是书中的性描写上具有"独一无二"的特性，从国外获奖和被禁看，它也具有"独一无二"的特性（国内没有正版发行），于是，它再次成为盗版商和消费者青睐的对象。随后，贾平凹每出一本新书，评论界和媒体都会拿来与《废都》进行各方面的比照，这样就重新唤起了读者对《废都》的记忆，盗版也就有了继续生存下去的空间和潜在的购买力。盗版的准确数字无法统计，而且至今没有断绝。再版之后，盗版依然没有消失，因为盗版的是 1993 版，再版时删去了"□□□□□□（作者删去 ×× 字）"等标注，而有些读者关心的就是那些，其次，盗版书价位低，消费者并不都是专业读者，有些人只是为了看故事，对纸张、印刷、装帧等要求并不高，更何况电脑普及后，盗版书的质量有些并不差，所以，盗版图书始终具有相对稳定的消费群体。

---

① 参见孙见喜：《危崖上的贾平凹》，花城出版社 2008 年版，第 271 页。

② 参见《贾平凹谈〈废都〉：它带给我个人的灾难是最多的》，《南方日报》2008 年 11 月 2 日。

《废都》以盗版形式传播是特定历史文化背景下的一个特例，是中国近 20 年文化环境和文学环境的反映和投射，是中国当代文学史上一个特殊的个案，但它也给一些急于成名的作家提供了效仿的榜样。应该说没有盗版，《废都》很有可能会逐渐淡出读者的阅读视野，比如 20 世纪 80 年代一些受到批评的小说《在社会档案里》、《女贼》、《苦恋》等。文学图书盗版的出现与作家的宣传、炒作需求及读者的文学接受心理密切相关，一个作家的作品有书商盗版说明作品本身具有足够的吸引力，盗版书商是为获取利益的，如果这位作家的作品在内容或艺术上无法适应普通读者的文化审美需求，那盗版商就会赔本，因此，从某种程度上说，文学作品有盗版就说明它是有价值的，包括思想价值、文学价值、娱乐价值或市场价值等。

近几年，盗版似乎成为作家和出版社宣传的一个策略和手段，成为衡量作家知名度和作品思想艺术价值的一个尺度。尽管被盗版盗名者很恼火，但也无计可施，余秋雨、郑渊洁等作家曾愤而宣布封笔，陈忠实最初拒绝为盗版《白鹿原》签名，最终都被迫接受现实。贾平凹收集到的自己的盗版书就有一书柜。盗版的情形也在推陈出新，未成名作家或名气比较小的作家因为盗版事件而成名或至少引起关注的事时有发生，有人认为这是"变相炒作"，事实上，获利者除盗版商外，作者也成为利益链条上的获利者一方，因为盗版图书为其带来读者和知名度，促进了正版的发行，这是很多正面宣传达不到的效果。比如，2006 年 4 月，陕西作家伊沙的长篇小说《狂欢》（作家出版社）尚未上市，盗版书《青楼》就赫然署着"陈忠实新著"出现在书摊上，伊沙随即在媒体上申诉，在媒体的广泛关注下，读者就知道了诗人伊沙出版了一部长篇小说，而且盗版商敢写陈忠实新著足以说明此书的质量非同一般，由此，媒体"义务"地为作家做了广告。最终，盗版商、伊沙、媒体分别分得利益链上的"一杯羹"，盗版商得到经济利益，伊沙为自己的新书做了很好的宣传，媒体多了一个热点话题，消费者省了一点小钱，大家皆大欢喜。这是盗版屡禁不止的根本原因。

从文学传播上看，盗版图书有其正面的传播功能，但盗版图书反面的社会功能也是不容忽视的，这也是世界范围内打击盗版的原因。罗伯特·K.

默顿曾说："社会问题的研究要求社会学家去关注各类行为、观点和组织的反功能，而不是主要关注或者仅仅关注它们的正功能。""社会结构中的某一单位阻止了整个社会或其组成部分的需要满足时，它就是反功能。"①《废都》被禁之后，盗版承担起了文学传播的社会功能，但有些读者的文学消费心理并不是很健康的，热衷于离奇的故事、性描写等能带来感官刺激的段落等，反倒忽略了小说的社会批判功能，这当然是对小说的有意误读或曲解，那么，盗版图书对这部分读者发挥的传播功能就不是正面的。当然，对于专业读者，盗版《废都》还是发挥了它的正面传播功能的，如文学专业的学生、文学爱好者等，通过盗版图书，他们了解了那个时代知识分子内心的痛苦、迷茫和困惑，了解了作家贾平凹文学创作的流程及创作风格变化的内在原因等。

三、跨文化传播使《废都》得到更充分的阐释和更广泛的传播

贾平凹是我国当代作家中最受外国读者关注的作家之一，俄罗斯的圣·彼得堡大学，专门设立了"中国当代著名作家贾平凹的创作与生平"研究专题，著名的汉学家、世界汉语教学学会理事、圣·彼得堡俄中友好协会主席司格林·斯别什涅夫主持研究。1988 年，贾平凹的《浮躁》获得美国飞马文学奖，在美国掀起了一股贾平凹评介热。《废都》在日本、韩国出版后，受到极大的关注，许多汉学家都介入了研究，还举行了多次研讨会。《废都》获得法国女评委奖后，曾有人嘲讽质疑该奖的权威性，该奖项创立于 1904年，评委会由 12 位女作家组成，每年奖励世界文坛中一部最优秀的小说，在欧洲具有广泛的影响。《废都》获奖，的确是外国专家从西方文化视角（也存在不可避免的女性视角）审视贾平凹创作的结果。贾平凹因此被评为法国著名杂志《新观察》评选的年度世界十大杰出作家之一。法国驻中国大使还写信向贾平凹祝贺，并来西安与作家见面。国外媒体也竞相发表评介文章。可见，《废都》在国外的影响。

域外传播是跨文化传播的一种方式，不同社会文化背景的读者（包括专

① 戴维·波普诺：《社会学》，李强等译，中国人民大学出版社 1999 年版，第 109 页。

业读者）对同一文本的解读和阐释必然会有政治文化上的差异，甚至偏颇，但对文学文本的传播及中国当代文学的"世界化"和"现代化"是有益的。在中西文化的比照中，中国当代文学的创作与接受将更好地与国际接轨，并有效地借鉴西方的经验，使其在现代化的过程中更好地发挥文学传播的正面价值和功能。

西方读者对《废都》基本持肯定态度，他们格外看重小说对"废"的描述、解读和阐释，认为"废"是对中国当代社会生活中阴暗、腐败现象与丑陋心态的深刻揭示，控诉了现代知识分子的精神饥荒，法国和日本的评论界比较本国历史，指出中国社会也出现了"堕落的一代"，庄之蝶和西京的四大名人都离奇地堕落了，行为放荡不羁、四处投机钻营、贪婪地向社会和他人索取，小说写出了他们丑恶的行径和内心，深刻揭示了中国转型时期的社会现实和社会心态。小说客观上接续了中国 20 世纪二三十年代对"颓废"这种精神文化现象的描述和剖析，写出了世纪末的虚无感、孤独感、悲凉感和幻灭感。《废都》以讽刺的手法写出了这群人的生存状态，即这群人在特定时空里的心理真实，而较少说教，这是西方读者喜欢它的重要原因之一，也是在国内引起批评的重要原因之一。

谈到《废都》的主题和社会文化批判意识，贾平凹说："我并不认为我仅是来写西安，觉得扩而大之，西安在中国来说是废都，中国在地球上来说是废都，地球在宇宙来说是废都。从某种意义上讲，西安人的心态也恰是中国人的心态。这样，我才在写作中定这个废都为西京城，旨在突破某一种限制而大而化之，来写中国人，来写一个世纪末的人。"①作者的叙事指向文学的世界性和人性。他认为西安在现代化的进程中逐渐失去了政治、军事、经济等方面的优势，但西安人还沉浸在帝王之都曾经的辉煌里，并由此滋生出"一种自卑性的自尊，一种无奈性的放达和一种尴尬性的焦虑"，这是西安人的悲哀，他们有一种废都文化心态。日本学者池田认为《废都》是中国的第一篇《堕落论》，他说："堕落就是废，废下去是很难的，是价值观念上完全颠倒的行为，是与主流价值反其道而行之，这意味着中国意识形态开始朝近

① 肖夏林:《废都废谁》，学苑出版社 1993 年版，第 23 页。

代化前进。"① 并将《废都》与日本战后的《堕落论》比较，认为精神堕落下去重新寻找人文价值的生长点，是"堕落"的价值和意义所在。"堕落"、"颓废"本身并不可怕，可怕的是我们对待这一社会文化现象的态度，遮蔽、拒斥并不能从根本上消除它，这大约就是《废都》的文化意义吧。

《废都》的另一个争议焦点是"性描写"，也是当年被禁的主要原因。西方读者也注意到暴露的性描写是《废都》里的主要情节，但认为小说中的性描写是为揭示腐败和堕落服务的②。透过小说中那些放纵猥亵、原始粗俗的性描写，他们感受到作者对现实和人性的极度失望，及作者渴望通过写作摆脱精神苦闷的内在需求和尝试。这也是前文我们提到谢有顺对当年批评者的指责的依据之一，当时，我们的批评者一味指责批判作家性描写的泛滥肮脏，而较少阐释"性"在小说中的象征和符号意义，客观上反而误导了普通读者。在西方之所以没有出现这样的问题，是因为西方世界在 20 世纪 60 年代早已经历过性解放的狂潮，类似《废都》那样的性描写，读者早已司空见惯。而在中国，"性"在文学中长期处于基本"缺席"的状态，当今虽有所改变，但《废都》还是超出了众多普通中国人道德和文化心理接受的底线，所以，《废都》被禁是文学事件，也是历史文化事件。《废都》解禁是社会宽容度的一个体现，也是人们社会文化心理变化的一个表征。池田认为，《废都》在日本的热销和影响不能简单理解为是性描写的功劳，因为日本书市上不少书中的性描写比《废都》更暴露，读者依然默然③。

《废都》在西方的传播是典型的跨文化传播，对其文学传播方式和意义的考察，有助于我们更好地探究贾平凹、陕西作家乃至中国当代作家创作中的"世界性因素"，同时也为中国当代文学走向世界提供了方法论的借鉴。文学只有走向世界，才能影响世界。

可见，多元化传播已成为传媒时代文学传播的重要特征和发展方向，

---

① 孙见喜：《贾平凹前传》第 3 卷，花城出版社 2001 年版，第 325 页。

② Alain Peyraube.Le monde. 1997-10-17.

③ 参见韦建国、户思社：《西方读者视角中的贾平凹》，《陕西师范大学学报（哲学社会科学版）》2004 年第 3 期。

从《废都》的传播来看，这种多元传播的模式还不成熟，还存在着正反功能消解制衡的问题；在短时期内，消灭盗版是不现实的，但正确引导规范，提高盗版图书的质量却是完全可能的；同时，国内外文学批评界如何实现优势互补，也是亟待我们关注和研究的论题。

参考文献

[1] 孙见喜：《危崖上的贾平凹》，花城出版社 2008 年版。

[2] Julie Chupin.Le monde，2000-6-1。

[3] 陈思和：《作家，是属于时代的——"贾平凹作品学术研讨会"发言摘要》，《当代作家评论》2006 年第 1 期。

[4] 贾平凹、谢有顺：《贾平凹谢有顺对话录》，苏州大学出版社 2003 年版。

[5] 陶东风：《作为媒介化公共事件的文学》，《文艺争鸣》2010 年第 1 期。

[6] 张新颖：《重读废都》，《当代作家评论》2004 年第 5 期。

[7] 贾平凹：《贾平凹谈〈废都〉：它带给我个人的灾难是最多的》，《南方日报》2008 年 11 月 2 日。

[8] [美] 戴维·波普诺，《社会学》，李强等译，中国人民大学出版社 1999 年版。

[9] 肖夏林：《废都废谁》，学苑出版社 1993 年版。

[10] 孙见喜：《贾平凹前传》第 3 卷，花城出版社 2001 年版。

[11] Alain Peyraube. Le monde，1997-10-17。

[12] 韦建国、户思社：《西方读者视角中的贾平凹》，《陕西师范大学学报 (哲学社会科学版)》2004 年第 3 期。

1942—1949：新闻学视野下的解放区文学

——试析解放区文学创作中的新闻化倾向

● 胡　凯

1942 年 5 月毛泽东《在延安文艺座谈会上的讲话》发表以后，确定了党对于文艺运动的基本方针，此后解放区文学出现了崭新的气象。为了服务于激烈的革命斗争，文艺界把全部力量运用到新闻宣传上，为前方的战士摇旗呐喊，为后方的政治任务做广泛的宣传鼓动。

新闻与文学的联姻并非第一次，因为战争时事的紧迫和救亡图存、政治革命的宣传任务，使中国现代文学的发展一直与新闻的发展脉络纠结在一起，形成中国文学史上一种特殊的现象。

抗战期间，一切舆论力量、文艺界人士都把眼光集中到战火纷飞的现实当中来，为抗日服务成为了文学界的普遍共识。不仅仅是文学内容大量承载着新闻时事报道，就连文学形式也与新闻文体融合在一起。战事的频繁和时局的变幻，迫切要求文学形式更注重时效性、快速性。这一时期除了战地通讯等新闻体裁被作家们大为青睐以外，文学与新闻嫁接后的新的文学种类——报告文学也成为战火中的宠儿，小说体的报告文学大行其道。随着通讯报告这一文体在战争中发挥着巨大的宣传报道作用，越来越多的作家认识到新闻化的文学作品重要意义和价值。他们纷纷拿起手中之笔，为中华民族记录下可歌可泣的历史颂歌。此外，大量新闻诗歌、新闻小说和新闻报道剧的出现，使得这一时期解放区根据地的文学作品表现出强烈的新闻真实性、时效性和宣传鼓动性的特质。

一、解放区文艺政策的制定促进了新闻与文学的联姻

在延安的解放区，党对新闻工作的重视、对文艺界服务战争的意识以及对新闻与文学人才的培养，更加促使了解放区的文学作品向新闻靠拢。

在党的理论发展过程中，对宣传工作思想教育工作一直是摆在很高的层面上去认识的。文艺被认定为教育士兵大众有力的工具，"艺术家在社会主义精神上教育劳动者，组织大众走向社会主义的斗争，为提高他们的文化和斗争能力，而帮助劳动者和党的"（斯大林）。这就为新闻宣传与文艺教育相融合提供了理论上的契机。

而党历来对新闻工作也是非常重视。尤其是战争期间，更需要新闻报刊发挥喉舌作用，这就需要投入更多的文艺力量。胡乔木就提倡"人人都要学会写新闻"。党对新闻的重视，这就在解放区掀起了写新闻的热潮。有人甚至把新闻材料写成诗歌、小说、戏剧。

延安整风以后，中共中央宣传部在《关于执行党的文艺政策的决定》中指出："在目前时期，由于根据地的战争环境和农村环境，文艺工作各部门中以戏剧工作与新闻通讯工作为最有发展的必要与可能。其他部门的工作虽不能放弃或忽视，但一般地应以这两项工作为中心。……报纸是今天根据地干部与群众最主要最普遍最经常的读物，报纸上迅速反映现实斗争的长短通讯，在紧张的战争中是作者对读者的最好贡献，同时对作者自己的学习与创作的准备也有很大益处。"《决定》还强调："那种轻视新闻工作，对于这一工作敷衍从事，满足于浮光掠影的宣传而不求深入实际、深入群众的态度，应该纠正。""新闻通讯工作者及一般文学工作者的主要精力，都应该放在培养工农通讯员，帮助鼓励工农干部练习写作，使成为一种群众运动。"①

在部队文艺工作和政治工作方面，党在《总政治部中央文委关于部队文艺工作的指示》中说："部队文艺工作，是部队政治工作的一个重要部门，因其不仅在于能够帮助部队的政治教育与宣传鼓动，调节部队生活，提高部队

---

① 《解放日报》1943 年 11 月 8 日。

战斗情绪，而且是密切部队与群众联系及扩大我军影响的有力工具……依据部队的特殊条件和需要。部队文艺工作的组织中心，应该放在通讯写作和戏剧工作上。各部队团以上之政治机关，应有专人负责通讯工作，并应以团为单位建立自己的剧团或宣传队。"①

党的决定和指示都把新闻工作当作一项时代斗争任务来完成的。强调大力发展新闻通讯等文体，要求文学工作者把重心转移到新闻创作中来。在这个号召的鼓舞下，大批作家深入斗争前沿，深入农村厂矿，以高度的政治热情和认真地的写作态度，从事着新闻化的文学创作，产生了大量具有新闻价值的优秀的文学作品。

因为新闻所报道的事件，大都有浓厚的政治内容和社会内容，特别是反映政治发展的趋势和局面。因此这一时期的文学作品政治宣传性和功利性就非常的明显。

二、作家与记者身份的双重性导致文学创作新闻化

许多作家身兼记者和作家的身份，有助于报告文学在解放区根据地得到广泛的发展。如周立波对晋察冀边区采访考察，写下了报告文学《晋察冀边区印象记》；刘白羽在解放战争期间，以新华社记者身份，赴东北进行社会调查，不但写出了优秀的通讯报告集《环行东北》、《为祖国而战》，完整地纪录了解放战争从爆发到走向全国性胜利的进程，艺术地传达了历史前进的足音，而且还写出优秀的新闻体小说。他们把新闻记者敏锐的观察力运用到生活中，捕捉新生活的闪光点加以艺术化的描绘，创作出具有时代印象和历史镜头的作品来。

作家碧野用六个月的时间，随部队到沱河畔、太行山麓采访调查；作家沙汀到冀中和晋西北访问调查；作家何其芳、卞之琳随军去晋西北和冀中根据地采访考察；作家周立波、舒群用较长时间在晋察冀边区采访调查。在抗战期间，作家当记者，从事新闻采访调查，写作新闻和文学作品，已经成为了一种时尚。

---

① 《八路军军政杂志》第3卷第2期，1941年2月15日，第197—198页。

作家穆青《雁翎队》、周游《冀中宋庄之战》、华山《英雄十月》、丁玲《一颗未出膛的子弹》等等都是报道解放区军民浴血奋战的战地生活和精神风貌的。尤其是《雁翎队》以富有诗意的语言构思和散文化的笔调，记述了白洋淀水上游击队战斗生活。优美的自然风光、传奇性的战斗故事，描绘出战士们思想壮美和战斗生活的诗意，也开辟报告文学与散文相融合的新境界。

早在抗日战争期间，文学作品就已经大量关注时事，关注新闻，充当时代的报话筒。但是直到 1942 年毛泽东《在延安文艺座谈会上的讲话》发表以后，文艺界才形成普遍共识，自觉地为战争服务、为政治服务。这样观念上的统一，促进了文学与新闻在时代的洪流中携手并进。

作家纷纷投入到新闻界，身兼记者、编辑和党的工作者的身份。他们接触火热的战线和基层群众，就能挖掘出刚刚发生的新闻故事作为文学创作的素材。这类作家如赵树理、刘白羽、田流、穆青、杨朔等，他们自觉不自觉地把两种文体结合起来，不但用记者的敏锐眼光去捕捉生活中的闪光点、新闻点，而且在创作过程中也吸取了新闻明快、简洁的风格。朱德说："一个宣传家不必是一个艺术家，但一个马列主义的艺术家应当是一个好的宣传家。另外一些作家成为党的工作者，长期生活在人民群众中间，了解基层斗争情况，这就为创作积累了丰富的活生生的素材。""艺术家应当参加实际斗争、体验生活。他不应当站在群众之外，而应当站在群众之中；不应当是旁观者，而应当是参加实际斗争的战士。只有这样，才能深入生活，创作出好的作品，为广大群众所喜爱。"①

正是:在党的号召下，作家身兼两种身份，积极挖掘现实生活中的新闻点。作家采访活动，和记者相比有所不同，他们更关注现实重大斗争和突出事件，剖析典型人物事件，研究其中趋势和动因，从一定的广度和深度上把握现实和认识社会，这也为文学创作开辟了新的境界。但，作家和记者双重身份的兼备，使解放区文学作品具有了新闻化的倾向。

---

① 朱德:《三年来华北宣传战中的艺术工作》，《延安文艺丛书文艺理论卷》，第 104 页。

三、硝烟纷飞战争以及解放区频繁的政治运动使得文学承担起了新闻宣传的职能

残酷的斗争现实，促使作家把目光直接对准当时的生活现实。而形势发展的急速，往往使作家创作节奏加快，无法从容地进行艺术把握，作品就带有强烈的战斗性和时效性。

赵树理认为："我在抗日战争初期是作农村宣传动员工作的，后来作了职业的写作这只能说是'转业'。从作这种工作中来的作者，往往都要求配合当前政治宣传任务，而且要求速效。"①

解放区的文学作品对现实生活跟踪反映，追求快捷时效。这也是在战争时代读者对"时效作品"大为欢迎的结果。时效感进入文学创作，是对文学观念的一种丰富，也是对文学活力的一种加强。不少作家建立了文学的时效观念，在反映生活上努力追求新与快的结合，希望作品有"发人之先声"的效果。

如作家刘白羽在创作中有一股"永远应该到前面去"的探求精神。为了使自己的文学作品具有新闻的敏感度和快速的反应力，他注重学习记者"在最短的时间作最深入的采访"的本领，"训练自己随时地透过生活现象，深入思考生活问题，从一件小事看到全局的本领，摸到时代脉搏"的能力。作家们的自觉向新闻学习的精神，对于丰富文学表现技巧，提高文学对生活的感知能力和反映。

文学与宣传有着千丝万缕的联系，文学不具备政治宣传任务，这往往是新闻媒体应该承担的制造舆论作用。但是在战争中，党的政策要最快速、最深入的传达到百姓中间、普通的战士中间，需要文学这一大众喜爱的样式作为宣传载体。这也是为什么解放区通俗作品、民间作品深受党重视与提倡的原因。文学与新闻在抗日战争和解放战争中，具备共同的政治任务，就是为战争服务、为人民大众服务。这样，解放区的文学作品具有新闻的特点，蕴含着新闻的真实性、时效性和宣传鼓动性。

---

① 黄修己：《赵树理研究资料》，北岳文艺出版社 1985 年版，第 390 页。

另外，具有新闻体的新闻诗歌、新闻体小说、新闻报道剧也产生了，这就为解放区文学增添了新的艺术种类。如蔡其矫的新闻体诗歌、刘白羽的新闻体小说、解放区新闻报道剧的昌盛等等。

这种在形式上借鉴新闻文体写法，融入到文学作品创作中去。产生了意想不到的艺术效果。不但使作品具有新闻报道的时效性、简洁明快风格，而且作品本身又不失文学的语言优美、构思的独特和深邃的思索。这就为现代文学的发展开辟新的道路。

四、新闻与文学在学科理论上存在共通之处，使得文学新闻化成为可能

新闻与文学虽然属于不同的学科门类，一个注重报道新近发生的客观事实，一个注重用虚构的故事情节反映社会真实。但是作为同为反映社会现实的两种文体，还是具有共同性和相互融合的可能性的。

用系统的观点来看，世间万物，无不被组织包容在一定系统之中，成为某一系统的构成物。而每一层系统中都存在内部构成物之间的相同性、相通性。新闻与文学作为处在社会意识形态这一大系统之中，是具有相互融合的可能性的。

新闻与文学共同性表现为：

一是从反映对象和表达内容来看，新闻是以最快速度报道生活中新近发生的事实。对生活中点点滴滴事实，要按照本来面貌如实地传达给公众。而文学则是对社会生活艺术化的再现和形象描述。当作家对生活产生感触与理解，用优美的语言、巧妙的构思对其进行评价。这里面作家的个人思考融入其间，但是反映的则是社会的本质真实。很明显，反映社会生活是新闻与文学的共同点。

在解放战争期间，作家被眼前激烈多变的生活和感天动地的英雄事迹所深深触动，自然化作了创作的激情。真实的事迹具有更加强烈的说服力和感人的力量，再加上战争让实践变得紧迫，无法使作家留出时间来细细构思，按照事件本身原貌和快速的报道出版，成为战争期间文学普遍的特点。

二是在对表现生活的反映方式上，新闻与文学具有共同性。都是从个别到一般的过程。新闻通过报道生活中的个别人和事，如消息往往是一事一

报，来显示社会生活的新变化、新发展、新状态，从而反映社会现实的本质特征和意义。而文学通过生动、具体感人的艺术形象来反映社会真实，都是从个别具体事物，最后透射出社会本质意义的揭示。而绝不是思想先行，用形象去图解。

比较记者阎吾采的新华社消息《我军横渡长江情景》和刘白羽的小说《火光在前》，都是描写解放战争期间著名的渡江战役。他们都敏锐地感知了社会生活的新发展、新变化，都真实地再现了时代历史风云和伟大意义。

消息报道的是 1949 年 4 月 21 日黄昏，我军某部在安庆、芜湖间进行战斗情形。北岸的震耳欲聋的炮声，南岸火光冲天的战斗，我军奋勇杀敌，最终取得强渡长江战役的胜利；而小说描写的是 1949 年夏，鄂西某地我军某部一次渡江战斗，塑造了具有高度概括力的典型人物，通过这些生动的革命形象，反映了我军战士革命忠诚和勇敢无畏的英雄气概，也透视出时代的风貌，与小说《火光在前》相比，正可谓异曲而同工。

新闻与文学在反映社会本质和把握表现的方式上，具有共同性。这就为它们融合生长提供了合理的基础。在抗日战争和解放战争期间，因为党对新闻工作、对文学宣传性的强调，战争的社会现实，时代的重任，使 1942 年到 1949 年间解放区文学越来越具备了新闻化的特质。

参考文献

[1]《中国新文学大系（1937—1949）》，上海文艺出版社 1990 年版。

[2] 刘增杰、赵明：《抗日战争时期延安及各抗日民主根据地文学运动资料》，山西人民出版社 1983 年版。

[3] 陈辽、方全林：《中国革命军事文学史略》，昆仑出版社 1987 年版。

[4] 刘增杰：《中国解放区文学》，河南大学出版社 1988 年版。

浅论《诗经》的理性精神与法律源起之关系

● 曾静蓉

在中国的文化发展史上，"天人合一"和"天人相分"历来都是中国文化核心精神的一体两面，这两组概念的矛盾互动，在某种程度上促进了中国文化的发展。它们被完整地贯彻在《诗经》中，体现先民群体性的本真自然，累积着中国文化探索认识自然的科学精神，并生成《诗经》的艺术表现方式——赋、比、兴，使《诗经》充分展示了中国文化热爱自然、认同自然、回归自然的伦理情怀和人文精神。

一、在"物""我"交融里潜藏的"时""空"意识

《诗经》中的自然，通常都是日常生活中有生命和无生命的各种自然现象，如花草树木、鸟兽虫鱼、天地山川、大江大河等，几乎都是自然片断，是本真的日常自然，而很少是指自然整体或风景。先民的生活和劳动实践，日复一日地和自然扭结在一起，他们将自己从自然万物和客观世界中区分并独立了出来，对于"自然"这个自己的"无机"的身体，不再只具有"一种纯粹动物式的意识"[1]。自然万物和自然规律也日渐真切地在先民眼中呈现出其本真的面目，并承载着中国先秦社会先民的宇宙整体意识。外界的自然"物"以其恒定的生命姿态展现着因顺应自然而得到的周而复始的生命力。在上古先民看来，自然万物莫不有生、莫不有灵。"'万物有灵观'是原始人类的生命本体论，同时又是属于原始思维的一种形态。其最根本的特点在于

---

[1] 马克思：《德意志意识形态》，人民出版社 1961 年版，第 25 页。

人把生命或生命的属性，例如思想、情感、意志等赋予无生命的对象，从而使得一切事物都具有与人相似的生命现象和物活感。"① 于是，天、人、物、我的相通、相合、置换、替代、比喻便成了逻辑上的必然。我们看到，先民在《诗经》中经常把现实的时空与感性生命联系在一起，抽象的时空通过"自然"这个形象的媒介逐渐被先民的思维所感触所认知。先民利用外在自然界的变化将抽象的时间、空间的变化形象地传达出来，而在物候的呈现及其流转过程里，人事恍恍于其中，从客观自然的生趣中透露出时空的生命精神，时空的模糊概念在初民的思维里愈发清晰。《诗经》中有不少诗篇都反映了先民对时空变化的感触。先民多以性情感通万物自然，由自然的变化发现时空的有限。而这种变化通过"兴"来展示，周英雄在《赋比兴的语言结构》一文中敏锐地指出："兴的应用可以说是研究中国诗词的核心问题，因为'托物言志'不仅和修辞有直接的关系，更间接牵涉到诗人处理物我的基本人生观。"②《诗经》中有大量由草木植物引发的起兴。屈原说，"惟草木之零落兮，恐美人之迟暮"（《离骚》）。所以，人如果说跟草木鸟兽，有一个共感的话，那就是一个生命的共感，而万物之中，给你这种生命的从生到死，由盛而衰、而落的印象，最短暂而且最鲜明最深刻的，莫过于花草树木了。从"桑之未落，其叶沃若"到"桑之落矣，其黄而陨"，先民感受到的是"心之忧矣，维其伤矣"，这是一般生命的悲哀。由花草树木、日月星辰、风霜雪雨等万物的伸展来体验四季的泾渭分明、时间的流逝、宇宙的流转，以物的生存、发展状态之变化来表现时空的转换，将非可感的抽象运动转化为可感的实体变化，将主观性感受转化为官能性感受。这种"物—我""时—空"的对应关系在《诗经》中不断地被重复使用后，也形成传统的"草木比兴"。例如在《召南·摽有梅》中我们可以看到在"梅"的生命周期中流转的女主人公的生命意识：

---

① 邱紫华：《论东方审美同情观》，《文艺研究》，中国社会科学院文学研究所 1994 年版，第 44 页。

② 周英雄：《赋比兴的语言结构》，《结构主义与中国文学》，（中国）台湾东大图书公司 1983 年版，第 122 页。

摽有梅，其实七兮！求我庶士，迨其吉兮！

摽有梅，其实三兮！求我庶士，迨其今兮！

摽有梅，顷筐塈之！求我庶士，迨其谓之！

《毛诗序》曰："《摽有梅》，男女及时也。"从"摽有梅，其实七兮"到"摽有梅，其实三兮"再到"摽有梅，顷筐塈之"，"梅"完成了其自身的生命周期，而女子则从枝头梅子的日见繁盛中感叹自己的韶华易逝，心急如焚，盼望"庶士"早日求之。诗中女子从"迨其吉兮"到"迨其今兮"再到只需对方开口就许婚的"迨其谓之"，其心中的焦急日益增长，这些情绪变化所需要的心理时间以具体可感的"梅"生长繁衍的现实时间来体现。

《小雅·采薇》中亦有"'采薇采薇，薇亦作止'——'采薇采薇，薇亦柔止'——'采薇采薇，薇亦刚止'"的薇菜生长的过程记录，身边熟悉的草木的生命周而复始，抒情主人公短暂的青春转瞬即逝，年华老去。在年复一年的思乡愁绪中，终于盼来了"少小离家老大回"的结局。在喓喓独行的孤单的归途中，不禁追忆当时年少——"昔我往矣，杨柳依依；今我来思，雨雪霏霏"，一往一来间，"杨柳依依"的暖春转瞬变成"雨雪霏霏"的九寒，主人公从季节中最常见的可感事物"杨"、"柳"、"雨"、"雪"的交替出现看到不可感的四季的更换，看到白驹过隙，寄物是人非、生命短暂的惆怅于自然。

《诗经》中也有大量诗篇以"物"的迁移运动过程中所处的不同环境来传达空间的变化，这在《王风·君子于役》有所体现：

君子于役，不知其期。曷至哉？鸡栖于埘。日之夕矣，羊牛下来。君子于役，如之何勿思！

君子于役，不日不月。曷其有佸？鸡栖于桀。日之夕矣，羊牛下括。君子于役，苟无饥渴？

君子"行役无期度"（《毛诗序》），妻子在家日复一日地思念，物换星移，丈夫归期仍然"不知其期"。从"鸡栖于埘"到"鸡栖于桀"，女主人公下意识以"埘"到"桀"的环境变迁来传达空间的转换，空间变化呈现的运动状态带来的转折能够产生时间感，对丈夫"于役"的"不日不月"的感伤在情绪空间与现实空间的疏通中得以抒发。以"物"为中介，人的主体与时空之间建立了可感的联系。自然、宇宙以其生命的节律诠释时空的概念，自然界的循环反复、时空的无限永恒与人的生命的稍纵即逝形成鲜明的反差，把对生与死的思考带给先民。

二、对"生""死"的思考带来的生命意识

《诗经》中频繁出现祝颂长寿、万寿无疆的场面，反映了上古时代人类"君子万年"（《大雅·既醉》）的长生幻想，其中最典型的祝寿诗《小雅·南山有台》，是臣民向君上的祝颂之作。诗云：

> 南山有台，北山有莱。乐只君子，邦家之基。乐只君子，万寿无期。
> 南山有桑，北山有杨。乐只君子，邦家之光。乐只君子，万寿无疆。
> 南山有杞，北山有李。乐只君子，民之父母。乐只君子，德音不已。
> 南山有栲，北山有杻。乐只君子，遐不眉寿。乐只君子，德音是茂。
> 南山有枸，北山有楰。乐只君子，遐不黄耇。乐只君子，保艾尔后。

诗中以"南山"及南山上的各种树木为兴象，蕴含国祚永固、寿命长茂之意，因"乐得贤也。得贤则能为邦家立太平之基"（《毛诗序》），祝颂明君"万寿无疆"、"万寿无期"，部落乃至国家的领袖，他们的存亡在很大程度上关系到一个部落乃至国家的兴衰。人民希望他们的领袖能够长生以固国祚。在道教尚未形成、佛教尚未传入的上古中国，并无"轮回"意识，也未产生神仙修炼服药之学，人们只能寄望于自然神灵。这种祝颂万寿的仪式在先秦各种祭祀、庆典乃至一般的宴乐活动中盛行。如《小雅·楚茨》：

> 祝祭于祊，祀事孔明。先祖是皇，神保是飨。孝孙有庆，报以介福，万寿无疆。……献酬交错，礼仪卒度，笑语卒获。神保是格，报以介福，万寿攸酢。……苾芬孝祀，神嗜饮食。卜尔百福，如幾如式。既齐既稷，既匡既敕。永锡尔极，时万时亿。

诗中的"孝孙"，通过祭祀祖灵，获得与祖灵相感应的陶醉，以此祈望从祖灵之神那里得到保其长寿的报偿。"神保是格，报以介福"就是为了得到"万寿攸酢"，祭神就是为了"永锡尔极，时万时亿"，这是祭祖的价值原则。在《商颂·烈祖》亦有：

> 亦有和羹，既戒既平。鬷假无言，时靡有争。绥我眉寿，黄耇无疆。

又如《商颂·殷武》：

> 商邑翼翼，四方之极。赫赫厥声，濯濯厥灵。寿考且宁，以保我后生。

足见，延寿保祚是祭祀祖先的主要目的。长生幻想是先民的求生本能和对死亡真相的蒙昧相结合的产物，具有群体普遍性。农夫在丰收之际也还有须尽的义务，即向贵族贺寿，如：

《小雅·甫田》：

> 曾孙之稼，如茨如梁；曾孙之庾，如坻如京。乃求千斯仓，乃求万斯箱。黍稷稻粱，农夫之庆。报以介福，万寿无疆。

《豳风·七月》：

> 六月食郁及薁，七月亨葵及菽，八月剥枣，十月获稻。为此春酒，以介眉寿。……跻彼公堂，称彼兕觥：万寿无疆。

诸如此类的祝颂在《诗经》时代具有普遍意义。面对时空的永恒与自然界的周而复始，先民对自己脆弱短暂的生命产生了悲剧性的压抑感，生的本能指引先民思考生与死的关系、个人与种族的关系等人生的终极意义。而在思考的过程中，先民们的生命意识逐渐清晰明朗并日益增强。对生的渴望在初民蒙昧的思维中孕育出长生不老的非理性生命意识。在非理性的状态下，人们无时无刻不在思考如何对抗自然规律，用尽或巫或祝或咒之手段，以期获得恒久的"生"。

然而，自然规律的不可逆转，人类不可避免的"死亡"悲剧，使得人们在对长生不老的失望中不得不开始正视"死"的概念。我们可以简单分析一下《唐风·山有枢》：

> 山有枢，隰有榆。子有衣裳，弗曳弗娄。子有车马，弗驰弗驱。宛其死矣，他人是愉。
>
> 山有栲，隰有杻。子有廷内，弗洒弗扫。子有钟鼓，弗鼓弗考。宛其死矣，他人是保。
>
> 山有漆，隰有栗。子有酒食，何不日鼓瑟？且以喜乐，且以永日。宛其死矣，他人入室。

《唐风·山有枢》中坦言如不享受现世的快乐，等到"宛其死矣"，自己的"车马"、"钟鼓"、"酒食"就"他人是愉"、"他人是保",就由"他人入室"来享受。对死亡的正视使人们开始认真面对生的意义,更多地关注现实生活,提倡现世的享乐,提高生命质量,在有限的今生把生命的意义发挥到极致。"自然死亡"逐渐为世俗所接受,人类主体能力的释放带来了"人"的觉醒。世俗的理性的生命观逐渐形成。

三、生死的不可逆转衍生的理性精神

这是一个从蒙昧逐渐走向理性的意识发展过程,我们可以从"人""神"的关系中找到理性成长的轨迹。从敬天常到崇先祖再到重人事,社会逐步实现着"人神分离"。人们虽没有能力或者勇气去完全否认"天"的神秘力量的存在,但是在某种意义上说,对"天"的畏惧在人们心中渐渐淡化,只是成为一种非直接性的信仰在人们的意识中隐约存在。《诗经》对神的态度,主要表现在史诗和祭祀诗中。这些诗歌里并没有具体可感的"神",只有抽象的概念"天",而"天"并不能随心所欲地支配人民,不直接对人间发号施令,而是指派"中介"来承办人间事:"天命玄鸟,降而生商","天监有周,昭假于天下","有命自天,命此文王"。部落的"先祖"代表神管理人间事务。对天的崇拜逐渐转化为对祖先的崇拜。由此可见,随着生命意识的加强,先民对自身能力和人神关系已经有了初步的理性认知,把本族的成员(祖先)上升到与天神同等的地位,并赋予威权,尽管祖先是一个特殊的带有一定抽象意义而非普遍意义的人,但此举无疑是对"人"的升格,为先民群体生命意识的觉醒创造了条件。"神"在先民心里的位置在这种觉醒中不断下降。如《诗经·大雅·云汉》:

> 天降丧乱,饥馑荐臻。靡神不举,靡爱斯牲。圭璧既卒,宁莫我听……昊天上帝,则不我遗……群公先正,则不我闻。昊天上帝,宁俾我遁……昊天上帝,则不我虞。

自然旱灾使天下丧乱,人们在虔诚祭祀、祈求天的帮助而不可得的情况下,对天神的能力产生了不满和怀疑。我们还可以在《诗经·小雅·雨无正》中看到先民对天神强烈的指斥态度:

> 浩浩昊天,不骏其德。降丧饥馑,斩伐四国。旻天疾威,弗虑弗图。

舍彼有，既伏其辜。若此无罪，沦胥以铺。……如何昊天，辟言不信。

如彼行迈，则靡所臻。凡百君子，各敬尔身。胡不相畏，不畏于天。

人们甚至敢于指责"浩浩昊天，不骏其德"，是故"凡百君子，各敬其身。胡不相畏，不畏于天"。先民认为天神不尽其责，"降丧饥馑，斩伐四国"，使生灵涂炭，不分好坏，不具备德行，百姓就完全可以不敬畏神灵，藐视神灵的权威。

陈梦家认为古代许多的民族，普遍存在"祖先崇拜与天神崇拜逐渐接近、混合"的现象，[①] 天神的地位下降了，"人"的地位升格了，祖先上升到与"天"同等的地位，对祖先的赞颂甚至多过对天神的崇拜。而《诗经》时代的"重人事、轻神事"突出的特点，就是先民对祖先的颂扬远多于天神崇拜。先民仍然尊"天"，只是渐渐地把"神力"由天神身上"嫁接"到了祖先身上。以《周颂》为例，三十一篇中告于祖先的诗篇占58%。《逸周书·作雒》云："乃设兆于南郊，祀以上帝，配以后稷，农星，先生皆与食。"《太平御览》卷五百二十七引《尚书大传》："礼不王不禘，王者禘其祖之所自出，以其祖配之。"郑玄注："凡大祭曰禘，大祭其先祖所由生，谓郊祭天。"祭天同时要祭祖，祖先与上帝的距离拉近，殷王认为自己是上帝之子，自称"帝子"，周王自认为上天之子，故称天子、天王，虽然殷商上帝观与周代天神论本质不同，但是，由国君称号上，我们可推测祖先神地位的上升。

《诗经》中有许多赞美君主的诗歌里，还增加了大量人事的内容。如："天生烝民，有物有则。民之秉彝，好是懿德。"（《诗经·大雅·烝民》）诗中指出，君主受禄于天，受天下于民。这是对人的基本权力予以肯定。甚至上天也告诫君王要爱护百姓："帝谓文王，无然畔援，无然歆羡……帝谓文王，予怀明德，不大声以色，不长夏以革……帝谓文王，询尔仇方，同尔兄弟。"（《诗·大雅·皇矣》）君王实行仁政、德政，天神才会降福。与其说仁政是天神对君主的要求，不如说是天代人言，它反映广大百姓的需求，同时表明先民渴望民主政治，参与政治的自觉意识增强。这较之殷商时代盲目迷信天神，无疑是一个巨大的进步。《诗经》"重人事、轻神事"还突出表现为，

---

① 陈梦家：《殷墟卜辞综述》，中华书局1988年版，第562页。

关注并尊重百姓意志的创作倾向。这种理性精神是经过对历史规律演变的理性思考积淀下来。周人对天命与历史发展规律进行深刻地思考，"无念尔祖，聿修厥德。永言配命，自求多福。殷之未丧师，克配上帝。宜鉴于殷，骏命不易。"（《诗经·大雅·文王》）周人通过殷纣与文王的统治相对比，从政权的更迭中认识到"天命靡常"，看到了美政令闻、谨遵帝命对统治天下的作用，"命之不易，无遏尔躬。宣昭义问，有虞殷自天。上天之载，无声无臭。仪刑文王，万邦作孚。"（《诗经·大雅·文王》）并等同天命和人事的作用，透露出极清醒的历史理性的认识，通过借鉴历史，看到了"人"的作用。这时的人类不管是尊天还是敬祖都是希望取得自身现世的幸福，这体现了先民对自身存在意义的肯定。

先民肯定自身存在意义的"重人事"以"礼"的形式确立巩固下来。所谓"奉神、人之事通谓之礼"，"礼"最初是用来事神的，后来由祭祀的规矩衍生出对整个社会行为的约束力，既事神也事人。《诗经》时代，人们对社会社会政治、伦理道德有了逐渐理性的认识，于是"根据生活经验，把源于原始社会，为宗教服务的一系列节仪、规范以及一些生活习惯加以改造和发展，使之制度化、规范化、现实化，并把这一系列规定作为统治社会、维系人与人之间的关系的理性法则加以颁布，就成为'周礼'"。《诗经》中的宴飨诗就是礼乐文化形态的具体表现。如《诗经·小雅·鹿鸣》：

> "吹笙鼓簧，承筐是将。人之好我，示我周行。……我有嘉宾，德音孔昭。视民不恌，君子是则是效。"

诗歌提到主宾品德高尚、声名雅洁、举止有礼，劝导君子要仿效之。其旨皆不在于宴飨本身的美味、美声与美色，而是在于彰显飨食宴饮之礼，呈现宾主之间的和谐、亲切的仪态与道德风范。有些宴飨诗则用道德规矩去贬斥那些不守礼法的人事。《宾之初筵》就是一首典型的带有讽刺意味的诗歌。诗中宾客在饮酒之前"温温其恭"，未醉之时的"威仪反反"，但酒后失礼，"威仪幡幡"、"不知其秩"、"载号载呶"、甚至"乱我笾豆，屡舞欺欺"，行为轻薄。诗中感慨，"彼醉不臧，不醉反耻。式勿从谓，无俾大怠。匪言勿言，匪由勿语。"酗酒本来是坏事，但有些酒宴不醉不行，劝说天下君子不要跟着多劝酒，以免失礼瞎胡闹。强调遵守道德仪节的要求："既醉而出，并受其福；醉而不出，是谓伐德。饮酒孔嘉，维其令仪。"说饮酒本来没有错，可是应该维持良好的礼仪，体现人们对道德礼仪的自觉维护。

《诗经》中部分诗歌还直接陈述"礼"对于社会生活中的"人"的重要性。如《诗经·鄘风·相鼠》：

> 相鼠有皮，人而无仪（通"义"）；人而无仪，不死何为！

用老鼠来说明讲礼仪守规矩的重要，把最丑的丑类同要庄严对待的礼仪相提并论，是极而言之，用强烈的反差突出强调了人之为人的价值和尊严，而仁义道德、礼义廉耻恰恰是人的价值和尊严的体现。《诗经》中的"礼乐"文化，是一种理性处理人与人、人与社会、人与神的关系的特殊模式，已经脱离了低层次的感性需要，而体现出一种人类自觉的对"善"的追求精神，也是人们清晰认识"死亡不可避免"的悲剧现实之后，对有限的人生中生命质量和生命价值的提高，所作出的不懈努力。

四、《诗经》的召唤力与法律的源起

《诗经》作品产生于西周初至春秋中大约500年间，在《诗经》时代，井田制度破坏了氏族部落结构，中原地区由原始社会进入奴隶社会乃至封建社会，社会结构由家族走向国家，以血缘纽带维系，形成一种"家国一体"的格局。逐渐壮大的史官文化使理性精神开始萌生，人文意识初步觉醒，于是，"礼"正式以"法"的形式确立下来。

孟子曰："王者之迹熄而诗亡，诗亡然后春秋作"，"孔子作《春秋》而乱臣贼子惧"。"诗亡"是礼崩乐坏的另一种说法。其历史意义体现在两个方面：必须建立抽象的社会行为规范，而且必须采取强制手段。礼乐之治只适用于稳定的血缘群体，由于社会流动性的加强和个体意识的逐渐觉醒，个体无法通过对方确认自我的存在，社会群体的维系必须寻找新的依据。《诗》作为礼制的一部分，不再成为人们行动的准则，也无法继续作为政治制度的确立的基础。孔子一生在为"复礼"周游列国，累累如丧家之犬。"礼乐治国"和"复礼"并不相同。"礼乐治国"是理想治理模式，礼乐本身自然就是国家统治的基础，不需要刻意为之；但"复礼"本身已经有了制约和要求，孔子要求统治者自觉地遵循礼乐的精神。这是《诗》由"乐曲"华丽转身成为"经"的前提。

在法律的产生过程中，《诗经》的作用极其重要，它是礼乐向法律过渡的必经阶段。礼乐能维持小部落稳定的群体生活，但它们不具有大社会组织结构所必需的抽象性，因此不具备向大规模社会组织扩展的能力。法的抽象性满足了这一历史需要，但法的理性往往意味着强迫。诗与礼乐不同，它既具有礼乐的感染力、召唤力，又具有向概念化管理——"法治"转变的必要条件，即"名"。子曰："小子何莫学乎《诗》。《诗》可以兴，可以观，可以群，可以怨；迩之事父，远之事君；多识于鸟兽草木之名。"《诗经》的"名"必须和礼乐结合起来才有意义，因为名本身只是符号，它的具体意义必须溯源于礼乐，"正名"和"复礼"是一个问题的两面。"正名"出于"复礼"的需求，但它又超出复礼的意义，为循名责实的法治主义开辟了道路。

郑玄《周礼注》认为："风言贤圣治道之遗化也。赋之言铺也，直铺陈今之政教善恶。比见今之失，不敢斥言，取比类以言之。兴见今之美，嫌于媚谀，取善事以喻劝之。雅，正也，言今之正者以为后世法。颂之言诵也，容也，诵今之德，广以美之。"《诗经》所反映出的我国早期的文化形态和社会发展的特点，是把伦理道德逐步贯彻到各种现实生活及意识观念中去，并以此维系人与人之间的社会关系，从而维护社会伦理道德规范。比如，从《诗经》中可以看到，一夫一妻制已确立下来。在《周南·桃夭》、《汉广》、《召南·鹊巢》、《邶风·燕燕》等多首诗中均出现一个相同的句子：

> 之子于归。

甲古文"归"字的象形喻义是指张罗打扮之意，女子以夫为家，出嫁称之为"归"。"之子于归"描述的就是男娶女嫁的一夫一妻制度，《卫风·氓》是一首弃妇诗，诗中女子指责其丈夫"士贰其行。士也罔极，二三其德"也说明婚姻中的专一配偶关系已经为社会整体所认同，因此被弃的女子可以以此为据谴责背弃她的丈夫。大家都很熟悉的《关雎》首章"关关雎鸠，在河之洲"，也在某种程度上已暗示了一夫一妻制度的萌芽。高亨先生在其《诗经今注》中说雎鸠"雌雄有固定的配偶，古人称作贞鸟"。[①]《毛诗序》曰："《关雎》……《风》之始也，所以风天下而正夫妻，故用之乡人焉，用之邦

---

① 高亨：《诗经今注》，上海古籍出版社 1980 年版，第 2 页。

国焉。""用之乡人"、"用之邦国"的目的就是"正夫妻",这里潜在的指向是婚姻伦理。周代聘婚实行同姓不婚的原则,理由有二:第一,周人在潜意识里已经知道"男女同姓,其生不蕃"的优生学道理;第二,周人一统天下后,国内仍然存在许多氏族部落,他们与周代朝廷保持一种隔离分裂的状态,只有打破周代的姬姓人群和异姓人群的隔阂,将这些异族人群有效地联结起来,才能获得真正意义上的"尊尊",所以,周人在婚姻问题上重视自然规律以及"附远厚别"的原则,目的是利用渊源于母系社会的传统观念,借助婚姻关系的缔结来实现自己姬姓宗族的势力扩展。在人类确立一夫一妻为标志的聘娶婚法制后,比较稳固的家庭结构更有利于社会的稳定和经济的发展,它虽然在某种程度上使以爱情为基础的婚姻遭到摧残,但客观上对人类的繁衍和人口素质的提高都产生了积极的影响。

又如《齐风·南山》咏曰:"取妻如之何?必告父母。……取妻如之何?匪媒不得。""娶妻如之何?"一定要告诉父母,这个阶段的婚礼首先要遵循"父母之命";"取妻如之何?"——"匪媒不得",婚礼的第二个重要条件即"媒妁之言"。婚姻的缔结受制于父母之命、媒妁之言。礼在这个时代以制度的形式正式确立下来。作为"礼之本"的婚姻问题也就自然提到了议事日程。在《卫风·氓》中有关于"六礼"更为详细的描述:"氓之蚩蚩,抱布贸丝。匪来贸丝,来即我谋。送子涉淇,至于顿丘。匪我愆期,子无良媒。将子无怒,秋以为期。乘彼垝垣,以望复关。不见复关,泣涕涟涟。既见复关,载笑载言。尔卜尔筮,体无咎言。以尔车来,以我贿迁。"诗中的男子"抱布贸丝,匪来贸丝,来即我谋",以贸丝之名行越礼之举,自己跑来与女子谈论婚姻,这是不合规范的,所以女子就婉言拒绝了自己也很满意的婚事,并以礼为推词:"匪我愆期,子无良媒",最后双方达成妥协,男子"尔卜尔筮,体无咎言(卜吉又请筮,卦面上没有不祥的话语)",占卜得到了吉兆,才"以尔车来,以我贿迁(用你的车子,把我的嫁妆运走)",定下了正式的婚期。整个婚嫁的过程基本上认真地按照"六礼"的规则进行。"六礼"在《仪礼》和《礼记》中都有提及,是缔结婚姻的六道程序,贯穿于婚姻活动的全过程,包括纳采、问名、纳吉、纳征、请期、亲迎,"六礼"重在占卜、媒妁、父母之命。《诗经》作为中华文化的精华,被奉为儒家经典,成为儒家的道德教科书。按照儒家的世界观，后世对《诗经》的取舍，难免突出儒家推崇的伦理观、道德观，也在一定程度上体现了"礼"在婚姻关系中的民法地位。值得注意的是，虽然历经编纂，但是仍保留了大量原始信息，反映了中原地区各阶层男女的情态关系和婚配习俗。其中，涉及对同姓相婚的内容，使得现代婚姻法规定不准近亲结婚的制度可以上溯到先秦之前的时期。从历史唯物主义的观点来看，在那个时代通过提倡克己复礼来规约两性关系，对于中华民族的文明发展，对早期婚姻制度的形成和社会进步，都具有积极的意义。

在《诗经》中，我们可以大致看到先秦社会，先民关于生命观的思考从非理性逐渐向理性的过度发展。对于生命意识的理性思考是一种概括化的宇宙秩序，是对社会关系与心理活动的世俗世界的一种解释，是人类生存和发展的基本动力。《诗经》中的生命意识，是多元的、丰富的，并在中国传统文化发展中形成为一种物我一体、守礼重礼的文化自觉，进而促进法制的建立和逐步完善，并最终演化成为民族意识的灵魂和精髓。

参考文献

[1] 李泽厚、刘纲纪:《中国美学史》，中国社会科学出版社1987年版。

[2] 陈炎:《中国审美文化史》，山东画报出版社2000年版。

[3] 陈良运:《中国诗学批评史》，江西人民出版社2001年版。

责任编辑：李春林

装帧设计：周涛勇

责任校对：周　昕

图书在版编目（CIP）数据

法制新闻研究／慕明春　主编 . – 北京：人民出版社，2011.12

ISBN 978 – 7 – 01 – 010391 – 4

I.①法 …　　II.①慕 …　　III.①法制 – 新闻工作 – 文集　　IV.① G21-53

中国版本图书馆 CIP 数据核字（2011）第 227113 号

法制新闻研究

FAZHI XINWEN YANJIU

慕明春　主编

人民出版社 出版发行

（100706　北京朝阳门内大街 166 号）

北京新魏印刷厂印刷　新华书店经销

2011 年 12 月第 1 版　2011 年 12 月北京第 1 次印刷

开本：710 毫米 ×1000 毫米 1/16　印张：23.5

字数：280 千字　印数：0,001 – 3,000 册

ISBN 978 – 7 – 01 – 010391 – 4　定价：46.00 元

邮购地址 100706　北京朝阳门内大街 166 号

人民东方图书销售中心　电话（010）65250042　65289539